그림과 함께하는

파이썬 수업

최윤철 · 임순범 지음

생능출판

머리말

최근 수십 년 동안 우리 사회는 매우 급격하고 큰 변화를 겪고 있습니다. 1950년대 시작된 정보화 사회를 출발점으로 지금은 4차 산업혁명 및 인공지능 시대에 와 있습니다. 전문가들은 앞으로 인간이 인공지능 기계와 함께 살아가며 급격한 사회 변화, 직업의 변화와 실업 문제를 겪을 것이라고 예측하고 있습니다. 많은 직업이 사라지고 또 새로운 직업이 창출될 것입니다. 이러한 시대를 살아가는 우리는 물론 우리의 후손들도 이에 대비해야 합니다. 그러나 그 어떤 미래학자도 앞으로의 세상이 구체적으로 어떻게 변화해 나갈지 자신있게 예측하는 사람은 없습니다. 미래 사회에 관해 많은 이야기가 난무하며 산업 구조가 혁신되어야 한다고는 알고 있지만 각 개인이 각자의 재능과 여건을 최적화하여 어떻게 현재 및 미래 사회에 대비하고 준비해야 할지 매우 막연한 면이 있습니다.

지난 30여 년간 대학에서 컴퓨터과학을 강의하고 연구하면서 우리 대학에서 컴퓨터 교육이 너무 이론에 치우쳐져 있지 않나 하는 생각을 늘 해왔습니다. 컴퓨터과학의 기본 원리와 이론 교육이 물론 중요하지만 이것만으로는 미래 사회를 살아갈 전문가 및 직장인들에게 컴퓨터 활용 능력을 길러주기에는 역부족이었습니다. 30여 년 전에는 파스칼(Pascal) 언어로 첫 프로그래밍 언어를 가르쳤고 그 후 C, C++ 및 자바 언어로 변화하게 되었습니다. 그러나 저의 경험으로는 학생들이 C, C++, 자바 언어를 배우고 나서 이러한 언어를 자유자재로 활용하고 창의성을 발휘하기에 무언가 부족하다고 느껴 왔습니다. 4차 산업혁명 시대에 프로그램 및 소프트웨어 교육은 대학생은 물론 중고등 학생들에게 언어 교육 및 수학 교육과 마찬가지로 거의 필수적인 교육으로 인식되고 있습니다. 미래를 준비하는 모든 사람들에게 프로그래밍 교육이 필수적인 시대가 된 것입니다.

이러한 사회적 변화와 요구에 가장 적합한 프로그래밍 언어가 파이썬(Python)이라고 생각합니다. 파이썬 언어는 1991년 개발되었으니 비교적 오랜 역사를 가졌음에도 불구하고 우리나라 대학에서 첫 프로그래밍 언어로 교육하기 시작한 것은 10년이 채 되지 않았습니다. 미국에서는 상당히 오래 전에 대부분의 대학에서 파이썬 언어로 소프트웨어 교육을 시작하는 것이 자연스러운 현상이었지만 우리나라는 그렇지 못했습니다. 지금은 수많은 파이썬 관련 서적이 출판되었고 대학은 물론 중고등 학생들에게도 파이썬으로 첫 프로그래밍 교육을 시작하는 것이 일반적인 현상이 되었습니다. 파이썬 언어는 배우기 쉽고 소프트웨어를 공동으로 개발하고 유지하기 용이하며 무엇보다도 다른 프로그래밍 언어와 함께 사용할 수도 있습니다(이러한 개념을 'Glue Language'라고 합니다). 특히 파이썬 언어의 가장 큰 장점은 수많은 유용한 라이브러리들이 존재하여 이들을 가져다 잘 활용하면 매우 큰 힘을 발휘할 수 있다는 점입니다. 예를 들어, 요즈음 큰 관심을 끌고 있는 빅데이터 분석이나 기계학습 또는 딥러닝 분야의 소프트웨어를 개발하고 싶은 경우에 NumPy, Matplotlib, Pandas, TensorFlow와 같은 라이브러리를 활용하면 매우 효과적으로 다양한 분야의 활용 소프트웨어를 개발할 수 있습니다. 따라서 파이썬은 활용 능력 면에서 매우 우수한 프로그래밍 언어입니다.

대학(연세대)에서 지난 수년간 "소프트웨어 프로그래밍(파이썬)" 과목을 강의하면서 다양한 교과서를 살펴보았습니다. 어떤 서적은 한 학기에 파이썬 교육을 완성하기에 책의 분량이 너무 많았고 시간이 부족해서 적절한 교과서를 찾기 쉽지 않았습니다. 연세대 강의는 전교의 다양한 학생들이 수강하고 있으며 거의 대부분의 수강생들이 프로그래밍 배경이 전혀 없는 상태입니다. 실제 수강생들의 분포를 보면 한 클래스 40여 명의 전공 학과 수가 20여 개로 문과대, 사회과학대, 경영대학, 공과대, 이과대, 생활과학대, 교육과학대, 신과대, 음대 및 체육학과 등 매우 다양합니다. 실제 강의는 매주 강의 2시간 및 실습(LAB) 2시간으로 진행해 왔습니다. 이러한 요구와 여건에 맞추어 이 책을 저술하게 되었습니다. 이 책은 실제 저의 강의 내용에 기반하여 LAB 내용(연습문제의 B. 따라하기 실습 및 C. 프로그래밍 실습)을 구성하였습니다. 수강생들은 LAB 내용(B. 따라하기 실습)을 그대로 따라함으로써 파이썬 언어를 익히고, (비교적) 간단한 프로그래밍 문제(C. 프로그래밍 실습)를 LAB 시간 내에 완성하는 방식을 따랐습니다. 이 책을 사용하는 모든 사람이 이와 동일한 방법으로 비교적 단시간 내에 파이썬 언어의 모든 것을 배우고 활용 능력을 발휘해 나갈 수 있을 것이라 믿습니다.

이 책을 저술하는 데 많은 조언을 준 연세대 동료교수 변혜란 교수, 양성봉 교수, 한탁돈 교수, 손의성 교수, 김재경 교수께 감사드립니다. 또한 LAB 조교(TA)로서 항상 열정을 갖고 수강생들을 도와 준 신원섭 대학원생의 역할이 컸습니다. 마지막으로 이 책의 출간을 위해 적극적으로 후원해 주시고 항상 격려해 주신 생능출판사 김승기 사장님과 직원 여러분께 깊이 감사드립니다.

2021년 10월

저자 최윤철, 임순범

차례

CHAPTER 03 변수와 표현식

CHAPTER 04 선택문: if_else 문

CHAPTER 05 반복문: while 문과 for 문

CHAPTER 06 리스트(List), 튜플(Tuple) 및 스트링(String)

CHAPTER 07 함수(Function)

CHAPTER 08 프로그램의 모듈화

CHAPTER 09 딕셔너리(Dictionary), 집합(Set) 및 텍스트 파일

CHAPTER 10 유용한 프로그래밍 기법

CHAPTER 11 객체지향 프로그래밍

01 CHAPTER

컴퓨터와 파이썬 프로그래밍

contents

| 단원개요 |

우리 사회는 바야흐로 4차 산업혁명 시대로 들어가고 있다. 앞으로 경제, 사회, 산업, 문화, 교육, 의료 등 많은 영역에서 획기적인 변화가 있을 것이다. 디지털 트랜스포메이션을 이해하기 위하여 컴퓨터 하드웨어 및 컴퓨터 네트워크, 소프트웨어를 간단히 설명한다. 또한 이 책의 주제인 파이썬을 공부하기 전에 파이썬의 철학과 특징을 설명하고 문제 해결 과정을 소개한다.

01 컴퓨터와 파이썬 프로그래밍

1.1 컴퓨터 시스템의 발전

컴퓨터의 발전 역사와 활용 분야를 간단히 알아보자. 또한 오늘날 초연결사회를 있게 한 컴퓨터 네트워크와 인터넷에 대하여 설명한다.

1.1.1 컴퓨터와 4차 산업혁명

■ 컴퓨터의 발전

컴퓨터의 역사는 70여 년 전 에니악(ENIAC)으로부터 시작되었다. 그 이전에도 17세기 파스칼 덧셈기, 19세기 바비지가 만든 계산기, 1936년 영국의 수학자 튜링(Alan Turing)이 제안한 튜링머신 등이 존재했지만 세계 최초의 범용 컴퓨터는 1946년 에니악에 의해 실현되었다. 에니악은 길이 30m, 높이 3m, 무게가 무려 30톤에 이르고 18,000개의 진공관으로 구성되었다. 컴퓨터의 발전 역사는 실로 놀라워 제2세대 컴퓨터(1958~1963)는 진공관 대신 트랜지스터를 사용하였고 제3세대 컴퓨터(1964~1970)는 IC 칩을 사용하였다. 1971

(a) ENIAC 컴퓨터

(b) ENIAC에서 이용한 진공관

[그림 1-1] 세계 최초의 전자컴퓨터 ENIAC

년경 시작된 제4세대 컴퓨터(1971~현재)는 트랜지스터의 집적도를 크게 높인 반도체 칩으로 발전하여 오늘날 컴퓨터 칩은 수억~수십억 개의 트랜지스터 회로를 가지게 되었다.

■ 컴퓨터의 다양한 활용 분야

오늘날 컴퓨터는 산업, 비즈니스, 금융, 교육, 과학, 의료, 서비스, 공공, 통신, 교통, 국방 등 거의 모든 분야에서 활발히 쓰이고 있다. 이와 같이 모든 영역에서 필수적으로 쓰이는 컴퓨터는 기존의 다른 기계와 어떠한 차이점이 있는가? 기존의 모든 기계들은 특정한 한 가지 목적을 위해 개발된 데 비해 컴퓨터는 특정한 쓰임이 아닌 범용 기계(General-Purpose Machine)로 개발되었다. 컴퓨터는 믿을 수 없을 만큼 다양한 용도로 쓰이고 있는데, 간단한 세금계산에서부터 로봇의 동작제어나 자율주행 자동차에 이르기까지 많은 분야에서 사용되고 있다. 컴퓨터의 이러한 범용성 개념은 1937년 알란 튜링에 의하여 처음으로 제시되었다. 튜링머신에 의하면 컴퓨터는 데이터를 입력받아 처리하고 그 결과를 출력하는 기계로서 처리 용도는 프로그램의 명령에 따라 달라질 수 있다고 생각하였다(그림 1-2 참조). 오늘날까지 모든 컴퓨터는 튜링머신의 개념에 따라 프로그램을 통해 범용성과 융통성을 제공하고 있다.

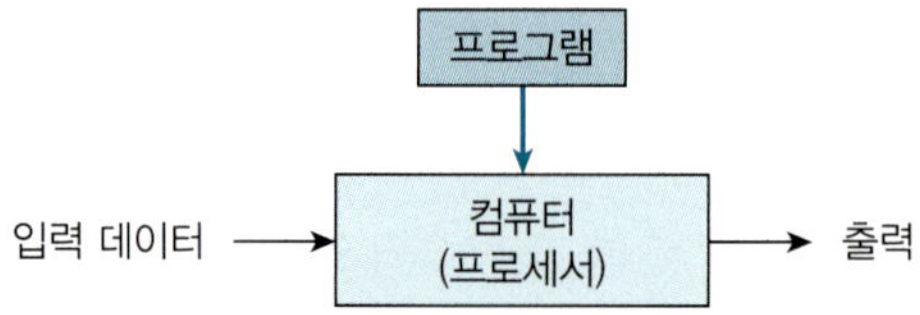

[그림 1-2] 튜링 모델에 기반한 컴퓨터: 프로그램을 통한 프로세서의 작동

컴퓨터가 처리하는 정보는 숫자나 문자와 같은 간단한 데이터에서부터 이미지, 사운드, 비디오와 같은 멀티미디어 정보에 이르기까지 다양한데, 컴퓨터는 이러한 정보를 복합적으로 처리할 능력을 가지고 있다. 또한 컴퓨터는 단순 계산 능력을 벗어나 인간의 지능과 사고 기능을 수행할 수 있어 때로는 인간의 두뇌를 대신하기도 한다. 하지만 컴퓨터가 정보의 처리속도, 기억능력, 정확성 면에서는 인간에 비해 월등한 반면 고차원의 사고 및 지능 면에서는 아직 인간에 못 미치는 것이 현실이다. 그림 1-3은 인간의 두뇌와 컴퓨터의 핵심 요소인 마이크로프로세서 칩을 비교한 것이다.

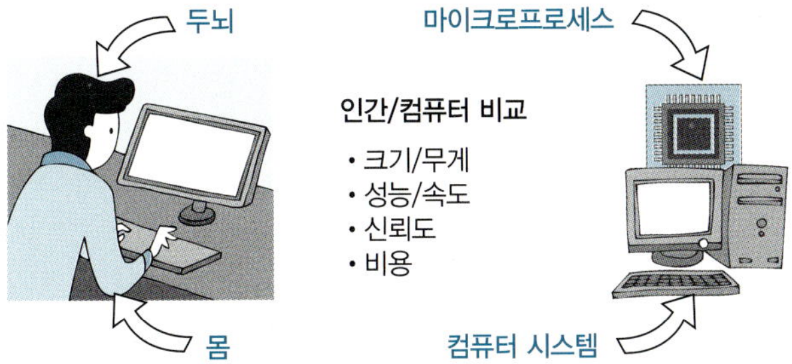

[그림 1-3] 인간의 두뇌와 마이크로프로세서 칩

그렇다면, 컴퓨터는 어떻게 이와 같이 다양한 기능(Versatility)을 소유할 수 있는가? 컴퓨터의 융통성(Flexibility)의 비밀은 컴퓨터의 하드웨어에 있는 것이 아니라 컴퓨터 프로그램, 즉 소프트웨어에 있다. 컴퓨터는 이러한 소프트웨어와 다양한 입력장치, 센서, 출력장치들을 이용함으로써 활용방식에 따라 매우 다양한 응용 분야에서 이용되고 있다.

초기의 컴퓨터는 과학 및 공학 분야의 계산과 통계처리를 목적으로 사용되는 매우 값비싼 기계였다. IBM의 설립자 토머스 왓슨(Thomas Watson)은 1943년 당시 전 세계에 필요한 컴퓨터가 5대를 넘지 않을 것이라고 선언하였다. 그러나 오늘날 인간은 주변의 수많은 컴퓨터와 더불어 살아가고 있으며 컴퓨터는 우리 사회와 생활양식에 커다란 변화를 초래하고 있다.

■ 4차 산업혁명 시대

미래학자 엘빈 토플러(Alvin Toffler)는 1980년 그의 저서 『제3의 물결(The Third Wave)』에서 디지털 혁명과 통신 혁명에 대하여 잘 설명하고 있다. 인류는 원시수렵 및 채집 문명에서 벗어나 농업문명을 이루게 되었고, 18세기 후반 증기엔진의 발명으로 방직공장에서 기계를 사용한 대량생산이 가능하게 되었으며, 1850년 이후에는 증기선, 철도, 전기의 발명으로 2차 산업혁명을 맞이하게 되었다.

토플러는 농업혁명을 '제1의 물결'이라 부르고, 산업혁명을 '제2의 물결'이라 불렀다. 그는 컴퓨터 기술의 발전으로 야기된 정보혁명으로 인하여 1950년대 후반부터 탈산업화사회, 즉 정보화사회가 시작되었다고 설명하였고, 이러한 현상을 '제3의 물결'이라 이름 붙였다. 정보화사회에서는 과거 산업화사회의 핵심 개념인 대량생산, 대량분배, 대량소비에서 대량화의 탈피, 다양성, 지식기반에 의한 생산, 변화의 가속화 개념으로 변화하게 되었다.

최근에는 18세기 산업혁명 이후의 시대를 1차 산업혁명, 2차 산업혁명, 3차 산업혁명 및 4차 산업혁명으로 나누어 설명하고 있다. 1차 산업혁명은 증기기관의 발명으로 인한 대량생산 시대를 의미하고 2차 산업혁명은 전기의 발명으로 자동차 어셈블리 라인과 같은 생산방식을 뜻한다. 이에 비해, 3차 산업혁명은 엘빈 토플러가 이야기 하는 '제3의 물결', 즉 정보화사회를 의미하며 지금 우리가 맞이하고 있는 4차 산업혁명은 인공지능, 로봇 및 빅데이터를 이용한 사물인터넷 및 산업인터넷 시대를 의미한다(그림 1-4 참조).

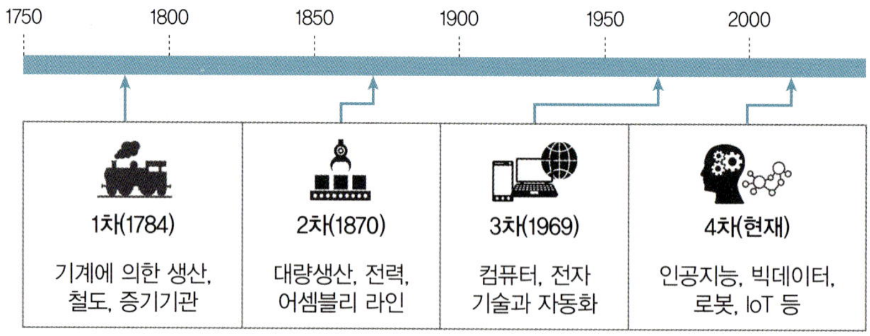

출처: fortune.com(World Economic Forum), www.samsungsdi.com

[그림 1-4] 네 차례에 걸친 산업혁명

1.1.2 정보 통신과 네트워크

■ 컴퓨터 네트워크의 중요성

컴퓨터 이용 초기에는 한 기업이나 기관이 대용량의 메인프레임 컴퓨터를 설치하여 다양한 업무를 처리하는 중앙집중처리(Centralized Processing) 방식을 따랐다. 중앙집중처리 방식은 모든 프로그램과 데이터를 컴퓨터가 설치되어 있는 곳까지 가져와야 처리할 수 있었고, 그 결과를 다시 사용자에게 분배해야 하는 어려움이 있었다. 이에 따라 메인프레임 컴퓨터와 사용자의 단말기 사이를 전화선을 이용하여 연결하게 되었고, 그 후 이 방식이 발전하게 되었다.

시간이 흐름에 따라 독립적인 컴퓨터들을 서로 연결하여 프로세서, 기억장치, 프린터 등의 하드웨어를 공동으로 사용하고, 프로그램, 데이터 등의 소프트웨어 자원을 공유할 필요가 생겨났다. 이러한 필요에 따라 컴퓨터들을 연결함으로써 사용자 사이에 정보나 메시지를 서로 교환할 수 있게 되었다. 정보 통신이란 서로 다른 컴퓨터 사이에서 정보를 주고받는 행위라고 정의된다. 따라서 정보 통신을 위해서 컴퓨터와 컴퓨터들을 연결해주는 선로

(Cable), 통신제어에 필요한 장치 등이 필요하다. 일반적으로 이와 같이 컴퓨터 통신을 위해 연결된 컴퓨터들의 집합을 컴퓨터 통신망 혹은 컴퓨터 네트워크(Computer Network)라 부른다.

오늘날 세계의 모든 컴퓨터는 컴퓨터 네트워크에 의해 실질적으로 모두 연결되어 있어 이메일, SNS, 웹페이지 검색, 동영상 공유 등 언제, 어디서나 다양한 장치를 이용하여 정보의 공유가 가능하게 되었다. 이것은 컴퓨터 네트워크에 의해 컴퓨터가 유선망, 무선망 또는 모바일 망으로 연결되어 있기에 가능한 것이다. 특히, 클라우드 서비스는 컴퓨터의 하드웨어 자원은 물론 소프트웨어 자원과 다양한 정보를 실시간에 공유할 수 있게 해주는 서비스로 그 이용이 빠르게 확산되고 있다.

■ 다양한 컴퓨터 네트워크

정보를 상호 공유하기 위해서 구축된 컴퓨터 네트워크는 서비스 범위, 연결 방식, 네트워크의 구조에 따라 다양한 모습을 가진다. 서비스 범위에 따라 컴퓨터 네트워크는 개인영역 통신망(PAN: Personal Area Network), 근거리 통신망(LAN: Local Area Network), 원거리 통신망(WAN: Wide Area Network) 및 백본 네트워크(Backbone Network)로 구분된다.

컴퓨터 네트워크는 연결 방식에 따라 다시 유선망, 무선망 및 모바일망으로 구분된다. 유선망은 트위스트 페어 케이블이나 동축 케이블, 광섬유 케이블 등을 이용하여 컴퓨터들을 연결한다. 컴퓨터 네트워크 중에서 유선 LAN은 Ethernet을 들 수 있다. Ethernet은 국제표준으로 제정되어 있다. 선이 없는 무선망에 비하여 속도가 빠르고 보안 측면에서 안전하다는 장점이 있는 반면 케이블로 연결해야 한다. 무선망이란 선이 없이 구성된 형태의 컴퓨터망이다. 무선 인터넷망을 일명 Wi-Fi망으로 부르기도 한다. 케이블의 연결이 불필요하므로 설치가 쉽고 설치비용이 저렴하다는 장점이 있다.

1.1.3 인터넷과 초연결사회

■ 인터넷의 개념과 발전

일반적으로 컴퓨터 네트워크는 설계 방식과 데이터 처리 방식이 다른 여러 가지 기종의 컴퓨터들이 연결되어 있어 이들 간에는 원활한 데이터 교환이 이루어지기 위해 데이터 교환의 표준화가 필요하게 되었다. 1969년 미국방성 DARPA(Defense Advanced Research Projects Agency)가 개발한 ARPAnet은 여러 종류의 컴퓨터 간에 데이터 전송을 위해 IP(Internet Protocol) 전송규약을 표준으로 채택하였다. 전송규약이란 컴퓨터 사이에 정보를 원활히 전달하기 위하여 필요한 규칙 또는 약속의 집합을 의미한다. ARPAnet은 실험적인 네트워크였으나 이것이 인터넷으로 발전하게 되었다. 그 후, 인터넷망이 더욱 확산되어 이제는 전 세계를 연결하는 글로벌 네트워크가 되었다. ITU의 보고서에 따르면 전 세계 모든 국가들이 연결된 인터넷의 사용 인구가 2020년도에 46억 명을 넘어섰다고 한다.

인터넷이 단지 정보검색 수단에 머무르지 않고 웹을 통한 전자상거래로 확산되면서 인터넷의 활용이 크게 증가하였다. 2018년에는 전 세계 인구의 43%가 온라인을 이용하여 물건이나 서비스를 구매하였다. e-커머스 시장은 2017년 2.38조 달러, 2018년 2.92조 달러, 2019년 3.53조 달러로 증가하였고 2020년은 코로나 19로 인하여 더욱 급격히 증가하였다. 2020~2027년 기간 동안 연평균 14.7% 성장할 것으로 예상되고 있다. e-뱅킹과 모바일 뱅킹의 급성장, 인터넷 광고 시장의 확대, 인터넷을 이용한 마케팅의 기법의 발전, 인터넷상의 마켓플레이스(Market place) 확산 등은 '인터넷 경제(Internet economy)' 시대의 도래를 보여주고 있다.

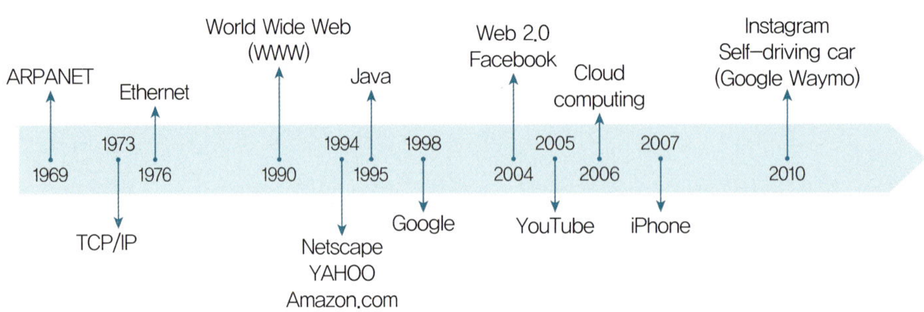

[그림 1-5] 인터넷 서비스의 발전 역사

■ 웹의 출현

웹(World Wide Web)은 1989년 스위스의 CERN 연구소에서 팀 버너스리(Tim Berners-Lee)가 주도하여 개발한 인터넷상의 정보교환을 위한 최초의 하이퍼미디어 시스템이다. 하이퍼미디어(Hypermedia)란 텍스트, 이미지, 그래픽, 사운드, 동영상 등을 포함한 멀티미디어 정보가 링크로 서로 연결되어 있는 것을 말한다. 하이퍼미디어는 상호연관이 있는 정보 조각들을 비순차적으로 연결하여 구성한 정보이다. 웹의 보급은 1993년 GUI 방식의 웹 브라우저인 모자익(Mosaic)이 개발되면서 급격히 확산되었다. 이 후 여러 가지 웹 브라우저가 개발되고 성능이 향상되면서 일반인들도 인터넷을 쉽게 이용할 수 있게 되어 웹을 대중화시키는 데 커다란 기여를 하였다. 오늘날 웹은 지구상의 모든 컴퓨터가 가진 방대하고 다양한 정보를 상호연관성에 따라 구축해 놓은 것이라 할 수 있다.

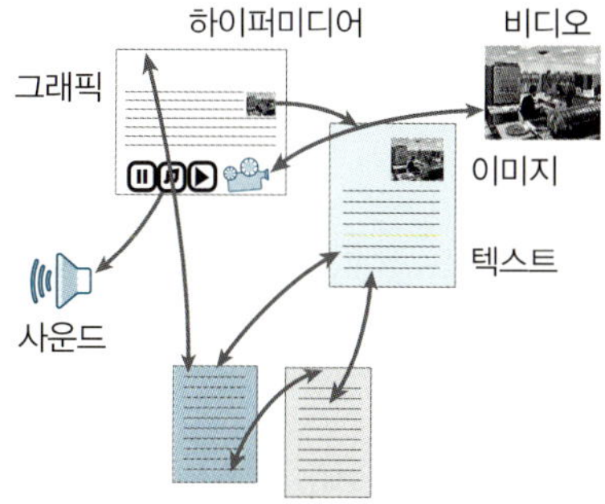

[그림 1-6] 하이퍼미디어의 개념

■ 초연결사회로 변화

인터넷, 사물인터넷, 센서, 모바일 기기의 발전으로 우리사회가 초연결사회(Hyper-connected Society)로 변화하고 있다. 인터넷의 연결속도가 빠르게 증가하고 비용은 오히려 감소하고 있는 추세이다. 스마트폰, Wi-Fi, 블루투스, 비콘, NFC 등의 기술 발전으로 사람과 사람 간의 연결이 보다 원활하게 되었고 소셜미디어와 SNS가 확산되었다. 이러한 결과로 소셜 경제(Social Economy)라는 개념이 나타나게 되었다. 또한, 사물인터넷(IoT) 기술은 사람과 물체, 물체와 물체 간의 연결을 확산시켰다. Cisco사는 2020년 전 세계적으로 500억 개의 사물이 인터넷에 연결될 것으로 예상하고 있고 또 다른 예측에 의하면 2030년 1조 개의 사물이 인터넷에 연결될 것으로 예상된다. 소셜미디어, 웨어러블 기기 및 사물인터넷(IoT)에 의한 연결의 결과로 엄청난 양의 데이터가 생성되게 되었고 이는 빅데이터를 구성하여 ICT 기술 활용의 지능화에 핵심적 역할을 담당하게 되었다. 세계적 ICT 시장조사기관인 IDC에 의하면 전 세계에 저장된 정보는 2년마다 2배씩 증가한다.

사물인터넷이 확산되면서 공장, 도시, 가정, 직장, 물류/유통, 차량 및 개인의 삶의 영역에서 핵심적인 역할을 담당할 것이다. 맥킨지사에 의하면 2025년경에 사물인터넷 시장의 규모가 4~11조 달러에 이를 것으로 예상된다. 특히 사물인터넷 시장규모는 공장, 도시 인프라, 자율주행 자동차, 헬스케어 영역에서 큰 시장을 형성할 것이다.

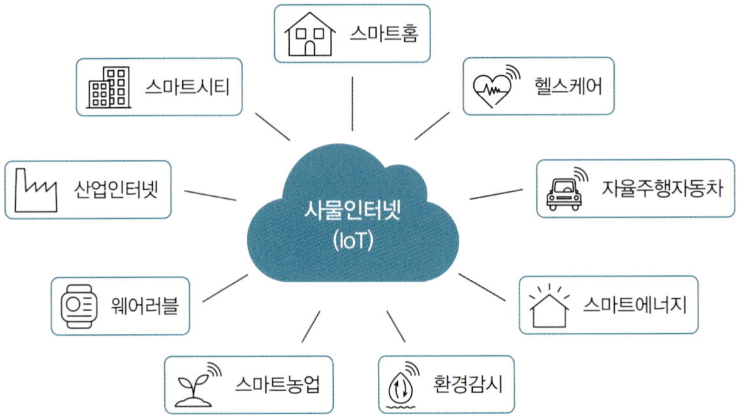

[그림 1-7] 사물인터넷(IoT)의 주요 활용 영역

1.2 소프트웨어와 프로그래밍 언어

디지털 트랜스포메이션의 핵심 기술은 소프트웨어와 콘텐츠에 달려 있다. 소프트웨어 계층적 구조의 의미를 살펴보고 소프트웨어를 개발하기 위한 프로그래밍 언어의 발전을 소개한다. 또한 프로그래밍 언어의 컴파일 방식과 인터프리터 방식이 어떻게 다른지 알아보자.

1.2.1 소프트웨어의 계층적 구조

■ 하드웨어와 소프트웨어

컴퓨터 시스템은 하드웨어 부분과 소프트웨어 부분으로 구성되어 있다. 컴퓨터 시스템을 구성하는 하드웨어는 중앙처리장치(CPU), 저장장치, 입력장치 및 출력장치로 구성되어 있다. 컴퓨터 시스템이 제대로 작동하기 위해서는 하드웨어만으로는 가능하지 않다. 하드웨어를 작동시키기 위한 시스템 소프트웨어와 특정 작업을 수행하기 위한 응용 소프트웨어가 필요하다. 시스템 소프트웨어에 속하는 운영체제는 하드웨어와 응용 소프트웨어의 동작을 관리하는 프로그램이며, 응용 소프트웨어는 사용자가 사용하는 프로그램으로 운영체제 위에서 작동한다. 예를 들어, 인터넷을 지원하는 웹브라우저인 인터넷 익스플로러(Internet Explorer), 사무 자동화 패키지인 마이크로소프트 오피스(Microsoft Office) 등의 응용 소프트웨어는 운영체제의 도움을 받아 사용자가 실행한다.

■ 소프트웨어의 계층적 구조

시스템 소프트웨어에는 여러 가지 종류의 프로그램이 있다. 하드웨어를 작동시키고 자원을 관리해주는 운영체제, 응용 프로그램을 개발하기 위한 컴파일러, 프린터 드라이버나 네트워크 접속 프로그램 등의 유틸리티 소프트웨어가 있다. 그림 1-8에서 이들 시스템 소프트웨어와 하드웨어, 응용 소프트웨어의 계층적인 관계를 보여주고 있다.

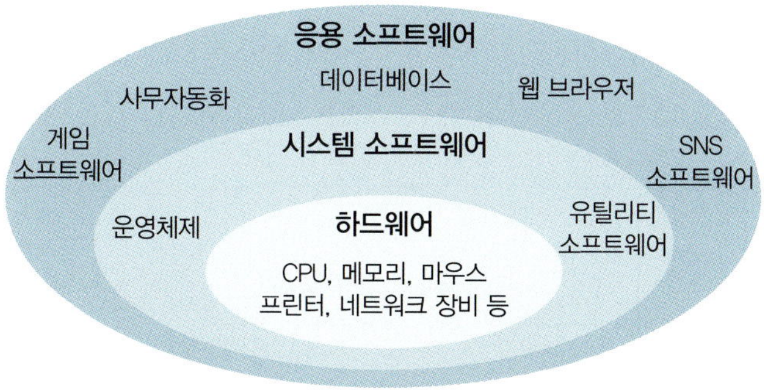

[그림 1-8] 소프트웨어의 계층적 구조

시스템 소프트웨어의 계층적 구조에서 하드웨어를 직접 제어하고 자원을 관리해주는 계층을 운영체제라고 한다. 응용 프로그램들은 하드웨어에서 직접 실행되는 것이 아니라 운영체제라는 시스템 소프트웨어가 바로 실행환경이 된다. 운영체제는 다른 응용 프로그램들이 실행되는 기반이라는 의미로 플랫폼(Platform)이라고도 불린다.

또 다른 시스템 소프트웨어로는 응용 소프트웨어를 개발하거나 사용자 자신의 프로그램을 개발하기 위하여 컴퓨터가 이해하는 언어로 번역해주는 소프트웨어인 컴파일러나 인터프리터가 있다. 프로그래밍 언어는 컴퓨터가 읽고 사용하는 명령이나 코드의 집합으로 BASIC, C/C++, Java, Python 등 많은 프로그래밍 언어가 있으며 원하는 프로그램을 개발하는 데 사용된다. 작성된 프로그램은 컴파일러, 즉 번역기 프로그램을 통하여 사람이 작성하기 쉬운 형태에서 컴퓨터가 이해하고 실행 가능한 형태로 변환된다.

유틸리티 소프트웨어는 사용자가 시스템을 사용하기 편리하게 도움을 주는 프로그램으로 파일관리, 파일설치, 압축, 보안, 네트워크 등의 기능을 수행하는 다양한 프로그램들이다. 이러한 유틸리티 프로그램은 운영체제 위에서 실행되며 주로 시스템 관리나 유지 보수를 위하여 사용자가 직접 사용하는 경우가 많다. 경우에 따라서는 시스템 소프트웨어와 응용 소프트웨어를 구별하기 어려운 경우도 있다.

■ 소프트웨어의 중요성

프로세서, 메모리칩, 입출력장치와 같은 하드웨어가 급격히 발전하여 성능이 빠르게 향상되며 가격은 오히려 급격히 하락하고 있다. 인텔사 회장 무어(Gordon Moore)는 1965년 마이크로프로세서 집적도의 발전에 관하여 무어의 법칙(Moore's Law)을 발표하였다. 무어의 법칙에 의하면 마이크로프로세서 칩의 성능은 18개월마다 두 배씩 증가한다. 무어의 법칙은 지난 40여 년간 정확하게 맞아왔으며 앞으로도 계속 유효할 것으로 예측되고 있다. 그림 1-9는 1971년부터 최근까지 인텔사 마이크로프로세서 성능의 변화를 칩에 포함된 트랜지스터의 수로 표현한 것이다.

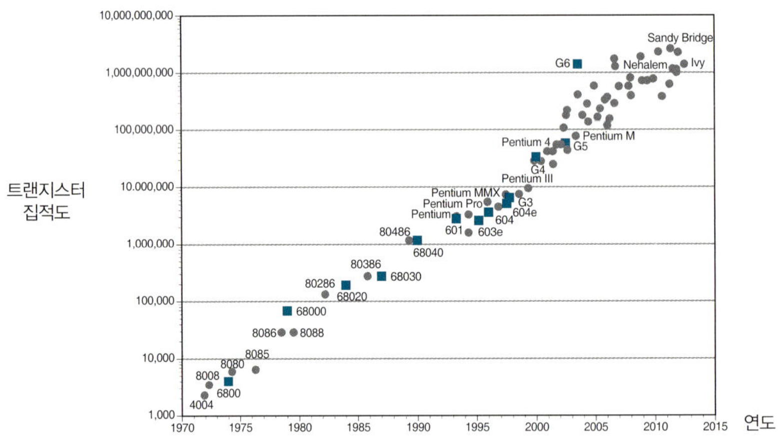

출처: http://electroiq.com

[그림 1-9] 무어의 법칙 - INTEL 마이크로프로세서(파란점)의 경우

이에 비해 소프트웨어의 생산성은 크게 향상되지 못했으며 오늘날의 소프트웨어는 그 크기가 방대하여 많은 전문 인력의 투입을 요구하고 있다. 그림 1-10에서 보듯이 하드웨어 비용은 급격히 감소하는데 비해 소프트웨어 비용은 매우 빠르게 증가하고 있다. 오늘날 인공지능, 빅데이터 분석, 사물인터넷, 자율주행 자동차, 모바일 컴퓨팅 등은 하드웨어 플랫폼을 기반으로 하고 있지만 결국 핵심 기술은 소프트웨어에 달려있다 해도 과언이 아니다. 소프트웨어의 핵심은 문제를 해결하는 절차, 즉 알고리즘에 달려있다. 얼마나 좋은 알고리즘을 확보하느냐가 모든 문제의 해결에 가장 중요한 이슈이다. 예를 들어, 오래 전 토요타 자동차는 "토요타는 더 이상 자동차 회사가 아니다."라고 선언하면서 IT 회사임을 선언하였고 최근 GM사도 자신의 경쟁사가 토요타나 폭스바겐이 아니고 우버와 구글이라고 선언하였다. 이것은 자동차회사도 우수한 자율주행 자동차를 가능케 하는 소프트웨어가 경쟁

의 핵심이라는 것을 의미한다. 과거 IBM, Intel, HP, 삼성전자와 같은 하드웨어 기업이 컴퓨터 시장을 장악했으나 오늘날은 Apple, Microsoft, Amazon, Google, Facebook 같은 소프트웨어 또는 인터넷 서비스 기업이 세계 시가총액 1~5위를 차지하고 있다. IBM과 삼성전자와 같은 기업도 소프트웨어 회사로 변신하려고 노력하고 있다.

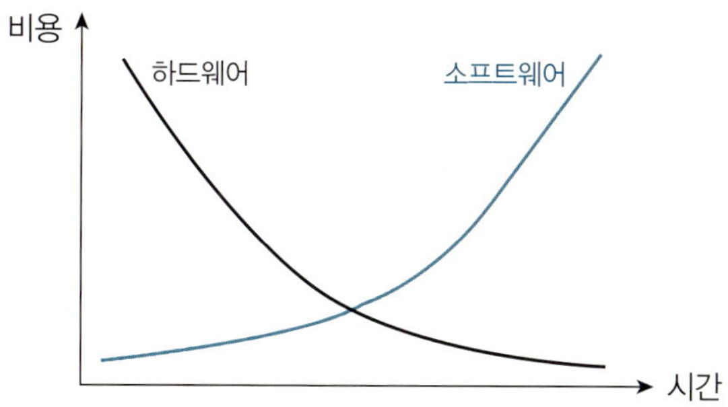

[그림 1-10] 하드웨어와 소프트웨어의 비용 변화

1.2.2 프로그래밍 언어의 발전

■ 프로그래밍 언어의 역사

프로그래밍 언어는 설계 방법에 따라 몇 가지 유형으로 분류할 수 있다. 절차적 언어, 객체지향 언어, 선언적 언어 및 함수형 언어의 4가지 패러다임으로 분류할 수 있다. 이 중 가장 많이 이용되는 패러다임은 절차적 언어와 객체지향 언어이다.

절차적 언어는 명령형 언어(Imperative Language)라고도 불려 지는데 프로그램이 기본적으로 알고리즘을 표현하기 위한 명령어들의 집합으로 구성된다. 프로그램은 주어진 문제를 해결하기 위하여 명령어를 순서대로 하나씩 기술해 나간다. COBOL, FORTRAN, ALGOL, BASIC, PASCAL, C, Ada 등이 대표적인 절차적 언어이다. 객체지향 언어는 Simula, Smalltalk, C++, C#, Java 등에서 사용하는 패러다임으로 객체(Object)라 불리는 엔티티에 데이터와 메소드가 내포되어 있다. 메소드는 데이터를 처리하기 위한 절차이다. 같은 유형의 객체들이 클래스라는 템플렛(Template)에 의하여 정의된다. 객체 내의 데이터를 접근하기 위해서는 필히 객체의 메소드를 통해서만 가능하다.

■ 절차적 언어와 객체지향 프로그래밍 언어

1970년대에 들어와 소프트웨어의 개발이 활발해지면서 작성이 용이하고 체계적인 프로그래밍 언어의 요구가 증가되었다. 특히 컴퓨터가 수행할 작업의 내용을 순서대로 작성해주는 절차적 언어(Procedural Language)의 필요성이 대두되었다. 컴퓨터의 수행 작업은 주로 입력, 연산, 데이터 처리 및 저장, 출력 등의 작업이 반복되는 것이다. 이를 체계적인 구조로 표현하기 위하여 구조적 프로그래밍(Structured Programming) 개념을 프로그램 언어에 적용하였다. 구조적 프로그래밍에서는 프로그램의 반복 및 제어 구조의 표현을 체계적으로 할 수 있다는 점이 가장 큰 특징으로, 반복 구조를 위해 for, while 문장이 있고, 선택 구조를 위해 if-then-else 문이나 switch-case 문이 있다. 또한, 미리 정해진 작업을 수행하기 위하여 서브프로그램을 정의하고 호출하여 사용한다. 반복문과 선택문은 언어에 따라 문법만 다를 뿐 제어 구조의 기본 개념은 동일하다. 초창기 절차적 언어로 COBOL, FORTRAN이 대표적이고 그 후 ALGOL, C, BASIC, PASCAL 등 많은 언어가 절차적 언어 패러다임을 따르고 있다. 절차적 언어로 작성된 프로그램은 구조적이라는 장점이 있는 반면 프로그램의 재사용이 어렵고 프로그램의 수정이 용이하지 않다.

이에 비하여 최근 소프트웨어 개발을 위해 자주 사용되는 C++, C#, Java, Python 등이 객체지향 언어에 속한다. 객체지향 언어는 1970년대 초 Xerox PARC 연구소에서 Smalltalk 시스템을 개발하면서 시작되었다. 절차적 프로그래밍 언어는 컴퓨터가 수행할 작업 순서대로 프로그램을 작성하지만 객체지향(Object Oriented) 언어는 인간이 이해하기 쉬운 사물이나 개념을 객체(Object)로 표현하고 이들 객체 위주로 프로그램을 작성하는 것이다. 객체지향 언어에서는 객체(데이터)의 형식을 의미하는 클래스(Class)와 그 객체의 처리방법을 한 묶음으로 표현한다. 객체지향 프로그래밍 언어의 자세한 개념과 내용은 11장에서 설명한다.

1.2.3 컴파일러와 인터프리터

■ 기계어와 고수준 언어

기계어는 컴퓨터 하드웨어에서 자료 표현의 기본 단위인 비트의 값 0과 1로 그대로 표기하는 언어이다. 기계어는 컴퓨터 CPU에서 명령을 수행하기 위해 반드시 필요하며 CPU의 종류에 따라 각기 고유한 명령어로 구성되어 있다. 컴퓨터는 기계어로 작성된 프로그램을 직접 수행할 수 있으므로 컴퓨터 실행에는 효율적이지만, 사람이 작성하기에는 불편하여 매우 많은 시간과 노력이 있어야 한다. 이에 비해 고수준 언어는 사람이 이해하기 용이한 형태의 컴퓨터 언어로 1.2.2절에서 설명한 다양한 프로그래밍 언어를 포함하고 있다. 기계어가 기계에 더 가까운 언어인데 비해 고수준은 언어는 인간에 더 가까운 언어이다. 따라서 대부분의 소프트웨어는 고수준 언어를 이용하여 작성된다.

고수준 언어는 작성하기 쉬울 뿐만 아니라 특정한 CPU로부터 독립적(Machine Independent)이기 때문에 어떤 응용을 고수준 언어로 작성하면 모든 CPU 상에서 사용할 수 있는 장점이 있다(그림 1-11 참조).

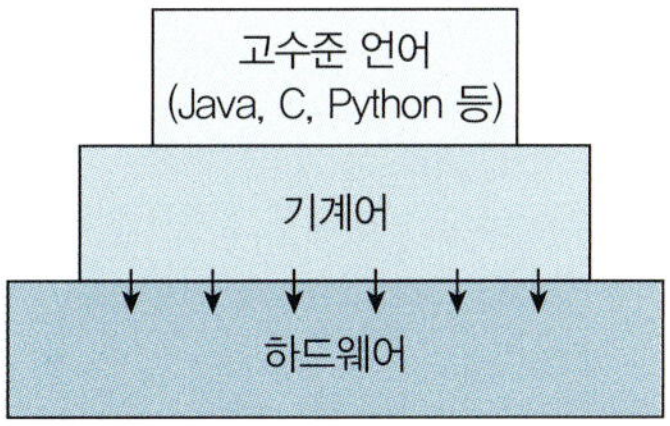

[그림 1-11] 고수준 언어와 기계어

■ 컴파일러와 인터프리터

고수준 언어로 작성된 모든 프로그램은 일단 사용하는 CPU의 기계어로 번역되어야 프로그램의 실행이 가능하다. 기계어로 번역해 주는 소프트웨어를 컴파일러(Compiler)라고 부른다(그림 1-12 참조).

[그림 1-12] 컴파일러의 기능

기계어는 컴퓨터가 직접 해석하여 처리할 수 있는 언어이며 고수준 프로그래밍 언어는 사람이 쉽게 사용할 수 있도록 만들어진 언어이다. 따라서 기계어 이외의 다른 언어로 작성된 모든 프로그램은 일단 기계어로 번역되어야 프로그램의 실행이 가능하다. 고수준의 컴퓨터 프로그램을 번역하는 데에는 컴파일러와 인터프리터의 두 가지 방식이 있다.

컴파일러(Compiler)는 고수준 프로그램 언어로 작성된 소스 프로그램(Source Program)을 기계어로 번역하여 그 결과를 오브젝트 코드(Object Code)라 불리는 실행 가능한 프로그램으로 저장해 둔다. 일단 오브젝트 코드로 존재하는 프로그램은 항상 컴퓨터에서 실행이 가능하다. *.exe 또는 *.com 파일이 이에 해당하며 대부분의 응용 프로그램들이 이런 방식으로 컴파일되어 실행파일 형태로 제공된다. 프로그램이 실행될 때에는 번역이 필요 없으므로 실행 속도도 빠르며 번역된 기계어는 사람의 해독이 어려워 소스 프로그램의 보안에도 좋다. 그러나 일단 컴파일하여 제공되므로 오류가 발생하거나 새로운 내용으로 변경하고자 할 때 즉시 적용하는 것은 곤란하다.

한편 인터프리터(Interpreter)는 미리 번역을 해두는 것이 아니라 프로그램이 실행될 때 소스 프로그램을 한 문장씩 기계어로 해석하여 바로 실행을 하는 방식이다. 과거 베이직(BASIC)이나 파이썬(Python) 언어가 대표적인 인터프리터 방식의 언어이며 웹페이지에 많이 사용되는 스크립트 언어(Script Language)들도 인터프리터 방식을 따르고 있다. 실행 속도는 약간 느리더라도 특별히 문제가 안 되는 분야에서 많이 사용되며, 장점으로는 개발이나 업데이트가 쉽다는 점이 있다.

그림 1-13에서는 컴파일러와 인터프리터에서 프로그램 처리 과정을 보여주고 있다. 그림 1-13(a)에서는 일단 컴파일러에 의해 오브젝트 코드로 번역되어 보관되었다가 필요할 때 실행하는 과정을 보여주고 있으며, 그림 1-13(b)에서는 고수준 언어로 작성된 프로그램을 인터프리터가 해석하여 바로 실행되는 과정을 설명하고 있다.

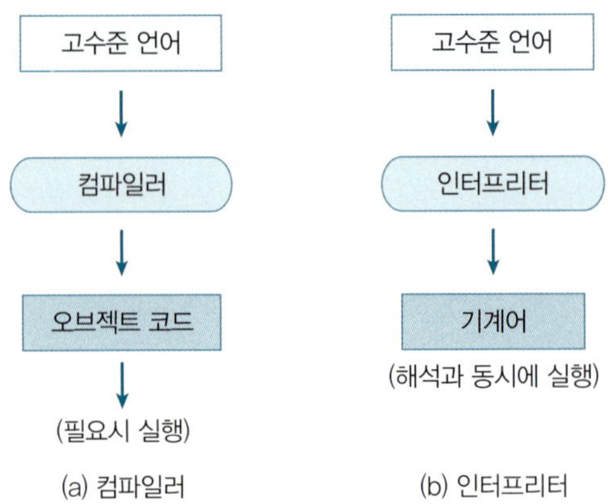

[그림 1-13] 컴파일러와 인터프리터의 처리 과정

1.3 왜 파이썬(Python)인가?

최근 파이썬 언어가 많은 관심을 받고 있다. 파이썬 언어는 실제 기업 환경에서 자주 활용되기도 하지만 특히 교육 환경에서 자주 파이썬을 첫 프로그래밍 언어로 사용하고 있다.

파이썬 언어의 철학과 특징을 알아보고 파이썬 언어가 실세계에서 어떤 위상을 차지하는지 설명한다.

1.3.1 파이썬의 철학과 특징

■ 파이썬의 철학

파이썬 언어는 1991년 네덜란드의 귀도 반 로썸(Guido van Rossum)에 의해 개발되었다. 그는 쓰기 쉽고 이해하기 쉬운 프로그래밍 언어를 원했고 Python이라는 이름을 그가 즐겨 보았던 1970년대 영국의 인기 코미디 "Monty Python's Flying Circus"에서 가져왔다.

python

출처: https://techgrabyte.com/

[그림 1-14] 귀도 반 로썸과 파이썬 로고

오늘날 파이썬 언어는 가장 자주 사용되는 세 가지 프로그래밍 언어에 속한다. 귀도 반 로썸의 파이썬 언어의 철학은 "the Zen of Python"이라는 제목 하에 19가지 사항에 잘 나타나 있다. 그 중 몇 가지 사항을 적어보면 아래와 같다.

"The Zen of Python"

Beautiful is better than ugly.
Explicit is better than implicit.
Simple is better than complex.
Readability counts.
Special cases aren't special enough to break the rules.
Errors should never pass silently.
In the face of ambiguity, refuse the temptation to guess.
There should be one— and preferably only one —obvious way to do it.
If the implementation is easy to explain, it may be a good idea.

이를 종합해 보면 파이썬 언어는 구체적이고 간결하며 가독성이 높은 언어로 예외적 상황을 거의 인정하지 않고 모호성을 피한다. 또한 오류가 발생했을 때 그 오류가 왜 발생했는지 알려준다.

■ 파이썬의 특징과 제약점

파이썬 언어의 특징은 가독성에 있다. 다른 언어에 비해 프로그램을 작성하기 쉽고 이해하기 쉽다. 또한 파이썬은 배우기 쉬운 언어로 교육용 프로그래밍 언어로 매우 적합하다. 파이썬은 인간에 가까운 언어로 공동 작업이 용이하고 프로그램의 유지보수를 위해 유리한 언어이다. 파이썬 언어는 간결한 언어로 프로그램의 개발 속도도 매우 빠르다. 실험에 의하면 파이썬 언어로 소프트웨어를 개발하면 C나 C++로 개발할 때 비해 개발 속도가 5~10배, Java에 비해 3~5배 빨라지고 프로그램의 길이도 짧아진다. 따라서 파이썬 언어는 초기 프로토타입을 개발할 때 매우 유용하다.

파이썬 언어의 장점은 풍부한 외부 라이브러리 모듈을 보유하고 있어서 빅데이터 분석, 인공지능, 자연어 처리, 이미지 인식, 딥러닝 등 다양한 활용 분야의 소프트웨어를 개발할 때 매우 유리하다. 외부 파이썬 라이브러리 모듈의 저장소(Python Software Repository)인 PyPI(Python Package Index) 사이트에는 2021년 7월 현재 317,000개의 프로젝트가 존재한다. 파이썬을 소위 “Glue Language”라고 부른다. 이것은 이미 존재하는 프로그램 모듈들을 함께 붙여서 새로운 프로그램을 작성하기에 적합한 언어라는 의미이다. 파이썬은 객체지향 언어이지만 절차적 언어의 특성도 가지고 있다. 표 1-1은 파이썬 언어와 C, C++, Java 언어를 비교한 것이다.

[표 1-1] 파이썬 언어와 C, C++, Java 언어의 비교

	C	C++	Java	Python
절차적 언어	○	○	×	○
객체지향적 언어	×	○	○	○

파이썬 언어는 또한 제약점도 가지고 있다. 파이썬은 C, C++, Java 언어에 비해 실행 속도가 늦어 시스템 프로그램의 개발에 부적합하다. 또한 파이썬은 모바일 환경의 프로그래밍 언어로 부적합하다. 그러나 파이썬은 “Glue Language”로 빠른 실행 속도를 필요로 하는 부분은 C, Java와 같은 빠른 실행 속도를 가진 언어로 작성되고 이러한 모듈을 가져와 사용하기 때문에 경우에 따라서 이것은 큰 문제가 되지 않을 수 있다.

■ 기업 환경에서 파이썬의 활용

파이썬은 배우기 쉽고 프로그램을 작성하기 쉬운 언어로 최근 활용이 증가하는 언어로 알려져 있다. 그러나 파이썬의 늦은 실행 속도로 인하여 실제 기업 현장에서 얼마나 사용되고 있는지 의문을 제기하는 경우가 있다. Google에서 개발하는 소프트웨어의 50% 정도가 파이썬으로 개발되고 있다. Google사는 초창기부터 "Python where we can, C++ where we must." 개념에 기반하여 소프트웨어를 개발하여 왔다. YouTube, Facebook, Netflix, Yahoo, Instagram, Pinterest, Spotify 등에서도 파이썬을 사용하여 소프트웨어를 개발하고 있다. 파이썬은 웹 프로그램의 개발에도 많이 이용되고 있다. 또한 NASA에서는 수리 및 과학 영역에서 수학자와 물리학자가 주로 파이썬을 이용하며 게임사의 게임 소프트웨어 개발에서도 자주 이용되고 있다.

1.3.2 프로그래밍 언어의 트렌드

■ 파이썬 언어의 인기

세상에는 500여 가지의 프로그래밍 언어가 존재한다. 어떤 언어를 선택할 것인가를 결정하는 것은 개발하려는 소프트웨어의 특성, 개발 목적, 작업 환경, 친숙도 등에 따라 결정된다. 현재 기업 환경에서 어떤 프로그래밍 언어가 가장 많이 사용되고 있는지는 연구 조사에 따라 상이하다. 대체적으로 Java, C++, C, C#, Python, JavaScript, PHP 언어가 많이 이용되고 있다. CodeEval의 2019년 조사에 의하면 파이썬 언어가 30.3%, Java 언어가 22.2%, C++ 13.0% 순으로 이용되고 있다. 한편, 전 세계적으로 5000만 명의 회원을 보유하고 있는 세계 최대 소프트웨어 공유 사이트 GitHub의 2019년 자료에 의하

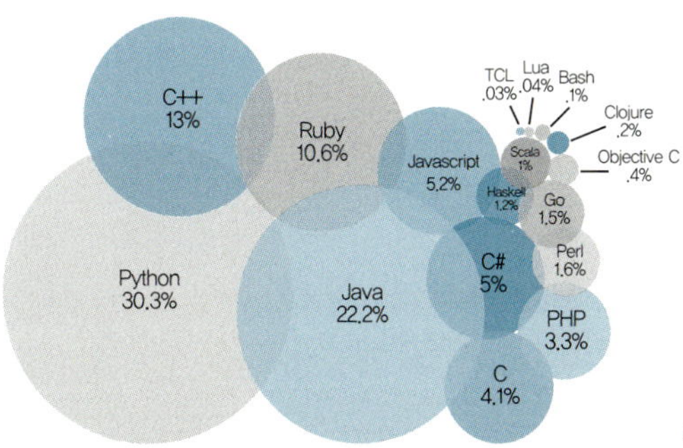

(a) CodeEval 자료(2019년)

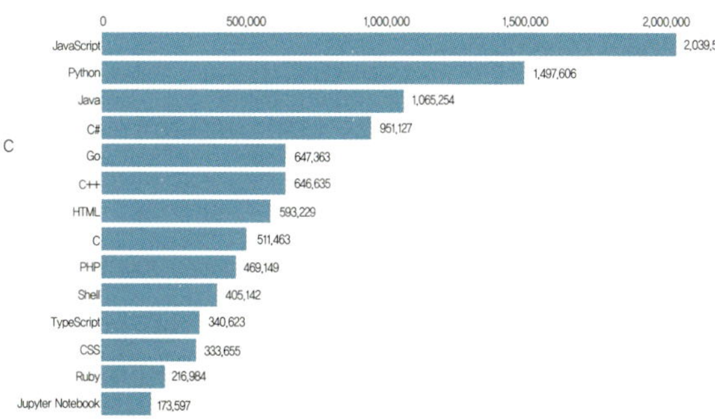

(b) GitHub 자료(2019년)

[그림 1-15] 프로그래밍 언어의 인기도

면 JavaScript, Python, Java 순으로 많은 프로그램이 이 사이트에 올라와 있다. 또한 PYPL("Popularity of Programming Language") 사이트의 2020년 8월 자료에 의하면 Python 31.59%, Java 16.9%, JavaScript 8.17% 순으로 나와 있다.

■ 교육 현장에서 파이썬 언어

교육 현장에서는 단연코 파이썬이 가장 인기 있는 언어로 부상하고 있다. 특히, 대학의 "컴퓨터과학 개론"(CS 1 또는 CS 101, "Introduction to Computer Science")에서는 대부분의 대학이 파이썬 언어를 이미 사용하고 있거나 파이썬 언어로 바꾸어가는 추세이다. 이전에는 대학의 CS 101 과목에서 가장 인기 있는 언어는 Java 언어였으나 최근 이러한 추세가 빠르게 변화하고 있다. 2014년 "Communications of ACM"의 "미국 탑 대학에서 가장 인기 있는 교육용 프로그래밍 언어" 연구에 의하면 미국의 컴퓨터과학과(Computer Science) 탑 39개 대학 중에서 파이썬을 첫 프로그래밍 언어로 사용하고 있는 대학 수가 27개에 이르렀다. 그 이유는 "컴퓨터과학 개론" 과목에서 교육 목적은 프로그래밍 언어의 문법과 기능을 교육하는 것보다 문제풀이 능력(Problem Solving) 또는 컴퓨팅 사고력(Computational Thinking)을 가르치고 알고리즘 교육을 중요시하기 때문이다. 이러한 목적을 달성하기 위해서는 배우기 쉽고 가독성이 높으며 많은 외부 라이브러리 모듈을 제공하는 파이썬이 가장 적합하기 때문이다.

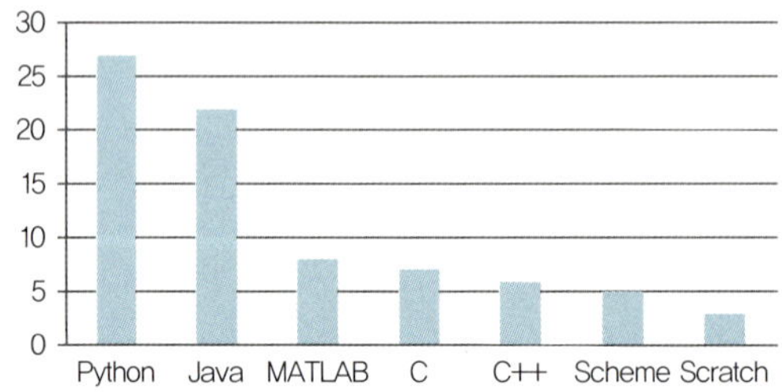

출처: Communications of ACM, July 2014

[그림 1-16] 컴퓨터과학 개론에서 사용하는 프로그래밍 언어

1.4 문제 해결(Problem Solving)과 프로그래밍

우리가 소프트웨어를 개발한다는 것은 컴퓨터를 이용하여 실세계에서 주어진 문제를 해결하기 위함이다. 이 절에서는 문제를 해결하기 위한 절차와 알고리즘 개념을 소개한다. 또한

소프트웨어 개발에서 알고리즘의 중요성을 설명한다.

■ 문제 해결 방법론

인간은 컴퓨터를 활용하여 세상의 다양한 문제를 풀기 원한다. 오늘날 컴퓨터는 연산 능력이나 메모리 크기에서 거의 무한대의 성능을 가지고 있다. 문제는 이러한 강력한 기계를 이용하여 어떻게 우리에게 주어진 문제를 풀 수 있는가이다. 이것을 문제 해결(Problem Solving)이라고 부른다. 우리가 컴퓨터 관련 지식을 쌓는 것도 결국은 컴퓨터를 활용하여 세상의 문제를 해결하기 위해서이다. 컴퓨터는 다양한 입출력장치와 연결되어 있다. 또한 오늘날 컴퓨터 프로세서와 입출력장치가 다양한 기기 및 기계에 장착되어 있다. 이러한 여건 속에서 과거에 인간이 해결하지 못한 다양한 문제의 해결 방법을 찾아내고 컴퓨터로 실현하는 것은 미래 사회에 인간에게 주어진 중대한 이슈가 된다.

문제를 해결하는 방법에 대하여 오래 전부터 연구되어 왔다. 항가리 출신의 수학자 조지 폴야(George Polya)는 1945년 "폴야의 문제 해결 과정(Polya's Problem Solving Steps)"을 발표하였다. 이 방법은 다음의 4단계로 설명한다(그림 1-17 참조).

① 주어진 문제를 이해한다.
② 문제를 풀기 위한 구체적 방법을 찾는다.
③ 찾은 방법에 따라 실현한다.
④ 문제 해결 방법의 신뢰성을 검증한다. 또한 이 방법이 보다 폭넓게 적용되어 일반적인 도구로 사용될 수 있는지 알아본다.

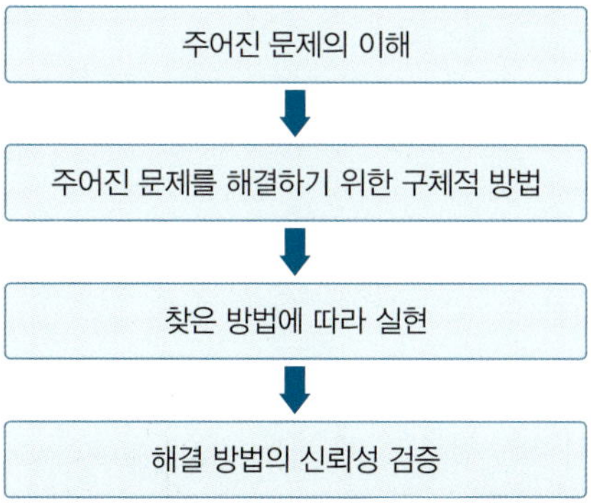

[그림 1-17] 폴야의 문제 해결 과정

위의 4가지 항목 중 항목 ②는 알고리즘에 해당하고 항목 ③은 프로그램에 해당한다. 그러나 "폴야의 문제 해결 과정"이 항상 순서대로 수행되는 것은 아니다. 항목 ①을 완전히 해결하기 위하여, 즉 주어진 문제를 완전히 이해하기 위하여 항목 ②를 먼저 수행해야 하는 경우도 있다. 때로는 항목 ③과 ④를 통하여 항목 ①을 달성하는 경우도 발생한다.

▪ 알고리즘의 중요성

알고리즘은 컴퓨터과학에서 가장 중요한 개념이며 핵심 주제이다. "컴퓨터과학을 알고리즘에 관한 공부(Computer Science is the study of algorithm)"라고 하듯이 컴퓨터를 이용하여 문제를 해결할 때 결국은 모든 것이 알고리즘으로 귀결된다. 알고리즘을 공식적으로 정의하면 다음과 같다. 아래 세 가지를 동시에 만족시킬 때 비로소 알고리즘으로 존재할 수 있다.

① 알고리즘은 모호하지 않은(Unambiguous) 일련의 절차나 명령의 집합이다.
② 알고리즘의 모든 절차는 컴퓨터에 의하여 수행 가능(Executable)해야 한다.
③ 알고리즘은 반드시 종결하는(Terminating) 절차이어야 한다.

출처 : http://www.123rf.com

[그림 1-18] 문제 해결과 알고리즘

알고리즘은 일반적으로 위의 세 가지 조건을 만족시키나 항상 그런 것은 아니다. 예를 들면 인공지능의 어떤 알고리즘은 알고리즘의 절차 중에 모호성이나 임의성이 존재할 수 있다. 또한 감시용 CCTV에 연결된 컴퓨터는 결코 종결 없이 1년 365일 하루 24시간 쉬지 않고 운영된다. 그러나 예외적인 경우를 제외하고 알고리즘은 위의 세 가지 조건을 만족한다. 또 한 가지 추가할 사항은 알고리즘은 효율적이어야 한다. 주어진 문제를 해결할 수 있는 방법은 여러 가지가 존재할 수 있다. 하지만 문제 해결 방법이 알고리즘이기 위해서는 다른 방법에 비해 상대적 효율성을 가져야 한다.

또한 최근 많은 관심을 받고 있는 컴퓨팅 사고(Computational Thinking)라는 개념도 결국에는 알고리즘과 연관되어 있다. 컴퓨팅 사고란 컴퓨터를 활용하여 어떻게 세상의 문제를 해결할지 주어진 문제와 상황을 창의성을 가지고 컴퓨터적으로 사고하는 능력을 의미한다.

■ 소프트웨어와 알고리즘

문제 해결은 결국 알고리즘을 찾는 것으로 귀착한다. 찾은 알고리즘에 따라 실질적으로 실현되어야 한다. 알고리즘은 '잘 정의된 기본절차(Well-defined Primitives)'들을 이용하여 실현된다. 잘 정의된 기본절차는 어떤 시스템을 만드는 '빌딩 블록(Building Block)' 역할을 담당한다. 우리가 레고 블록을 가지고 원하는 목적물을 만들 때 다양한 레고 블록들을 사용한다. 이 때 레고 블록이 빌딩 블록이 되는 것이다. 소프트웨어의 개발에서 잘 정의된 기본절차는 프로그래밍 언어가 사용된다.

우리 주변에서 어떤 과정을 기술하는 알고리즘을 표현하기 위하여 다양한 방법이 사용된다. 예를 들어, 종이접기 놀이를 생각해보자. 종이접기를 통해 학을 만드는 과정을 기술하기 위하여 흔히 아래 그림 1-19(a)와 같은 방법을 사용하여 그 절차를 나타낸다. 그러나 이와 같은 방법은 일반인들에게 분명치 않을 수 있다. 대신 몇 가지 절차를 정의하고 이러한 절차를 사용하여 종이접기를 기술해보자. 이 때 각 절차는 '잘 정의된 기본절차'가 되어야 한다. 그림 1-19(b)는 그림 1-19(a)에 비해 보다 종이접기 절차를 분명히 나타내고 있다. 종이접기에서 한번 이러한 '잘 정의된 기본절차'를 정의하면 나중에 학 접기 외에 다른 종이접기에도 적용할 수 있다. 프로그램의 개발에도 프로그램 언어라는 '잘 정의된 기본절차'를 이용하여 알고리즘을 실현한다.

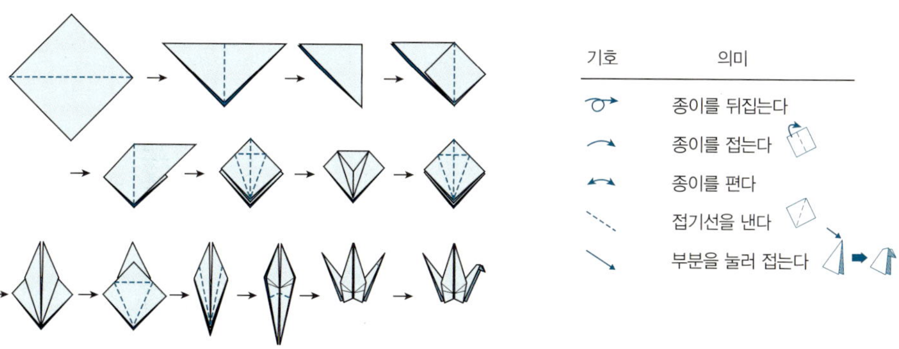

(a) 그림으로 설명한 종이접기 (b) 종이접기를 위한 '잘 정의된 기본절차'

참조: https://www1.folha.uol.com.br/

[그림 1-19] 종이접기와 '잘 정의된 기본절차'의 사례

결론적으로 알고리즘은 어떤 작업을 수행하는 방법을 나타내는 일련의 잘 정의된 절차라 할 수 있다. 알고리즘을 프로그램 언어로 표현한 결과물이 프로그램이고 따라서 프로그램 언어는 알고리즘을 표현하기 위한 수단으로 이해될 수 있다. 일반적으로 소프트웨어는 개념적으로 알고리즘과 프로그램을 통합적으로 의미한다.

연습문제

A. 괄호 넣기 및 객관식

1 기존의 모든 기계들은 특정한 한 가지 목적을 위해 개발된 데 비해 컴퓨터는 특정한 쓰임이 아닌 (　　　　)로 개발되었다.

2 컴퓨터의 범용성 개념은 1937년 알란 튜링에 의하여 처음으로 제시되었다. (　　　　)에 의하면 컴퓨터는 데이터를 입력받아 처리하고 그 결과를 출력하는 기계로서 처리 용도는 프로그램의 명령에 따라 달라질 수 있다고 생각하였다.

3 3차 산업혁명은 엘빈 토플러가 이야기 하는 '제3의 물결', 즉 정보화사회를 의미하며 지금 우리가 맞이하고 있는 (　　　　)은 인공지능, 로봇 및 빅데이터를 이용한 사물인터넷 및 산업인터넷 시대를 의미한다.

4 컴퓨터 네트워크 중에서 유선 LAN은 (　　　　)을 들 수 있다. (　　　　)은 IEEE 802.3 표준으로 제정되어 있다. 선이 없는 무선망에 비하여 속도가 빠르고 보안 측면에서 안전하다는 장점이 있는 반면 케이블로 연결해야 한다.

5 (　　　　)란 텍스트, 이미지, 그래픽, 사운드, 동영상 등을 포함한 멀티미디어 정보가 링크로 서로 연결되어 있는 것을 말한다. (　　　　)는 상호연관이 있는 정보 조각들을 비순차적으로 연결하여 구성한 정보이다.

6 (　　　　)에 의하면 마이크로프로세서 칩의 성능은 18개월마다 두 배씩 증가한다. (　　　　)은 지난 40여 년간 정확하게 맞아왔으며 앞으로도 계속 유효할 것으로 예측되고 있다.

7 (　　　　)는 컴퓨터가 수행할 작업 순서대로 프로그램을 작성하지만 (　　　　)는 인간이 이해하기 쉬운 사물이나 개념을 객체(Object)로 표현하고 이들 객체 위주로 프로그램을 작성하는 것이다.

8 고수준 언어로 작성된 모든 프로그램은 일단 사용하는 CPU의 기계어로 번역되어야 프로그램의 실행이 가능하다. 기계어로 번역해 주는 소프트웨어를 (   )라고 부른다.

9 웹(World Wide Web)의 개념을 1989년 처음으로 제시한 사람은?

(a) 고든 무어 (b) 팀 버너스 리 (c) 알란 튜링 (d) 귀도 반 로썸

10 프로그램을 미리 번역을 해두는 것이 아니라 프로그램이 실행될 때 소스 프로그램을 한 문장씩 기계어로 해석하여 바로 실행을 하는 방식은?

(a) 컴파일러 (b) 어셈블러 (c) 오브젝트 코드 (d) 인터프리터

11 다음 중 파이썬 언어의 특징과 가장 관련성이 적은 것은?

(a) 풍부한 외부 라이브러리 (b) 가독성
(c) 간결한 프로그래밍 언어 (d) 모바일 환경에 적합

12 다음 중 객체지향적 언어와 관련성이 전혀 없는 것은?

(a) C++ 언어 (b) C 언어 (c) Java 언어 (d) Python 언어

13 알고리즘과 관련성이 가장 적은 것은?

(a) 모호하지 않은 일련의 절차 (b) 수행 가능한 절차
(c) 상대적 효율성 (d) 구조적 프로그래밍

14 조지 폴야(George Polya)는 1945년 "폴야의 문제 해결 과정(Polya's Problem Solving Steps)"을 다음의 4단계로 설명하였다. ① 주어진 문제를 이해한다. ② 문제를 풀기 위한 구체적 방법을 찾는다. ③ 찾은 방법에 따라 실현한다. ④ 문제 해결 방법의 신뢰성을 검증한다. 알고리즘은 어떤 단계에 해당하는가?

(a) 단계 ① (b) 단계 ② (c) 단계 ③ (d) 단계 ④

B. 따라하기 실습(2.1절의 내용을 미리 실습)

1 파이썬 언어의 공식 홈페이지 www.python.org를 접속하여 가장 최신 버전(2021년 7월 현재, Python 3.9.6)을 다운로드한다.

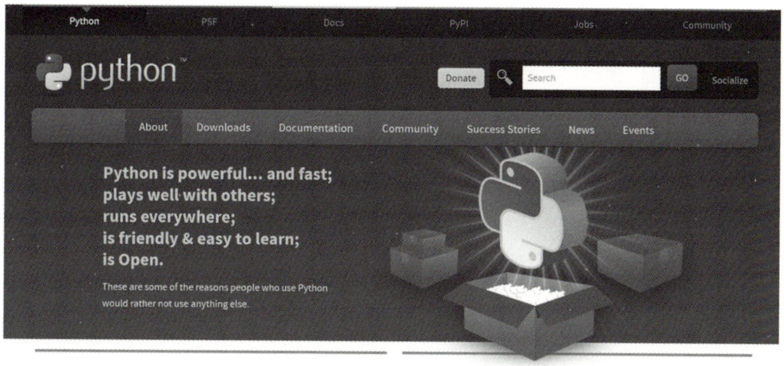

2 파이썬은 기본적으로 상호대화 방식으로 수행되지만 Python Shell은 파이썬 프로그램을 작성하여 하나의 파일로 저장하고 필요에 따라 편집(Edit 메뉴)하여 실행할 수 있는 개념을 제공한다.

(a) 파이썬의 인터프리터를 통한 상호대화 방식으로 사용한다. 아래 예에서 보듯이 >>> 프롬프트에 3 + 7을 입력하여 10의 결과를 얻는다.

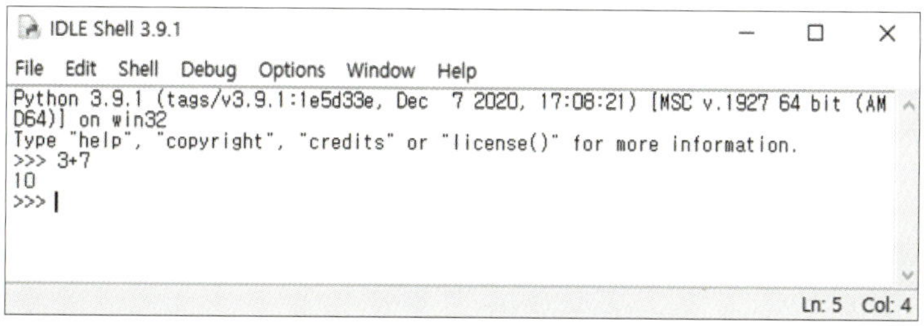

(b) “New File” 메뉴를 이용하여 새로운 파이썬 파일을 생성한다.

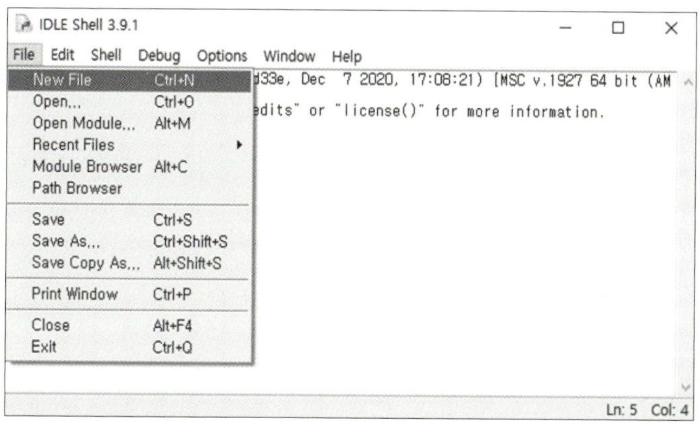

(c) 다음의 간단한 프로그램을 작성한 후 파이썬 파일을 "Save As..."를 사용하여 HelloProgram.py 파일(확장자 *.py)로 저장해보자.

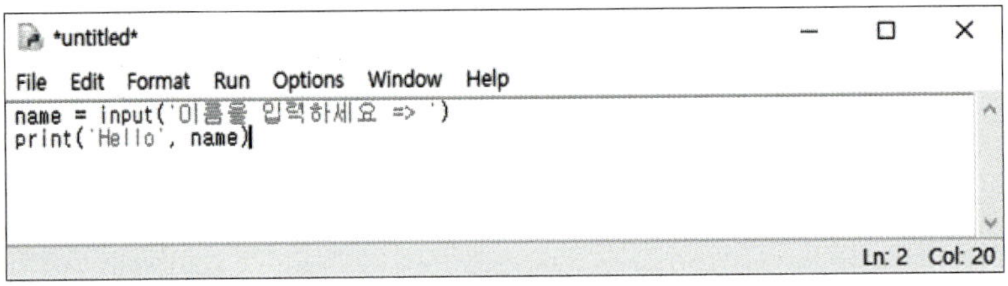

3 Python Shell의 상호대화 방식의 Shell, Python Editor 및 Python Debugger를 합하여 Python IDLE(Integrated Development & Learning Environment)라고 부른다. 이제, Python Editor의 기능을 살펴보자. Python Editor는 파이썬 코드를 작성하기 위한 텍스트 편집기로 코드를 편집할 수 있다.

4 저장된 파이썬 파일을 실행하기 위하여 Run 메뉴의 "Run Module"을 선택하여 실행한다. HelloProgram 파일을 실행하기 위하여 Run 메뉴의 "Run Module"를 선택하여 프로그램의 실행 결과를 아래와 같이 얻을 수 있다. 프로그램의 실행 결과로 "이름을 입력하세요 =>"에 "홍길동"을 입력하면 프로그램은 "Hello 홍길동"을 출력한다.

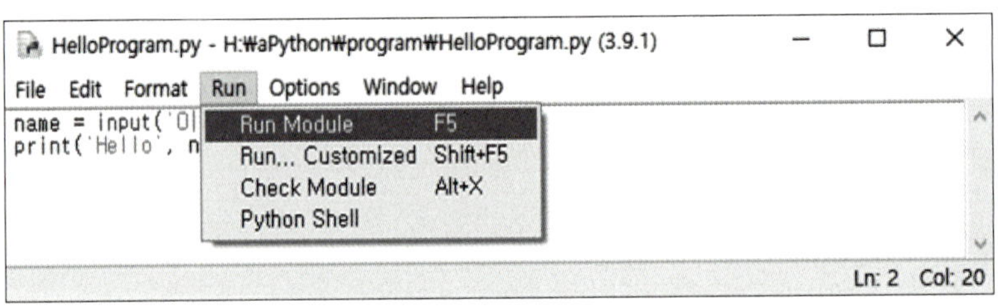

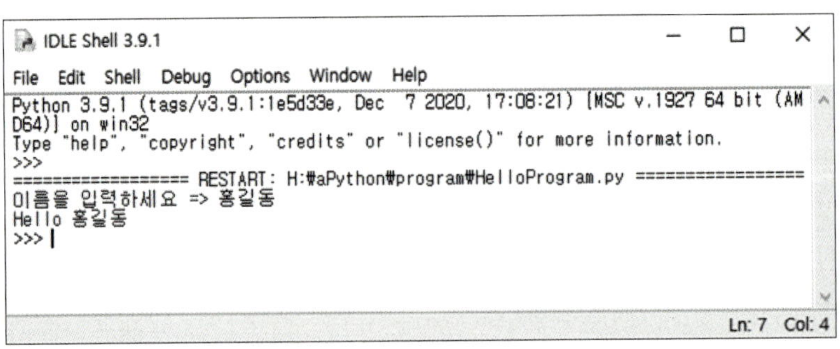

02
CHAPTER

파이썬의 구성과 간단한
파이썬 프로그램의 예

contents

| 단원개요 |

파이썬 프로그래밍의 상호대화 방식(인터프리터)을 소개하고 Python IDLE를 이용한 파이썬 프로그램의 생성, 편집 및 저장 방식을 설명한다. 이 장에서는 파이썬 언어의 구성 요소를 간단히 소개함으로써 독자가 파이썬 언어의 개략을 대체적으로 이해하는 데 도움을 주려고 한다. 즉, 입출력문, 변수와 표현식, 제어문과 주석문, 함수 및 객체지향 개념을 간단히 소개한다. 또한 파이썬 언어가 기본적으로 지원하고 있는 데이터형, 즉 정수, 실수, 부울, 스트링, 파일, 리스트, 튜플, 딕셔너리 등을 소개한다. 마지막으로 간단한 파이썬 프로그램의 사례를 통하여 파이썬 프로그램의 구성을 이해한다.

02 파이썬의 구성과 간단한 파이썬 프로그램의 예

2.1 파이썬 프로그래밍 환경

파이썬 프로그래밍의 환경을 알아보자. Python IDLE(Python 3.0 버전)는 상호대화 방식의 인터프리터 방식과 파이썬 에디터를 사용하여 파이썬 프로그램을 작성하고 저장하는 방식을 지원한다.

2.1.1 파이썬 인터프리터와 에디터

■ 파이썬 인터프리터 설치하기

파이썬 언어는 공식 홈페이지 www.python.org를 통하여 잘 지원되고 있고 무료로 제공되고 있다. 가장 최신 버전은 Python 3.9.6으로 https://www.python.org/downloads/에서 다운로드 할 수 있다. Windows, Linux/Unix, Mac OS X 버전이 존재하는 데 여기서는 Windows 버전으로 설명한다. Python 2는 2000년 발표되었고 Python 3는

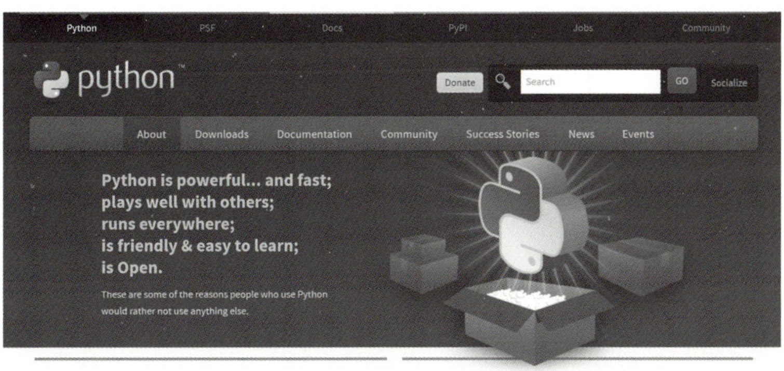

[그림 2-1] 파이썬의 홈페이지(www.python.org)

2008년 발표되었다. Python 2의 마지막 버전인 Python 2.7은 2020년까지 지원될 예정이다. Python 3는 Python 2와 완전한 하위호환성(Backward Compatible)을 지원하지는 않지만 Python 2를 Python 3로 변환하는 유틸리티가 존재한다.

공식 홈페이지 www.python.org는 튜토리얼을 비롯한 다양한 문서(Docs)를 제공하고 있고 파이썬을 이용한 많은 프로젝트들을 오픈소스로 제공하는 저장소(PyPI, pypi.org)를 통해 2021년 7월 현재 317,000개 이상의 프로젝트를 만날 수 있다. 또한 파이썬 커뮤니티(Community)를 통해 유용한 정보를 얻을 수 있으며 세계 각국의 파이썬 일자리(Job)를 알아 볼 수 있다.

파이썬 언어는 인터프리터를 통한 상호대화 방식과 파이썬 에디터를 사용하는 방식의 두 가지가 존재한다. 이 두 가지 방식을 합하여 Python IDLE(Integrated Development and Learning Environment) 환경이라 부른다. 파이썬의 상호대화 방식에서는 각 명령문이 인터프리터에 의해서 즉시 실행된다. 이와 같이 파이썬은 상호대화 방식(Interactive Mode)으로 실행되므로 매우 편리한 환경을 지원한다. 이렇게 상호대화 방식을 지원하는 윈도우를 파이썬 셸(Python Shell)이라 부른다. 파이썬을 통하여 상호대화 방식으로 프로그램을 작성하고 인터프리터를 통해 즉시 결과를 얻는다.

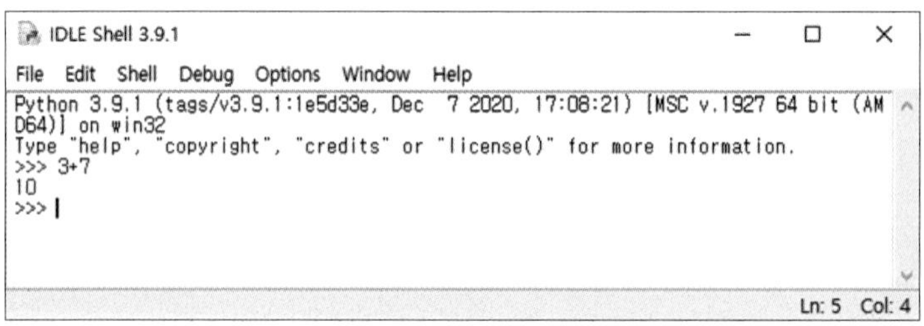

위 그림에서 보듯이 파이썬 셸을 이용하여 셸 프롬프트(>>>)에 3 + 7을 입력하면 그 결과 10이 즉시 출력됨을 볼 수 있다. 셸 프롬프트 >>>는 사용자의 입력을 기다리고 있다는 것을 의미한다.

■ 파이썬 에디터

파이썬 프로그램은 기본적으로 상호대화 방식으로 수행되지만 Python IDLE는 파이썬 프로그램을 작성하여 하나의 파일(File 메뉴)로 저장하고 필요에 따라 편집(Edit 메뉴)하여 실행할 수 있는 기능을 제공한다.

아래에 간단한 데이터 입력을 받은 후 간단한 출력을 수행하는 프로그램을 작성해 보자. 파이썬 언어에서 입력은 input 명령어, 출력은 print 명령어를 사용한다. 새로운 프로그램을 생성하기 위하여 File 메뉴의 “New File”을 선택한다.

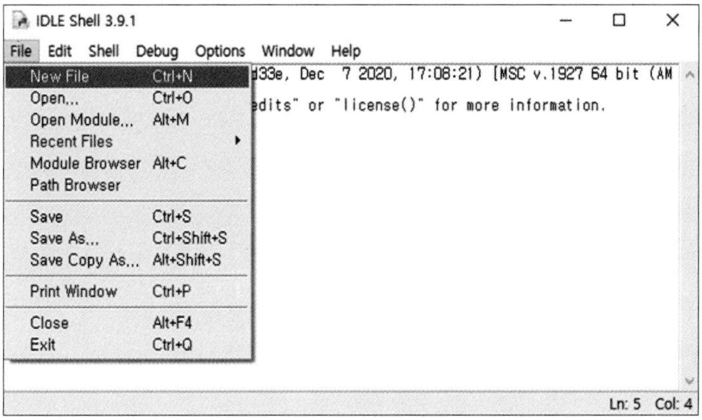

input 및 print 명령어를 사용하여 간단한 파이썬 프로그램을 작성한 후, “Save As...”를 사용하여 HelloProgram.py 파일로 저장해보자.

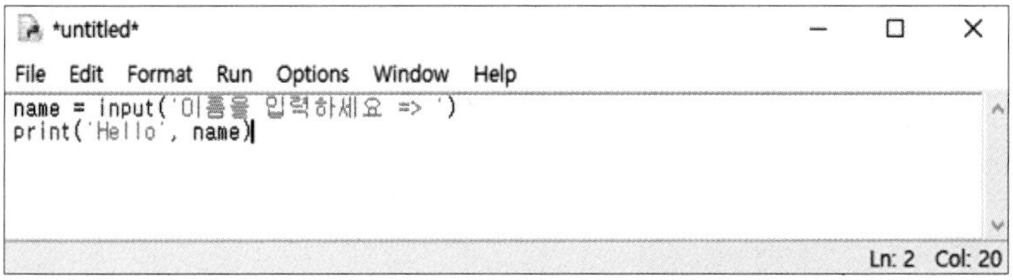

HelloProgram 파일을 실행하기 위하여 Run 메뉴의 “Run Module”를 선택하여 프로그램의 실행 결과를 아래와 같이 얻을 수 있다. 프로그램의 실행 결과로 “이름을 입력하세요 =>”에 “홍길동”을 입력하면 프로그램은 “Hello 홍길동”을 출력한다.

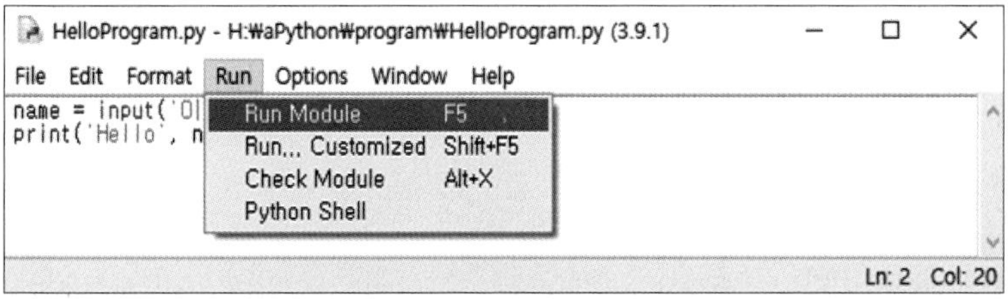

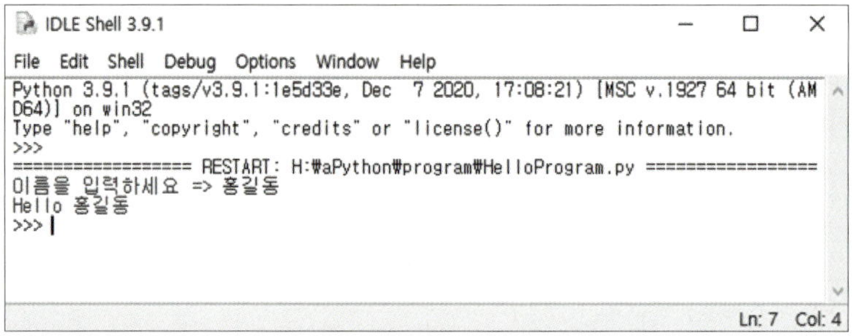

2.1.2 외부 제공 Python IDE

■ IDE란?

파이썬의 자체적인 IDLE 외에 파이썬은 외부 제공 IDE를 사용할 수 있다. IDE란 "Integrated Development Environment", 즉 통합개발 환경을 의미한다. IDE는 파이썬 프로그램을 보다 편리한 방법으로 작성하고 편집(Edit)하고 테스트(Test)하고 디버그(Debug) 할 수 있는 기능을 제공한다. 특히 IDE는 매우 편리한 편집 기능을 제공한다. 잘 알려진 IDE로는 Notepad++(http://note-plus-plus.org), Sublime Text(http://www.sublimetext.com/3), Edit+(www.editplus.com), PyCharm(http://jetbrains.com) 등이 있다. 또한 데이터 분석을 위한 프로그래밍 환경으로는 Jupyter Notebook(https://jupyter.org), Atom, Spyder, Rodeo 등이 있다.

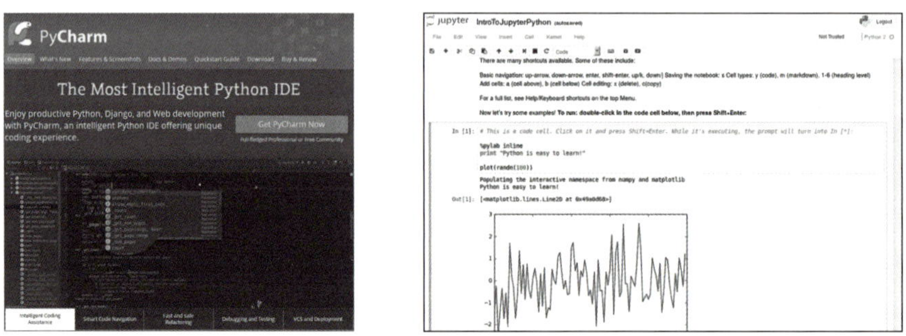

(a) PyCharm (b) Jupyter Notebook

[그림 2-2] 외부제공 IDE(통합개발 환경)

2.2 파이썬 프로그램의 구성 요소

모든 프로그램은 외부 세계로부터 데이터를 입력받아 주어진 절차, 즉 프로그램에 의해 실행하여 그 결과를 출력한다. 이 절에서는 데이터의 입력과 실행을 위한 다양한 명령문들을 설명한다. 또한 소프트웨어를 효과적으로 구성하기 위해 사용하는 함수의 유용성을 설명하고 파이썬 언어의 객체지향 개념을 소개한다.

2.2.1 데이터와 프로그램의 실행

■ 프로그램의 실행(프로세싱)

프로그램은 기본적으로 외부 세계로부터 데이터를 입력받고 적절한 실행(프로세싱이라 부른다)을 한 후 그 처리 결과를 출력한다. 입력 데이터는 매우 다양하여 숫자나 텍스트가 될 수도 있고 이미지, 사운드, 동영상과 같은 멀티미디어 데이터가 될 수도 있다. 입력 데이터는 미리 파일로 준비되어 있는 상태로 들어올 수도 있고 실시간에 입력될 수도 있다. 만일 입력 데이터가 CCTV를 통해 들어온다면 이는 실시간 입력 데이터가 된다. 프로그램에서 프로그램의 처리 결과도 다양한 형태를 가진다. 단순히 숫자 또는 텍스트일 수도 있고 사운드, 그래픽, 동영상과 같은 멀티미디어 데이터일 수도 있다. 때로는 로봇의 행위나 자동차와 같은 장치의 제어 형태로 나타날 수도 있다. 프로그램에서 무엇이 어떠한 형태로 입력되고 어떤 출력을 어떠한 형태로 원하는지 미리 결정하는 것은 프로그램의 설계에서 매우 중요한 사항이다.

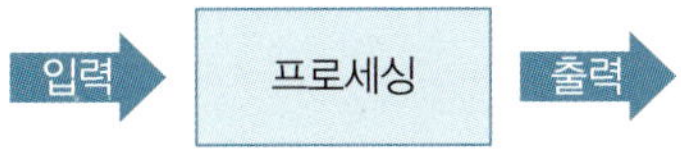

[그림 2-3] 입력, 프로세싱 및 출력 과정

이 절에서는 파이썬 언어의 기본적인 입력 및 출력 명령문, 그리고 가장 기본적인 실행을 위한 명령문 및 프로그램 구조를 알아본다. 또한 프로그램에서 적절한 실행을 위해 사용되는 데이터 유형을 살펴본다. 여기서는 입출력 문, 변수와 표현식, 할당문, 제어문과 주석문, 함수에 대하여 개략적으로 설명한다. 구체적이고 자세한 내용은 추후 다른 장에서 설명하기로 한다.

2.2.2 입출력 문

■ 데이터의 입력과 실행 결과의 출력

파이썬 언어에서 사용자로부터 입력 데이터를 요청하기 위하여 input 함수를 이용한다. input 함수 내의 홑따옴표(Single quote) 안에 있는 텍스트를 스트링(String)라 부른다. 아래의 예에서 input 함수 내의 스트링은 사용자로 하여금 입력 데이터를 요청하는 프롬프트(Prompt) 역할을 수행한다. 이 예에서 보듯이 사용자가 입력한 데이터를 변수 Language에 저장할 수 있다. print 함수는 스트링 'Hello!'를 출력하며 이어서 변수 Language의 값을 화면에 출력한다. 변수 Language는 'Python' 값을 가지고 있으므로 print 함수의 결과는 'Hello! Python'을 화면에 디스플레이 한다. print 함수 내의 콤마(Comma)는 출력 시 하나의 공백(Space)을 삽입한다.

[input_print.py]

```
Language = input('사용하는 언어는? ')
print('Hello!', Language)
```

위 프로그램을 파이썬 에디터로 작성하여 input_print.py 파일명으로 저장한 후 실행하면 그 결과는 다음과 같다.

| 실행 결과 |

```
사용하는 언어는? Python
Hello! Python
>>>
```

동일한 프로그램을 파이썬 인터프리터를 이용하여 상호대화 방식으로 실행한 결과가 아래와 같다.

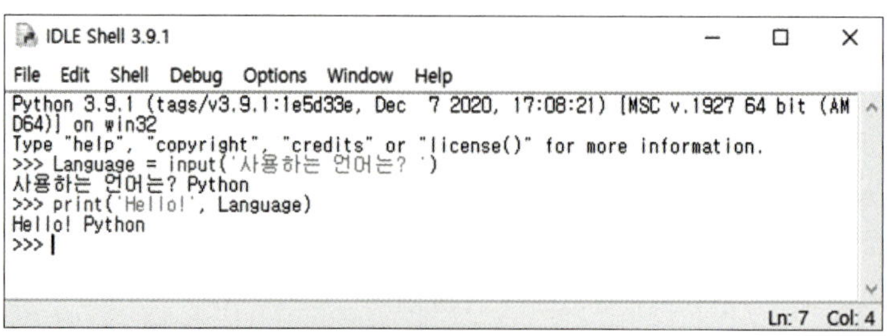

2.2.3 변수와 표현식

■ 리터럴, 상수 및 변수

리터럴(Literal)은 숫자 또는 스트링 그 자체를 의미한다. 예를 들어, 12, −5, 2.6, −10.5 등은 모두 숫자 리터럴이고 'Nuri', 'Korea', 'Hello! Nuri' 등은 모두 스트링 리터럴이다. 스트링 리터럴은 홑따옴표(Single quote) 또는 겹따옴표(Double quote)를 사용하여 스트링을 둘러싼다. 예를 들어, 'Forever young!', "Happy new year"은 모두 합법적인 스트링 리터럴이다.

이에 비하여, 변수(Variable)는 변할 수 있는 수로 "어떤 값에 배정된 이름(a name that is assigned to a value)"을 의미한다. 아래에 변수의 몇 가지 예를 제시하였다. 여기서 n, sum, name은 각각 정수, 실수, 스트링 값이 배정된 변수이다.

```
>>> n = 5
>>> sum = 7.75
>>> name = 'Nuri'
```

n, sum, name은 모두 변수이므로 아래와 같이 그 값을 변경시킬 수 있다.

```
>>> n = 7
>>> sum = n + 2.5
>>> name = 'Merry'
```

상수는 값이 변하지 않는 일종의 변수로 이해하면 된다. 예를 들어, 수학에 나오는 Pi(π)는 상수로 아래와 같이 나타내며 상수 Pi의 값이 일단 정해지면 프로그램 내에서 변경하지 않는다. 파이썬 언어에서 변수 이름과 상수 이름을 지정할 때 대소문자를 구분한다. 즉, 상수명 Pi와 pi는 서로 다른 이름이다. 그러나 이러한 사실을 이용해 변수 이름이나 상수 이름을 구별하는 것은 좋은 프로그래밍 습관이 아니다.

```
>>> Pi = 3.14159265
```

■ 표현식과 할당문

사칙연산자 +, −, *, / 등을 사용하여 표현한 식을 표현식이라 부르며, 필요에 따라 괄호를 사용할 수 있다. 예를 들어, 다양한 표현식을 아래와 같이 나타낼 수 있다.

```
>>> 10 + 30
>>> n - 12
>>> (a + b + c)/3.0
```

이에 비해, 할당문이란 아래와 같이 표현식을 계산하여 그 값을 변수에 배정하는 명령문을 의미한다. 아래에 변수 a와 변수 b의 평균을 구하는 할당문과 화씨를 섭씨로 변환하는 할당문을 예로 들어 설명한다.

```
>>> average = (a + b)/2.0
>>> celsi = (fahr - 32) * (5/9)
>>> sum = a + b + c - 12.3
```

2.2.4 제어문과 주석문

프로그램은 많은 명령어들로 구성되어 있다. 컴퓨터는 원칙적으로 명령어들을 나열되어 있는 순서에 따라 처리한다. 즉, 순차적 처리(Sequence)는 프로그램의 명령문들이 작성되어 있는 순서에 따라 하나씩 실행해 나간다(그림 2-4(a) 참조). 그러나 때로는 프로그램의 실행 순서를 상황에 따라 변경하고 싶은 경우가 있다. 이러한 경우 제어문이 사용되고 제어문에는 크게 보아 선택문(Selection)과 반복문(Iteration)이 존재한다. 선택문은 조건을 테스트하여 참(True)이나 거짓(False)에 따라 실행하는 명령문이 다르게 된다(그림 2-4(b) 참조). 이에 비해, 반복문은 주어진 조건이 만족될 때 명령문을 반복하여 수행한다. 조건이 만족되지 않으면 실행을 중단하고 반복문 다음의 명령문을 실행한다(그림 2-4(c) 참조). 파이썬 언어는 선택문으로 조건문 if와 반복문으로 while 문과 for 문을 제공하고 있다.

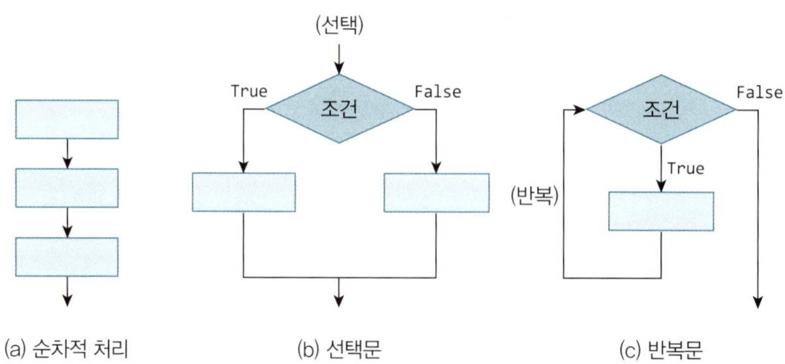

[그림 2-4] 명령어들의 처리 순서

■ 선택문 if

if 문의 예를 들어보자. 아래의 선택문은 현재 시간에 따라 각각 달리 출력한다. 즉 현재 시간이 12시 이전이면 “오전 시간”, 12~19시 사이면 “오후 시간”, 19시 이후면 “저녁 시간”을 출력한다. 파이썬 프로그램은 프로그램의 구조를 한 눈에 알아보기 위하여 print 명령문에서 아래와 같이 들여쓰기(Indentation)를 한다.

```
>>> if time <= 12:
        print("오전 시간")
    elif time <= 19:
        print("오후 시간")
    else:
        print("저녁 시간")
```

■ 반복문 while

반복문은 조건에 따라 동일한 명령문들을 반복 수행한다. 아래 프로그램은 1 + 2 + 3 + . . . + 98 + 99 + 100을 구하는 프로그램이다. 이를 위하여 sum의 초기값을 0으로 둔다. 반복문의 카운터 n이 100보다 작거나 같을 경우 명령문 sum = sum + n을 반복하고 카운터 n을 1만큼 증가시킨다. 수학에서는 n = n + 1이 있을 수 없는 명령문이지만 프로그램에서는 n의 값을 1 증가시키기 위해 수행하는 합법적인 할당문이다. n의 값이 101이 되는 순간 반복문 while(이러한 반복문을 루프(Loop)라 부른다)의 실행을 중단하고 print 문을 실행한다.

[while_sum.py]

```
sum = 0   ← 초기화 과정
n = 1     ←
while n <= 100:
    sum = sum + n
    n = n + 1
print(sum)
```

| 실행 결과 |

```
5050
>>>
```

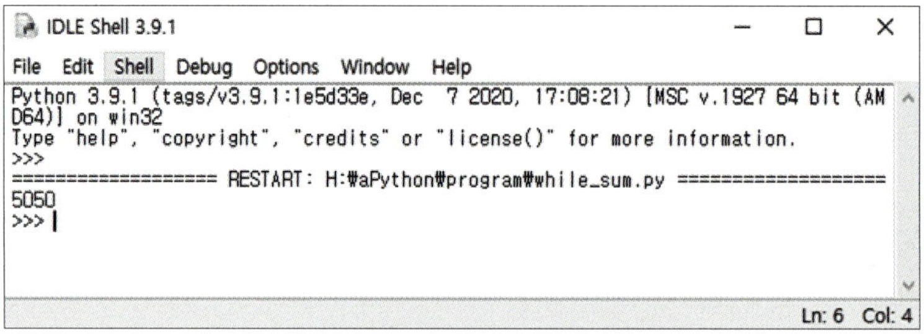

■ 주석문

프로그램을 작성하는 사람이나 읽는 사람에게 명령문 또는 일련의 명령문들이 무엇을 수행하는 지 알려주기 위하여 주석(Comment)을 붙이며 주석의 앞에 해시(#) 기호를 사용하여 표시한다. 해시 기호 다음에 나오는 문장을 주석문이라고 부르며 주석문은 프로그램을 읽는 사람에게 의미가 있을 뿐 컴퓨터가 실제 실행하지 않는다. 아래의 예는 화씨 온도(변수 fahr)를 섭씨 온도(변수 celsi)로 변환하기 위한 문장으로 주석문을 통하여 그 의미를 쉽게 알 수 있다.

```
>>> celsi = (fahr - 32) * (5/9)  # 화씨(Fahrenheit) 온도를 섭씨(Celsius) 온도로 변환
```

또한 필요에 따라 일련의 문장들이 무엇을 수행하는 지 표시하기 위하여 맨 앞에 주석을 붙이는 것이 바람직하다.

[sum_comment.py]

```
# 정수 1부터 100까지 합계(sum)
sum = 0
n = 1
while n <= 100:
    sum = sum + n
    n = n + 1
print(sum)
```

2.2.5 함수

■ 함수의 정의와 기능

실세계의 문제를 프로그램으로 작성하면 일반적으로 프로그램의 길이가 매우 커지게 되는 경우가 많다. 작은 프로그램은 수백 줄이나 수천 줄에 불과하지만 큰 프로그램은 길이가 수백만 줄 이상 될 수 있다. 이것을 하나의 프로그램으로 작성한다는 것은 커다란 무리가 따른다. 따라서 독립적으로 정의될 수 있는 일련의 기능을 함수(function)로 정의하고 이를 불러다 사용하는 것이 바람직하다. 한 번 정의된 함수는 필요할 때마다 불러다 사용하면 된다. 또한, 함수로 정의하고 사용함으로써 프로그램의 이해가 용이해진다. 즉 함수에서 무엇을 수행한다는 사실만 알고 자세한 내용은 몰라도 불러다 사용함으로써 프로그램의 작성이 쉬워진다. 자세한 내용은 함수에 정의되어 있다. 이러한 개념을 추상화(Abstraction)라 부른다. 추상화 개념은 프로그램 작성에서 매우 중요한 의미를 가진다. 함수를 흔히 프로그램 루틴(Program routine) 또는 루틴이라 부른다.

함수를 정의하여 사용하는 이유를 간단히 정리하면 다음과 같다.

1. 읽기 쉽고 이해하기 쉬우며 디버그하기 쉬운 프로그램 구조로 구성한다.
2. 프로그램의 반복되는 부분을 함수로 정의함으로써 프로그램의 길이가 짧아진다.
3. 함수를 한 번에 하나씩 수정하여 테스트한 후 나중에 함께 붙여서 전체 프로그램을 만든다.
4. 함수를 재사용할 수 있다.

함수의 예를 다음에 살펴보자. 여기서는 편의상 매우 간단한 함수를 정의하여 사용한다. 함수의 정의는 항상 def로 시작한다. def 다음에는 함수의 이름이 나온다. 여기서 설명하는 함수는 삼각형의 밑변과 높이를 받아서 그 넓이값을 돌려주는 기능을 수행한다. 따라서 함수의 이름을 triangle이라 부르고 밑변을 base, 높이를 height로 명명한다. 함수 triangle이 되돌려 주는 값은 (base * height)/2가 된다. 함수의 정의에서 함수가 받아들이는 값을 매개변수(Parameter)라고 부른다. 함수 triangle에서는 base와 height가 매개변수이다.

```
>>> def triangle(base, height):      ← 함수 triangle의 정의
        return (base * height)/2.0
```

함수의 개념은 그림 2-5(a)에서와 같이 외부로부터 입력값 x를 받아 정의된 일을 처리하여 결과값 y를 되돌려주는 기능을 수행한다. 함수를 일단 정의하고 나면 함수의 사용 시 함수가 구체적으로 어떻게 처리하는 지 자세한 사항을 알 필요가 없게 되어 프로그램의 작성이 용이해진다. 이러한 개념이 프로그램의 추상화이다. 여기서 외부로부터 입력받는 매개변수는 복수 개일 수 있다. 예를 들어, 입력 값 a, b, c가 함수의 매개변수 값으로 들어올 수 있다.

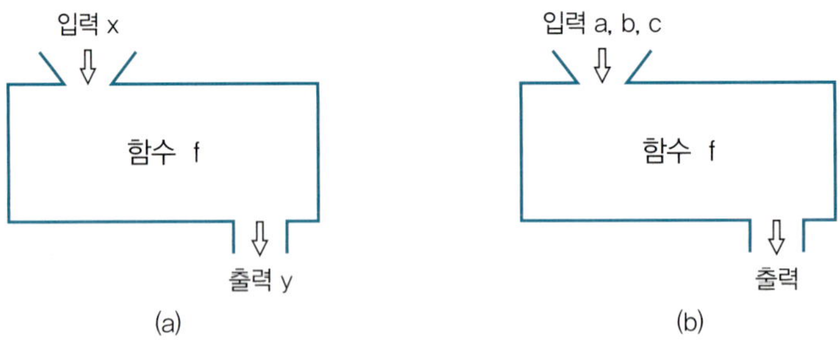

[그림 2-5] 함수의 개념

이제 함수를 호출(Call이라 부른다)하여 사용하는 방법을 알아보자. 함수의 호출은 다음에서 보듯이 함수의 이름을 문장 내에서 사용하면 된다. 여기서 매개변수의 값을 10, 5로 주면 함수는 base의 값을 10, height의 값을 5로 받아들인다. 함수가 반환(return)하는 값이 변수 area에 할당된다. 변수 area를 print하면 25.0이 됨을 알 수 있다.

```
>>> area = triangle(10, 5)
>>> print(area)
25.0
>>>
```

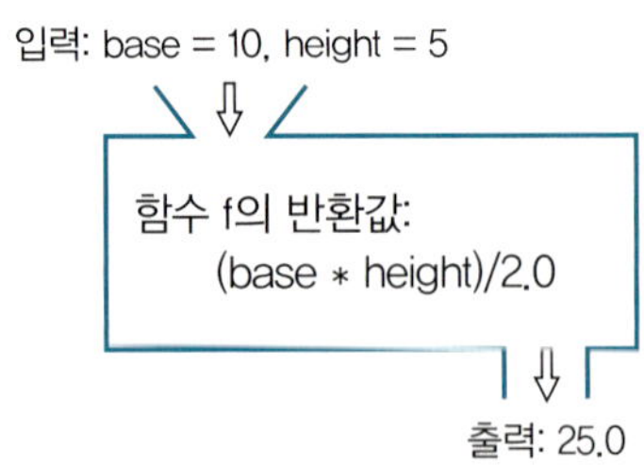

[그림 2-6] 함수 triangle의 예

▪ 내장 함수와 외부 모듈

함수의 유형은 크게 나누어 내장 함수(Built-in function), 사용자정의 함수(User-defined function), 표준 라이브러리 및 외부 모듈 함수로 나눌 수 있다. 사용자정의 함수는 앞에서 설명한 것처럼 프로그램의 작성자가 정의하여 사용하는 것이다. 그러나 자주 사용되고 중요한 함수들은 파이썬 언어에 미리 정의되어 있어 프로그램 작성 시 편리하게 사용할 수 있다. 이러한 함수를 내장 함수라 부르며 파이썬의 내장 함수는 앞에서 보아온 input, print를 비롯하여 절대값을 연산하는 abs, 최대값을 계산하는 max, 문자 스트링의 길이를 구해주는 len, 입력값들을 순서에 따라 정렬하는 sorted 등 많은 내장 함수가 존재한다.

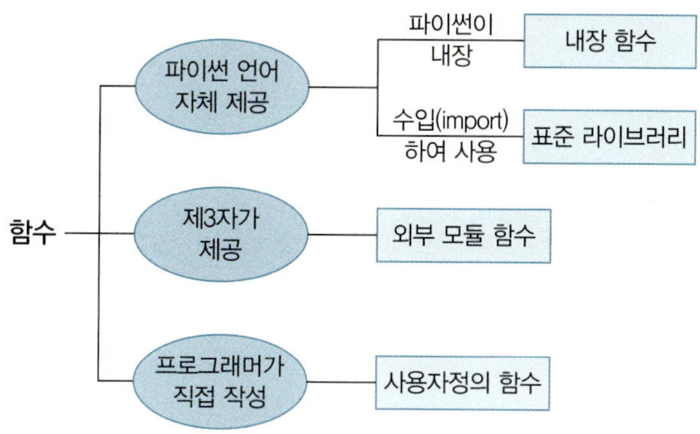

[그림 2-7] 함수의 유형

이에 비해, 표준 라이브러리 함수는 내장 함수는 아니지만 파이썬의 표준 라이브러리로(Python Standard Library) 만들어져 있어서 수입(import)하여 사용할 수 있는 함수를 의미한다. 많은 유용한 표준 라이브러리들이 이미 만들어져 있어 프로그램의 작성자는 가져다 사용하면 된다. 이미 존재하는 유용한 함수들을 프로그래머가 다시 작성할 필요가 없게 된다. 파이썬 언어의 가장 큰 장점은 다양한 표준 라이브러리들이 이미 존재하여 파이썬 프로그램의 작성을 매우 쉽게 해 준다는 점이다. 수리 연산을 위한 math, 난수를 생성하기 위한 random, 현재 시간을 구하기 위한 time, 인터넷 문서를 접근하기 위한 urllib, 그래픽을 위한 turtle 등 많은 파이썬 표준 라이브러리들이 존재한다. 예를 들어, 난수를 생성하기 위한 표준 라이브러리 함수를 사용하기 위하여 다음과 같이 수입하여 사용한다.

```
>>> import random
```

이 외에도 파이썬 언어에서는 제삼자가 만들어 놓은 다양한 외부 모듈(Third-Party Package라 부른다)들을 가져다 사용할 수 있다. 이러한 외부 모듈들은 매우 다양하여 수리연산을 위한 NumPy 및 SciPy, 데이터 시각화를 위한 mathplotlib, 데이터 분석을 위한 Pandas, 이미지 처리를 위한 Pillow, 게임 개발을 위한 PyGame, 데이터 스크래핑을 위한 scrapy, 딥러닝을 위한 TensorFlow와 Keras 등 수 많은 외부 모듈들이 존재한다. 이러한 외부 모듈들의 일부를 12장에서 소개한다.

출처: http://ecomeye.com/

[그림 2-8] 파이썬 언어의 장점은 함수의 활용

2.2.6 객체지향 프로그래밍

■ 왜 객체지향 언어?

1.2.2절에서 절차적 언어와 객체지향 언어의 차이점을 설명하였다. Java 언어가 객체지향 언어임에 비하여 파이썬 언어는 절차적 언어와 객체지향 언어의 특성을 동시에 가지고 있다(1.3.1절 참조). 파이썬을 이용하여 프로그램을 작성할 때 객체지향 언어의 클래스, 객체 및 메소드를 사용하지 않고도 함수들을 이용하여 프로그램을 작성할 수 있다. 그러나 객체지향 언어 개념을 적용하여 프로그램을 작성하면 매우 바람직한 경우가 많이 존재한다. 인간이 살아가는 세상은 자연스럽게 객체 위주로 구성되어 있다. 객체를 눈에 보이는 사물이나 눈에 보이지 않는 개념 위주로 생각할 수 있다.

객체의 개념을 설명하기로 한다. 개라는 객체를 생각해보자. 모든 개들은 유사한 성향을 가지고 또한 각 개마다 개별적 성향이 존재한다. 그림 2-9에서 보듯이 다양한 개들을 한데 모아서 생각할 때 이를 클래스(Class)라고 부른다. 각각의 다양한 개는 객체(Object)가 된다. 예를 들면, 블도그, 달마시안, 비글, 시베리안 허스키는 객체가 된다. 개 클래스는 모든 개들이 가지는 행위(Behavior)를 가지며 객체지향 언어에서는 이 행위를 메소드(Method)라 부른다. 그림에서 보듯이 개 클래스는 eat, run, bark, sleep 행위의 공통 메소드를 가진다. 또한 각 객체는 특성(Property)을 가진다. 이 특성을 속성(Attributes)이라 부르기도 한다. 예를 들어, 블도그, 달마시안, 비글, 시베리안 허스키는 각각 다른 다리의 길이, 귀의 모양, 꼬리의 모양 등 상이한 특성값을 가진다. 따라서 객체는 그림 2-10에서 보듯이 속성과 메소드로 구성되어 있다.

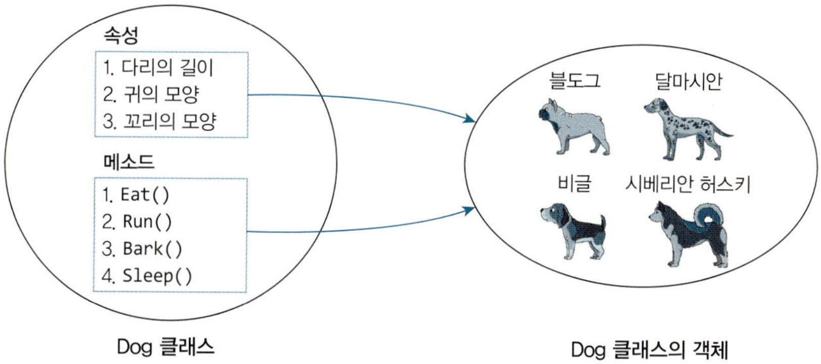

[그림 2-9] 클래스, 속성, 메소드 및 객체의 개념

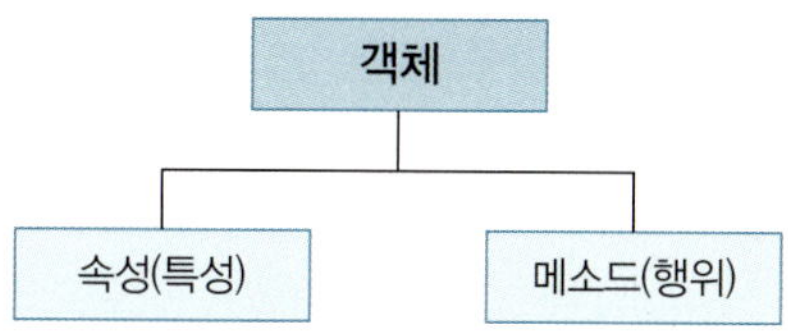

[그림 2-10] 객체는 속성과 메소드로 구성

▪ 파이썬에서 객체의 생성과 메소드 적용

앞에서 파이썬 프로그램은 자체적으로 제공하는 내장 함수, 파이썬 표준 라이브러리 및 외부 모듈을 사용하여 프로그램을 작성한다고 언급하였다. 이 때 파이썬 표준 라이브러리 및 외부 모듈은 함수 형태로 제공되기도 하고 클래스 형태로 제공되어 메소드를 이용하여 프로그램을 작성할 수 있다. 메소드를 사용할 경우 특정 객체에 적용할 메소드를 호출한다. 다음은 Dog 클래스로부터 my_Husky, my_Bulldog 객체를 생성한 후 이들 객체에 run 메소드를 적용한 예이다. my_Husky, my_Bulldog 객체는 각각 달리는 속도와 거리 등에서 다른 행위를 보일 것이다.

```
>>> my_Husky = Dog()
>>> my_Bulldog = Dog()
>>> my_Husky.run()
>>> my_Bulldog.run()
```

■ 함수와 메소드

함수와 메소드는 기능적으로 동일하다. 1.3.1절에서 파이썬 언어는 절차적 언어와 객체지향 언어의 개념을 모두 지원하고 있다고 설명하였다. 파이썬이 절차적 언어로 사용될 때 특정한 작업을 수행하기 위하여 흔히 함수를 호출하여 사용하고 객체지향 언어 개념에 따라 클래스(객체)를 정의하여 메소드를 사용할 수 있다. 함수와 메소드를 프로그래머가 직접 정의하여 사용하거나 외부 모듈에 이미 정의되어 있는 함수나 메소드를 가져다 사용할 수 있다. 그림 2-11에서 보듯이 함수는 호출하는 프로그램의 외부에 존재하고 있다. 메소드는 클래스(객체)의 내부에 자체적으로 내포되어 있다. 즉 파이썬이 객체지향 개념을 사용하거나 사용하지 않느냐에 따라 메소드 또는 함수로 구분된다.

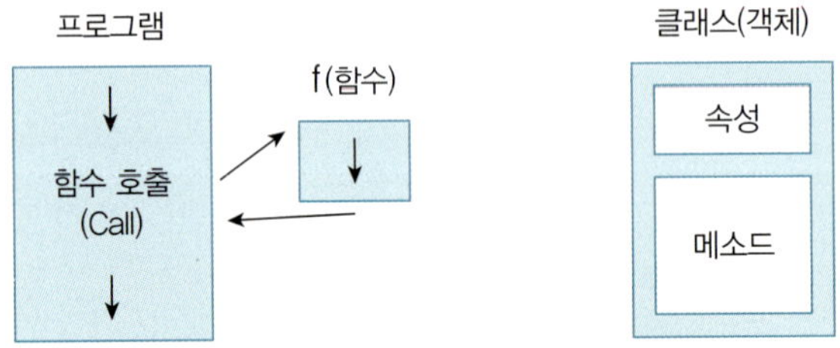

(a) 프로그램 실행 중 함수 호출 (b) 클래스(객체)가 메소드를 내포

[그림 2-11] 함수와 메소드의 개념적 차이

2.3 파이썬의 데이터형

파이썬 언어는 다양한 데이터형을 기본적으로 지원하고 있다. 이 절에서 정수, 실수, 복소수, 부울을 소개하고 또한 스트링 및 파일 구조를 설명한다. 또한 컬렉션 데이터에 속하는 리스트, 튜플, 딕셔너리 및 집합을 예를 통하여 소개한다.

2.3.1 정수, 실수 및 부울

■ 파이썬의 기본 데이터형

파이썬에서 처리하는 것은 결국 데이터이다. 파이썬 언어는 다양한 데이터 유형을 지원하고 있고 실제 이 데이터들은 모두 객체지향 언어의 객체로 존재한다. 파이썬의 가장 기본적인 데이터 형은 정수(integer), 실수(floating-point), 복소수(complex) 및 부울(Boolean)이다. 다음에 간단한 예를 통하여 각 데이터형을 이해하자. 복소수는 실수 부분과 허수 부분으로 구성되어 있고 부울 데이터는 "True" 또는 "False" 값을 가진다.

```
>>> a = 15          ← 정수형
>>> b = 7.5         ← 실수형
>>> 벡터1 = 2 + 3j  ← 복소수형
>>> Fact = True     ← 부울형
```

아래 파이썬 셸을 통해 그 실행 결과를 알아보자.

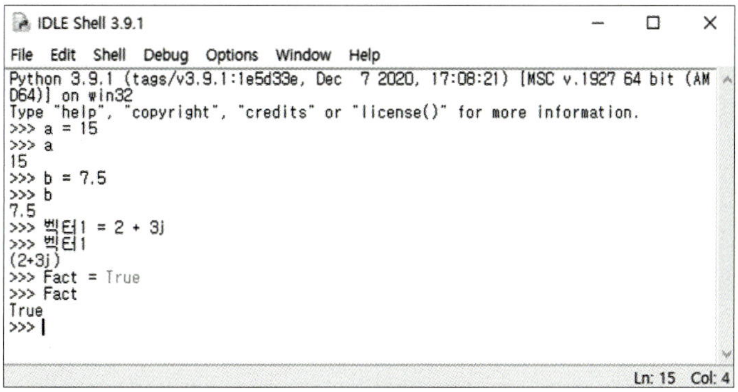

▪ 파이썬 언어의 변수 이름과 참조(Reference) 개념

파이썬의 변수 이름은 언제나 영어문자(a~z, A~Z), 한글문자 또는 언더스코어(_)로 시작하여 영어문자, 한글문자, 숫자(0~9) 및 언더스코어가 뒤에 따라 나온다. 파이썬에서 영문 소문자와 대문자를 구별하여 사용해야 한다. 다음은 합법적인 변수 이름의 예이다.

```
a
fruit
Basket_List
profit2018
_total_income
합계2020
```

파이썬의 변수는 변수값이 저장되어 있는 객체의 위치를 가리키고(Pointing) 있으며 이를 객체를 참조(Reference)한다고 이야기한다. 다음 예에서 a = 5, b = a와 같이 할당문 a = 5를 통해 변수값 5가 할당되었다면 변수 a와 변수 b는 각각 동일한 객체를 참조하게 된다. 변수 a와 b는 객체(또는 객체의 위치)를 참조하는 것이지 결코 변수값 5를 가지는 것이 아니다. 이러한 점에서 C 언어나 C++ 언어의 변수 개념과 차이점이 있다.

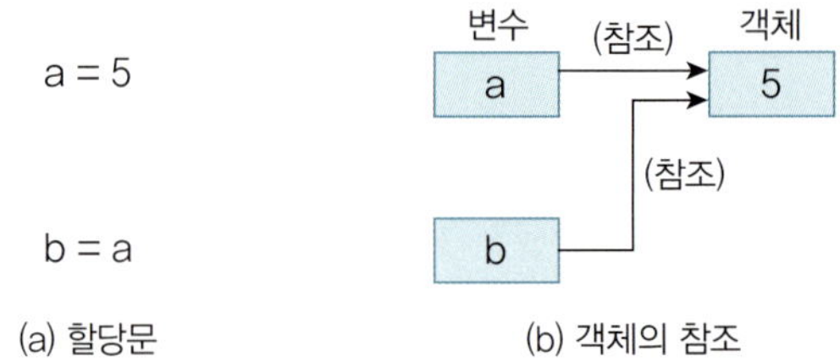

[그림 2-12] 변수의 객체 참조 개념

만일 그림 2-13에서 명령문 a = 3을 실행하면 변수 a는 객체 3이 존재하는 위치를 참조하게 된다. a = a + 1 명령문은 변수 a의 값이 1만큼 증가하게 되어 다시 새로운 객체, 즉 4가 존재하는 위치를 참조하게 된다. 명령문 b = 3을 실행하면 변수 b는 객체 3이 저장되어 있는 위치를 참조하고 있음에 유의하자.

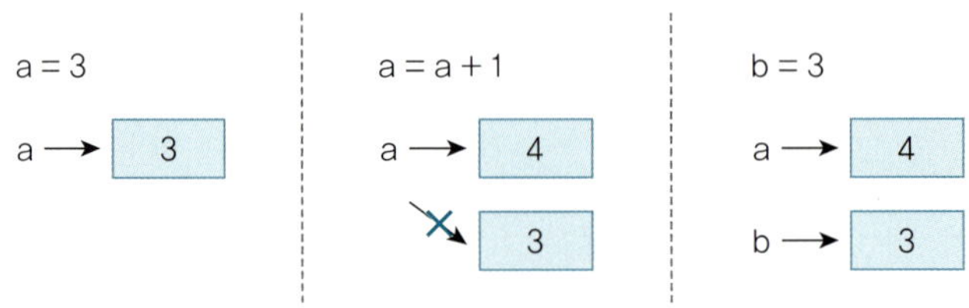

[그림 2-13] 변수가 참조하는 객체의 변화

2.3.2 스트링과 파일

스트링(String) 또는 문자열은 파이썬 프로그램에서 자주 처리하는 데이터로 홑따옴표(Single quote) 또는 쌍따옴표(Double quote)를 사용하여 스트링을 둘러싼다. 다음은 스트링 변수에 값을 할당하는 예이다.

```
>>> a = 'Apple'
>>> b = "Banana is delicious!"
```

또한 스트링을 담고 있는 텍스트 파일이 메모리에 저장되어 있고 이를 프로그램에서 불러서 사용하고 처리하는 경우가 있다. 텍스트 파일은 확장자로 .txt를 가지며 이러한 텍스트 파일을 읽기 위하여 먼저 텍스트 파일을 열어야(즉 open) 한다. 아래의 변수 american_novel은 텍스트 파일을 레퍼런스 하는 변수이고 파일로 존재하는 'hemingway.txt' 파일을 여는 명령문이다.

```
>>> american_novel = open('hemingway.txt')
```

2.3.3 리스트, 튜플, 딕셔너리 및 집합

■ 컬렉션(Collection) 데이터형

지금까지 정수, 실수, 복소수, 부울 및 스트링과 같은 간단하고 기본적인 데이터형에 대하여 알아보았다. 이러한 데이터는 한 개의 값을 가지고 있다. 그러나 때로는 변수가 여러 개의 요소를 가진 구조를 가지는 경우 이를 컬렉션 데이터형(Collection data type)이라 부른다. 파이썬은 리스트, 튜플, 딕셔너리 및 집합과 같은 다양한 컬렉션 데이터를 지원하고 있다. 이러한 컬렉션 데이터는 파이썬 프로그램을 작성하는 데 매우 유용하게 사용된다. 프로그램을 작성할 때 이와 같은 다양한 컬렉션 데이터를 적절히 사용하는 것은 효율적이고 좋은 프로그램을 작성하기 위하여 매우 중요한 사항이다.

■ 리스트(List)와 튜플(Tuple)

리스트 데이터는 나열할 데이터를 대괄호([ ])로 둘러쌓으며 리스트 내에는 다양한 데이터들이 위치할 수 있다. 다음의 예에서 math_score는 점수를 나열하고 있으며 '반려동물'은 스트링들을 요소로 갖는다. 이에 비해, Happy는 서로 다른 데이터 형들을 요소로 갖고 있다.

```
>>> math_score = [78, 56, 67, 95, 82]
>>> 반려동물 = ['개', '고양이', '토끼', '햄스터', '앵무새']
>>> Happy = [70, 'Health', 'Job', 'Hobby']
```

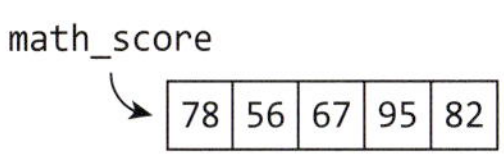

리스트는 요소들의 값을 변경할 수 있으나 튜플은 한 번 요소값들을 지정하면 프로그램 내에서 변경하지 않는 경우에 사용하는 컬렉션 데이터이다. 튜플 데이터는 나열할 데이터를 소괄호(( ))로 둘러쌓으며 리스트의 경우와 마찬가지로 소괄호 내에 다양한 데이터들이 위치할 수 있다. 아래의 예에서 변수 day는 요일들을 요소로 가지고 있으며 변수 day의 값이 변할 일이 없으므로 튜플로 정의하였다. 또한 학생기록부의 레코드인 student에는 성명, 학번, 학과, 출신지역 등 변하지 않는 데이터로 구성되어 있으므로 튜플로 정의하였다. 아래 그림은 튜플의 모든 요소들을 테두리로 둘러쌓음으로 튜플의 요소들이 변경될 수 없음을 나타내고 있다.

```
>>> day = ('Sunday', 'Monday', 'Tuesday', 'Wednesday', 'Thursday', 'Friday',
'Saturday')
>>> student = ('홍길동', 2012684, '게임개발학과', '서울')
```

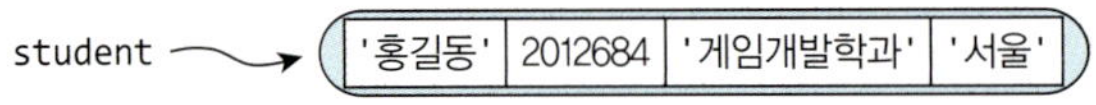

■ 딕셔너리(Dictionary)와 집합(Set)

앞에서 설명한 리스트와 튜플은 여러 개의 요소들을 가지는 데이터 구조이다. 때로는 어떤 키(Key) 값이 주어졌을 때 이에 해당하는 값을 찾아올 필요가 생긴다. 딕셔너리는 이와 같은 경우에 매우 효율적으로 사용되는 데이터 구조이다. 예를 들어, 과일의 이름과 가격을 연결(Association)해주는 데이터 구조를 생각해보자. '과일가격'은 딕셔너리로 정의되고 내부에 존재하는 요소들을 살펴보면 '사과'의 가격은 2000원, '배'의 가격은 2500원 등의 요소를 가진다. 딕셔너리의 요소들은 중괄호({ })로 둘러쌓여 있으며 {Key: Value}의 형식을 따른다. 따라서 어떤 키(Key) 값이 주어지면 그에 해당하는 값(Value)을 찾아오게 된다. 따라서 모든 키 값들은 유일해야 한다. 즉, 하나의 딕셔너리 내에 동일한 키 값이 하나만 존재할 수 있다.

```
>>> 과일가격 = {'사과': 2000, '배': 2500, '복숭아': 1200, '포도': 1800}
```

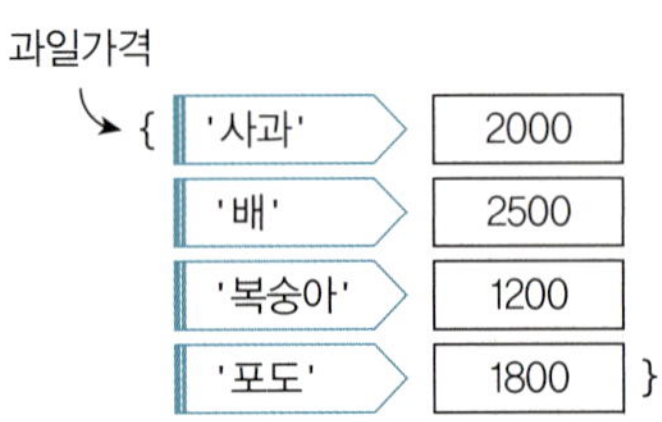

집합 데이터는 수학에서 의미하는 집합과 동일한 개념을 가진다. 아래 예에서 보듯이 변수 animal은 집합 데이터 구조이며 'dog', 'cat', 'cow', 'horse', 'ant', 'butterfly' 요소를 가지고 있다. insect 집합은 'bee', 'ant', 'dragonfly', 'butterfly'의 곤충 요소들을 가진다. 집합 데이터에서는 합집합, 교집합, 차집합 등의 연산자를 지원한다. 따라서 집합 animal2는 집합 animal에 속하는 요소들 중에서 insect 집합에 속하는 요소들을 제외시킨 집합을 의미한다. 그 결과 집합 animal2는 'dog', 'cat', 'cow', 'horse'의 요소를 가진다.

```
>>> animal = {'dog', 'cat', 'cow', 'horse', 'ant', 'butterfly'}
```

```
>>> insect = {'bee', 'ant', 'dragonfly', 'butterfly'}
>>> animal2 = animal - insect
>>> animal2
{'dog', 'cat', 'cow', 'horse'}
```

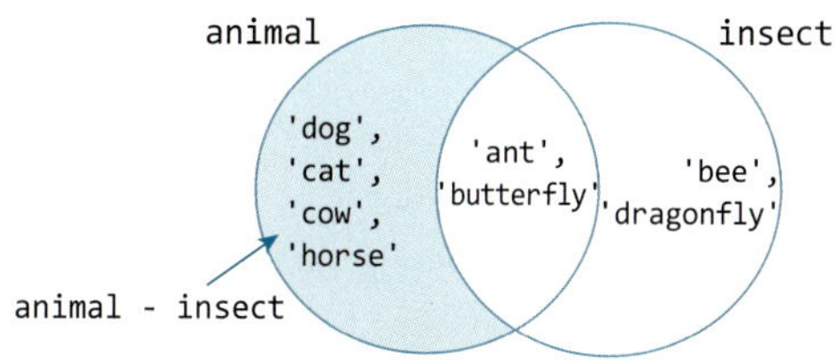

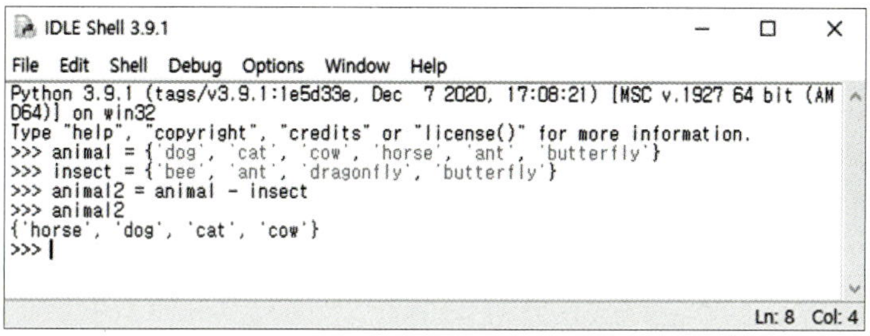

2.4 간단한 파이썬 프로그램 사례

0.0 ~ 1.0 사이의 값을 임의로 생성하는 간단한 파이썬 프로그램을 통하여 파이썬 언어를 전반적인 이해하자. 일반적으로 프로그램을 통한 문제 해결은 '폴야의 문제 해결 과정'에 따르면 문제 분석, 문제 해결을 위한 데이터 구조와 알고리즘, 실제 프로그램 구현 및 테스트와 디버그 과정을 거쳐 프로그램이 완성된다. 여기서는 주어진 문제가 비교적 간단하므로 이러한 과정을 생략한다.

■ 주어진 문제(Problem)

0.0 ~ 1.0 사이의 값을 임의로 생성하는 난수(Random number) N개를 생성하고 그 평균을 구하는 문제를 생각해 보자. 단, 생성된 난수가 0.0과 0.5 사이면 0의 값을 부여하고 0.5와 1.0 사이면 1의 값을 부여하여 평균값을 얻는다. 난수를 생성하기 위하여 파이썬의 표준 라이브러리 random 모듈을 임포트한 후(import random), 함수 random.random( )을 이용하여 0.0과 1.0 사이의 난수를 생성한다.

프로그램에서 사용하는 내장함수 int는 입력받은 문자형 데이터(즉 스트링)를 정수형 데이터로 변환하는 기능을 수행한다. 예를 들어, 내장함수 input("몇 개의 난수로 평균을 구할까요? ") 에 대하여 50의 입력 값을 주었다면 50은 정수가 아닌 스트링 '50'으로 입력된다. 따라서 스트링 '50'을 정수 값으로 변환하기 위해서 int 함수를 사용한다. 이 프로그램은 앞에서 설명한 반복문 while과 조건문 if를 사용하고 있다.

■ 프로그램의 구현

[random_ex.py]

```
# Num 개 난수의 평균값을 구한다.
import random

Num = int(input("몇 개의 난수로 평균을 구할까요? "))
count = 0
sum = 0
while count < Num:
    x = random.random()
    if x <= 0.5:
        k = 0.0
    else:
        k = 1.0
    sum = sum + k
    count = count + 1
average = sum/Num
print("난수의 개수는", Num, "이고,  평균값은", average, "입니다.")
```

- import random ← 표준 라이브러리 random을 임포트
- count = 0, sum = 0 ← 초기화 과정
- if x <= 0.5: ← 난수가 0.5 이하인 경우, 0으로 간주함
- else: ← 난수가 0.5보다 큰 경우, 1로 간주함

프로그램의 실행에서 10000개의 난수(0.0과 1.0 사이)를 생성하고 그 평균값을 구한다. 10000개의 난수는 충분히 많은 수이므로 기대했던 대로 평균값 0.5028이 출력되었다.

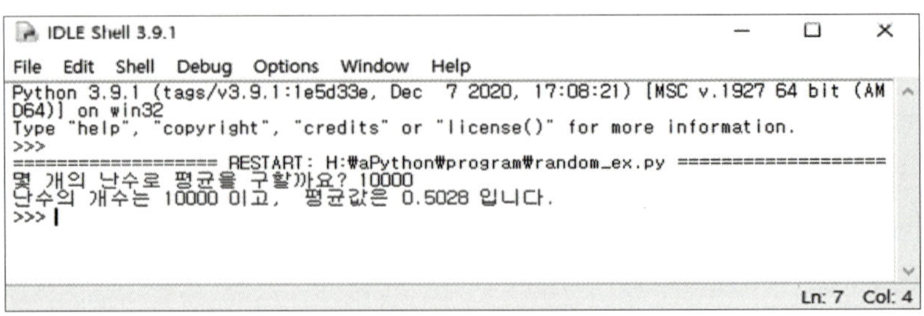

| 연습문제 |

A. 괄호 넣기 및 객관식

1 사칙연산자 +, −, *, / 등을 사용하며 표현한 식을 표현식이라 부르며, (　　　　　)이 표현식을 계산하여 그 값을 변수에 배정하는 명령문을 의미한다.

2 프로그램을 작성하는 사람이나 읽는 사람에게 명령문 또는 일련의 명령문들이 무엇을 수행하는 지 알려주기 위하여 주석(Comment)을 붙이며 주석의 앞에 (　　　　　) 기호를 사용하여 표시한다.

3 파이썬 함수의 유형은 크게 나누어 내장 함수(Built-in function), 사용자 정의함수(User-defined function), (　　　　　) 및 외부 모듈 함수로 나눌 수 있다.

4 파이썬의 가장 기본적인 데이터형은 정수(integer), 실수(floating-point), 복소수(complex) 및 (　　　　　)이다.

5 때로는 파이썬의 변수가 여러 개의 요소를 가진 구조를 가진 경우 이를 (　　　　　)라 부른다. 파이썬은 리스트, 튜플, (　　　　　) 및 집합과 같은 다양한 컬렉션 데이터를 지원하고 있다.

6 리스트는 요소들의 값을 변경할 수 있으나 (　　　　　)은 한 번 요소값들을 지정하면 프로그램 내에서 변경하지 않는 경우에 사용하는 컬렉션 데이터이다.

7 딕셔너리는 (　　　　　)이 주어졌을 때 이에 해당하는 값을 찾아준다. 딕셔너리는 이와 같은 경우에 매우 효율적으로 사용되는 데이터 구조이다. 예를 들어, 과일의 이름과 가격을 연결(Association)해주는 데이터 구조를 위해 딕셔너리를 사용한다.

8 파이썬에서 데이터의 출력을 위해 사용하는 명령문은?

(a) output　　(b) out　　(c) print　　(d) write

9 다음 중 리터럴에 해당하지 않은 것은?

(a) 3.14 (b) pi (c) 'Nuri' (d) 3.14159

10 다음 중 제어문과 가장 거리가 먼 것은?

(a) 선택문 (b) while 문 (c) if_else 문 (d) 할당문

11 다음 파이썬 프로그램의 결과는?

```
>>> sum = 0
>>> n = 1
>>> while n <= 10:
        sum = sum + n
        n = n + 1
>>> print(sum)
```

(a) 100 (b) 10 (c) 50 (d) 55

12 함수의 목적 및 기능과 가장 관련성이 적은 것은?

(a) 추상화 개념의 지원 (b) 프로그램의 재사용

(c) 읽기 쉽고 이해하기 쉬운 프로그램 구조 (d) 변수의 유연한 사용

13 파이썬 프로그래밍에서 제삼자가 만들어 놓은 외부 모듈(Third-Party Package)에 해당하지 않은 것은?

(a) NumPy (b) mathplotlib (c) Pandas (d) math

14 다음 중 파이썬의 표준 라이브러리에 해당하지 않는 것은?

(a) math (b) random (c) TensorFlow (d) turtle

15 다음 파이썬의 변수 이름 중 합법적인 변수 이름에 해당하지 않는 것은?

(a) abc (b) int (c) sum_2020 (d) Fruit

B. 따라하기 실습

1 상호대화 방식으로 다음을 실행하고 그 결과를 확인하라.

```
>>> 100
>>> 100+100
>>> 50 * 10
>>> 3.141595 * 2
>>> print( 350 + 150 )
>>> print( '350 + 150' )
>>> print( why )
>>> print( 'Hello, ', 'World!' )
```

2 상화대화 방식으로 다음의 문자 스트링 연산을 실행하고 그 결과를 확인하라. print 함수의 'sep' 패러미터는 = 기호 다음에 나오는 패러미터 값으로 프린트할 요소들을 구분하는(Separating) 기능을 수행한다.

```
>>> print( 'Hello', ', ', 'World', '!' )
>>> print( 'Hello' + ', ' + 'World' + '!' )
>>> print( '헬로, 파이썬!' )
>>> print( 'Hello', 'Python!' )
>>> print( 'Hello', 'Python!', sep=' ' )
>>> print( 'Hello', 'Python!', sep=', ' )
```

3 변수와 할당문의 실행 결과를 확인하라.

```
>>> a = 10
>>> a
>>> b = a + 20
>>> b
>>> a = a + 1
>>> c = a
>>> c
>>> a + b + c
```

4 문자 스트링의 실행 결과를 확인하라.

```
>>> str1 = 'Hello, '
>>> str1
>>> str2 = 'Python!'
>>> str1 + str2
>>> print( str1 + str2 )
>>> str2 = 'World!'
>>> print( str1 + str2 )
```

5 input 함수가 어떻게 작동하는지 확인하라.

```
>>> a = input()
(숫자 입력 후 엔터)
>>> a
>>> b = input()
(숫자 입력 후 엔터)
>>> b
>>> a + b
>>> num = input('Enter a number>')
```

6 print 함수와 input 함수가 어떻게 작동하는지 알아보자.

```
age = input('Enter your age')
(숫자 입력 후 엔터)
>>> print( 'Your age is ', age )
>>> name = input('Enter your name> ')
(자기 이름 입력 후 엔터)
>>> print( 'Hello, ', name )
>>> a = ' is a genius.'
>>> print( name, a )
```

C. 프로그래밍 실습

1 print() 함수를 사용하여 다음과 같이 학번과 이름을 출력하는 프로그램을 작성하라.

| 실행 결과 예시 |

```
ID: 2020123456
NAME: Nuri Kim
>>>
```

2 input() 및 print() 함수를 사용하여 학번과 이름을 입력받아 아래와 같이 출력하는 프로그램을 작성하라.

| 실행 결과 예시 |

```
Enter your ID> 2020123456
Enter your name: Nuri Kim
ID: 2020123456
NAME: Nuri Kim
>>>
```

3 아래의 주어진 코드를 부분적으로 사용하거나 변경하여 섭씨 온도를 입력하면 화씨로 출력하는 프로그램을 작성하라. 섭씨 온도를 화씨 온도로 변환하는 공식은 F = C * (9/5) + 32이다.

```
c = input('Enter temperature>')
f = float(c) * (9/5) + 32
print(f, 'F')
```

| 실행 결과 예시 |

```
Enter temperature> 30
86.0 F
>>>
```

03
CHAPTER

변수와 표현식

contents

| 단원개요 |

파이썬 언어는 다양한 명령문들을 제공하고 있다. 이들 중 가장 자주 사용하는 명령문이 할당문(Assignment statement)이다. 할당문은 표현식을 연산하여 그 결과를 변수에 할당한다. 이 장에서는 할당문에서 사용하는 상수, 변수를 공부하고 표현식에서 사용하는 연산자들을 알아보며 파이썬 언어의 독특한 변수의 동적 타이핑 개념을 소개한다.

03 변수와 표현식

3.1 파이썬 데이터의 유형

파이썬 언어에서 허용하는 기본 데이터형에는 숫자형 데이터와 문자열 데이터가 존재한다. 또한 구조를 가지는 컬렉션 데이터에는 리스트, 튜플, 딕셔너리 및 집합이 존재한다.

3.1.1 기본 데이터형

2.3.1절에서 파이썬의 기본 데이터형에 대하여 간략하게 설명하였다. 여기서 이야기하는 기본 데이터형이란 하나의 값을 가지는 데이터형을 의미한다. 기본 데이터형으로 아래와 같이 숫자형, 문자열(스트링) 자료형 및 부울 자료형을 설명한다. 예를 들어, 7, 150, 2.7, −10.8, 3.14, 7 + 3j(복소수)는 모두 숫자형이고 'Happy', 'Happy day!'는 문자열 자료형이며 True, False는 부울형이다. 데이터의 자료형을 알기 위하여 파이썬의 내장함수 type을 사용한다.

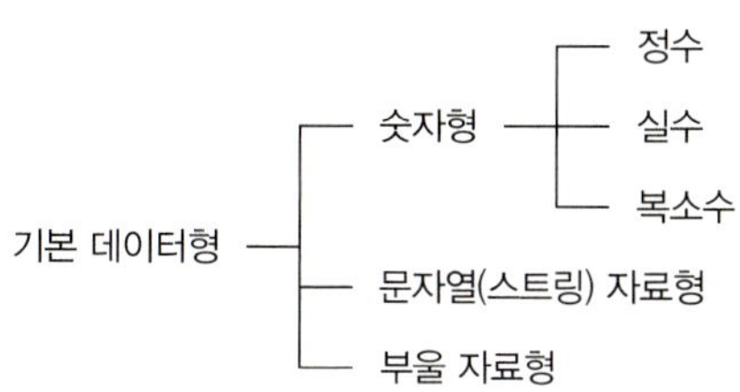

[그림 3-1] 기본 데이터형의 유형

```
>>> type(7)        ← 숫자 7은 정수형
<class 'int'>
>>> type(2.7)      ← 숫자 2.7은 실수형
```

```
<class 'float'>
>>> type(7 + 3j)          ← 숫자 7 + 3j는 복소수형
<class 'complex'>
>>> type('Happy')         ← 'Happy'는 문자열(스트링) 자료형
<class 'str'>
>>> type('Forever young!')
<class 'str'>
>>> type(True)            ← True는 부울형
<class 'bool'>
```

위에서 보듯이 7, 2.7, 7 + 3j는 각각 숫자형 정수(Integer), 실수(Float), 복소수(Complex)이고 'Happy'와 'Forever young!'은 문자열 자료형(String)이며 True는 부울형(Boolean)임을 알 수 있다.

■ 숫자형

숫자형에는 정수, 실수 및 복소수가 존재한다. 아래에 숫자형 데이터의 몇 가지 예를 제시한다.

```
<정수(Integer)>        2      123     -55

<실수(Float)>          3.14    0.5     -12.3
                       0.3e5   5e80     10e-9    1.5e15

<복소수(Complex)>      1 + 2j
```

실수형 데이터는 3.14, 0.5, −12.3과 같이 표현할 수 있으나 그 수가 매우 크거나 작은 경우 또는 필요에 따라 0.3e5, 5e80, 10e−9와 같이 지수를 이용하여 나타낼 수도 있다. 즉 0.3e5와 5e80은 각각 0.3×10^{5}, 5×10^{80}을 의미하며 10e−9은 10×10^{-9}을 의미한다. 이러한 이유로 실수형 데이터를 이동소수점수(float−point number)라 부른다.

숫자형 데이터는 데이터 간에 몇 가지 연산을 수행할 수 있다. 가장 기본적인 연산으로 +(더하기), −(빼기), *(곱하기), /(나누기)의 사칙연산을 적용할 수 있다. 아래에 예를 들어보자.

```
>>> 4 + 7          정수 간의 덧셈
11
>>> 2.3 + 3.6      실수 간의 덧셈
5.9
>>> 2 * 1.2        숫자형 간의 곱셈
2.4
>>> 2 + 1.2
3.2
>>> (3 + 4j) + (2 + 5j)      복소수 간의 덧셈
(5+9j)
>>> 5 * 7
35
>>> 15/3           정수 간의 나눗셈
5.0
>>> 15/2
7.5
```

위의 예에서 2 + 1.2의 연산 경우 서로 상이한 데이터형, 즉 정수형 데이터와 실수형 데이터 간의 더하기가 실행될 때 우선 정수형 데이터 2를 실수형으로 변환한 후 연산이 수행된다. 이외에도 숫자형 데이터에 적용할 수 있는 연산(operation)이 존재하며 이들에 대하여 3.4절에서 설명한다.

▪ 문자열 자료형

문자열(String)은 컴퓨터 키보드의 문자로 나타낼 수 있는 문자들의 집합을 의미한다. 문자열을 나타내는 방법은 아래의 3가지가 있다.

1) 작은따옴표(')로 둘러싸기

아래의 예에서 보듯이 문자열은 문자, 숫자, 특수문자, 스페이스 등을 포함할 수 있다. 또한 문장을 포함할 수도 있다. 아래의 예를 보자.

```
'Python'

'Forever young! 100 years!'

'인생은 짧고, 예술은 길다'
```

참고로 숫자 100과 문자열 자료형 '100'은 다른 의미를 갖는다. 숫자 100은 정수형 숫자 100을 의미하지만 '100'은 숫자가 아니고 어디까지나 문자열 '100'을 의미하며 '10.5'는 숫자가 아니고 문자열 '10.5'를 의미한다. 따라서 '100'이나 '10.5'에 숫자형 데이터 연산을 실행하면 오류가 발생하다.

2) 큰따옴표(")로 둘러싸기

```
"This is also a string"

"Don't hurry"
```

위의 예에서 "Don't hurry"는 문자열 내에 작은따옴표(')를 포함하므로 이를 구분하기 위하여 문자열을 큰따옴표로 둘러쌓음을 알 수 있다. 마찬가지 이유로 'He said "I am too tired."'의 문자열에서는 문자열 내에서 인용문 "I am too tired."에서 큰따옴표(")를 사용하고 있으므로 문자열 외부를 작은따옴표로 둘러싸고 있다.

3) 큰따옴표 세 개(""") 또는 작은따옴표 세 개 (''')로 둘러싸기

```
'''He said "I'm too tired."'''
```

위의 문자열은 문자열 내에 큰따옴표와 작은따옴표를 동시에 내포하고 있으므로 문자열을 나타내기 위하여 외부에서 작은따옴표 세 개(''')로 둘러싸고 있음을 알 수 있다.

■ 부울형

부울형 자료는 True 또는 False 중 한 가지 값을 가질 수 있다. 부울형 자료가 필요한 이유는 어떤 조건이 사실이면 True, 사실이 아니면(즉 거짓이면) False 값을 가질 경우 필요하다. 아래에 간단한 예를 들어보자.

```
>>> 7 > 5      ← 정수 간의 크기 비교
True
>>> -2 > 3
False
>>> 'a' < 'b'  ← 문자 간에 알파벳 순서에 따라 비교
True
```

이러한 부울형 자료값 True 및 False는 4장에서 설명할 선택문(if 문)과 5장에서 설명할 반복문(while 문, for 문)에서 조건을 따질 때 필수적으로 요구되는 자료형이다.

3.1.2 구조적 데이터형

구조적 데이터형은 3.1.1절에서 설명한 기본 데이터형과는 달리 다수의 값을 가지고 있으며 이들이 일정한 구조(Structure)를 지원하고 있다. 구조적 데이터는 컬렉션 데이터(Collection data type)라고도 불린다. 일정한 구조를 이용하여 경우에 따라 적절히 사용하면 매우 유용한 활용이 가능하다. 다음에 리스트, 튜플, 딕셔너리 및 집합 자료형이 각각 어떤 경우에 효과적으로 활용될 수 있는지 알아보자.

■ 리스트(List) 자료형

리스트는 여러 개의 데이터에 동일한 연산 처리를 수행할 경우 이들을 하나의 리스트로 묶어서 표현할 수 있다. 이렇게 함으로써 데이터를 표현하는 방식이 간결하게 되고 데이터를 처리하는 명령문이 리스트를 하나의 데이터로 처리할 수 있다. 리스트에 포함된 각각의 데이터를 요소(Element)라 부른다. 예를 들어, 리스트 [88, 90, 75, 82, 63]을 어떤 학생이 이번 학기 치른 다섯 번의 시험 성적이라면 88, 90, 75, 82, 63은 이 리스트의 요소가 된다.

리스트의 표현 형식은 아래와 같다. 리스트의 구체적 사용법에 대해서는 6장에서 설명한다.

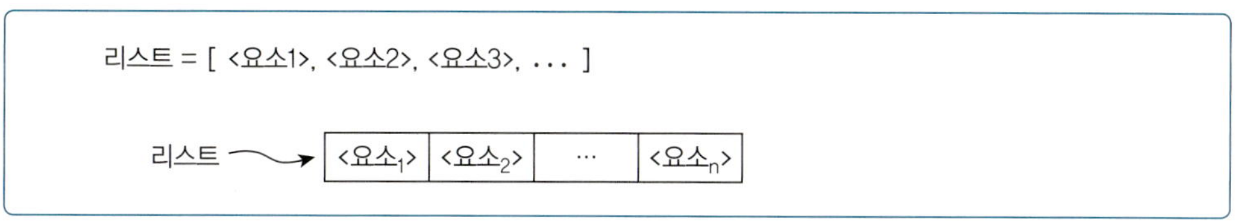

[그림 3-2] 리스트의 개념

즉, 리스트는 〈요소1〉, 〈요소2〉, 〈요소3〉, ...을 가지며 요소들을 대괄호([ ])로 둘러 쌓아 정의하고 있다. 각 요소는 3.1.1절에서 설명한 기본 데이터형이 될 수 있으며 리스트 자체일 수도 있다. 예를 들어 아래의 리스트는 모두 합법적인 리스트들이다.

```
[1, 25, 101, -35, 1234]

['개', '고양이', '토끼', '햄스터', '앵무새']

['Sunday', 'Sale', 35.0, 20]
```

```
[1, 2, 3, 4, 5, ['Sum', 'Number'], ['Happy', 'New Year!']]
```

위의 예에서 보듯이 리스트는 동일한 데이터형을 요소로 가질 수도 있고 때로는 서로 다른 유형의 데이터를 요소로 포함할 수 있다. 리스트는 실질적으로 다수의 데이터를 가지고 있으나 이를 하나의 데이터로 간주하고 동일한 방식으로 처리한다면 파이썬의 명령문이 매우 간단해진다. 리스트는 파이썬에서 매우 자주 사용하는 데이터형이다. 경우에 따라서는 리스트가 요소를 전혀 가지지 않을 수 있으며 이를 빈 리스트(Empty List)라 부르며 []로 나타낸다.

■ 튜플(Tuple) 자료형

튜플은 리스트와 매우 유사한 데이터형이지만 약간의 차이점이 존재한다. 리스트는 6장에서 설명할 다양한 연산자(Operator)를 사용하여 요소값들을 삽입, 제거, 변경할 수 있으나 튜플의 경우는 한번 튜플로 정의하면 나중에 그 요소값을 바꿀 수 없다. 리스트와 튜플의 차이점은 요소값을 변화시킬 수 있는가에 따라 다르게 사용한다.

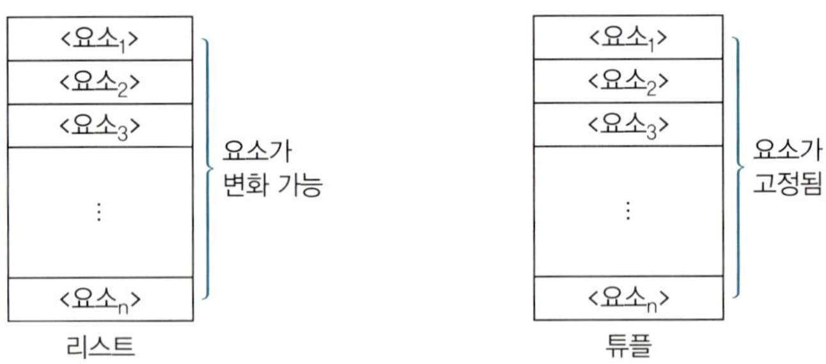

[그림 3-3] 리스트와 튜플

튜플의 표현 형식은 아래와 같다. 즉 리스트에서 대괄호를 사용하는데 비해 튜플은 소괄호(())를 사용한다. 그림 3-4는 튜플의 요소들이 변하지 않는다는 개념을 설명하기 위하여 튜플을 테두리로 둘러쌓았다.

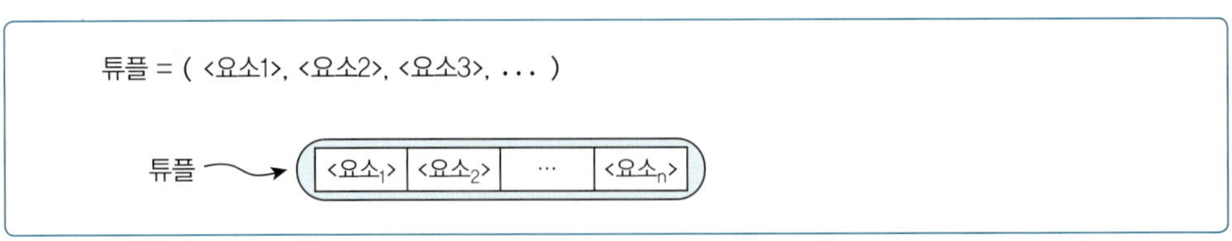

[그림 3-4] 튜플의 개념

예를 들어, 영어의 모음을 생각해 보자. 모음은 원칙적으로 변하지 않으므로 아래와 같이 튜플로 나타낼 수 있다. 요일의 이름을 튜플로 나타내거나 일 년(평년)의 각 달마다 날의 수를 튜플을 이용하여 나타낼 수 있다.

```
Vowel = ('a', 'e', 'i', 'o', 'u')

요일 = ('월', '화', '수', '목', '금', '토', '일')

Day_of_month = (31, 28, 31, 30, 31, 30, 31, 31, 30, 31, 30, 31)
```

■ 딕셔너리 자료형

딕셔너리는 각 요소가 키(Key)와 대응값(Value)의 한 쌍으로 구성되어 있는 자료형이다. 어떤 키 값이 주어지면 그 키 값에 해당하는 대응값이 결정된다. 아래 그림 3-5의 예에서 키는 3개, 즉 "Name", "Age", "Country"가 존재하고 키 값에 해당하는 대응값은 각각 "Trudeau", 47, "Canada"이다. 리스트와 튜플은 요소들의 나열 순서가 정해져 있지만 딕셔너리의 요소들 간에 순서는 중요하지 않다. 딕셔너리의 용도는 어떤 키 값이 주어졌을 때 그 값에 대응하는 값을 즉시 찾아주는 자료형이다. 따라서 모든 키 값들은 유일해야한다. 다시 말하면 하나의 딕셔너리에서 동일한 키 값이 둘 이상 존재하면 안 된다.

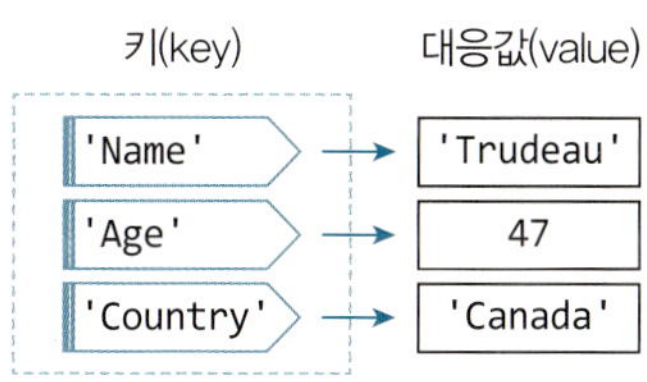

[그림 3-5] 딕셔너리의 키(Key)와 대응값(Value)

딕셔너리의 표현 형식은 아래와 같이 중괄호({ })를 이용하여 요소들을 둘러싼다. 각 요소는 키 값과 대응값을 콜론(:)으로 구분한다. 딕셔너리의 구체적 사용법은 9장에서 설명한다.

딕셔너리 = { <키1> : <값1>, <키2> : <값2>, <키3> : <값3>, ... }

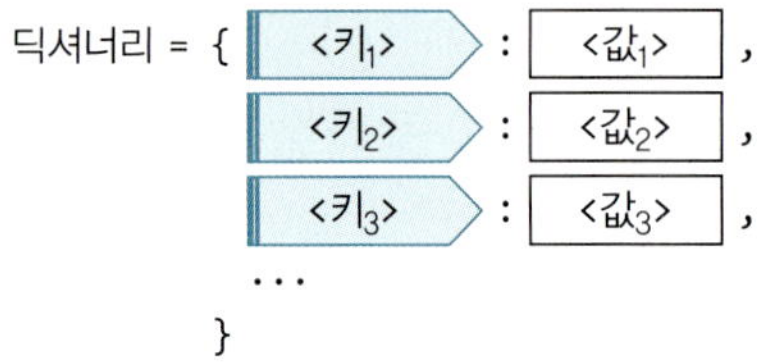

파이썬 프로그램에서 데이터를 딕셔너리 자료로 표현하여 유용하게 사용하는 경우가 많이 발생한다. 아래의 예들은 모두 키와 대응값을 가지며 어떤 키 값이 주어지면 그에 해당하는 대응값을 찾아오게 된다.

```
Scores = {"English": 95, "Math": 78, "Biology": 88, "History": 92}

Rainbow = {1:"Red", 2:"Orange", 3:"Yellow", 4:"Green", 5:"Blue", 6:"Indigo": 7:"Violet"}

monthly_score =  { (2019, 1) : 78, (2019, 2) : 84, (2019, 8) : 89, (2020, 4) : 95 }
```

■ 집합 자료형

집합은 수학에서 의미하는 집합의 개념과 동일하며 어떤 요소들을 집합으로 표현하면 매우 편리한 경우가 있다. 예를 들어, 내가 좋아하는 과일이 (사과, 배, 수박, 감)이고 내 친구가 좋아하는 과일이 (수박, 오렌지, 딸기, 배, 감)이라면 나와 친구가 모두 좋아하는 과일은 (수박, 배, 감)이다. 집합 자료형은 딕셔너리와 같이 요소의 순서가 아무런 의미가 없다. 또한, 동일한 요소가 2개 이상 존재하지 않는다. 수학에서의 집합과 마찬가지로 집합 자료형에 합집합, 교집합, 차집합과 같은 연산을 수행할 수 있다. 이러한 연산에 대해서는 9장에서 설명하기로 한다.

집합의 표현 형식은 다음과 같다.

집합 = { <요소1>, <요소2>, <요소3>, . . . }

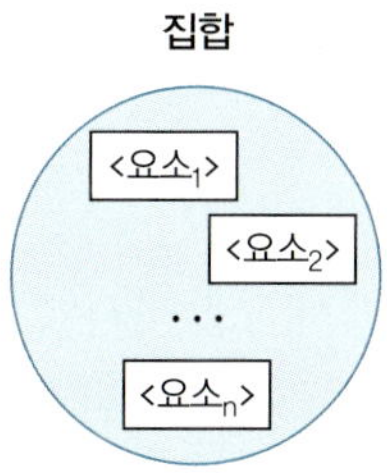

집합형 자료의 사례를 알아보자.

```
{"Apple", "Pear", "Water Melon", "Persimmon"}

{ '서울', '인천', '대전', '광주', '대구', '울산', '부산' }

{1, 2, 3, "Apple", "Orange"}
```

3.2 상수(Constant)와 리터럴(Literal)

파이썬 프로그램에서 어떤 값을 나타낼 때 그 값이 정해지지 않고 변할 수 있을 때는 변수로 나타내고 일정한 값이 미리 정해진 경우에는 상수와 리터럴로 정의된다. 이 절에서는 상수와 리터럴을 나타내는 방법에 대하여 알아보자. 또한 연산의 결과값을 출력하기 위한 표현 형식, 즉 포맷 함수를 설명한다.

3.2.1 상수와 리터럴

■ 변수, 상수와 리터럴

파이썬 프로그램에서 어떤 값을 나타낼 때 변수와 상수 및 리터럴을 사용한다. 쉽게 설명하면 변수는 값이 변경될 수 있는 경우에 사용하고 상수와 리터럴은 변하지 않는 값을 나타낼 때 사용한다. 값이 변하고 변하지 않는 것이 무엇을 의미하는지 알아보자. 프로그램에서 연산의 결과값이 변하게 되는 경우에는 당연히 변수를 사용하게 된다. 아래에 간단한 변수 예를 살펴보자.

```
x = 1
x = 5
y = 10
x = y + 7
y = x - 2
```

앞 예에서 변수 x, y는 그 값이 변한다. x의 값은 1에서 5로 다시 17로 변하고, 변수 y는 10에서 15로 변함을 알 수 있다. 이에 비해 상수는 한 번 지정하면 변하지 않는 값을 가지는 경우의 변수를 의미한다. 예를 들어, 원주율은 항상 3.14159이고 만유인력의 법칙에서 중력은 항상 $9.81m/s^2$의 값을 가진다. 이러한 값은 변하지 않는다. 따라서 어떤 정해진 값을 담을 변수를 지정하고 이 변수는 실질적으로 상수의 역할을 한다. 문법적으로는 변수와 상수의 차이가 없다. 그러나 프로그래밍을 할 때 상수로 지정함으로써 이 값이 프로그램 내에서 변경되지 않고 일정한 값을 가지면 그 의미가 분명해진다. 아래에 Pi와 Gravity는 상수가 되며 따라서 그 값이 결코 변하지 않는다.

```
Pi = 3.14159
Gravity = 9.81
```

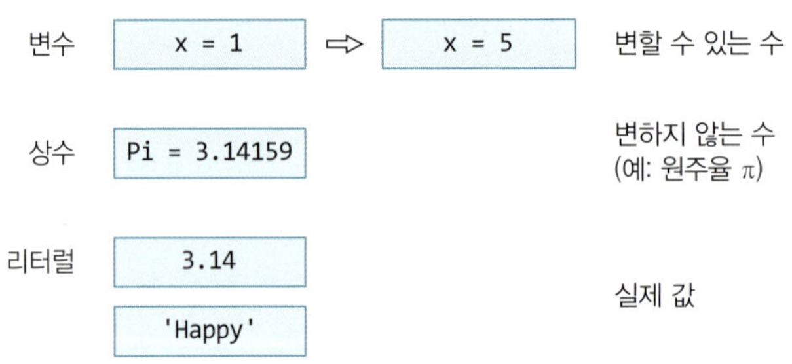

[그림 3-6] 변수, 상수 및 리터럴의 의미

물론 Pi, Gravity에 각각 3.14159 및 9.81 값을 지정하지 않고 3.14159 및 9.81의 값을 직접 사용할 수도 있지만 Pi 및 Gravity로 사용하면 프로그램에서 그 의미가 더욱 분명해진다. 변수가 다양한 데이터형을 가질 수 있듯이 상수도 다양한 값을 담을 수 있다. 변수가 숫자형, 문자열과 같은 기본 데이터뿐만 아니라 리스트, 튜플, 딕셔너리 및 집합과 같은 구조적 데이터형을 가질 수 있다. 상수도 마찬가지로 다양한 데이터형의 값을 가질 수 있다. 아래의 예를 통하여 상수가 가질 수 있는 다양한 데이터형을 알아보자.

```
Exponent = 2.718
my_Dog = 'Nuri'
my_Message = '인생은 짧고, 예술은 길다.'
my_Favorite = ['Apple', 'Orange', 'Water Mellon']
```

만일 어떤 변수가 영구적으로 변하지 않는다면 이 변수는 실질적으로 상수가 된다. 아래의 예에서 영어의 모음이 변하지 않으므로 EnglishVowel은 튜플 자료형을 사용하여 상수로 사용할 수 있다.

```
EnglishVowel = ('a', 'e', 'i', 'o', 'u')
```

위에서 변수와 상수의 차이점을 설명하였다. 이제 리터럴에 대하여 알아보자. 앞의 예들에서 1, 5, 10, 3.14159, 9.81, 'Python', '인생은 짧고, 예술은 길다.', 'Apple', 'Orange', 'Water Mellon', 'a', 'e', 'i', 'o', 'u'와 같이 데이터 그 자체를 리터럴이라 부른다. 리터럴도 다양한 데이터형을 가질 수 있다. 변수와 상수는 데이터에 어떤 이름을 부여하여 사용하는데 비해 리터럴은 데이터 자체를 의미한다.

3.2.2 스트링 리터럴

■ 문자와 스트링 리터럴

문자(Character)란 일반적으로 'a', 'A', 'N', '?', '$'와 같이 하나의 문자나 부호를 의미한다. 또한 ' '와 같은 문자를 공백 문자라 부른다. 이에 비하여 'Hi!', 'Good morning', 'hello'와 같은 것을 스트링 리터럴이라 부른다. 파이썬에서는 문자와 스트링 리터럴을 구분하지 않는다. 따라서 문자도 스트링의 한 유형이다. 아래에 몇 가지 스트링 리터럴의 예를 들어보자.

```
'S'
'&'
'Forever young'
"What's up?"
" "
""
```

앞의 예에서 " "는 공백 리터럴(Space literal)이고 ""는 빈 리터럴(Empty literal)을 의미한다.

■ 제어 문자

파이썬은 미리 지정해 둔 문자들의 조합을 특수한 제어 문자(Control character)로 이용하고 있으며 이러한 것들을 이스케이프 시퀀스(Escape sequence)라 부른다. 아래의 표에서 보듯이 역슬래시 \와 특정 문자의 조합은 미리 정해진 특별한 의미를 갖는다.

[표 3-1] 파이썬의 제어 문자

제어 문자	의미
\b	백스페이스(Backspace)
\n	새로운 줄(New line)
\t	탭 키(Tab)
\\	역슬래시(캐릭터 \)
\'	홑따옴표(Single quote)
\"	겹따옴표(Double quote)

위의 표에서 보듯이 \n은 아래의 예를 통해 알 수 있듯이 새로운 줄(new line)을 의미한다.

```
>>> print('Hello\nOlivia Newton-John')
```

위 print 명령문의 결과는 아래와 같다.

```
Hello
Olivia Newton-John
```

print 문에서 'Hello' 다음에 \n이 나와 줄 바꿈을 실행한다.

또한 문장 내에서 '(Single quote)를 출력하고 싶으면 '을 그대로 사용하면 안 되고 반드시 이스케이프 시퀀스 \'을 사용해야 한다. 이와 같이 이스케이프 시퀀스를 사용하면 파이썬은 스트링을 둘러싸는 ' 또는 "와 실제 출력하고 싶은 ' 또는 "를 구분할 수 있다. 아래의 예에서 \'는 실제 출력하고 싶은 홑따옴표(')를 의미한다.

```
>>> print('Don\'t eat too much.')
```

따라서 위 print 명령문은 아래의 결과를 출력한다.

```
Don't eat too much.
```

print 문에서 \'는 홑따옴표를 의미한다.

3.2.3 포맷 지정 함수

■ 파이썬의 출력 형식을 지정하는 format 함수

변수, 상수, 리터럴의 값을 출력하고 싶을 때 어떤 형식에 따라 프린트할지를 지정해 주는 format 함수가 존재한다. 예를 들어 어떤 변수의 값이 1/3이라면 이는 0.33333...을 의미한다. 그러나 소수점 이하를 끝없이 프린트할 수 없으므로 format 함수를 이용하여 출력 형식을 지정할 수 있다. format 함수는 파이썬의 내장함수이다. 스트링을 출력할 때도 어떤 형식으로 출력할 지를 format 함수를 이용하여 지정한다.

format 함수는 아래의 형식을 가진다.

format(<요소(item)>, <포맷지정자(format specifier)>)

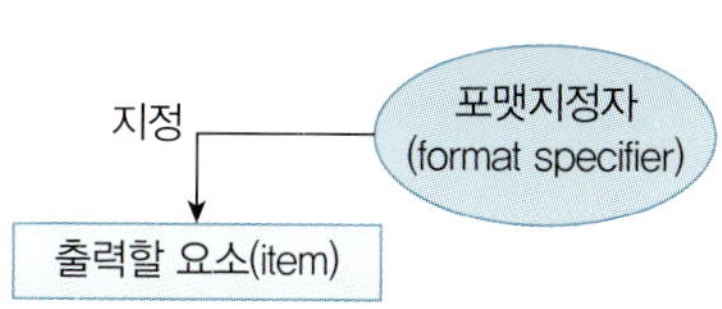

여기서 〈요소〉란 출력할 요소, 즉 정수, 실수, 스트링 등을 의미하고 〈포맷지정자〉란 출력 형식을 말한다. 몇 가지 예를 통하여 다양한 출력 형식을 알아보자.

```
>>> format(12/5, '.2f')
2.40
>>> format(1/3, '.3f')
0.333
```

포맷지정자 '.2f'는 실수를 프린트할 때 소숫점 2자리까지 나타냄

위에서 보듯이 포맷지정자 '.2f', '.3f'는 각각 소수점 이하 2자리 및 3자리까지 출력을 지정한다. 이에 비하여 아래의 포맷지정자는 유효숫자를 소수점 이하 5자리까지 나타내되 지수 형식으로 표현한다.

```
>>> format(2 ** 100, '.5e')
1.26765e+30
```

이제 스트링의 출력 형식에 대하여 알아보자. 만일 스트링 'Hello!'를 10개의 스페이스에 출력하되 왼쪽에 붙여서 출력하기를 원한다면 아래의 format 함수를 사용하면 된다.

```
>>> format('Hello!', '<10')
'Hello!    '
```

포맷지정자 '<10'는 스트링을 출력할 때 10개의 공간을 확보함

만일 스트링 'Hello!'를 20개의 스페이스에 출력하되 오른쪽에 붙여서 출력한다면 다음과 같이 된다.

```
>>> format('Hello!', '>20')
'              Hello!'
```

또한, 스트링 안에 어떤 값을 바로 대입하여 출력하기를 원하는 경우를 살펴보자. 만일 숫자를 갖고 있는 변수 number를 어떤 스트링 안에 포함시키고 싶으면 포맷지정자 %를 이용한다. 변수 number가 정수이면 아래와 같이 %d를 사용하고, 출력하고 싶은 값이 실수인 경우에는 %f 형식을 사용한다.

```
>>> number = 2
>>> 'I have %d notebooks.' %number
'I have 2 notebooks.'
```

포맷지정자 %d는 정수형을 의미하고 정수의 실제값을 변수 number로 지정

만일 스트링 'two'를 어떤 스트링 안에 내포시키고 싶으면 아래와 같이 %s를 사용하면 된다.

```
>>> 'I have %s cars.' % 'two'
'I have two cars.'
```

포맷지정자 %s는 스트링을 의미하고 스트링의 실제값을 'two'로 지정

앞 장의 2.4절에 소개한 예제 프로그램에서 난수의 개수와 평균값을 출력하였는데, 포맷지정자 %를 이용하면 다음과 같이 더욱 보기 좋은 출력 결과를 얻을 수 있다. 출력 문장 내에 여러 개의 변수를 출력하려면 포맷지정자 % 뒤에 변수를 괄호로 묶어주면 된다.

```
>>> Num, average = 10000, 0.5028
>>> print("난수의 개수는", Num, "이고, 평균값은", average, "입니다.")    # 2.4절 예제
난수의 개수는 10000 이고, 평균값은 0.5028입니다.
>>>
>>> print("난수의 개수는 %d 이고, 평균값은 %.2f 입니다." % (Num, average))
난수의 개수는 10000 이고, 평균값은 0.50 입니다.
```

3.3 변수와 동적 타이핑

변수란 연산의 결과에 따라 변할 수 있는 값을 의미한다. 이 절에서는 변수의 이름을 명명하는 법칙을 알아보고 파이썬 언어의 키워드를 소개한다. 또한 파이썬 언어에서 데이터형이 자유롭게 변할 수 있는 동적 타이핑 개념을 소개한다.

3.3.1 변수와 변수 이름

3.2.1절에서 언급했듯이 변수(Variable)란 어떤 값을 가지고 있으며 그 값이 변수로 나타내게 된다. 이 값은 변할 수 있으므로 변수라 부른다. 상수가 변하지 않는 값을 가지는데 비하여 변수는 그 값이 변할 수 있다. 변수는 이름을 가지고 있고 변수 이름은 파이썬에서 정해진 법칙에 따라 명명한다. 다음은 합법적인 변수들의 이름이다.

```
num
Num
Interest_Rate
growth_rate_2018
```

위의 예에서 보듯이 변수는 영어 알파벳으로 시작하고 변수 이름에 언더스코어(_)와 숫자를 가질 수 있으며 영어 알파벳의 대문자와 소문자는 구분된다. 따라서 변수 num과 변수 Num은 서로 다른 변수 이름이다. 또한 변수 이름에 빈칸(Space)이 들어가서는 안 된다. 변수에 이름을 붙일 때는 변수의 용도에 맞게 의미 있는 이름을 붙이는 것이 중요하다. 즉 변수 이름을 보면 이 변수가 무엇을 하는지 쉽게 짐작할 수 있어야 한다. 변수 이름뿐만 아니라 상수 이름도 변수 이름과 같은 방식으로 붙인다. 또 하나의 중요한 사실은 변수 이름을 붙일 때 키워드(Keyword)를 사용하면 문법적 오류가 발생한다. 키워드에 대해서는 3.3.2절에서 설명한다. 보다 넓은 의미로 식별자(Identifier)가 존재한다. 식별자란 프로그램 내에서 어떤 요소에 이름을 붙인 것으로 식별자는 변수 이름, 키워드, 함수 이름을 포괄적으로 의미한다.

3.3.2 키워드

키워드란 파이썬 언어에서 특수한 목적으로 미리 지정해 놓은 단어들을 의미하며 따라서 키워드는 그 목적에 맞게 사용해야 하며 절대 변수 이름이나 함수 이름으로 사용해서는 안 된다. 파이썬 언어는 총 33가지의 키워드를 가지고 있다. 표 3-2는 33개를 나열하고 있으며 그 용도는 나중에 설명하기로 한다.

[표 3-2] 파이썬 언어의 33가지 키워드

and	as	assert	break	class	continue	def
del	elif	else	except	finally	for	from
global	if	import	in	is	lambda	nonlocal
not	or	pass	raise	return	try	while
with	yield	false	none	true		

3.3.3 동적 타이핑

■ 동적 타이핑과 정적 타이핑

앞에서 파이썬은 다양한 기본 데이터형과 구조적 데이터형을 지원하고 있다고 설명하였다. 기본 데이터형은 정수, 실수, 복소수, 문자열, 부울 자료형을 의미하고 구조적 데이터형은 리스트, 튜플, 딕셔너리, 집합을 포함한다. 파이썬의 변수는 미리 변수가 어떠한 데이터형을 가지는지 선언하는 것이 아니고 프로그램 중에 상황에 따라 변수의 형이 변할 수 있도록 설계되어 있다. 즉, 파이썬의 변수는 다양한 데이터형을 가질 수 있다. 아래에 몇 가지 예를 들어 보자. type() 함수는 괄호 안의 변수나 데이터에 대한 데이터형을 알려준다.

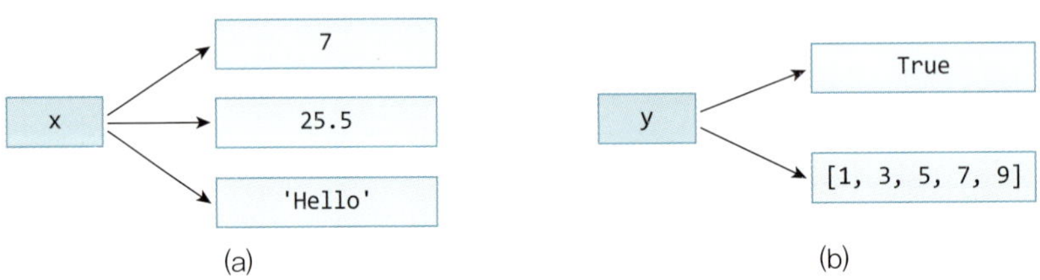

[그림 3-7] 동적 타이핑의 개념

```
>>> x = 7
>>> type(x)
<class 'int'>
>>> x = 25.5
>>> type(x)
<class 'float'>
```

변수 x가 파이썬의 동적 타이핑 개념에 따라 정수, 실수 그리고 스트링으로 변화

```
>>> x = 'Hello'
>>> type(x)
<class 'str'>

>>> y = True
>>> type(y)
<class 'bool'>
>>> y = [1, 3, 5, 7, 9]
>>> type(y)
<class 'list'>
```

변수 y가 파이썬의 동적 타이핑 개념에 따라 처음 부울형에서 리스트로 변화

위의 예에서 보듯이 변수 x는 처음 정수값('int') 7을 가지나 그 후 실수('float'), 문자열('str')로 변화함을 알 수 있다. 또한 변수 y는 처음 부울('Bool') 형에서 리스트('list')로 바뀌었음을 알 수 있다.

이와 같이 변수의 데이터형이 자유롭게 변화하는 것을 동적 타이핑(Dynamic Typing)이라 부른다. 파이썬 언어는 동적 타이핑의 특성을 가지고 있다. 이에 비해 대부분의 프로그래밍 언어에서는 사용하는 변수의 데이터형을 미리 정의한 후 그 변수를 사용한다. 이러한 개념을 정적 타이핑(Static Typing)이라 한다.

3.4 표현식과 할당문

할당문의 왼쪽에는 변수가 나오고 오른쪽에는 표현식이 나온다. 표현식은 연산자와 변수 및 상수로 구성되어 있다. 이 절에서는 표현식에서 사용되는 연산자들을 알아보고 연산자들의 연산 시 우선순위를 알아본다. 또한 할당문에서 변수에 어떤 값을 할당하기 위한 참조(Reference) 개념을 이해하도록 한다.

3.4.1 표현식

■ 할당문과 표현식

할당문(Assignment Statement)과 표현식(Expression)은 서로 밀접한 관계가 있다. 할당문은 다음의 형식을 갖는다. 할당문에서 우선 표현식을 계산한 후 그 연산 결과를 변수에 할당한다.

<변수(Variable)> = <표현식(Expression)>

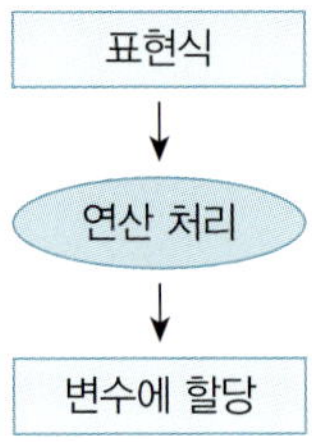

파이썬에서 문 또는 명령문(Statement)이란 파이썬 인터프리터가 실행하는 프로그램 단위라고 할 수 있다. 앞에서 우리는 다양한 명령문들을 보아왔다. 할당문 외에도 if 문, while 문, input 문, print 문 등 파이썬에는 다양한 문들이 존재한다. 그러나 가장 자주 볼 수 있는 문이 할당문이다. x = 7, y = x + 3, z = x + 2 * y는 모두 할당문이다. 할당문의 = 기호 오른쪽에는 항상 표현식이 나온다. 여기서는 먼저 표현식이 어떤 형식을 가지는지 예를 통해 알아보자.

```
1.0 + Interest_Rate

Pi * (radius) ** 2

principle * (1.0 + Interest_Rate) ** 10
```

위의 모든 식이 표현식에 해당된다. 표현식은 연산자(Operator)와 피연산자(Operand)로 구성되어 있다. 연산자란 연산 또는 계산을 수행하는 일을 하고 피연산자는 연산을 당하는 객체를 의미한다. 파이썬의 연산자는 표 3-3과 같은 것들이 있다.

[표 3-3] 파이썬 연산자의 의미

연산자	의미	예 / 결과	
+	더하기	7 + 12	19
-	빼기	7.3 + 3.2	10.5
*	곱하기	25 * 3.5	87.5
/	나누기(실수)	10.5 / 7.0	1.5

//	나누기(정수)	5 // 2	2
**	제곱	5 ** 2	25
%	나머지	50 % 3	2

위 표는 주로 숫자에 관한 연산자들을 보여주고 있다. +, −, *의 기능은 분명하고 나눗셈 연산자는 두 가지가 존재한다. 즉, / 연산자는 실수에 관한 나눗셈을 수행하고 // 연산자는 정수에 관한 연산자이다. 17 // 5는 정수 나눗셈으로 몫이 3이고 나머지가 2가 된다. 따라서 17 // 5의 연산 결과는 3이다. 이에 비하여 % 연산은 정수에 대한 나머지를 계산한다. 따라서 17 % 5의 연산 결과는 2가 된다. 또한 지수(Exponent) 연산자 **는 제곱을 수행한다. 예를 들어, 5 ** 3, 4 ** 0.5는 각각 5^3 및 $4^{0.5}$을 의미한다. 앞의 연산자 표는 주로 숫자에 관한 연산자를 보여주고 있지만 이러한 연산자 중 일부는 다른 데이터형에도 적용될 수 있다. 아래의 예를 통해 + 기호가 어떻게 다른 데이터형에 적용되는지 알아보자.

```
7 + 12  -->   19
'Hi ' + 'Mr. Kim'   -->   'Hi Mr. Kim'
[1, 2, 3] + [4, 5]   -->   [1, 2, 3, 4, 5]
```

3.4.2 연산자 우선순위

앞에서 숫자에 관한 연산자에는 +, −, *, /, //, **, %이 있다고 설명하였다. 표현식에 이러한 연산자들을 다양하게 섞어서 사용한다면 어떤 연산자를 먼저 수행할 것인가? 연산자들 간에는 우선순위가 존재하여 어떤 연산자를 먼저 실행해야 할지를 말해주고 있다. 이것을 연산자 우선순위 규칙(Operator Precedence Rule)이라 부른다. 표 3-4는 연산자들의 우선순위를 보여주고 있다. 표 3-4에서 위에 있는 연산자가 다른 연산자에 비해 우선적으로 실행됨을 보여주고 있다.

[표 3-4] 수리 연산자의 우선순위

연산자	우선순위	
**(제곱)	1	↑ (높음)
−(음수화)	2	
*(곱하기), /(나누기), //(정수 나누기), %(나머지)	3	
+(더하기), −(빼기)	4	

우선순위가 동일한 경우에는 표현식에서 먼저 나오는 연산자, 즉 왼쪽 편에 위치한 연산자를 먼저 실행한다. 또한 연산자 실행의 우선순위를 변경하고 싶은 경우에는 괄호 ( )를 사용하면 된다. 아래의 예들을 알아보자.

```
(x + y) * z

principle * (1.0 + Interest_Rate) ** 10
```

위의 표현식에서 * 연산자가 + 연산자보다 우선순위가 높지만 + 연산자가 포함된 식이 괄호 ( )로 둘러싸여 있으므로 + 연산자를 먼저 수행함을 알 수 있다. 또한 ** 연산자도 + 연산자보다 우선순위가 높지만 + 연산자를 먼저 수행한다. 따라서 우선순위를 변경하거나 확실하게 식의 우선순위를 지정하고 싶은 경우 흔히 괄호를 사용한다.

3.4.3 할당문과 참조 개념

앞에서 할당문은 〈변수(Variable)〉 = 〈표현식(Expression)〉 형식을 가진다고 언급하였다. 할당문의 = 기호 오른쪽은 표현식이다. 할당문에서 표현식이 항상 먼저 연산되고 그 결과값이 할당문의 왼쪽에 위치한 변수에 할당된다. 엄밀히 말하면 변수는 표현식의 연산값을 참조(Reference)하고 있다. 대부분의 프로그래밍 언어에서는 변수이름이 그 변수값을 저장하고 있는 주소를 의미한다. 이에 비하여, 파이썬 언어에서는 변수이름이 변수값을 저장하고 있는 메모리 주소를 의미하는 것이 아니고 어디까지나 메모리 장소를 참조하고 있을 따름이다. 그림 3-8은 이러한 참조 개념을 보여주고 있다.

x = 2	x ⟶ [2]
(a) 할당문	(b) 메모리를 참조하고 있는 변수

[그림 3-8] 표현식의 연산값 2를 참조하고 있는 변수 x

언뜻 보면 위의 예에서 값 2가 저장되어 있는 메모리 장소(Memory Cell)의 주소를 대신해서 x로 명명하는 일반적인 프로그래밍 언어와 파이썬의 참조 개념이 같은 것으로 생각하기 쉬우나 실제적으로 커다란 차이점이 존재한다. 파이썬에서는 표현식의 연산을 통해 생성되는 값에 해당하는 객체(Object라고 불림)가 생성되고 변수는 어디까지나 이 객체를 참조(또는 포인트)하고 있을 따름이다. 아래에 예를 통해 이 개념을 이해하도록 하자.

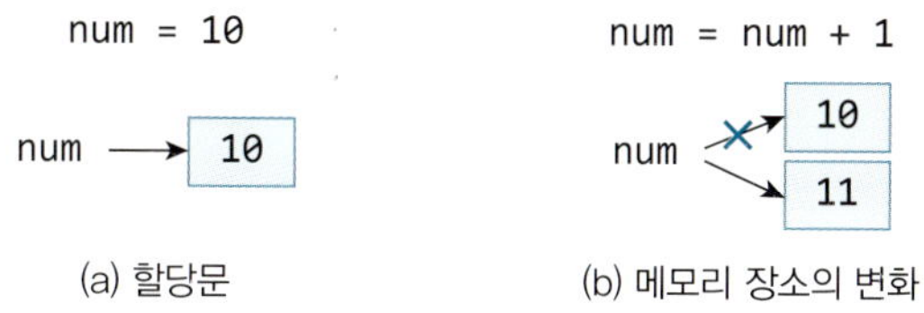

[그림 3-9] 할당문의 실행 결과 변수 num이 참조하는 메모리의 변화

위의 그림에서 num = 10의 할당문에서 변수 num이 객체 10을 참조하고 있다. 할당문 num = num + 1이 실행되고 나면 표현식 num + 1의 연산결과는 11이 되고 이제 새로운 객체 11이 생성된다. 따라서 변수 num은 객체 10과의 참조 관계가 끊기고 새로운 객체 11을 참조하게 된다.

좀 더 관점을 넓혀서 수학에서의 변수와 프로그래밍 언어의 변수 간에 어떠한 차이점이 있는지 알아보자. 수학에서 x = 2의 의미는 변수와 값 2가 동일함을 나타낸다. 그러나 프로그래밍 언어에서 x = 2의 의미는 변수 x가 값 2와 동일함을 뜻하지 않는다. 변수 x는 C 언어, C++ 언어, Java 언어와 같은 대부분의 언어에서 값 2가 저장되어 있는 메모리 주소를 나타낸다. 즉 특정 메모리에 저장되어 있는 값(내용물, 즉 Contents라 부름)과 그 주소(Address)는 상이하다. 이것이 수학에서 x = 2의 의미와 프로그래밍 언어에서 x = 2의 커다란 차이점이다. 이에 비하여 파이썬 언어에서 x = 2는 변수 x가 메모리 주소를 의미하는 것이 아니고 그림 3-10과 같이 메모리에 저장되어 있는 내용물을 참조하고 있을 뿐이다.

[그림 3-10] C 언어와 파이썬 언어의 차이

파이썬 언어에서 참조의 개념을 구체적 예들을 통하여 설명해 보자. 아래 예에서 x = 2, y = x, z = y의 세 개의 할당문이 있다. 그림 3-11에서 보듯이 먼저 x = 2가 실행되고 나면 객체(Object) 2가 생성되고 변수 x가 객체 2를 참조하게 된다. y = x의 실행 후 변수 y도 다시 변수 x가 참조하고 있는 객체를 참조하게 된다. 마찬가지로 z = y의 실행 후 변수 z도 변수 y가 참조하고 있는 객체를 포인트한다. 따라서 객체 2의 참조횟수(Reference count)는 3이 된다.

```
x = 2
y = x
z = y
```

(a) 할당문

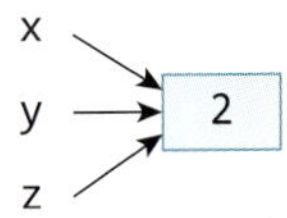

(b) 변수의 참조(참조횟수는 3)

[그림 3-11] 파이썬에서 변수의 참조

일반적으로 대부분의 프로그래밍 언어에서는 그림 3-12에서 보듯이 x = 2, y = x의 할당문이 실행되면 메모리 주소 x에 값 2가 저장되고 새로운 메모리 주소 y에 역시 값 2가 저장된다.

[그림 3-12] 일반적인 프로그램 언어에서 변수의 개념

파이썬 언어에서 변수의 참조 개념을 더 잘 이해하기 위하여 다음 예를 들어보자. 할당문 x = 2, y = x, x = 5가 순서대로 실행되었다고 하자. 할당문 x = 2와 y = x가 실행된 후 그림 3-13(b)의 왼쪽과 같은 결과를 얻게 된다. 그러나 할당문 x = 5가 실행된 후에는 그림 3-13(b)의 오른쪽과 같은 상태로 변화됨을 알 수 있다.

```
x = 2
y = x
x = 5
```

(a) 할당문

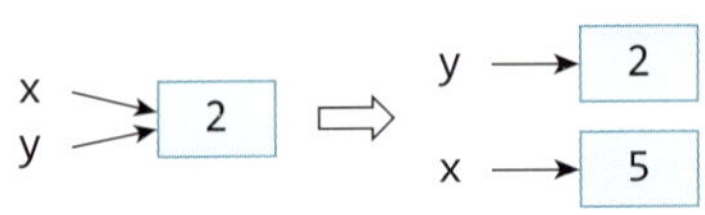

(b) 처음 상태(x = 2, y = x)와 나중 상태(x = 5 실행 후)

[그림 3-13] 파이썬 언어의 참조 개념

위의 예에서 x = 2, y = x의 실행 후 변수 x와 변수 y는 같은 메모리 장소를 가리키고 있으므로 x와 y가 참조하고 있는 객체의 주소는 동일하다. 이것을 파이썬 내장함수 id를 통해 아래와 같이 확인할 수 있다.

```
>>> id(x)
50544042
>>> id(y)
50544042
```

3.5 키보드 입력을 통한 변수값의 할당

변수의 값은 일반적으로 할당문을 통해 주어진다. 그러나 때로는 입력문을 통해 프로그램 사용자로부터 키보드 입력을 통해 직접 입력받는 것도 가능하다. 이 때 아래의 예에서 보듯이 input 문을 사용한다.

```
>>> name = input('What is your last name? ')
What is your last name?  Park
>>> name
'Park'
```

input 문을 통해 키보드로부터 스트링(문자열) 'Park'을 입력받음

위의 input 문에서 변수 name은 스트링 값 'Park'을 입력받아 이 값을 변수 name에 할당한다. 이제 변수 name은 스트링 'Park'을 참조하게 된다.

외부로부터 키보드를 통해 데이터를 입력받을 때 입력되는 데이터는 항상 스트링 자료형이다. 사용자가 비록 숫자를 입력했다 해도 숫자가 아니라 스트링으로 입력된다. 따라서 스트링 자료형를 원하는 숫자 자료형으로 변환해야 한다. 이렇게 자료형을 변환하는 함수로 int와 float가 있다. 함수 int는 스트링 데이터를 정수형으로 변환해주고 함수 float는 스트링 데이터를 실수형으로 변환해 준다. 아래의 예를 통하여 이러한 함수들의 기능을 알아보자.

```
>>> line1 = input('현재 취득한 학점은 얼마입니까? ')
현재 취득한 학점은 얼마입니까? 27
>>> num_credits = int(line1)
>>> num_credits
27
>>> line2 = input('총 평균 평점은 얼마입니까? ')
총 평균 평점은 얼마입니까? 3.5
>>> GPA = float(line2)
>>> print(GPA)
3.5
```

input 문을 통해 키보드로부터 스트링을 입력받아 변수 line1에 할당

스트링 line1을 정수로 변환하여 변수 num_credit에 할당

위의 예에서 변수 line1은 input 문 실행 후 스트링 '27'을 참조하고 있지만 int(line1) 실행 후 변수 num_credits은 정수 27을 참조하게 된다. 또한 변수 line2는 input 문 실행 후 스트링 '3.5'를 참조하고 있지만 int(line2) 실행 후 변수 GPA는 실수 3.5를 참조한다(그림 3-14 참조).

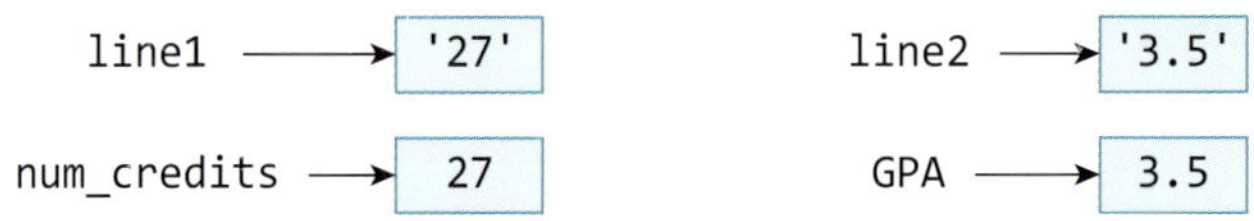

(a) 정수의 할당 (b) 실수의 할당

[그림 3-14] 키보드 입력을 통한 변수값의 할당

위의 input 문들을 아래와 같이 축약하여 사용해도 동일한 결과를 얻을 수 있다.

```
>>> num_credits = int(input('현재 취득한 학점은 얼마입니까? '))
현재 취득한 학점은 얼마입니까? 27
>>> num_credits
27
>>> GPA = float(input('총 평균 평점은 얼마입니까? '))
총 평균 평점은 얼마입니까? 3.5
>>> print(GPA)
3.5
```

input 문을 통해 스트링 '27''을 입력받은 후 함수 int를 이용하여 정수로 변환

연습문제

A. 괄호 넣기 및 객관식

1 (   )는 True 또는 False 중 한 가지 값을 가질 수 있다. (   )가 필요한 이유는 어떤 조건이 사실이면 True, 사실이 아니면(즉 거짓이면) False 값을 가질 경우 필요하다.

2 (   )의 용도는 어떤 키 값이 주어졌을 때 그 값에 대응하는 값을 즉시 찾아주는 자료형이다. 따라서 모든 키 값들은 유일해야 한다.

3 파이썬의 변수는 값이 변경될 수 있는 경우에 사용하고 (   )는 한 번 지정하면 변하지 않는 값을 가지는 경우의 변수를 의미한다.

4 (   )란 파이썬 언어에서 특수한 목적으로 미리 지정해 놓은 단어들을 의미하며 따라서 (   )는 그 목적에 맞게 사용해야 하며 절대 변수 이름이나 함수 이름으로 사용해서는 안 된다.

5 파이썬의 변수는 미리 변수가 어떠한 데이터형을 가지는지 선언하는 것이 아니고 프로그램 중에 상황에 따라 변수의 형이 변할 수 있도록 설계되어 있다. 이와 같이 변수의 데이터형이 자유롭게 변화하는 것을 (   )이라 부른다. 파이썬 언어는 동적 타이핑의 특성을 가지고 있다.

6 할당문 x = 2에서 변수 x는 C 언어, C++ 언어, Java 언어와 같은 대부분의 언어에서 값 2가 저장되어 있는 (   )를 나타낸다. 이것이 수학에서 x = 2의 의미와 프로그래밍 언어에서 x = 2의 커다란 차이점이다. 이에 비하여 파이썬 언어에서 x = 2는 변수 x가 메모리 주소를 의미하는 것이 아니고 메모리에 저장되어 있는 내용물을 참조하고 있을 뿐이다.

7 input 문 name = input('What is your last name?')에서 변수 name은 (   ) 데이터를 입력받아 이 값을 변수 name에 할당하고 변수 name는 (   ) 데이터를 참조하게 된다.

8 다음 중 문자열 자료형에 해당하지 않는 것은?

(a) 'Happy' (b) '3.7'
(c) Happy Birthday (d) "Good morning!"

9 다음 중 합법적인 실수형 데이터 표현이 아닌 것은?

(a) 0.7e5 (b) 10e−9 (c) −12.7 (d) 12/3.0

10 다음 중 합법적인 리스트 데이터는?

(a) ['Math', 'English', [85, 92]] (b) (1, 3, 5, 7, 9)
(c) ('Saturday', 'Sunday') (d) ['Sunday', 'Sale', 30.0%]

11 파이썬 언어에서 제어 캐릭터 \n의 의미는?

(a) 백스페이스 (b) 새로운 줄 (c) 탭 키 (d) 역슬래시

12 다음의 결과를 얻기 위해 (   ) 속에 어떤 포맷이 필요한가?

```
>>> 'I have (     ) cars', %'three'
>>> 'I have three cars.'
```

(a) %d (b) %e (c) %s (d) %f

13 34 % 3의 연산 결과는?

(a) 11.33 (b) 11 (c) 1 (d) 10

14 다음 연산자 중 가장 우선순위가 높은 것은?

(a) ** 연산자 (b) + 연산자 (c) * 연산자 (d) / 연산자

15 다음 프로그램의 결과는?

```
>>> x = 4
>>> y = x + 3 ** 2 - (x + 2)
>>> print(y)
```

(a) 43 (b) 51 (c) 10 (d) 7

B. 따라하기 실습

1 수리연산자와 파이썬 내장 함수 type, int, float, str이 어떻게 작용하는지 알아보자. 때로는 Error 메시지가 나옴을 관찰하라.

```
>>> eee = 'hello ' + 'there'
>>> type( eee )
>>> eee = eee + 1
>>> int( 3.141595 )
>>> float( 365 )
>>> str(50)
>>> print(float(99) + 100)
>>> hours = 52
>>> hours
```

2 아래 예에서 수리 연산자 *와 파이썬 내장함수 len이 어떻게 작용하는지 알아보자.

```
>>> hours = 52
>>> rate = 8720
>>> pay = hours * rate
>>> print( pay )
>>> x = len("hello")
>>> print(x)
>>> x = 0.6
>>> x = 3.9 * x * ( 1 - x )
>>> print(x)
```

3 아래 예에서 수리 연산자 /와 %가 어떻게 작용하는지 알아보자.

```
>>> jj = 23
>>> kk = jj % 5
>>> print(kk)
>>> print(4 ** 3)
>>> print(10 / 2)
>>> print(9 / 2)
>>> print(99 / 100)
>>> print(10.0 / 2.0)
```

4 아래 예에서 수리 연산자 //가 어떻게 작용하는지 알아보자.

```
>>> print(99.0 / 100.0)
>>> print(10 // 2)
>>> print(9 // 2)
```

```
>>> print(99 // 100)
>>> x = 1 + 2 ** 3 / 4 * 5
>>> print(x)
>>> nam = input('Who are you? ')
>>> print('Welcome', nam)
```

5 아래 예에서 파이썬 내장함수 input과 int가 어떻게 작용하는지 알아보자.

```
>>> age = input('Enter your age: ')
>>> age
>>> age = int( input('Enter your age: ') )
>>> age
```

6 2021년 최저시급은 시간당 8720원이다. 주당 52시간 일했다고 가정할 때 한 달(한 달은 4주로 계산) 월급을 계산하려고 한다. 아래 주어진 스크립트를 타이핑하고 파이썬 파일을 payment.py로 저장하고 이 파일 payment.py를 실행하라.

[payment.py]

```
# ID: 2020123456
# 이름: 홍길동

# 한 달 근무시간
hours = 52 * 4

# 시간당 임금
rate = 8720

# 월급 계산
pay = hours * rate

# 월급 출력
print(pay)
```

7 다음 프로그램은 시간을 초(second)로 입력받아 이를 시간, 분 및 초로 변환하여 프린트한다. 아래와 주어진 스크립트를 타이핑하고 파이썬 파일을 time_hms.py로 저장하고 이 파일 time_hms.py를 실행하라.

[time_hms.py]

```
seconds = input("Please enter the time in seconds")
input_seconds = int(seconds)

hours = input_seconds // 3600
seconds_remain1 = input_seconds % 3600
minutes = seconds_remain1 // 60
seconds_remain2 = seconds_remain1 % 60

print("Hrs=", hours, "Mins=", minutes, "Secs=", seconds_remain2
```

C. 프로그래밍 실습

1 아래의 예와 같이 네 과목의 점수를 입력받아 평균 점수를 구하여 출력하는 프로그램을 작성하라.

| 실행 결과 예시 |

```
Enter score 1 > 75
Enter score 2 > 92
Enter score 3 > 87
Enter score 4 > 67
Average of the Exam = 80.25
```

2 년(year), 월(month), 일(day)을 입력하여 아래와 같은 모양으로 출력하는 프로그램을 작성하라.

| 실행 결과 예시 |

```
Enter year> 2021
Enter month> 3
Enter day> 27
2021년 3월 27일
>>>
```

3 반지름을 입력받아 원의 넓이 및 원의 둘레를 아래와 같이 정수 데이터형으로 출력하는 프로그램을 작성하라. 원의 넓이(area) = PI * radius ** 2, 원의 둘레(circumference) = 2 * PI * radius이며, 사용할 상수 PI = 3.14159이고 변수는 radius, area 및 circum 이다.

| 실행 결과 예시 |

```
Enter radius> 15
area = 706
circum = 94
>>>
```

04 CHAPTER

선택문: if_else 문

contents

| 단원개요 |

파이썬 언어는 프로그램의 실행 순서를 제어하기 위하여 제어문을 제공한다. 파이썬의 제어문에는 선택문과 반복문이 있다. 이 장에서는 선택문 if_else에 대하여 설명한다. 선택문의 조건에 따라 실제 실행되는 명령문이 변화하며 조건은 부울식으로 표현된다. 부울식은 다양한 연산자들을 이용하여 표현되며 이 장에서 이러한 연산자들을 공부하자. 또한 2차원 그래픽을 그리기 위한 터틀 그래픽(Turtle Graphics)을 소개한다. 이 장에서는 터틀 그래픽의 기본적인 기능을 설명한다.

04 선택문: if_else 문

4.1 프로그램 실행 순서의 제어

파이썬 언어가 지원하는 세 가지 실행 순서, 즉 순차적 실행, 선택문의 실행, 반복문의 실행에 대하여 알아보자. 파이썬 언어뿐만 아니라 모든 프로그래밍 언어가 이 세 가지 실행 순서의 제어 방식을 지원하고 있다.

■ 프로그램 실행 순서의 세 가지 제어 방식

파이썬 프로그램에서 명령문 또는 문(Statement)의 실행 순서는 원칙적으로 프로그램에 작성되어 있는 문의 순서를 따른다. 즉, 파이썬 프로그램에서 한 명령문을 실행하고 다음에 나오는 명령문을 수행하고 또 다음에 나오는 명령문을 수행한다. 이러한 실행 순서를 순차적(Sequence)이라고 부른다. 그러나 때로는 이러한 순차적 실행 순서를 바꿀 필요가 생긴다. 이렇게 프로그램의 실행 순서를 바꾼다는 사실은 프로그램 실행 순서를 제어(Control)하는 것을 의미한다. 프로그램의 실행 순서를 정하는 방식에는 일반적으로 세 가지 방식이 있다.

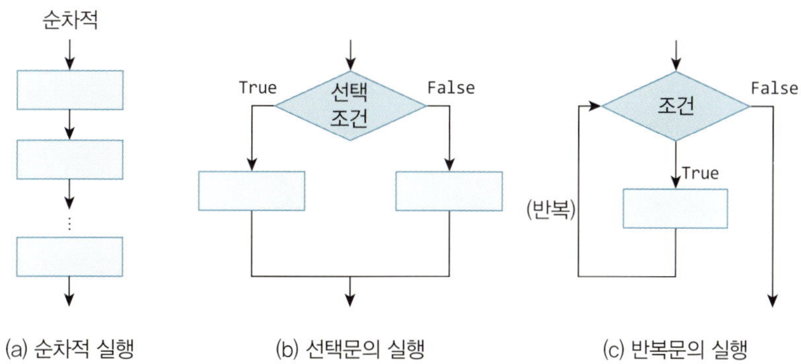

[그림 4-1] 프로그램 실행 순서의 제어 방식

그림 4-1(a)는 앞에서 설명한 것과 같이 순차적 실행을 의미한다. 그림 4-1(b)는 선택문(Selection)의 형식으로 주어진 조건(Condition)을 만족하면(즉 True) 왼쪽 편의 명령문들을 실행하고 조건을 만족하지 않은 경우(즉 False)에 오른쪽 편을 실행한다. 실세계에서 프로그램을 작성하는 경우 이와 같이 조건에 따라 실행하는 명령문이 달라지는 경우가 매우 흔하다. 예를 들어, 오늘 비가 올 확률이 30% 이상이면 우산을 가지고 출근하고 30% 미만이면 우산을 가지고 가지 않는다고 하자. 이 경우 아래와 같이 표현할 수 있을 것이다.

```
if (비가 올 확률) ≥ 30%이면
      우산을 가지고 출근한다.
   (비가 올 확률) < 30%이면
      우산을 갖고 나가지 않는다.
```

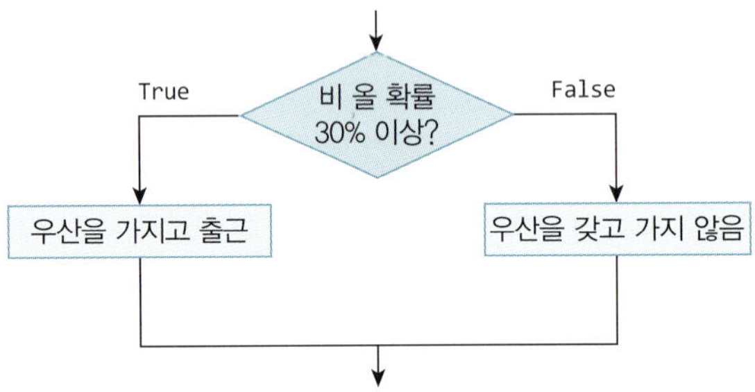

위의 경우 주어진 조건의 선택에 따라 수행하는 행위가 달라짐을 알 수 있다. 파이썬 프로그램에서는 이러한 선택문을 if_else 문을 사용하여 해결한다.

한편 그림 4-1(c)는 반복문(Iteration)의 형식으로 주어진 조건을 만족하면 계속 명령문들을 실행한다. 그림에서 보듯이 조건이 True이면 조건 다음에 나오는 명령문들을 실행한 후 다시 조건을 테스트한다. 이때 다시 조건이 만족된다면(즉 True) 명령문들을 실행하고 다시 조건을 테스트한다. 이러한 반복을 조건이 만족하지 않을 때(즉 False)까지 반복한다. 조건이 만족하지 않으면 반복문의 실행을 중단하고 반복문 블록 다음에 나오는 명령문을 실행하게 된다. 파이썬 프로그램에서는 이렇게 어떤 작업을 반복적으로 수행하는 경우가 자주 발생한다. 예를 들어, 주어진 값이 200보다 작으면 이 값에 10을 더하여 아직 200보다 작은 지 테스트한다. 10을 더해도 아직 200보다 작으면 다시 10을 더하고 200보다 작은지 테스트한다고 하자. 여기서 (주어진 값이 < 200)을 반복문의 조건(Condition)이라고 부른다. 이 경우 아래와 같이 표현할 수 있다.

```
주어진 값의 초기 값을 정한다.
while (주어진 값이 < 200)이면
          주어진 값 + 10   -->  주어진 값
        (주어진 값이 ≥ 200)이면
          반복을 중단한다.
```

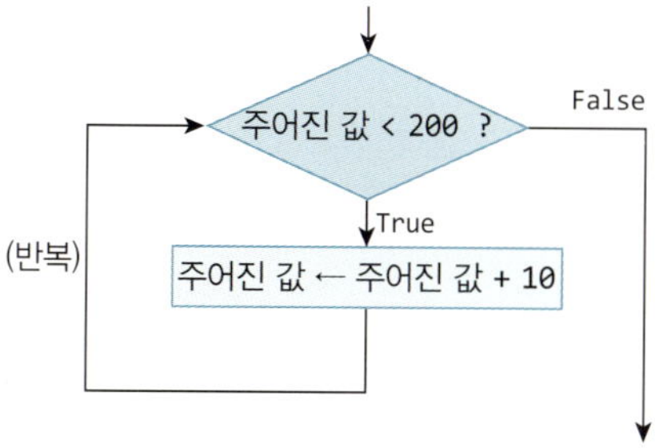

위의 예에서 만일 주어진 초기 값이 5라면 10을 더하여 다음 주어진 값은 15가 되고 이러한 작업을 계속 수행하면(즉, 주어진 값이 < 200을 만족시키는 경우) 주어진 값은 25, 35, 45, 55, ..., 195로 변할 것이다. 195에 다시 10을 더하면 205가 된다. 이제는 (주어진 값 ≥ 200)이 되어 반복을 중단하고 반복문 블록을 빠져나간다. 파이썬 언어에는 이러한 반복을 수행하기 위하여 while 문과 for 문을 사용한다. 흔히 반복하는 행위를 루프(Loop)라고 부르며 while 문과 for 문은 루프문의 일종이다. while 문과 for 문에 대해서는 5장에서 자세히 설명하기로 한다.

4.2 부울식

앞에서 선택문이나 반복문에서 조건(Condition)을 테스트한 후 어떤 명령문을 실행할지 결정한다고 설명하였다. 조건식은 언제나 참(True)이거나 거짓(False) 값을 가진다. 이제, 조건을 어떻게 구성할 수 있는지 알아보자. 조건식을 구성하는 방식에는 비교연산자를 사용하는 방식, 멤버쉽 연산자를 사용하는 방식, 그리고 논리연산자를 사용하는 방식이 존재한다. 조건식을 흔히 부울식(Boolean Expression)이라고도 부른다.

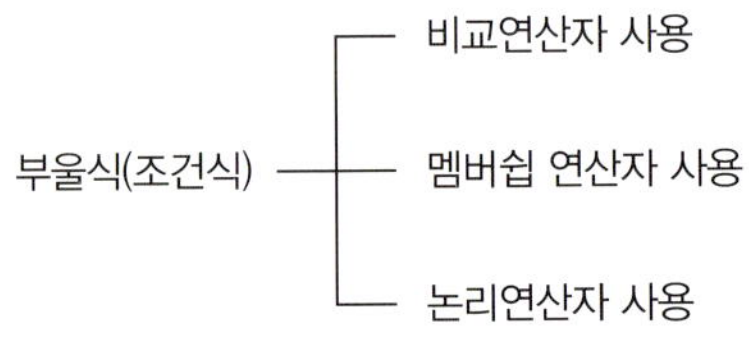

4.2.1 비교연산자

주어진 두 개의 값을 비교하여 True인지 False인지 테스트하는 연산자를 비교연산자(Relational operator)라 부른다. 비교연산자를 이용하는 조건문은 아래와 같은 형식을 갖는다.

<표현식1> 비교연산자 <표현식2>

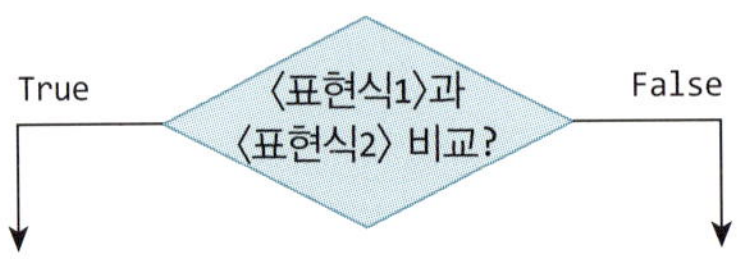

비교연산자의 종류는 표 4-1에 나와 있다.

[표 4-1] 비교연산자의 종류와 적용 예

비교연산자	예 / 연산 결과	
== equal	7 == 7	True
!= not equal	7 != 7	False
< less than	7 < 10	True
> greater than	'Dog' > 'Cat'	True
<= less than or equal to	7 <= 7	True
>= greater than or equal to	'A' >= 'C'	False

비교연산자는 연산자의 왼쪽 값과 오른쪽 값을 비교한다. 예를 들어, 7 == 7은 True가 되고 7 > 10은 False가 된다. 비교연산자의 좌우에는 변수나 표현식이 올 수 있다. 아래의 예를 통해 비교연산자의 적용을 알아보자.

```
Interest_Rate >= 0.05
(1 + Interest_Rate) ** 10 >= 2.0
```

또한 표 4-1에서 보듯이 비교하는 대상이 스트링 자료일 수 있다. 이때 비교하는 대상은 알파벳 순서에 의해 결정된다. 즉, 'Dog' > 'Cat'는 True가 되고 'A' >= 'C'는 False가 된다. 이와 같이 스트링 데이터를 알파벳 순서에 의해 비교하는 것을 '사전 순서(Dictionary order)'라고 부른다.

4.2.2 멤버십 연산자

멤버십 연산자(Membership operator) in은 어떤 값이 주어진 리스트나 튜플의 멤버에 해당하는지를 테스트한다. 멤버십 연산자를 이용하는 조건문의 형식은 아래와 같다.

<표현식> **in**(또는 **not in**) <리스트>(또는 <튜플>)

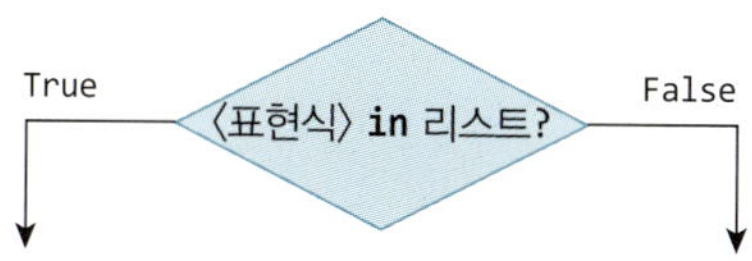

멤버십 연산자 in(또는 not in)의 적용 예가 표 4-2에 나타나 있다.

[표 4-2] 멤버십 연산자 in(또는 not in)과 적용 예

멤버십 연산자	예 / 연산 결과	
in	7 in [7, 10, 50]	True
	'yellow' in ('red', 'green', 'blue')	False
not in	7 not in [7, 10, 50]	False

멤버십 연산자는 아래 예에서 보듯이 스트링 자료에도 적용될 수 있다.

```
>>> 'Dr.' in 'Dr. Kim'
True
```

위의 예에서 스트링 'Dr. Kim'에 'Dr.'라는 스트링이 들어 있으므로 이 조건식의 결과 값은 True가 됨을 알 수 있다.

4.2.3 논리연산자

■ 논리연산자와 부울 대수

논리연산자(Logical operator)란 부울 대수에 기반하여 조건식을 구성하는 경우이다. 부울 대수(Boolean Algebra)란 1847년 영국의 수학자 조지 부울(George Boole)이 제안한 대수학으로 오늘날 논리학 및 컴퓨터 논리회로 구성에서 기반이 되고 있다. 논리연산자는 AND, OR, NOT 등이 존재하고 그 의미는 표에 나타나 있다. 논리연산자 AND는 두 가지 조건을 모두 만족시킬 때(즉, 두 가지 모두 True) True 값을 가지며 논리연산자 OR은 두 가지 조건 중 한 가지 조건만 만족하면 True 값을 가진다. 따라서 OR 연산자에서 두 가지 조건이 모두 False이면 그 결과 값이 False가 된다. 논리연산자를 이용하는 조건문의 형식은 표 4-3과 같다. 이 표의 조건식 X와 조건식 Y는 불리언 데이터이므로 True 또는 False의 값을 가진다.

<조건식 X> 논리연산자 <조건식 Y>

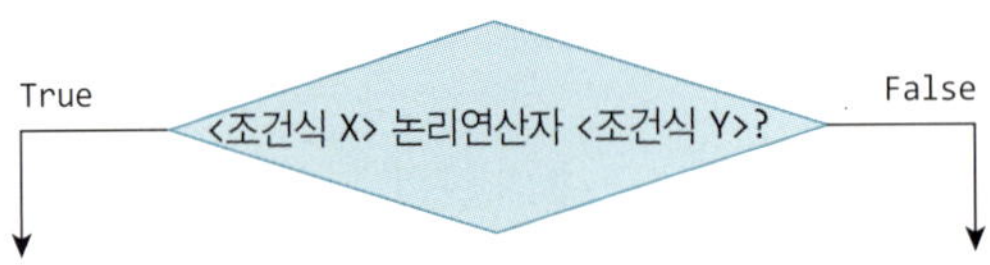

[표 4-3] 논리연산자 AND, OR, NOT의 기능

X	Y	X AND Y	X OR Y	NOT X
True	True	True	True	False
True	False	False	True	False
False	True	False	True	True
False	False	False	False	True

이러한 논리연산자는 선택문 if_else와 반복문 while 문 및 for 문에서 조건을 구성하기 위하여 자주 사용되고 있으며 그 결과는 항상 True 또는 False이다. 아래 몇 가지 논리연산자의 적용 예들을 알아보자.

```
>>> a, b, c, d = 10, 20, 30, 40
>>> (a > b) and (c < d)     ← 괄호 안의 비교연산자 실행 후 and 연산자 실행
False
>>> (a > b) or (c < d)      ← 괄호 안의 비교연산자 실행 후 or 연산자 실행
True
>>> (a < b) and (c < d)
True
>>> (a < b) and False
False
>>> (a > b) or True
True
```

4.2.4 연산자의 우선순위와 부울식

■ 연산자의 우선순위

3.4.2절에서 수리 연산자의 우선순위에 대하여 설명하였다. 마찬가지로 비교연산자, 멤버쉽 연산자 및 논리연산자들 간에 실행 시 우선순위가 존재한다. 표 4-4에 우선순위가 나타나 있다. 이 표는 조건식을 나타내는 부울식뿐만 아니라 3.4.2절의 연산자들을 포함하고 있다.

[표 4-4] 모든 연산자의 우선순위

연산자	우선순위
**(제곱)	1 ↑ (높음)
-(음수화)	2
*(곱하기), /(나누기), //(정수 나누기), %(나머지)	3
+(더하기), -(빼기)	4
<, >, <=, >=, ==, != (비교연산자)	5
not	6
and	7
or	8

표 4-4에서 알 수 있듯이 OR, AND, NOT과 같은 논리연산자의 우선순위가 가장 낮고 그 다음 비교연산자의 순위가 높다. 이러한 부울식의 연산자들은 3.4.2절의 연산자들보다

우선순위가 낮음을 알 수 있다. 연산자들의 우선순위가 같은 경우는 먼저 나오는 연산을 먼저 수행하며 +, −, *, /, ** 등의 수리 연산자와 마찬가지로 우선순위를 인위적으로 변경하고 싶은 경우 괄호 ( )를 사용하면 된다. 흔히 괄호를 사용하여 우선순위를 분명하게 나타내고 프로그램의 가독성을 높이는 것은 매우 좋은 프로그래밍 습관이다.

■ 부울 대수의 공식

부울 대수에 기반하여 논리 연산식을 작성할 때 알아두면 도움이 되는 몇 가지 법칙을 소개하기로 한다. A, B, C는 모두 불리언 데이터이다. 여기서는 부울 대수의 공식을 증명 없이 소개한다.

1) 논리연산자 OR의 피연산자 중 하나가 TRUE이면 연산 결과는 항상 TRUE이다.

```
A or TRUE == TRUE
```

2) 논리연산자 AND의 피연산자 중 하나가 FALSE이면 연산 결과는 항상 FALSE이다.

```
A and FALSE == FALSE
```

3) 논리연산자 AND와 OR 간에 아래의 분배 법칙이 성립한다.

```
A or (B and C) == (A or B) and (A or C)
A and (B or C) == (A and B) or (A and C)
```

4) 연속적인 NOT 연산은 서로 상쇄된다.

```
not (not A) == A
```

5) 드모르간의 법칙

```
not (A or B)  ==  (not A) and (not B)
not (A and B) == (not A) or (not B)
```

위의 법칙 중 유용하게 사용되는 법칙이 드모르간의 법칙(DeMorgan's Law)이다. 드모르간의 법칙을 사용하면 조건식을 작성할 때 보다 이해하기 쉬운 형태의 조건식을 작성할 수 있게 된다.

4.3 if_else 문

선택문 if_else의 기본 구조를 공부하고 선택문의 다양한 형식을 공부하자. 또한 선택문을 작성할 때 필히 적용하는 파이썬 프로그램의 들여쓰기에 대해 알아본다.

4.3.1 if_else 문의 기본 구조

선택문 if_else는 다음과 같은 형식을 갖는다.

```
if ( <조건문> ):
    <명령문 블록>
elif ( <조건문> ):
    <명령문 블록>
...
else:
    <명령문 블록>
```

여기서 〈명령문 블록(Statement block)〉이란 수행할 명령문이 한 개 이상을 의미한다. 〈조건문(Condition)〉은 이미 4.2절에서 언급했듯이 부울식으로 표현되며 부울식은 비교 연산자, 멤버쉽 연산자, 그리고 논리연산자를 이용하여 조건문을 구성한다. 경우에 따라서 선택문에서 elif나 else는 생략될 수 있다. 따라서 if_else 문은 아래의 다양한 형태로 사용될 수 있다.

```
1) if ( <조건문> ):
       <명령문 블록>
```

예)

```
if test_score == 100:
    print('만점 입니다!')
```

```
2) if ( <조건문> ):
       <명령문 블록>
   else:
       <명령문 블록>
```

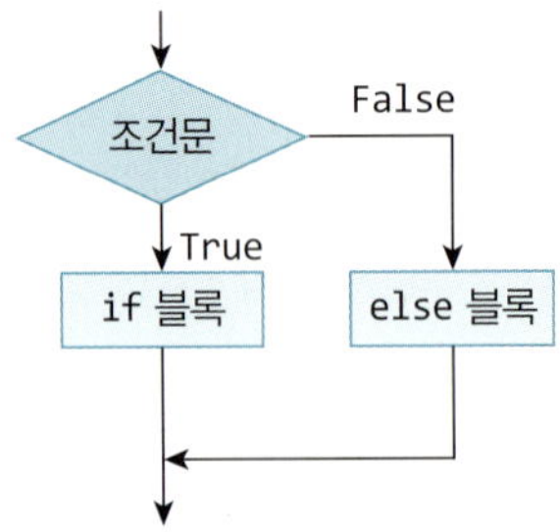

[그림 4-2] 파이썬의 선택문 if_else 논리구조

```
예)
if test_score >= 60:
    print('합격입니다.')
else:
    print('불합격입니다.')
```

```
3) if ( <조건문> ):
       <명령문 블록>
   elif ( <조건문> ):
       <명령문 블록>
   ...
   else:
       <명령문 블록>

   예)
   if test_score >= 80:
       print('참 잘했어요!')
   elif test_score < 60:
       print('분발하세요.')
   else:
       print('수고했어요.')
```

if_else 문에서 if 다음에 나오는 〈명령문 블록〉이나 elif 및 else 다음에 나오는 〈명령문 블록〉에 다시 if_else 문이 나올 수 있다는 사실에 유의하자.

■ if_else 문의 사례

다음 프로그램은 섭씨 온도를 화씨 온도로, 화씨 온도를 섭씨 온도로 변환시키는 프로그램이다. 섭씨 온도를 입력할 때는 'C' 또는 'c' 문자를 화씨 온도를 입력할 때는 'F' 또는 'f'

문자를 입력한다.

[Cel_Fah1.py]

```python
# 섭씨/화씨 온도 변환 프로그램

# 프로그램 소개
print('섭씨(C)/화씨(F) 온도 변환 프로그램입니다.')
print('온도가 섭씨이면 C 또는 c, 화씨이면 F 또는 f를 입력하세요.')

# 변환할 온도 입력
cel_fah = input('\n섭씨(C) or 화씨(F) ==> ')
degree = int(input('온도를 입력하세요 ==> '))

# 온도 변환 및 출력
if (cel_fah == 'C') or (cel_fah == 'c'):   ← 섭씨를 화씨로 변환
    Fah_temp = (9/5 * degree) + 32
    print('섭씨 %d°를 화씨로 변환하면 %.1f°입니다.' % (degree, Fah_temp))
else:
    Cel_temp = (degree - 32) * 5/9   ← 화씨를 섭씨로 변환
    print('화씨 %d°를 섭씨로 변환하면 %.1f°입니다.' % (degree, Cel_temp))
```

| 실행 결과 |

```
IDLE Shell 3.9.6
File  Edit  Shell  Debug  Options  Window  Help
Python 3.9.6 (tags/v3.9.6:db3ff76, Jun 28 2021, 15:26:21) [MSC v.1929 64 bit (AMD64)] on win32
Type "help", "copyright", "credits" or "license()" for more information.
>>>
======================================== RESTART: E:₩파이썬책_LAB3₩Cel_Fah1.py ========================================
섭씨(C)/화씨(F) 온도 변환 프로그램입니다.
온도가 섭씨면 C 또는 c, 화씨면 F 또는 f를 입력하세요.

섭씨(C) or 화씨(F) ==> C
온도를 입력하세요 ==> 33
섭씨 33° 를 화씨로 변환하면 91.4° 입니다.
>>>
                                                                                 Ln: 11  Col: 4
```

4.3.2 if_else 문의 조건

4.2절에서 조건식을 부울식이라고도 부르며 부울식은 비교연산자, 멤버십 연산자 및 논리 연산자를 이용하여 구성한다고 하였다. 비교연산자에서 비교하는 두 개의 값은 자료형이 같아야 한다. 아래의 예를 들어보자.

합법적 조건문의 예	불법적 조건문의 예
`10 < 20`	`10 < 'A'`
`n = 32` `n + 20 > 60`	`n = 32` `n + 20 < 'C'`
`'개' > '고양이'`	`'사과' < True`
`'A' > '7'`	`'Merry' + 1 > 'Nuri'`
`'온도' < '18'`	`'온도' <= 32`

위의 예에서 'A' > '7'이 합법적 조건문인 이유는 '7'이 스트링 자료형이기 때문이다. 또한 '온도'와 '18' 모두 스트링 자료형이므로 두 개의 값을 비교연산자로 비교하는 것은 합법적인 조건문이 된다. 그러나 '사과' < True 및 '온도' <= 32의 경우에는 비교하려는 두 개의 자료형이 서로 상이하므로 불법적인 조건문이 된다.

■ 멤버쉽 연산자 in(또는 not in)의 경우

멤버쉽 연산자 in의 오른쪽에는 항상 리스트, 튜플 또는 스트링과 같은 시퀀스 자료형이 나올 수 있다. 멤버쉽 연산자의 경우 in(또는 not in)의 왼쪽에 나오는 값의 자료형과 오른쪽의 리스트, 튜플, 스트링 자료형과의 관계를 알아보자.

1) 오른쪽에 리스트 또는 튜플이 나올 경우

멤버쉽 연산자 in(또는 not in)의 왼쪽 값의 자료형이 리스트(또는 튜플)의 요소들과 같은 자료형일 필요가 없다. 리스트는 다양한 자료형의 값을 요소(Element)로 가질 수 있기 때문이다. 아래에 예를 들어 보자.

```
>>> 20 in [10, 20, 30, 40]      ← '20'이 리스트의 요소이므로 True
True
>>> 'a' in [10, 20, 30, 40]     ← 'a'가 리스트의 요소가 아니므로 False
False

>>> rainbow = ('red', 'orange', 'yellow', 'green', 'blue', 'indigo', 'violet')
>>> 'red' in rainbow
True
```

2) 오른쪽에 스트링이 나올 경우

멤버십 연산자 in(또는 not in)의 왼쪽 값과 오른쪽 값의 자료형이 모두 스트링이어야 한다. 아래에 몇 가지 합법적인 예를 들어 보자.

```
>>> 'a' in ('a', 'e', 'i', 'o', 'u')
True

>>> 'ever' in 'Forever young!'
True
```

'ever'가 스트링 'Forever young!'의 서브스트링이므로 True

```
>>> 'Java' not in 'Java is a popular programming language'
False
```

한편, 논리연산자의 경우 A and B, A or B, not A에서 A, B는 모두 True 또는 False를 결과 값으로 가지는 조건문들이어야 한다.

■ pass 명령문

if_else 문에서 경우에 따라 아무 일도 실행하지 않도록 하고 싶을 때가 있다. 예를 들어, 주중에는 터널을 지날 때 통행료(Toll)를 지불하지만 주말에는 통행료를 지불하지 않는다. 다음의 예를 통해 명령문 pass가 어떻게 사용되는지 알아보자.

```
>>> 요일 = ('월', '화', '수', '목', '금', '토', '일')
>>> 주말 = ('토', '일')
>>> today = input('무슨 요일입니까? ')
무슨 요일입니까? 토
>>> if today in 주말:
        pass
    else:
        print('통행료를 내시기 바랍니다.')
>>>
>>> today = input('무슨 요일입니까? ')
무슨 요일입니까? 금
>>> if today in 주말:
        pass
    else:
        print('통행료를 내시기 바랍니다.')
```

today가 주말(즉, 토요일)이므로 if 문이 아무런 일도 실행하지 않는다.

today가 주말이 아니므로(즉, 금요일) print 문을 출력

```
통행료를 내시기 바랍니다.
>>>
```

위의 예에서 보듯이 변수 today가 '토'이면 주말이므로 명령문 pass를 이용하여 아무런 일도 수행하지 않는다. 만일 변수 today가 주말이 아니면 '통행료를 내시기 바랍니다' 문장이 프린트 될 것이다.

4.3.3 파이썬 프로그램의 들여쓰기

파이썬 프로그램에서 들여쓰기(Indentation)는 매우 중요한 역할을 한다. if_else 문에서 블록문은 필수적으로 들여쓰기를 해야 한다. 일반적으로 대부분의 프로그래밍 언어에서는 들여쓰기가 프로그램의 논리에 아무런 영향을 주지 않는다. C, C++, Java 등의 언어에서 블록문을 표시하기 위하여 { }를 사용하여 둘러쌓기를 하며 들여쓰기는 프로그램의 가독성을 높이는 목적으로 사용된다. 그러나 파이썬에서는 들여쓰기를 잘못할 경우 오류가 발생한다.

4.3.1절의 if_else 문의 사례에서 들여쓰기가 되어 있음을 알 수 있다. 일반적으로 들여쓰기는 4개의 공백을 사용한다. 아래 사례를 통해서 if_else 문의 머리(Header), 묶음(Block) 및 절(Clause)의 개념을 알아보고 어떻게 들여쓰기를 하는지 이해하자.

```
# 온도 변환 및 출력
                                                            # 첫째 절
if (cel_fah == 'C') or (cel_fah == 'c'):                 # 머리(Header)
    Fah_temp = (9/5 * degree) + 32                          # 묶음(Block)
    print('섭씨 %d°를 화씨로 변환하면 %.1f°입니다.' % (degree, Fah_temp))
                                                            # 둘째 절
else:                                                    # 머리(Header)
    Cel_temp = (degree - 32) * 5/9                          # 묶음(Block)
    print('화씨 %d°를 섭씨로 변환하면 %.1f°입니다.' % (degree, Cel_temp))
```

만일 if_else 문에서 다음과 같이 프로그램을 작성하면 들여쓰기 오류가 발생한다. else 절의 들여쓰기가 잘못되어 있기 때문이다.

```
if test_score >= 60:
    print('합격입니다.')
else:
print('불합격입니다.')   <- 들여쓰기 오류
```

4.4 중첩 if(Nested if) 문

선택문 if_else는 다음의 구조를 가진다고 언급하였다.

```
if ( <조건문> ):
    <명령문 블록>
elif ( <조건문> ):
    <명령문 블록>
...
else:
    <명령문 블록>
```

여기서 〈명령문 블록〉에는 임의의 명령문들이 올 수 있다. 따라서 〈명령문 블록〉에 다시 if_else 문이 올 수 있는 구조가 가능하다. 이와 같이 if_else 문 내부에 다시 if_else 문이 중첩해서 나오는 경우를 중첩 if 문(Nested if)이라 한다. 아래에 중첩 if 문의 예를 들어보자.

```
if a == b:
    print('a is equal to b')
else:
    if a > b:
        print('a is greater than b')
    else:
        print('a is less than b')
```

이 중첩 if 문의 논리를 그림으로 그려보면 아래와 같음을 알 수 있다.

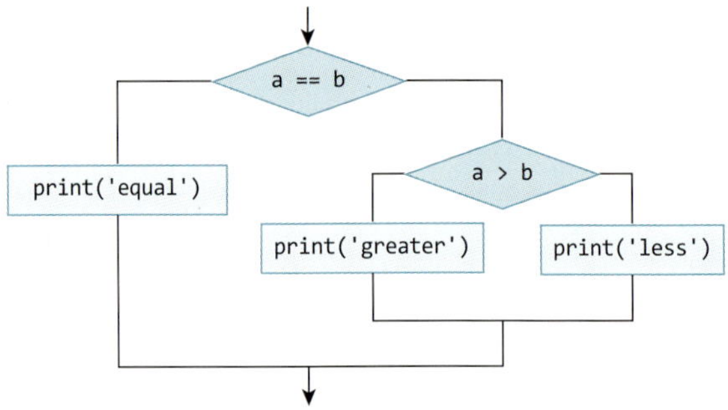

[그림 4-3] 중첩 if 문의 논리구조

앞의 예에서 if_else 문의 else 절 내에 또 하나의 if_else 문이 내장되어 있다. 이와 같은 중첩 if 문은 파이썬 프로그램 작성 시 자주 발생한다. 이 때 들여쓰기에 유의해야 한다. 다음에 극단적인 중첩 if문의 예를 보자.

[testscore_grade1.py]

```
test_score = int(input("Enter the test score >"):
# 중첩 if 문(Nested if)을 사용하는 경우
if test_score >= 90:
    grade = 'A'
else:
    if test_score >= 80:
        grade = 'B'
    else:
        if test_score >= 70:
            grade = 'C'
        else:
            if test_score >= 60:
                grade = 'D'
            else:
                grade = 'F'
print('성적은 %s 학점입니다.' % grade)
```

test_score >= 90일 경우, 학점이 'A'임

else인 경우(즉, test_score < 90), if_else 문이 다시 나옴

중첩 if 문이 종료된 후 학점을 프린트

위와 같은 방식의 중첩 if 문을 작성하면 들여쓰기를 여러 번 하게 되어 프로그램의 구조가 매우 복잡하게 보이는 문제점이 있다. 따라서 아래와 같이 중첩 if 문 대신 아래와 같이 elif 절을 반복적으로 사용하면 if 문의 구성이 훨씬 간결하게 되고 이해하기 용이해진다.

[testscore_grade2.py]

```
test_score = int(input("Enter the test score >"):
# if_elif 문을 반복적으로 사용하는 경우
if test_score >= 90:        # test_score >= 90일 경우, 학점이 'A'임
    grade = 'A'
elif test_score >= 80:      # elif를 반복적으로 사용하여 if 문의 구성이 간결해짐
    grade = 'B'
elif test_score >= 70:
    grade = 'C'
elif test_score >= 60:
    grade = 'D'
else:                       # 앞의 어떤 조건도 만족하지 않는 경우 (즉, test_score < 60), 학점이 'F'임
    grade = 'F'
print('성적은 %s 학점입니다.' % grade)
```

4.5 터틀 그래픽(Turtle Graphics) (1)

터틀 그래픽은 2차원 그래픽을 손쉽게 그리기 위해 1960년대 후반부터 존재한 도구로써 파이썬은 터틀 그래픽을 표준 라이브러리 모듈로 포함하고 있다. 터틀 그래픽을 이용하여 그림을 그려보는 것은 매우 재미있고 흥미로운 작업이다. 뿐만 아니라 터틀 그래픽을 이용하여 파이썬 언어의 다양한 기능을 이해하는데 큰 도움이 된다. 이 절에서는 터틀 그래픽의 가장 기본적인 기능을 공부한다. 터틀 그래픽의 다양한 기능은 5.4절에서 습득하도록 하자.

4.5.1 터틀 그래픽이란?

터틀 그래픽(Turtle Graphics)이란 그래픽 객체(파이썬에서 "터틀(Turtle)"이라 부른다)를 이용하여 (x, y) 좌표로 구성된 그래픽 윈도우에 그림을 그리는 것을 의미한다. 이 터틀이라는 그래픽 객체가 이동함으로써 선들을 그려나간다. 선들이 모여 다양한 모양의 그래픽을 그린다. 터틀 그래픽은 1960년대 어린이들에게 프로그램을 가르치기 위해 고안된 Logo 언어에서 유래되었다.

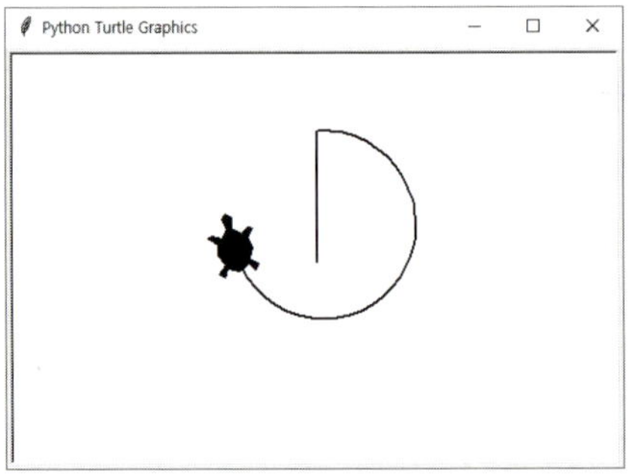

[그림 4-4] 터틀 그래픽을 이용한 그림 그리기

파이썬 언어는 turtle이라는 표준 라이브러리 모듈을 제공하고 있다. 각 터틀은 독립된 객체로 존재하고 터틀에 행위를 부여하기 위하여 소위 '메소드(Method)'를 사용하고 있다. 메소드의 형태는 turtle.methodname이다. 터틀 그래픽은 객체지향 프로그램 개념에 따라 객체(Object) 및 메소드(Method) 개념을 지원하고 있다. 메소드란 2.2.5절에서 간단히 설명한 함수(Function)와 문법적 차이가 있을 뿐 기능면에서 거의 유사하다. 메소드와 함수는 모든 파라미터 값을 받아 어떤 값을 돌려주거나 행위를 수행한다. 메소드는 항상 객체에 적용되어 메소드가 정의하는 특정 행위를 실행한다.

■ 터틀 그래픽의 캔버스 생성

이제, 터틀 그래픽의 간단한 예를 알아보자. 먼저 표준 라이브러리 모듈 turtle를 import 한 후 그림을 그릴 캔버스를 생성한다.

[turtle_canvas.py]

```
import turtle

turtle.setup(480, 320)                          # 캔버스 크기 설정
my_window = turtle.Screen()                     # 윈도우 이름 설정
my_window.title("My Turtle Graphics Program")
my_turtle = turtle.getturtle()                  # 터틀 생성
```

위의 터틀 그래픽 프로그램의 실행 결과를 알아보자. turtle.setup(480, 320)는 480픽셀 ×320픽셀 크기의 캔버스를 생성하고 새로 생겨난 캔버스를 화면에 보여주는 창을 my_ window라고 이름 붙였다. 캔버스란 일종의 도화지로 생각하여 메모리상에 존재하는 개념이다. 픽셀(Pixel)은 그림의 가장 작은 단위의 원소로 흔히 화소라고 불린다. 또한 my_turtle = turtle.getturtle()은 캔버스 중심에 기본 터틀인 ➤ 모양의 터틀 커서를 생성하고 my_turtle이라는 이름을 붙였다. 터틀의 위치는 (0, 0)이며 캔버스의 x 좌표는 수평적으로 (−240, 240)을 포함하고 y 좌표는 수직적으로 (−160, 160)을 포함한다.

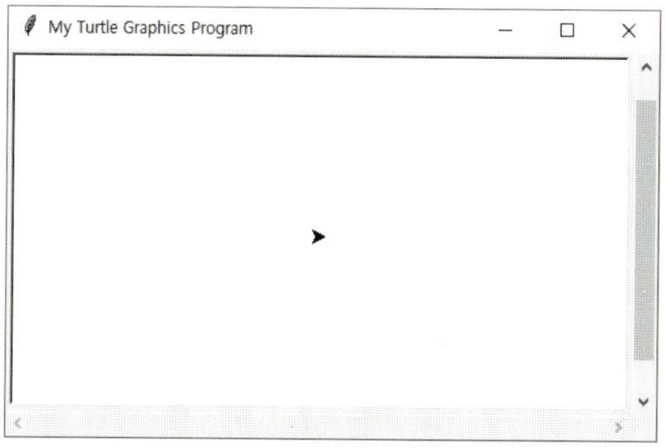

[그림 4-5] 캔버스의 설정과 터틀의 생성

생성된 터틀 객체는 다음의 3가지 속성(Attribute)을 가진다.

- 위치(Position) 속성
- 방향(Orientation) 속성
- 펜(Pen) 속성

터틀의 위치는 setposition 메소드를 이용하여 터틀을 이동시킬 수 있다. 또한, 터틀이 움직이는 방향을 지정하기 위하여 전진(forward), 후진(backward), 우회전(right), 좌회전(left) 등의 메소드를 이용하고 펜의 속성은 모양(shape), 색상(pencolor), 크기(pensize) 등을 이용한다. 아래에 터틀을 이용하여 한 변의 길이가 100픽셀인 정삼각형을 그려보자.

4.5.2 절대 위치와 상대 위치

터틀 그래픽을 이용하여 100픽셀 크기의 정삼각형을 그려보자. 직선을 그리는 방법에는 절대 위치 방식과 상대 위치 방식이 존재한다.

1) 절대 위치(Absolute Positioning)를 이용하는 방법

여기서는 setposition 메소드를 이용하여 그릴 정삼각형의 구체적 위치, 즉 절대 좌표를 지정해 준다.

[turtle_position1.py]

```
import turtle

turtle.setup(480, 320)                    # 캔버스 크기 설정
my_window = turtle.Screen()               # 윈도우 이름 설정
my_window.title("절대 위치로 그리기")

my_ttl = turtle.getturtle()               # 터틀 생성

my_ttl.setposition(100, 0)
my_ttl.setposition(50, 86.6)
my_ttl.setposition(0, 0)
```

절대 위치로 정삼각형 그리기

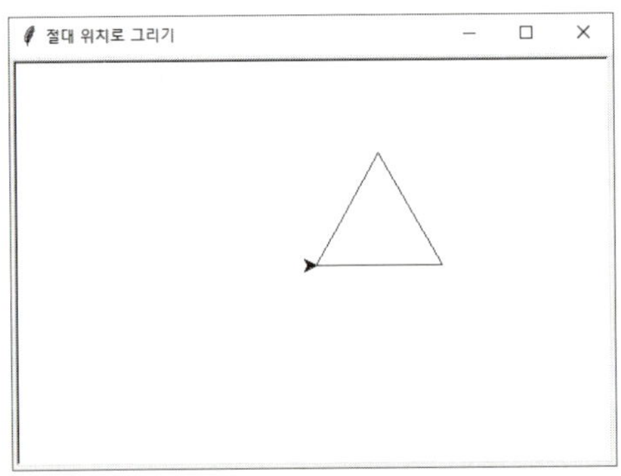

[그림 4-6] 절대 위치를 이용한 그림 그리기

2) 상대 위치(Relative Positioning)를 이용하는 방법

여기서는 터틀의 움직이는 방향과 상대적 거리를 지정함으로써 그림을 그린다. 즉 현재 터틀의 위치에서 터틀이 어떤 방향으로 얼마의 거리를 이동할지 파라미터 값을 준다. 이동 방향을 지정하기 위하여 forward, backward, right, left 등의 메소드를 이용한다.

[turtle_position2.py]

```
import turtle

turtle.setup(480, 320)                    # 캔버스 크기 설정
my_window = turtle.Screen()               # 윈도우 이름 설정
my_window.title("상대 위치로 그리기")

my_ttl = turtle.getturtle()               # 터틀 생성

my_ttl.forward(100)   ← 상대 위치로 정삼각형 그리기
my_ttl.left(120)
my_ttl.forward(100)
my_ttl.left(120)
my_ttl.forward(100)
```

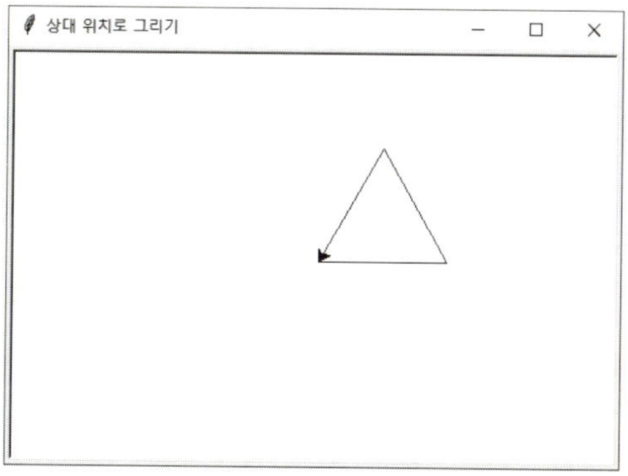

[그림 4-7] 상대 좌표를 이용한 그림 그리기

터틀 그래픽 프로그램에서 정삼각형이 그려지는 순서는 그림 4-8과 같다. 처음 터틀의 방향이 오른쪽이므로 forward 100으로 밑변을 그린다. 다음에 왼쪽으로 120도 회전하여 100만큼 나가면 오른쪽 변이 그려진다. 또다시 그 위치에서 왼쪽으로 120도 회전하여 100만큼 나가면 마지막 변이 완성된다.

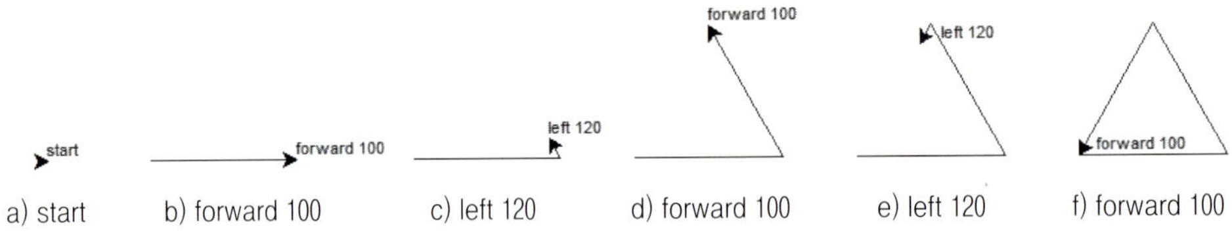

[그림 4-8] 터틀 그래픽에서 정삼각형 그리기 순서

4.5.3 if_else 문을 이용한 터틀 그래픽의 사례

아래 프로그램은 if_else 문을 이용하여 터틀 그래픽에 적용한 예이다. 그림 4-9에서 보듯이 터틀 그래픽의 textinput 메소드를 이용하여 화면에 입력 창을 나타낼 수 있다. 터틀 그래픽의 다양한 메소드들에 관하여 5.4절의 표 5-1에 설명되어 있다. 입력창에서 'T'를 입력하면 정삼각형이 그려지고 'R'을 입력하면 정사각형이 그려짐을 알 수 있다. 입력창에 'T' 또는 'R'을 제외한 다른 문자가 입력되면 터틀 그래픽의 write 메소드를 이용하여 "Input is incorrect"가 화면에 나타난다.

[turtle_if.py]

```
# Turtle using if_else

import turtle

turtle.setup(480, 320)
my_window = turtle.Screen()
my_window.title("if_else를 이용한 터틀의 움직임")

my_turtle = turtle.getturtle()

Shape = turtle.textinput("", "Type T for a triangle or R for a rectangle: ")

if Shape == 'T':  ← 정삼각형 그리기
    my_turtle.forward(100)
    my_turtle.left(120)
    my_turtle.forward(100)
    my_turtle.left(120)
    my_turtle.forward(100)
elif Shape == 'R':  ← 정사각형 그리기
```

```
    my_turtle.forward(100)
    my_turtle.left(90)
    my_turtle.forward(100)
    my_turtle.left(90)
    my_turtle.forward(100)
    my_turtle.left(90)
    my_turtle.forward(100)
else:
    my_turtle.write("Input is incorrect")
```

입력이 T, R 이외일 때, 에러 메시지 출력

위 프로그램의 실행 결과는 아래와 같다.

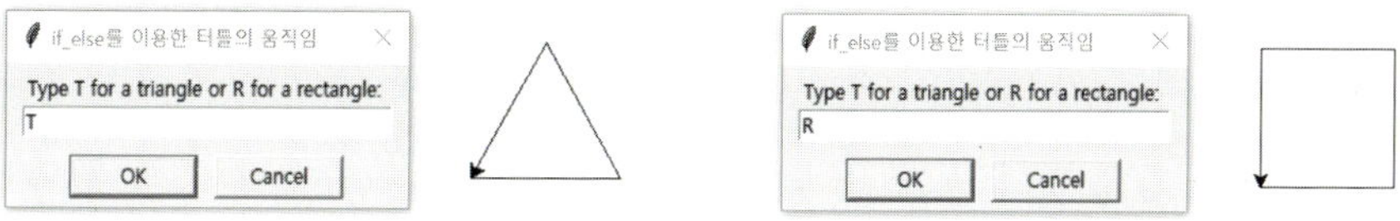

(a) 창에서 'T'를 입력했을 때의 결과

(b) 창에서 'R'을 입력했을 때의 결과

[그림 4-9] turtle_if.py의 실행 결과

이제 중첩 if 문(Nested_if 문)을 이용한 터틀 그래픽의 사례를 알아보자. 앞의 프로그램에서는 입력창에서 'T' 또는 'R'을 입력하여 정삼각형 또는 정사각형을 그렸다. 아래 프로그램에서는 정삼각형 또는 정사각형의 선택뿐 아니라 입력창을 이용하여 작은 도형 또는 큰 도형을 선택할 수 있다. 이를 위하여 중첩 if 문을 사용한다. 작은 도형을 선택할 때는 'S', 큰 도형을 선택할 때는 'L'을 입력한다. 그림 4-10은 정삼각형을 그릴 경우(즉, 첫 번째 입력창에서 'T'를 선택함) 두 번째 입력창에서 작은 정삼각형(즉, 'S'를 입력) 또는 큰 정삼각형(즉, 'L'을 입력)을 선택하는 경우를 보여주고 있다.

[turtle_nestedif.py]

```
# Turtle using Nested_if

import turtle

turtle.setup(480, 320)
my_window = turtle.Screen()
```

```
my_window.title("Nested if를 이용한 터틀의 움직임")

my_turtle = turtle.getturtle()

Shape = turtle.textinput("", "Type T for a triangle or R for a rectangle: ")

if Shape == 'T':
    Side = turtle.textinput("", "Type S for a small triangle or L for large: ")
    if Side == 'S':                ← 정삼각형의 한 변의 길이 정하기
        length = 50        # Side length of a triangle
    else:                  # Side = L'
        length = 100
    my_turtle.forward(length)      ← 길이가 length인 정삼각형 그리기
    my_turtle.left(120)
    my_turtle.forward(length)
    my_turtle.left(120)
    my_turtle.forward(length)
elif Shape == 'R':
    Side = turtle.textinput("", "Type S for a small rectangle or L for large: ")
    if Side == 'S':                ← 정사각형의 한 변의 길이 정하기
        length = 50        # Side length of a rectangle
    else:                  # Side = 'L'
        length = 100
    my_turtle.forward(length)      ← 길이가 length인 정사각형 그리기
    my_turtle.left(90)
    my_turtle.forward(length)
    my_turtle.left(90)
    my_turtle.forward(length)
    my_turtle.left(90)
    my_turtle.forward(length)
else:
    my_turtle.write("Input is incorrect")      ← 입력이 T, R 이외인 경우, 에러 메시지 출력
```

위 프로그램의 실행 결과는 다음과 같다.

(a) 창에서 'S'를 입력했을 때의 결과 (b) 창에서 'L'을 입력했을 때의 결과

[그림 4-10] turtle_nestedif.py의 실행 결과

연습문제

A. 괄호 넣기 및 객관식

1 파이썬 프로그램에서 프로그램 실행 순서의 세 가지 방식에는 순차적 실행, 선택문의 실행, (   )이 존재한다.

2 파이썬 프로그램의 조건식을 구성하는 방식에는 비교연산자를 사용하는 방식, 멤버쉽 연산자를 사용하는 방식, 그리고 (   )를 사용하는 방식이 존재한다. 조건식을 흔히 부울식(Boolean Expression)이라고도 부른다.

3 논리 연산식을 구성할 때 not (a or b) == (not a) and (not b) 또는 not (a and b) == (not a) or (not b)과 같은 법칙을 (   )이라 부른다.

4 C, C++, Java 등의 언어에서 블록문을 표시하기 위하여 { }를 사용하여 둘러쌓기를 하며 (   )는 프로그램의 가독성을 높이는 목적으로 사용된다. 그러나 파이썬 프로그램에서 if_else 문의 블록문을 나타내기 위해 (   )는 필수적이며 매우 중요한 역할을 한다.

5 if_else 문의 조건식 다음에 나오는 블록문에 if_else 문이 다시 나오는 경우를 (   )이라 한다.

6 멤버쉽 연산자 in의 오른쪽에는 항상 리스트, 튜플 또는 (   )과 같은 시퀀스 자료형이 나올 수 있다.

7 논리연산자(Logical operator)란 (   )에 기반하여 조건식을 구성하는 경우이다. (   )란 1847년 영국의 수학자 조지 부울(George Boole)이 제안한 대수학으로 오늘날 논리학 및 컴퓨터 논리회로 구성에서 기반이 되고 있다.

8 파이썬 프로그램에서 (   ) 명령문은 어떤 일도 실행하지 않는 명령문이다.

9 터틀 그래픽스에서 절대 위치를 이용하는 방법은 (   ) 메소드를 이용하여 그릴 사각형의 구체적 위치(즉 좌표)를 지정해 준다.

10 터틀 그래픽스에서 상대 위치를 이용하기 위하여 현재 터틀의 위치에서 터틀이 어떤 방향으로 얼마의 거리를 이동할지 패러미터 값을 준다. 이동 방향을 지정하기 위하여 (   ), backward, (   ), left 등의 메소드를 이용한다.

11 다음 중 조건문의 비교연산자를 적용할 수 없는 데이터형은?

(a) 정수 (b) 실수 (c) 리스트 (d) 스트링

12 멤버십 연산자를 이용하는 조건문의 형식, (표현식) in(또는 not in) (데이터형)에서 합법적인 데이터형이 아닌 것은?

(a) 리스트 (b) 튜플 (c) 딕셔너리 (d) 스트링

13 아래 조건식의 연산자 중 가장 우선순위가 높은 것은?

(a) > (b) not (c) or (d) and

14 다음 if_else 문의 조건식 중 합법적인 것은?

(a) 'C' < '7' (b) 'Brenda' < Michelle

(c) 'Temp' <= 32 (d) 'Alan' < True

15 다음의 프로그램의 연산 결과는?

```
>>> Interest = 0.05
>>> Result1 = (1 + Interest) ** 10 > 1.6
>>> Result2 = 1 + Interest ** 10 > 1.6
>>> print(Result1, Result2)
```

(a) True, True (b) True, False (c) False, True (d) False, False

16 선택문의 조건식을 흔히 부울식이라고 부른다. 부울식의 표현에 올 수 있는 연산자가 아닌 것은?

(a) 비교연산자 (b) 멤버십 연산자 (c) 집합 연산자 (d) 논리연산자

B. 따라하기 실습

1 아래 부울식에서 비교연산자를 실행하고 그 결과를 확인하라.

```
>>> print(type(True))
>>> print(type(False)
>>> print ( 3 == 3 )
>>> print ( 3 != 3 )
>>> print ( 3 > 4)
>>> print ( 2 <= 2 )
>>> x = 5
>>> y = 2
```

2 아래 부울식에서 논리연산자와 비교연산자를 실행하고 그 결과를 확인하라.

```
>>> x = 5
>>> print ( x > 0 and x < 10 )
>>> print ( x % 2 == 0 )
>>> print ( x < 0 or x < 10 )
>>> print ( not x > 0 )
```

3 아래 부울식을 실행하여 비교연산자와 논리연산자의 우선순위를 확인하라.

```
>>> x = 5
>>> y = 3
>>> print ( (x == 10 or x == 5) and y == 3)
>>> number = int( input('Enter number> ') )
>>> print ( number == 5 or 6 or 7 )
>>> print ( number == 5 or number == 6 or number == 7 )
>>> x * 5 >= 10 and y - 6 <= 20
>>> age = 15
>>> print('kid' if age < 18 else 'adult')
```

4 다음 프로그램을 작성하여 if_ex1.py 파일로 저장하고 실행하라.

[if_ex1.py]

```
x = 4

if x > 2:
    print('Bigger')
else:
    print('Smaller')

print('All done')
```

5 다음 프로그램을 작성하여 if_ex2.py 파일로 저장하고 실행하라.

[if_ex2.py]

```
x = 20

if x < 2:
    print('Small')
elif x < 10:
    print('Medium')
else:
    print('Large')

print('All done')
```

6 다음 프로그램을 작성하여 if_ex3.py 파일로 저장하고 실행하라.

[if_ex3.py]

```
x = 42

if x > 10:
    print('More than 10')
    if x < 100:
        print('Less than 100')

print('All done')
```

7 (Turtle Graphics) 다음 프로그램을 실행하고 그 결과를 확인하라. exitonclick( ) 메소드는 이용자가 마우스를 클릭할 때 스크린에서 나가는 메소드이다.

[turtle4_1.py]

```
import turtle
my_wn = turtle.Screen()
# set the window background color
my_wn.bgcolor("yellow")

nuri = turtle.Turtle()
# make nuri blue
nuri.color("blue")
```

```
# set the width of her pen
nuri.pensize(3)
nuri.forward(50)
nuri.left(120)
nuri.forward(50)

# exit from the screen when mouse is clicked
turtle.exitonclick()
```

8 (Turtle Graphics) 다음 프로그램을 실행하고 그 결과를 확인하라.

[turtle4_2.py]

```
import turtle

my_wn = turtle.Screen()
my_wn.bgcolor('green')

lucy = turtle.Turtle()
lucy.color('whit')
lucy.pensize(10)
lucy.right(90)
lucy.forward(150)
lucy.left(90)
lucy.forward(75)

turtle.exitonclick()
```

C. 프로그래밍 실습

1 다음 흐름도(flowchart)에 해당하는 프로그램을 중첩 if 문(Nested if)을 사용하여 작성하라.

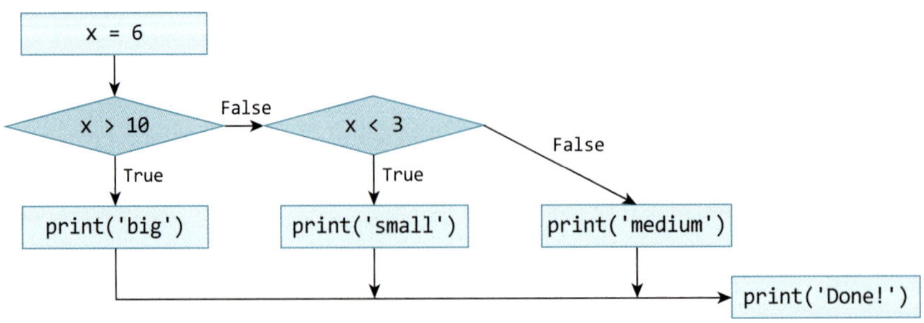

2 점수를 입력 받은 후 다음 기준에 따라 성적을 출력하는 프로그램을 작성하라.

- 90점 이상 A
- 80점 이상 B
- 70점 이상 C
- 60점 이상 D
- 나머지 F

또한, 60점 이상이면 "You passed."를 출력, 60점 미만이면 "Sorry, you failed."를 출력한다.

| 실행 결과 예시(1) |

```
Enter score> 75
Your grade is C
You passed.
```

| 실행 결과 예시(2) |

```
Enter score> 45
Your grade is F
Sorry, you failed.
```

3 윤년(Leap year)은 2월이 29일인 경우를 의미한다. 주어진 연도에 대하여 윤년인지 아닌지 판단하는 프로그램을 작성하라. 해당 연도가 4로 나누어떨어지고 동시에 100으로 나누어떨어지지 않으면 윤년이다. 또한, 해당 연도가 400으로 나누어떨어지는 경우도 윤년이라는 사실을 이용하라. 앞에 해당하지 않은 연도는 평년(Common year)이다.

| 실행 결과 예시(1) |

```
Enter year> 1980
Leap year
```

| 실행 결과 예시(2) |

```
Enter year> 400
Leap year
```

| 실행 결과 예시(3) |

```
Enter year> 1990
Common year
```

| 실행 결과 예시(4) |

```
Enter year> 2021
Common year
```

4 3자리 숫자 야구 게임을 생각해 보자. 이 게임은 1세기 이전부터 유래한 "Bulls and Cow"에서 나온 게임으로 두 명의 플레이어가 게임을 하되 다음의 규칙을 따른다.

1. 플레이어 1이 임의의 3자리 숫자를 제시하되 비밀로 한다. 각 자리의 숫자는 0~9 사이의 정수이며 각 숫자는 동일한 숫자가 올 수 없다.
2. 플레이어 2는 주어진 숫자를 모른 상태에서 여러 차례 시도를 거쳐 맞추어 나간다. 플레이어 2가 3자리 숫자를 예측하되 각 자리의 숫자가 주어진 비밀 수와 같은 자리에 있으면 스트라이크(Strike), 각 자리의 숫자가 다른 자리에 있으면 볼(Ball)이 된다.
3. 이러한 과정을 반복하여 모든 숫자를 맞출 때 게임을 승리하게 된다.

예) 비밀의 3자리 숫자가 317일 때,

예측 숫자 = 218이면, 1 Strike, 0 Ball('1'이 같은 자리에 있음)
예측 숫자 = 428이면, 0 Strike, 0 Ball(같은 자리에 숫자가 없음)
예측 숫자 = 718이면, 1 Strike, 1 Ball('1'이 같은 자리에 있고 '7'이 다른 자리에 있음)
예측 숫자 = 617이면, 2 Strike, 0 Ball('1'과 '7'이 같은 자리에 있음)
예측 숫자 = 317이면, 3 Strike, 0 Ball('3', '1', '7'이 같은 자리에 있음)

| 실행 결과 예시 |

```
비밀 숫자를 입력하세요> 317

예측 값을 입력하세요> 218
결과: 1 Strike, 0 Ball
예측 값을 입력하세요> 428
결과: 0 Strike, 0 Ball
예측 값을 입력하세요> 718
결과: 1 Strike, 1 Ball
예측 값을 입력하세요> 617
결과: 2 Strike, 0 Ball
예측 값을 입력하세요> 317
결과: 3 Strike, 0 Ball
5번 만에 승리하였습니다!
```

05

CHAPTER

반복문: while 문과 for 문

contents

| 단원개요 |

일반적으로 프로그램의 일정 부분은 어떤 조건을 만족하는 동안 항상 반복적으로 실행된다. 파이썬 언어는 프로그램의 반복적 실행을 위해 while 문과 for 문을 지원하고 있다. 이 장에서 while 문과 for 문의 형식을 알아보고 그 활용을 공부한다. 터틀 그래픽(Turtle Graphics)은 2차원 그림을 그리기에 매우 용이하고 파이썬의 표준 라이브러리 모듈로 제공되고 있다. 그림을 그리기 위한 터틀 그래픽의 다양한 메소드들을 소개하고 그 활용에 대하여 몇 가지 사례를 통해 설명한다. 또한, 터틀 그래픽에서 while 문과 for 문과 같은 반복문이 어떻게 유용하게 사용되는지를 공부한다.

05 반복문: while 문과 for 문

5.1 while 문

while 문은 주어진 조건을 만족하는 한 while 문 내에 포함된 명령문들을 계속 반복 실행하는 구조를 제공한다. while 문을 구성하는 방법을 알아보자.

5.1.1 while 문의 기본 구조

■ 반복문 while

반복문은 주어진 조건을 만족하는 한 계속 명령문들을 실행한다. 파이썬 언어의 반복문으로 while 문과 for 문이 존재한다. while 문과 for 문의 차이점은 while 문이 주어진 조건(Condition)을 만족시키는 한 명령문들을 반복 실행하는 데 비해 for 문은 미리 정해진 횟수만큼만 명령문들을 실행한다.

while 문의 구조는 아래와 같다.

```
while ( <조건문> ):
    <명령문 블록>
```

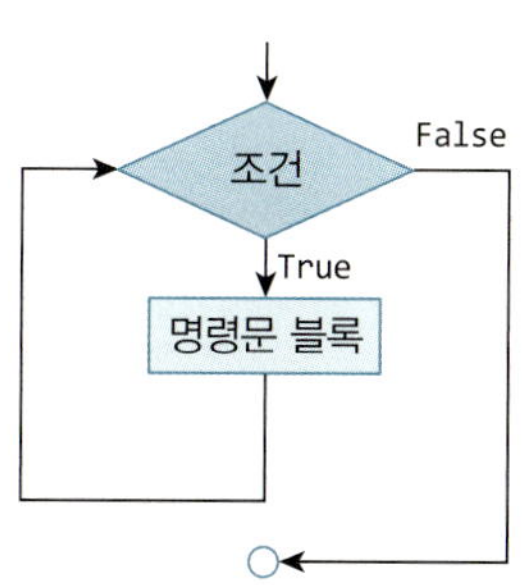

즉, while 다음에 나오는 조건(Condition)을 만족하는(즉, True) 동안 〈명령문 블록〉을 실행한다. 블록의 실행 후 다시 조건을 테스트한다. 조건을 다시 만족한다면 다시 〈명령문 블록〉을 실행하고 이러한 일을 반복한다. 조건이 만족되지 않는 경우(즉, False) 비로소 while 문을 빠져 나온다.

▪ while 문의 예

이제 몇 가지 예를 통해 while 문의 기능을 살펴보자. 다음 프로그램은 $\sum_{i=1}^{n} i$ 를 계산하는 프로그램이다.

```
>>> sum = 0
>>> count = 1
>>> n = int(input('원하는 숫자를 입력하세요:    '))
원하는 숫자를 입력하세요:   100
>>> while count <= n:
        sum = sum + count
        count = count + 1
>>> print('지정한 숫자까지의 합계: ', sum)
지정한 숫자까지의 합계:  5050
```

초기화 과정 (sum = 0, count = 1)

while 문의 시작으로 아래 두 명령문을 포함

위 프로그램의 예에서 sum = 0 및 count = 1은 while 루프를 실행하기 전에 초기화(Initialization이라 부른다)하기 위한 작업이다. 변수 sum은 1에서 n까지 더해 나가기 위해 초기값을 0으로 두기 위한 것이고, 변수 count는 처음 1로부터 시작하여 while 루프에서 명령문을 실행할 때마다 1씩 증가해 나가기 위한 변수이다. count와 같은 변수의 기능을 카운터(Counter)라 부른다. 이 프로그램에서 정수 n의 값은 외부로부터 키보드를 통해 입력 받는다. 이 while 루프에서 카운터 count가 1씩 증가하여 count = n + 1이 되는 순간 조건식 count <= n을 만족시키지 않아 while 루프를 빠져나간다.

또 다른 while 문의 예를 보자.

```
>>> sum = 0
>>> count = 1
>>> n = int(input('입력할 데이터 갯수:    '))
입력할 데이터 갯수:   8
>>> while count <= n:
        score = int(input('점수를 입력하세요: '))
```

초기화 과정 (sum = 0, count = 1)

입력할 데이터 갯수를 문자형으로 입력받은 후 함수 int를 이용하여 정수로 변환

while 문의 시작으로 아래 세 명령문을 포함

```
        if score > 0:  <------  if 문의 시작
            sum = sum + score
        count = count + 1
>>> print('입력한 숫자의 합계: ', sum)
```

위의 프로그램은 변수 n을 키보드로부터 읽어 들여 while 루프를 n 횟수만큼 실행하되 합 sum은 score 값이 양인 경우, 즉 score > 0일 경우에 한하여 합산한다. while 문의 내부에 if_else 문이 올 수 있음을 알 수 있다. 이 프로그램에서 알 수 있듯이 파이썬 프로그램에서는 항상 들여쓰기에 주의해야 한다.

5.1.2 while 문의 조건

while 문의 조건은 if_else 문에서 조건식을 구성하는 방식과 완전히 일치한다. 따라서 조건식은 비교연산자, 멤버십 연산자 및 논리연산자를 이용하여 표현한다. 다음의 예를 통해 while 문의 조건식을 알아보자.

[while_example1.py]

```
# While 예제
n = int(input('몇 분인가요?:   '))
order = input('Coffee or Tea ? "c" 또는 "t" 입력:  ')
while ((order == 'c') or (order == 't')) and n > 0:
    print(' ==> Here it is!')
    n = n - 1
```

| 실행 결과 |

```
몇 분인가요?:    3
Coffee or Tea? "c" or "t" 입력:  c
 ==> Here it is!
 ==> Here it is!
 ==> Here it is!
>>>
```

앞의 예에서 while 루프의 조건식은 비교연산자 ==와 논리연산자 or 및 and를 이용하여 구성되어 있다. 변수 order의 입력 값이 'c' 또는 't'인 경우 'Here it is!'를 입력한 횟수대로 3회 프린트하고 종결된다. 변수 order 값이 'c (coffee)'나 't (tea)'가 아닌 경우 아무 일도 실행하지 않음을 알 수 있다. 만일 이 프로그램을 무한대로 실행시키고 싶으면 다음과 같이 작성하면 된다.

[while_example2.py]

```
# While 예제 : 무한 루프
while True:
    order = input('Coffee or Tea ? "c" 또는 "t" 입력:  ')
    while ((order == 'c') or (order == 't')):
        print('Here it is!')
```

위와 같이 while True:의 조건을 이용하면 위의 프로그램은 영원히 반복적으로 실행된다. 다만 변수 order 값이 'c (coffee)'나 't (tea)'가 아닌 경우면 'Here it is!'를 프린트하지 않고 'Coffee or Tea ? "c" 또는 "t" 입력: '를 묻는다. 이러한 무한 루프에 대해서는 5.2절에서 다시 설명하기로 한다.

5.1.3 입력 오류 체크

4.3.1절의 섭씨 온도와 화씨 온도의 변환 프로그램에서 섭씨 온도를 화씨 온도로 변환하고 싶으면 'C' 또는 'c'를 입력하고 화씨 온도를 섭씨 온도로 변환하고 싶으면 'F' 또는 'f'를 입력한다. 이 부분만 다시 살펴하면 다음과 같다.

```
cel_fah = input('\n섭씨(C) or 화씨(F) ==> ')
degree = int(input('온도를 입력하세요 ==> '))
if (cel_fah == 'C') or (cel_fah == 'c'):
    ...
else:
    ...
```

이 프로그램은 키보드 입력이 항상 'C', 'c' 또는 'F', 'f'의 값으로 입력된다고 가정하고 작성한 프로그램이다. 그러나 만일 입력 데이터가 'A'라면 이 프로그램은 오류가 발생한다. 왜

냐하면 키보드 입력이 'A' 인데도 불구하고 이 프로그램은 else절 이하의 명령문들을 실행하기 때문이다. 이제 이러한 입력 오류를 방지하기 위하여 다음과 같이 프로그램을 변경한다.

[Cel_Fah2.py]

```
# 섭씨/화씨 온도 변환 프로그램

# 프로그램 소개
print('섭씨(C)/화씨(F) 온도 변환 프로그램입니다.')
print('온도가 섭씨이면 C 또는 c, 화씨이면 F 또는 f를 입력하세요.')

# 변환할 온도 입력
which = input('\n섭씨(C) or 화씨(F) ==> ')
while which not in ('C', 'c', 'F', 'f'):
    which = input('\n섭씨(C) or 화씨(F) ==> ')
degree = int(input('온도를 입력하세요 ==> '))

# 온도 변환 및 출력
if (which == 'C') or (which == 'c'):
    Fah_temp = (9/5 * degree) + 32
    print('섭씨 %d°를 화씨로 변환하면 %.1f°입니다.' % (degree, Fah_temp))
else:
    Cel_temp = (degree - 32) * 5/9
    print('화씨 %d°를 섭씨로 변환하면 %.1f°입니다.' % (degree, Cel_temp))
```

올바르게 입력할 때까지 반복적으로 요청

이 프로그램은 변수 which의 입력이 'C', 'c', 'F', 'f'가 아닌 경우 while 루프를 이용하여 되풀이하여 묻고 있다. 즉, 키보드 입력이 'C', 'c', 'F', 'f'가 들어올 때까지 반복적으로 입력을 요구하므로 입력 오류를 방지할 수 있게 해준다.

위의 프로그램에서 조건식 while which not in ('C', 'c', 'F', 'f'):은 while which != 'C' or which != 'c' or which != 'F' or which != 'f':와 동일한 조건식이다. 조건식을 작성할 때 가급적 이해하기 쉬운 형식으로 조건식을 작성하는 것이 바람직하다.

5.2 무한 루프

반복문이 영원히 반복되는 경우가 있다. 그 원인으로 프로그램의 논리적 오류에 의한 경우가 자주 발생한다. 다음의 예를 생각해보자.

```
>>> sum = 0
>>> count = 1
>>> n = int(input('입력할 데이터 갯수:    '))
입력할 데이터 갯수:    100
>>> while count <= n:
        sum = sum + count
```

이 프로그램의 의도는 1 + 2 + 3 + ... + n의 값을 구하는 프로그램이다. 그러나 while 루프에서 count = count + 1이 빠져서 while 루프가 영구적으로 실행된다. 이러한 일은 프로그램의 논리가 잘못되어 발생하는 것이다. 이러한 오류를 논리적 오류(Logical error)라 부른다.

▪ while True

그러나 때로는 프로그램에서 의도적으로 무한 루프(Infinite Loop)를 구성할 때가 있다. 이 때 흔히 while True:를 사용한다. 다음의 예를 살펴보자.

```
>>> while True:
        line = input('$ ')
        if line == 'quit' or line == 'exit':
            break
        print(line)
```

이 while 문은 다음과 같이 작동할 것이다.

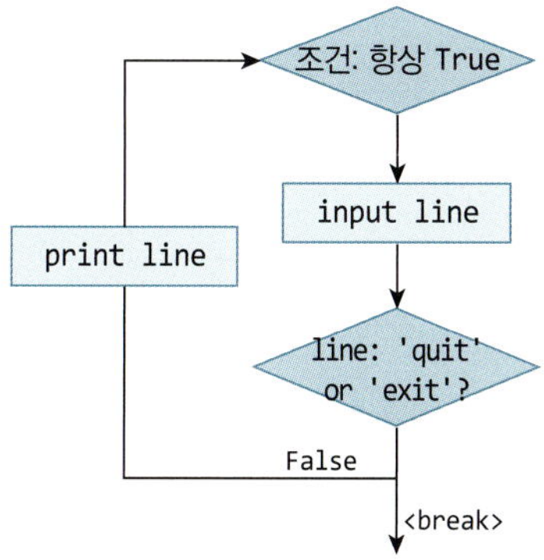

[그림 5-1] while True의 작동 원리

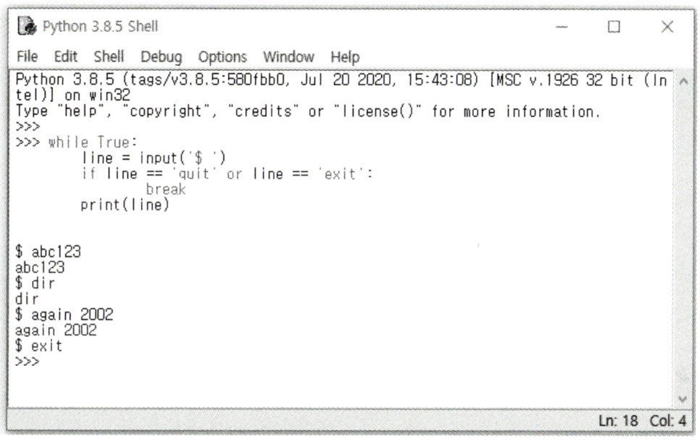

■ Continue와 Break

위 프로그램을 종결시키거나 원하는 경우 계속 실행시키고 싶다면 다음과 같이 작성하면 된다.

```
>>> while True:
        line = input('$ ')
        if line == '#':
            continue
        if line == 'quit' or line == 'exit':
            break
        print(line)
```

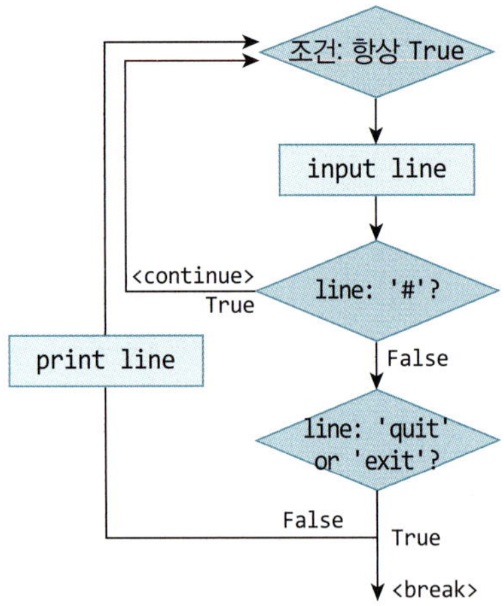

[그림 5-2] continue와 break의 작동 원리

이 프로그램의 실행 결과를 살펴보자.

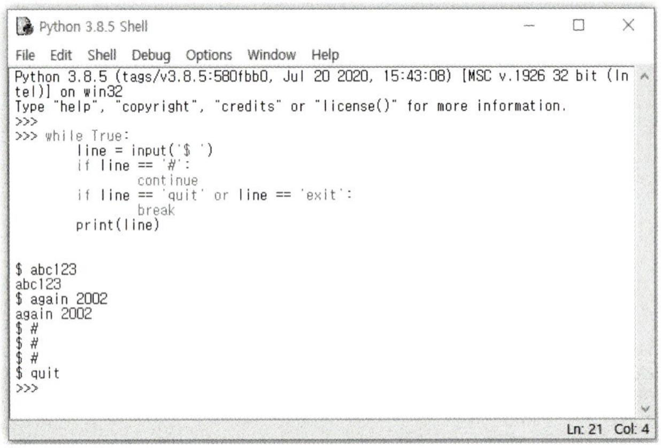

위의 실행 결과를 통해 알 수 있듯이 변수 line의 입력 값이 '#'이면 continue 문이 실행되고 아무 일도 실행하지 않고 다시 while 문의 맨 앞으로 되돌아간다. 이에 비하여 변수 line의 입력 값이 'quit' 혹은 'exit'이면 break 문이 실행되며 while 문을 빠져나가 while 문을 강제로 멈추게 한다. 이와 같이 continue 문과 break 문은 때로는 while 루프와 유용하게 사용될 수 있다.

continue 문과 4.3.2절에서 설명한 pass 문의 차이점이 존재한다. pass 문은 아무런 일도 실행하지 않고 다음 문으로 진행함을 의미하며 continue 문은 어떤 일도 처리하지 않고 루프(while 루프 또는 for 루프)의 맨 앞으로 되돌아가게 해 준다.

5.3 for 문

for 문은 while 문과는 달리 미리 주어진 횟수만큼 반복 실행한다. for 문의 기본 구조를 알아보고 스트링, 리스트 및 튜플의 예를 통해 for 문의 용법을 공부하자. for 문은 range 함수와 자주 함께 활용된다. range 함수가 for 문에서 어떤 유용한 기능을 담당하는지 알아보자.

5.3.1 for 문의 기본 구조

for 문은 미리 정해진 횟수만큼 반복적으로 명령문들을 실행하고 싶은 경우에 사용한다. for 문의 구조는 다음과 같다.

```
for <반복 변수> in <시퀀스>:
    <명령문 블록>
```

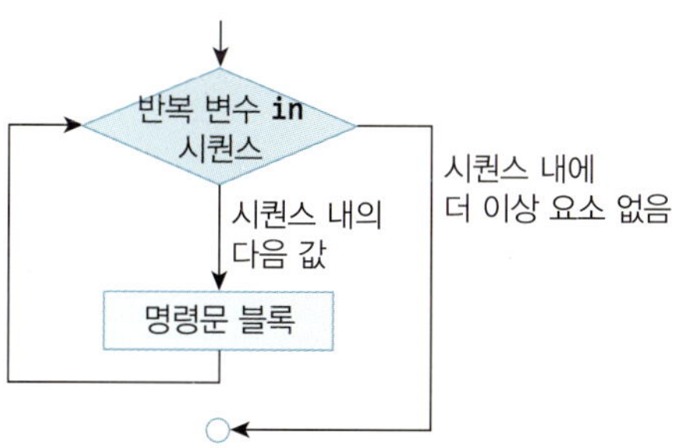

여기서 〈시퀀스〉는 리스트, 튜플 또는 스트링 데이터를 의미하고 〈반복 변수(iterating variable)〉는 〈시퀀스〉 내의 값을 하나씩 취해 나간다. 〈반복 변수〉가 〈시퀀스〉 내의 모든 항목을 한 번씩 취한 후 for 루프가 종결된다. 즉, for 루프는 시퀀스의 첫 요소(item)를 취한 후 블록문을 실행하고, 다시 시퀀스의 그 다음 요소를 취한 후 블록문을 실행한다. 이러한 일을 시퀀스의 모든 요소들을 다 취한 후(즉, 시퀀스에 더 이상 요소가 남아 있지

않을 경우) for 루프가 종결된다.

■ for 문의 예

이제 몇 가지 예를 통해 for 문의 역할을 살펴보자. 다음 프로그램은 for 문이 스트링, 리스트 및 튜플에 각각 어떻게 작용하는지 보여주고 있다.

1) 스트링

```
>>> for char in 'Love':
        print(char)

L
o
v
e
```

for 문이 스트링 'Love' 내의 문자를 하나씩 프린트

2) 리스트

```
>>> for k in ['개', '고양이', '토끼', 20]:
        print(k)

개
고양이
토끼
20
```

for 문이 리스트 내의 각 요소를 하나씩 프린트

3) 튜플

```
>>> weekend = ('Saturday', 'Sunday')
>>> for k in weekend:
        print(k)

Saturday
Sunday
```

for 문이 튜플 weekend 내의 각 요소를 하나씩 프린트

다음 프로그램은 리스트 numbers의 항목들의 합을 for 루프를 이용하여 구하는 프로그램의 예이다.

[for-loop_example.py]

```
# To find the sum of numbers in a list
numbers = [23, 15, 6, 9, 11, 21, 45, 32, 7, 16]

# initialization
sum = 0

# calulate sum of the list
for value in numbers:
    sum = sum + value
print("Sum of the list =  ", sum)
```

| 실행 결과 |

```
Sum of the list =   185
>>>
```

5.3.2 for 문과 range 함수

일반적으로 for 문은 range 함수와 함께 이용되는 경우가 많다. 예를 들어, range(10)은 0, 1, 2, 3, ..., 9까지의 숫자를 데이터로 갖는 함수이다. 또한, range(2, 10)은 2, 3, 4, ... 9까지의 숫자를 순서대로 갖는 함수이다. 일반적으로 range 함수는 다음의 형식을 가진다. 그림을 통해 range 함수의 개념을 이해하자.

range(<초기치>, <최종치>, <증가치>)

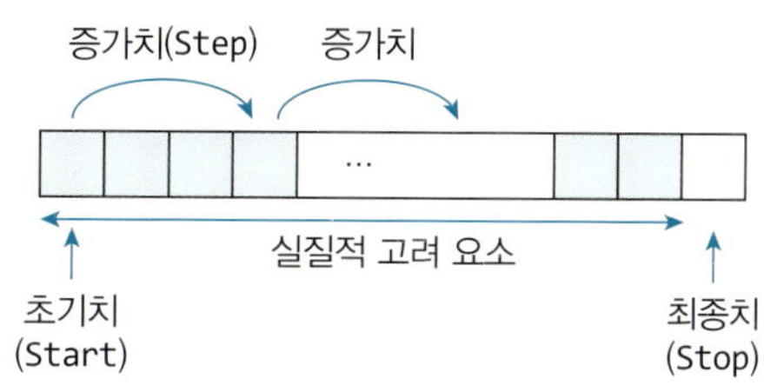

이 range 함수에서 〈초기치〉, 〈최종치〉 및 〈증가치〉는 모두 정수값을 가진다. 이 range 함수는 〈초기치〉에서 시작하여 (〈초기치〉 + 〈증가치〉), (〈초기치〉 + 2*〈증가치〉), (〈초기치〉 + 3*〈증가치〉), ...의 숫자를 데이터로 가지며 최종치 미만까지 숫자를 데이터로 갖는다. 다음의 예를 통해 range 함수를 이해하자.

```
range(0, 5)        --->     0, 1, 2, 3, 4
range(7)           --->     0, 1, 2, 3, 4, 5, 6
range(1, 12, 2)    --->     1, 3, 5, 7, 9, 11
```

이제, range 함수가 for 루프와 어떻게 함께 이용되는지 알아보자.

```
sum = 0
for k in range(1, 11):
    sum = sum + k
```

위의 예에서 range(1, 11)은 리스트 [1, 2, 3, 4, 5, 6, 7, 8, 9, 10]과 동일한 효과를 나타낸다. 따라서 위 for 루프를 실행한 후 sum = 1 + 2 + 3 + ... + 10 = 55가 된다.

for 문에서 range 함수를 어떻게 이용하는지 알아보자. 다음 프로그램은 구구단을 출력하는 프로그램의 예이다. 2~9 사이의 자연수를 입력하여 이 수를 number에 할당한 후, 이 수의 1~9 배수를 range 함수를 이용하여 차례로 디스플레이한다.

[for-range_example1.py]

```
# Multiplication table (2~9)

limit = 9

# input form the user
number = int(input("Display a multiplication table of number? "))

# display a multiplay table
for i in range(1, limit):
    result = number * i
    print(number, 'x', i, '=', result)
```

| 실행 결과 |

```
Display a multiplication table of number? 7
7 x 1 = 7
7 x 2 = 14
7 x 3 = 21
7 x 4 = 28
7 x 5 = 35
7 x 6 = 42
7 x 7 = 49
7 x 8 = 56
>>>
```

이제 range 함수의 초기치, 최종치 및 증가치가 어떻게 작용하는지 프로그램의 예를 통해 알아보자. 다음 프로그램은 range(start, stop, step) 함수를 이용하여 주어진 범위(start ~ stop) 내에서 step의 배수를 모두 찾아 디스플레이하는 프로그램이다.

[for-range_example2.py]

```
# 주어진 자연수 범위(0 ~ stop-1) 내에서 step(예, step = 3)의 배수를 모두 찾는다.

# 자연수는 0(start)부터 시작하며, 범위(stop)와 step를 입력
start = 0
stop = int(input("input stop ?  "))
step = int(input("input step ?  "))

# 주어진 범위(start~stop) 내에서 step의 배수를 모두 찾아 디스플레이한다.
for i in range(start, stop, step):
    print(i)
```

| 실행 결과 |

```
input stop ?  50
input step ?  7
0
7
14
21
28
35
42
49
>>>
```

5.4 터틀 그래픽(Turtle Graphics) (2)

4.5절에서 터틀 그래픽의 기본적인 기능에 대하여 알아보았다. 이 절에서는 터틀 그래픽이 제공하고 있는 다양한 메소드들을 이해하고 몇 가지 사례들을 통하여 이들이 어떻게 적용되는지 이해하자. 또한, while 문과 for 문이 터틀 그래픽에서 어떻게 유용하게 사용되는지 알아보자.

5.4.1 터틀 그래픽의 메소드

터틀 그래픽은 그림을 그리기 위한 다양한 메소드들을 제공하고 있다. 여기서는 가장 자주 사용되는 몇 가지를 표 5-1에서 보여주고 있다. 터틀 그래픽의 모든 메소드들의 구체적 기능과 사용 예를 알고 싶으면 https://docs.python.org/3/library/turtle.html를 참조하면 된다. 메소드 forward, backward, right, left, goto(setposition), setheading은 터틀의 이동에 관한 메소드이다. circle은 원을 그리는 메소드이고 stamp는 미리 지정해 놓은 모양을 스탬프 찍듯이 그리는 메소드이다. speed, penup, pendowm, pensize, pencolor은 펜에 관한 메소드들이다. begin_fill과 end_fill은 어떤 영역에 색상을 채울 경우 시작과 끝을 지정하며 채울 색상을 color 메소드로 지정한다. 메소드 getturtle은 새로운 터틀을 생성해주고 showturtle과 hideturtle을 이용하여 터틀을 보여주거나 감춘다. 또한 메소드 shape은 터틀의 모양을 지정하고 register_shape는 새로운 터틀의 모양을 등록한다.

[표 5-1] 터틀 그래픽의 메소드 테이블

메소드(Method)	의미	예시
screen()	윈도우를 설정	turtle.Screen()
forward()	터틀을 앞으로 지정된 거리(픽셀) 이동	turtle.forward(100)
backward()	터틀을 뒤로 지정된 거리(픽셀) 이동	turtle.backward(80)
right()	터틀을 오른쪽으로 지정된 각도 회전	turtle.right(90)
left()	터틀을 왼쪽으로 지정된 각도 회전	turtle.left(60)
goto()/setposition()	지정한 위치로 터틀을 이동	turtle.goto(100, 50)
setheading()	터틀의 이동 방향을 지정	turtle.setheading(30)
circle()	정해진 반지름의 원을 그리기	turtle.circle(50)
stamp()	현 위치에 터틀의 모양을 찍음	turtle.stamp()

speed()	터틀의 속도를 지정	turtle.speed('fast')
penup()	터틀 펜을 그리지 않고 올림	turtle.penup()
pendown()	터틀 펜을 내려 그리기 시작	turtle.pendown()
pensize()	터틀 펜의 크기를 지정	turtle.pensize(3)
pencolor()	터틀 펜의 색상을 지정	turtle.pencolor('blue')
color()	색상을 지정	turtle.color('red', 'yellow')
begin_fill()	도형의 내부를 지정된 색상으로 채움 시작	turtle.begin_fill()
end_fill()	도형의 내부 채움을 끝냄	turtle.end_fill()
getturtle()	새로운 터틀을 생성	turtle.getturtle()
showturtle()	터틀을 보임	turtle.showturtle()
hideturtle()	터틀을 감춤	turtle.hideturtle()
shape()	터틀의 모양을 지정	turtle.shape('arrow')
register_shape()	터틀의 모양을 등록	turtle.register_shape(image7.gif)
bgcolor()	화면의 배경색을 지정	turtle.bgcolor('yellow')
title()	화면의 제목을 지정	turtle.title("My Turtle Program")
textinput()	입력 데이터를 텍스트 형태로 받음	turtle.textinput("input n?")
write()	현 위치에 텍스트를 씀	turtle.write("This is my text")

표 5-1에서 터틀의 모양(shape) 및 크기(size)를 지정할 수 있다. 터틀의 모양은 그림 5-3과 같이 'arrow', 'turtle', 'circle', 'square', 'triangle' 및 'classic' (기본 모양)으로 지정할 수 있다. 예를 들어, 터틀 "my_ttl"의 모양을 'turtle'로 변경하고 싶으면 my_ttl.shape('turtle')로 지정하면 된다.

[그림 5-3] 터틀의 모양

5.4.2 반복문을 이용한 터틀 그래픽

터틀 그래픽을 이용하여 그림을 그릴 때 반복문을 이용하여 반복적으로 그림을 그리는 경우가 자주 발생한다. 어떤 조건을 만족시킬 때까지 그림을 반복적으로 그리기 위해서 while 루프를 이용하고, 미리 정해진 횟수 동안 그림을 그리고 싶은 경우에는 for 루프를 이용하게 된다.

1) while 루프를 이용하는 경우

아래 프로그램은 입력창을 통해 입력을 받아 '1'이면 앞으로 전진하고, '2'이면 오른쪽으로 회전하여 전진하며, '3'이면 왼쪽으로 회전하여 전진한다. 이 프로그램은 터틀이 이러한 움직임을 반복적으로 수행하되 입력창에 '0'이 입력되면 움직임을 중단한다.

[turtle_while.py]

```
# Turtle using while loop

import turtle

turtle.setup(480, 320)
my_window = turtle.Screen()
my_window.title("while loop를 이용한 터틀의 움직임")

my_turtle = turtle.getturtle()
Move_Number = 1                          ← 초기화 과정

while not (Move_Number == 0):            ← STOP이 아닌 경우, 반복적으로 요청
    Move = turtle.textinput("", "Type 1 for forward move, 2 for right turn and 
move, 3 for left turn and move, and 0 for STOP: ")
    Move_Number = int(Move)

    if Move_Number == 1:                 ← 앞으로 전진
        turtle.forward(100)
        continue
    elif Move_Number == 2:               ← 우회전 후 전진
        turtle.right(90)
        turtle.forward(100)
        continue
    elif Move_Number == 3:               ← 좌회전 후 전진
        turtle.left(90)
        turtle.forward(100)
        continue
    else:
        if Move_Number != 0:             ← 입력이 1, 2, 3, 0이 아닌 경우, 에러 메시지 출력
            turtle.write("Invalid input, try again")
            continue
```

앞 프로그램의 실행 결과는 아래와 같다.

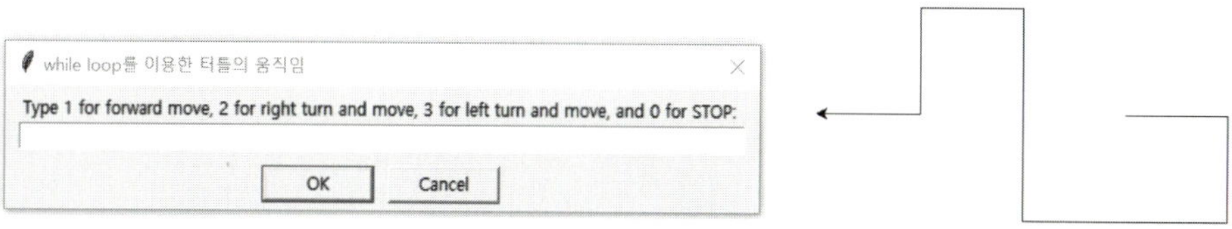

[그림 5-4] while 루프와 textinput 메소드를 이용한 터틀 그래픽의 예

2) for 루프를 이용하는 경우

내가 원하는 모양의 터틀을 아래 프로그램에서와 같이 정의하여 사용할 수도 있다. 이 프로그램은 삼각형 날개 모양의 터틀을 'pinwheel'으로 등록하여 사용하고 있다. 또한, 터틀의 모양을 등록하고 이 터틀을 이용하여 마치 스탬프를 찍는 것처럼 그림을 그릴 수 있다. 스탬프를 찍으면 찍는 위치에 스탬프의 모양이 그대로 남는다. 아래에 스탬프를 찍는 각도를 setheading 메소드로 지정하고 stamp 메소드를 이용하여 스탬프를 여러 개 찍듯이 바람개비 날개를 그려주는 프로그램의 예제가 나와 있다. stamp 메소드를 이용하면 다양한 흥미로운 그림을 그릴 수 있다.

[turtle_pinwheel.py]

```
import turtle
turtle.setup(480, 320)                    # 캔버스 크기 설정
my_window = turtle.Screen()               # 윈도우 이름 설정
my_window.title("바람개비 그리기")

my_ttl = turtle.getturtle()  ←  바람개비 날개 모양 설정
turtle.register_shape('pinwheel', ((0, 0), (60, 0), (120, 60)))

my_ttl.shape('pinwheel')                  # 바람개비 그리기
my_ttl.fillcolor('yellow')
for angle in range(0, 360, 40):  ←  9개의 날개 그리기
    my_ttl.setheading(angle)
    my_ttl.stamp()
```

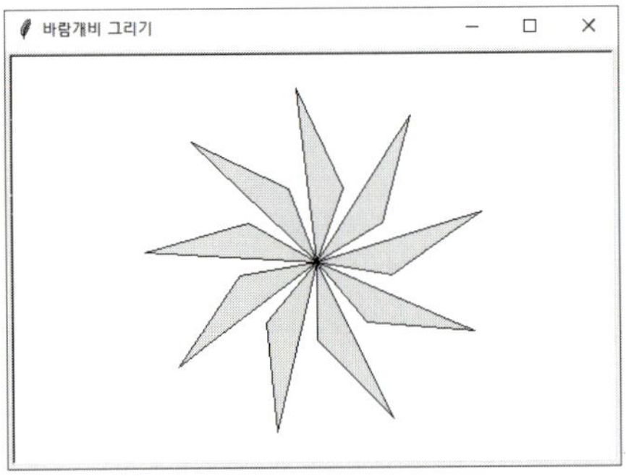

[그림 5-5] for 루프와 stamp 메소드를 이용한 터틀 그래픽의 예

뿐만 아니라, 아래와 같이 이미지를 등록하여 터틀의 모양을 정의할 수 있다. 여기서는 메모리에 존재하는 이미지 'my_image.gif'를 등록한 후 터틀의 모양으로 사용할 수 있다.

```
my_turtle = turtle.getturtle()
turtle.register_shape('my_image.gif')
my_turtle.shape('my_image.gif')
```

다음 프로그램은 사용자로부터 n의 값을 입력받아 n각형을 그리는 프로그램이다. 터틀의 모양을 shape 메소드를 이용하여 'turtle'로 지정하고 textinput 메소드를 이용하여 대화상자에서 입력값을 받는 기능을 수행한다.

[turtle_polygon.py]

```
import turtle
turtle.setup(480, 320)                # 캔버스 크기 설정
my_ttl = turtle.getturtle()
my_ttl.shape('turtle')                # 터틀 모양 바꾸기

s = turtle.textinput("", "다각형 그리기, n을 입력하세요.")   ← 대화창 열기
n = int(s)

for i in range(n):   ← n각형 그리기
    my_ttl.forward(60)
    my_ttl.left(360/n)
```

앞 프로그램의 실행 결과는 아래와 같다.

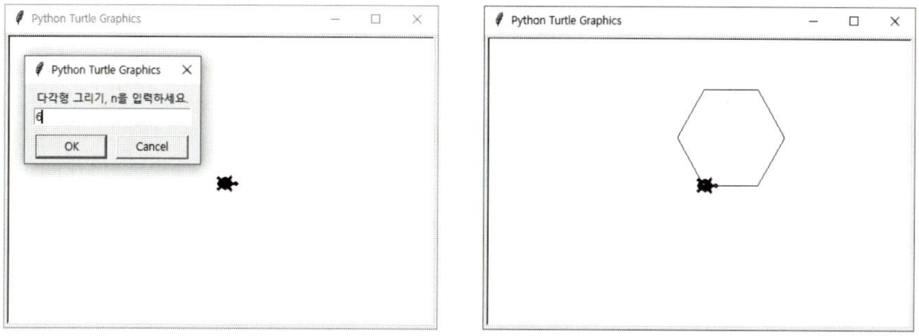

[그림 5-6] shape 메소드를 이용한 터틀 그래픽의 예

터틀의 펜이 그리는 선의 크기와 색상을 각각 pensize 및 pencolor을 이용하여 지정할 수 있다. 펜의 색상은 색상 이름을 사용하거나 RGB 컬러 모델에서 사용하는 (Red, Green, Blue) 색상의 농도를 지정함으로써 원하는 색상을 정할 수 있다. RGB 컬러의 범위는 0 ≤ R 컬러 ≤ 255, 0 ≤ G 컬러 ≤ 255, 0 ≤ B 컬러 ≤ 255이다. 또한 펜의 모양이 향하고 있는 방향(tilt)및 움직이는 속도(speed)도 지정할 수 있다. 펜의 이동 속도를 지정하는 것은 애니메이션을 위해 매우 유용한 기능이다.

다음 프로그램은 터틀 그래픽에서 펜의 크기, 색상을 지정하고 그린 그림이다. 무지개의 색상은 7가지 색상 이름을 사용하여 적용하였다. 펜을 올리고 내리기 위하여 penup 및 pendown 메소드를 이용한다. 이렇게 함으로써 연결되지 않은 선들을 그릴 수 있게 된다. 터틀을 이용하여 지정된 색상으로 반원을 그리고 나서, 색상을 변경하고 반경을 축소한 후 반원 그리기를 반복하였다.

[turtle_rainbow.py]

```
import turtle
turtle.setup(480, 320)            # 캔버스 크기 설정
my_ttl = turtle.getturtle()

color = ('red', 'orange', 'yellow', 'green', 'blue', 'indigo', 'violet')   # 무지개 색상
my_ttl.pensize(8)

radius = 200                      # 무지개 반경 200에서 시작
for x in range(7):
```

← 7가지 색상의 무지개 그리기

```
    my_ttl.penup()
    my_ttl.setposition(radius, -100)        # 오른쪽 아래 시작점으로 이동
    my_ttl.setheading(90)
    my_ttl.pendown()
    my_ttl.pencolor(color[x])               # 무지개 색상 선택
    my_ttl.circle(radius,180)               # 반원 그리기
    radius -= 12                            # 반경을 -12씩 축소
```

위 프로그램의 실행 결과는 아래와 같다.

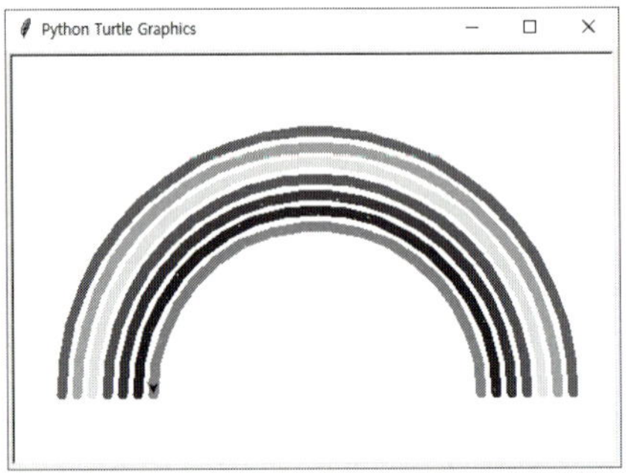

[그림 5-7] 펜의 크기와 색상을 지정한 터틀 그래픽의 예

5.4.3 터틀 그래픽의 애니메이션 사례

아래 프로그램은 먼저 코흐 곡선을 그리고 터틀이 이 코흐 곡선을 따라 움직이는 모습을 보여주고 있다. 코흐 곡선이란 눈송이의 모습을 하고 있는 곡선으로 프랙탈 기하학에서 자주 언급되는 곡선이다. 코흐 곡선에 대한 자세한 내용은 10.1.3절에 자세히 설명되어 있다.

[Koch_animation1.py]

```
import turtle
turtle.setup(640, 320)              # 캔버스 크기 설정

turtle.hideturtle()                 # 터틀 커서 숨기기
turtle.penup()
turtle.setposition(-200, -50)       # 왼쪽 -200으로 이동
turtle.pendown()
```

```
turtle.forward(150)
turtle.left(60)
turtle.forward(150)
turtle.right(120)          ← 코흐 곡선 그리기
turtle.forward(150)
turtle.left(60)
turtle.forward(150)

turtle.shape('turtle')
turtle.color('blue')       ← 터틀 커서 모양, 색상, 속도 설정
turtle.speed('slowest')
turtle.penup()
turtle.setposition(-200, -50)      # 왼쪽 -200으로 이동
turtle.pensize(4)
turtle.pendown()

turtle.showturtle()   ← 터틀의 커서 보이기
turtle.forward(150)   ← 코흐 곡선을 따라 터틀이 이동 시작
turtle.left(60)
turtle.forward(150)
turtle.right(120)
turtle.forward(50)
#turtle.left(60)
#turtle.forward(150)
```

위 프로그램의 실행 결과는 아래와 같다.

[그림 5-8] 코흐 곡선을 따라 이동하는 터틀

메소드 getturtle을 이용하여 다수의 터틀을 생성할 수 있다. 이렇게 하면 각 터틀의 행위를 독립적으로 제어할 수 있다. 또한 각 터틀은 각자의 속성값을 가진다. 아래 프로그램은 터틀 메소드를 이용하여 2개의 터틀 turtle1, turtle2를 생성한다.

```
turtle1 = turtle.getturtle()
turtle2 = turtle.getturtle()
```

또한, speed 메소드를 이용하여 터틀의 이동 속도를 지정할 수 있다. 이동 속도는 0과 10 사이의 값을 가지거나 'fast'(10), 'normal'(6), 'slow'(3) 등으로 지정할 수 있다. 보통 속도('normal')는 6 정도이다.

[Koch_animation2.py]

```
import turtle
turtle.setup(640, 320)                    # 캔버스 크기 설정

turtle1 = turtle.getturtle()              ← 2개의 터틀을 생성
turtle2 = turtle.getturtle()

turtle1.shape('turtle')
turtle1.color('red')                      ← 터틀1의 커서 모양, 색상, 속도 설정
turtle1.speed('fast')
turtle1.penup()
turtle1.setposition(-200, -50)            # 시작점 (-200, -50)으로 이동
turtle1.pendown()

turtle1.forward(150)                      ← 코흐 곡선을 따라 터틀1이 이동 시작
turtle1.left(60)
turtle1.forward(150)
turtle1.right(120)
turtle1.forward(150)
turtle1.left(60)
turtle1.forward(150)
turtle1.stamp()

turtle2.shape('turtle')
turtle2.color('blue')                     ← 터틀2의 커서 모양, 색상, 속도 설정
turtle2.speed('slowest')
turtle2.penup()
turtle2.setposition(-200, -50)            # 시작점 (-200, -50)으로 이동
turtle2.pensize(4)
turtle2.pendown()
```

```
turtle2.showturtle()        # 터틀2의 커서 보이기
turtle2.forward(150)        # 코흐 곡선을 따라 터틀2가 이동 시작
turtle2.left(60)
turtle2.forward(150)
turtle2.right(120)
turtle2.forward(150)
turtle2.left(60)
turtle2.forward(150)
```

위 프로그램의 실행 결과는 아래와 같다.

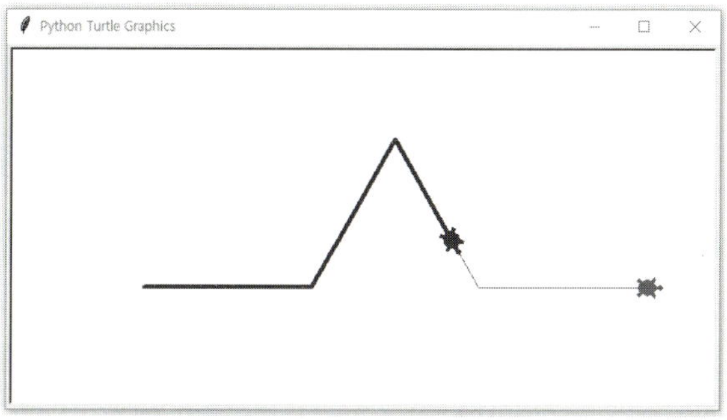

[그림 5-9] 터틀 2개의 애니메이션 예

연습문제

A. 괄호 넣기 및 객관식

1 다음 프로그램은 1부터 100까지의 합을 구하는 프로그램이다. (   ) 속에 들어 갈 명령문을 작성하라.

```
>>> sum = 0
>>> (                )
>>> while count <= 100:
        sum = sum + count
        count = count + 1
```

2 while 문의 조건은 if_else 문에서 조건식을 구성하는 방식과 완전히 일치한다. 따라서 조건식은 비교연산자, (   ) 및 논리연산자를 이용하여 표현한다.

3 파이썬 프로그램에서 반복문이 영원히 반복되는 경우가 있으며 이러한 루프를 (   )라 한다. 이의 원인으로 프로그램의 논리적 오류에 의한 경우가 자주 발생한다.

4 파이썬의 pass 문은 아무런 일도 실행하지 않고 다음 문으로 진행함을 의미하며 (   )은 어떤 일도 처리하지 않고 루프(while 루프 또는 for 루프)의 맨 앞으로 되돌아가게 해 준다.

5 터틀 그래픽스에서 절대 위치를 이용하는 방법은 (   ) 메소드를 이용하여 그릴 사각형의 구체적 위치(즉 좌표)를 지정해 준다.

6 터틀 그래픽스에서 상대 위치를 이용하기 위하여 현재 터틀의 위치에서 터틀이 어떤 방향으로 얼마의 거리를 이동할지 패러미터 값을 준다. 이동 방향을 지정하기 위하여 (   ), backward, (   ), left 등의 메소드를 이용한다.

7 터틀 그래픽스에서 펜을 올리고 내리기 위하여 (   ) 및 pendown 메소드를 이용한다. 이렇게 함으로써 연결되지 않은 선들을 그릴 수 있게 된다.

8 for 문의 구조는 다음과 같다. 여기서 괄호 속에 올 수 있는 데이터형이 아닌 것은?

```
for <반복 변수> in ( 데이터형 ):
        블록문
```

(a) 스트링 (b) 튜플 (c) 리스트 (d) 딕셔너리

9 다음 프로그램의 실행 결과는?

```
>>> sum = 0
>>> for k in range(1, 11):
            sum = sum + k
>>> print(sum)
```

(a) 66 (b) 55 (c) 50 (d) 45

10 다음 프로그램의 실행 결과는?

```
>>> sum = 0
>>> for k in range(1, 13, 2):
            sum = sum + k
>>> print(sum)
```

(a) 49 (b) 25 (c) 78 (d) 36

11 다음 중 터틀 그래픽스의 메소드가 아닌 것은?

(a) setheading( ) (b) stamp( ) (c) jump( ) (d) hideturtle( )

12 1에서 100까지 홀수 값들의 합을 구하는 프로그램을 작성하려 한다. 괄호에 들어갈 내용은?

```
>>> sum = 0
>>> count = 1
>>> while count <= 100:
        sum = sum + count
        count = count + (          )
```

(a) 1 (b) 2 (c) 5 (d) 10

13 파이썬 프로그램에서 조건식 while which != 'C' and which != 'F':는 드모르간의 법칙에 의하면 while (　　) (which == 'C' or which == 'F')와 동일한 조건식이다. 여기서 괄호 속에 와야 하는 것은?

(a) and　　(b) or　　(c) not　　(d) !=

14 while 루프를 실행할 때 경우에 따라 루프를 빠져나오지 못하고 영구적으로 실행되는 경우가 발생한다. 이러한 오류를 무엇이라 부르는가?

(a) 논리적 오류　　(b) 문법적 오류　　(c) 렉시컬 오류　　(d) 구문 오류

15 터틀 그래픽의 개념과 가장 관련성이 적은 것은?

(a) 객체지향 프로그래밍　　(b) 메소드
(c) 함수　　(d) 객체

B. 따라하기 실습

1 다음 프로그램을 while_ex1.py 파일로 저장하고 while 루프가 어떻게 작용하는지 알아보자.

[while_ex1.py]

```
n = 3

while n > 0
    print(n)
    n = n - 1

print('성공!')
```

2 다음 프로그램을 while_ex2.py 파일로 저장하고 while 루프가 어떻게 작용하는지 알아보자. 무한 루프를 종료하기 위하여 ctrl + z를 입력한다.

[while_ex2.py]

```
n = 5

while n > 0:
    print('Hello!')
    print('Nice to meet you.')
print('Happy morning.')
```

3 다음 프로그램을 while_ex3.py 파일로 저장하고 while 루프가 어떻게 작용하는지 알아보자.

[while_ex3.py]

```
while True:
    line = input('> ')
    if line[0] == '#':
        continue
    if line == 'done':
        break
    print(line)

print('Done!')
```

4 다음 프로그램에서 for 루프와 멤버십 연산자 in이 어떻게 작동하는지 알아보자.

[for_ex1.py]

```
largest = -1
print('Before', largest)

for num = in [7, 21, 10, 31, 54, 16, 9]:
    if num > largest:
        largest = num
    print(largest, num)

print('After', largest)
```

5 다음 프로그램에서 for 루프가 어떻게 작용하는지 알아보자. 이 프로그램에서 키워드 None은 어떤 값도 할당되어 있지 않음을 의미한다.

[for_ex2.py]

```
smallest = None
print('Before', smallest)

for num = in [7, 21, 10, 31, 54, 16, 9]:
    if smallest in None:
        smallest = num
    elif num < smallest:
        smallest = num
    print(smallest, num)

print('After', smallest)
```

6 다음 프로그램에서 for 루프가 어떻게 작용하는지 알아보자.

[for_ex3.py]

```
# 구구단표 출력
print('*** 구구단표 *** \n\n\t', end='')                    # 제목줄
for x in range(1, 10):
    print('['+ str(x) + ']', end=' ')                        # 숫자 번호
print('\n\t-----------------------------------', end='')
for x in range(2, 10):
    print('\n ['+ str(x) + '단]:', end=' ')                  # 단의 번호
    for y in range(1, 10):
        print('%2d' % (x * y), end='  ')                     # 곱한 숫자
print('\n\t-----------------------------------')
```

7 (Turtle Graphics) 다음 프로그램을 실행하고 그 결과를 확인하라. exitonclick() 메소드는 이용자가 마우스를 클릭할 때 스크린에서 나가는 메소드이다.

[turtle5_1.py]

```
import turtle
win = turtle.Screen()
win.bgcolor("yellow")           # 캔버스 창의 배경을 노란색으로

pic = turtle.getturtle()
pic.color("blue")               # 펜의 색을 파란색으로
```

```
pic.pensize(3)                     # 펜 굵기

pic.forward(100)                   # 도형 그리기
pic.left(90)
pic.forward(100)
pic.left(90)
pic.forward(50)

turtle.exitonclick()               # 캔버스 화면을 클릭하면 종료
```

8 (Turtle Graphics) 막대그래프 그리기(Part 1)

[turtle5_2.py]

```
import turtle
import random
wsize, hsize = 600, 600            # 화면 크기
base, barx = 80, 30

turtle.setup(wsize, hsize)
turtle.tracer(0,0)
bar = turtle.getturtle()
bar.hideturtle()

bar.penup()
bar.fillcolor('yellow')
bar.pencolor('black')
bar.setpos( 0, hsize * 0.4 )
bar.write('막대그래프 예제', align='center', font=('돋움', 15) )
```

9 (Turtle Graphics) 막대그래프 그리기(Part 2)

[turtle5_3.py]

```
# ... 앞의 예제에 이어서 ...

for i in range(3):
    xpos =  wsize/4 * (i-1)
    ypos1 = base - hsize/2
    ypos2 = -base + hsize/20 * random.randrange(1,10)
```

```
    bar.begin_fill()
    bar.setpos( xpos, ypos1 )
    bar.pendown()
    bar.setpos( xpos, ypos2 )
    bar.setpos( xpos+barx, ypos2 )
    bar.setpos( xpos+barx, ypos1 )
    bar.setpos( xpos, ypos1 )
    bar.end_fill()

    bar.penup()
    bar.setpos( xpos, ypos1 - 20)
    bar.write( 'bar'+str(i), font=('돋움', 13) )

turtle.update()
turtle.done()
```

C. 프로그래밍 실습

1 사용자로부터 임의의 문자열을 입력받아 스트링의 길이만큼 반복하여 출력하는 프로그램을 작성하라. 이 프로그램에서 for 루프와 range() 함수를 사용한다.

| 실행 결과 예시(1) |

```
Enter a string> Dog
Dog
Dog
Dog
```

| 실행 결과 예시(2) |

```
Enter a string> Happy
Happy
Happy
Happy
Happy
Happy
```

2 주어진 숫자를 추측하는 프로그램을 작성하려 한다. 주어진 숫자는 0~99까지의 정수를 임의로 생성한다. 임의의 숫자를 생성하기 위하여 아래의 코드를 사용하라. 이 프로그램에서 주어진 숫자를 맞추면 종료한다.

```
import random
rand_pick = random.randint(1, 100)          # 1~99 사이에서 답을 미리 선정
while (rand_pick != ans_num):
    ans_num = int(input('>> 1에서 99까지 사이의 숫자를 입력하세요: '))
```

| 실행 결과 예시 |

```
** 위아래 숫자 맞추기 게임 **
 (1~99 사이에 답이 있습니다)

>> 1에서 99까지 사이의 숫자를 입력하세요: 50
50 보다 작습니다
>> 1에서 99까지 사이의 숫자를 입력하세요: 25
25 보다 큽니다
>> 1에서 99까지 사이의 숫자를 입력하세요: 38
38 보다 작습니다
>> 1에서 99까지 사이의 숫자를 입력하세요: 32
32 보다 큽니다
>> 1에서 99까지 사이의 숫자를 입력하세요: 35
35 보다 큽니다
>> 1에서 99까지 사이의 숫자를 입력하세요: 36

*** 정답 ***    @시도횟수 : 6
>>>
```

3 (Turtle Graphics) 터틀 그래픽을 이용하여 아래의 그림을 그리는 프로그램을 작성하되 터틀이 주어진 횟수만큼 회전하도록 한다. 이 프로그램을 작성할 때 textinput 메소드를 이용하여 회전 횟수를 입력받고 for 루프를 사용한다.

| 실행 결과 예시 |

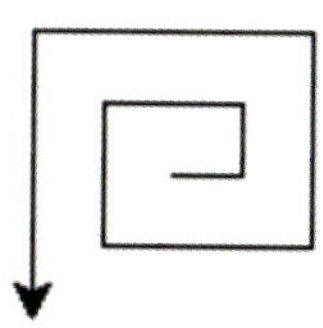

(a) 7회 회전 시 결과

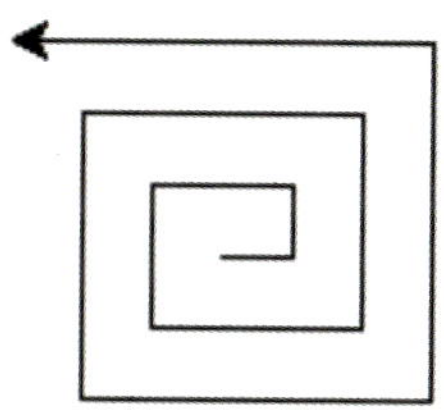

(b) 10회 회전 시 결과

4 (Turtle Graphics) 터틀 다섯 마리가 움직이면서 그림을 그리는 프로그램을 작성하라. 처음에는 black으로 시작해서 벽에 부딪힐 때마다 color를 임의로 변경한다. 매번 반복할 때마다 터틀은 1~10픽셀의 범위에서 무작위로 앞으로 전진한다. 또한, 매 반복마다 무작위로 -10~10도 방향을 전환하고 매 반복마다 pensize를 임의로 1~10 크기로 변경한다. 아래 주어진 코드를 사용하되 프로그램을 적절히 수정하라.

[turtle_problem.py]

```
import turtle
import random

random.seed()
swidth = 600
sheight = 600
turtle.setup(swidth, sheight)
screen = turtle.Screen()
turtle.tracer(0,0)
turtle.colormode(255)

tlist = list()
for i in range(5):
    t = turtle.Turtle()
    t.shape('turtle')
    t.setheading( random.randrange(0,360) )
    col = (random.randrange(255),random.randrange(255),random.randrange(255))
    t.color(col)
    tlist.append(t)

while True:
    for t in tlist:
        t.forward(10)
        t.left( random.randrange(-10,10) )
        t.pensize( random.randrange(1,10) )
        if t.xcor() > swidth/2-5 or t.xcor() < -swidth/2+5:
            t.setheading( 180 - t.heading() )
            col = (random.randrange(255),random.randrange(255),random.randrange(255))
            t.color(col)
        if t.ycor() > sheight/2-5 or t.ycor() < -sheight/2+5:
            t.setheading( 360 - t.heading() )
            col = (random.randrange(255),random.randrange(255),random.randrange(255))
            t.color(col)
        turtle.update()
turtle.done()
```

| 실행 결과 예시 |

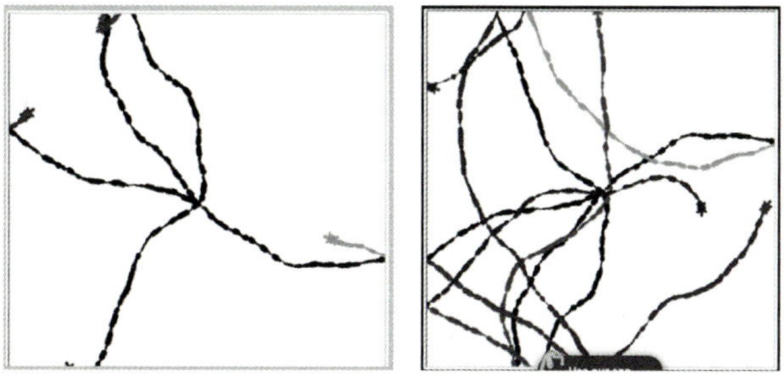

출처: https://media.giphy.com/media/2dgGFRRsYnnmAmH2Fh/giphy.gif

06

CHAPTER

리스트(List), 튜플(Tuple) 및 스트링(String)

contents

| 단원개요 |

3장에서 파이썬의 데이터 유형으로 기본 데이터형과 구조적 데이터형을 언급하였다. 기본 데이터형은 정수, 실수, 복소수 및 불리언을 의미한다. 이에 비하여 구조적 데이터는 다수의 요소들을 가진다. 이 장에서는 특히 요소들의 순서가 중요한 시퀀스 데이터에 대하여 설명한다. 파이썬의 시퀀스 데이터(또는 순서형 데이터)에는 리스트, 튜플 및 스트링이 존재한다.

06 리스트(List), 튜플(Tuple) 및 스트링(String)

6.1 리스트의 특성

리스트는 파이썬에서 가장 자주 쓰이는 시퀀스(또는 순서형) 데이터이다. 파이썬의 리스트는 다수의 요소들을 가지며 각 요소가 서로 다른 데이터형일 수 있어 유연성을 제공한다. 이 절에서 리스트의 구조와 특성을 알아보자.

6.1.1 리스트란?

■ 리스트의 구조

리스트(List)란 여러 개의 요소(Item 또는 Element)들이 선형적인 데이터 구조를 가지고 있으며 순서가 있다. 리스트의 각 요소는 인덱스(Index)에 의해 그 위치가 규정된다. 그림 6-1에서 리스트의 한 가지 예를 보자. 어느 학생의 수능시험 모의고사 성적을 적어보자. 이번 모의고사는 국어, 수학, 과학, 사회, 영어 과목에 대해 시험을 보았으며, 성적표는 나열된 과목 순서대로 과목별 시험 점수가 적혀있다. 아래의 예에서 리스트의 각 요소는 과목별 성적을 의미하고, 왼쪽의 인덱스 0은 국어, 1은 수학, 2는 과학, 3은 사회, 4는 영어 과목을 의미하고 있다.

0:	78
1:	56
2:	67
3:	95
4:	82

[그림 6-1] 리스트의 예

예에서 보듯이 리스트는 일반적으로 다수의 요소들을 가지며 이들이 일정한 순서에 의하여 선형적으로 위치하고 있다. 따라서 특정한 요소의 값을 알고 싶으면(즉, Access라 한다) 인덱스 번호를 알면 된다. 인덱스는 일반적으로 0, 1, 2, 3, ... 순서로 정해진다. 컴퓨터는 이진법을 사용하기 때문에 인덱스 번호가 0부터 시작한다. 이를 제로-기반 인덱싱(Zero-based Indexing)이라 한다.

이러한 리스트의 특성은 실생활에서 매우 익숙한 개념이다. 우리는 일상에서 쇼핑 리스트를 갖고 다니며 해야 할 일(To Do List), 체크 리스트, 주소록 등 많은 리스트를 다루고 있다. 리스트는 쉽게 설명하면 여러 개의 요소들을 일렬로 늘어놓은 것이라 할 수 있다.

■ 리스트 유형의 특성

여기서 리스트의 특성을 간단히 알아보자. 리스트는 요소와 인덱스 개념을 갖고 있다고 하였다. 다음 내용은 리스트의 특성을 설명하고 있으며, 이 특성은 리스트뿐만 아니라 리스트의 한 유형에 해당하는 튜플(Tuple)에도 적용되는 것이 많다.

1) 요소의 유형

리스트에서 각 요소들의 자료형은 반드시 같을 필요는 없다. 즉, 리스트의 요소는 실질적으로 임의의 자료형을 가질 수 있다. 일반적으로 다른 프로그래밍 언어에서는 리스트의 요소를 동일한 자료형으로 제한하는데 비하여 파이썬에서는 하나의 리스트가 다양한 데이터형의 요소들을 가질 수 있다.

2) 리스트의 요소 수

리스트의 요소 수는 일반적으로 가변적이다(이를 Variable length라고 한다). 그러나 리스트의 한 유형인 튜플(Tuple)은 리스트의 요소 수가 고정되어 있다. 즉, 튜플에서는 요소를 추가하거나 제거할 수 없다.

3) 리스트 요소의 변경

리스트의 요소는 그 값이 변할 수 있다(이를 Mutable이라 부른다). 그러나 튜플은 요소 값의 변경을 허락하지 않는다(이를 Immutable이라 부른다).

4) 리스트의 연산

리스트가 빈 리스트(Empty list)인지 체크하고 리스트의 길이를 구하는 연산, 리스트 내의 특정 요소를 액세스, 리스트에 새로운 요소를 삽입, 리스트 내의 특정 요소를 제거, 리스트의 특정 요소 값을 다른 값으로 치환, 리스트 마지막에 새로운 요소들의 추가 등 다양한 연산들이 존재한다.

5) 리스트 요소의 순서

마지막으로 리스트에 속하는 요소들의 순서는 매우 중요한다. 즉, 요소들의 순서가 다르면 그 두 리스트는 완전히 다른 리스트이다. 예를 들어, 성적 리스트를 생각해보자. 어떤 학생의 국어, 수학, 과학, 사회, 영어의 점수가 [78, 56, 67, 95, 82]라 하자. 그러면 이 학생의 점수 리스트 [78, 56, 67, 95, 82]는 리스트 [56, 67, 78, 82, 95]와 같지 않음을 쉽게 알 수 있다.

6.1.2 파이썬의 리스트

앞에서 파이썬의 리스트는 요소의 수가 변할 수 있고(Variable length) 요소의 값이 가변적이며(Mutable) 각 요소가 다양한 자료형을 가질 수 있는(Mixed-type element) 선형 데이터 구조로 설명하였다. 리스트가 n개의 요소를 가지고 있다면 인덱스는 0으로부터 시작하고 따라서 인덱스를 0, 1, 2, 3, ..., n-1로 번호를 붙인다. 리스트의 문법은 아래와 같으며 리스트의 개념을 그림으로 보여주고 있다.

<리스트_이름> = [<요소$_1$>, <요소$_2$>, ⋯, <요소$_n$>]

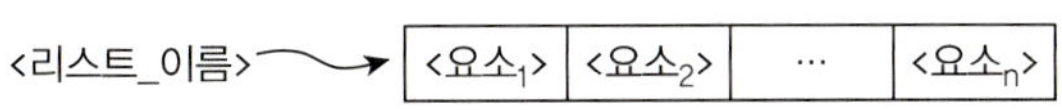

또한 빈 리스트(Empty list)는 [ ]로 나타낸다. 빈 리스트는 요소의 수가 0인 경우이다. 아래 다양한 리스트들의 예를 들어보자.

```
성적 = [78, 56, 67, 95, 82]
반려동물 = ['개', '고양이', '토끼', '햄스터', '앵무새']
Score1 = ['Steve', 76, 'Bill', 98, 'Steve', 73, 'Steve', 79]
Score2 = ['Steve', [76, 73, 79], 'Bill', 98]
```

위의 예들을 통해 각 요소가 다양한 자료형을 가질 수 있다는 사실과 심지어는 요소 자체가 리스트가 될 수 있음을 알 수 있다.

이제, 리스트의 인덱싱에 대해 알아보자. 아래 그림 6-2와 같이 인덱스는 0부터 시작된다. 경우에 따라서 인덱스를 역순으로 붙일 수 있다. 아래 그림에서 보듯이 역방향 인덱스(역인덱스, Backward indexing, 혹은 Reverse indexing)는 마지막 요소부터 -1, -2, -3, ... 순으로 인덱스를 붙인다.

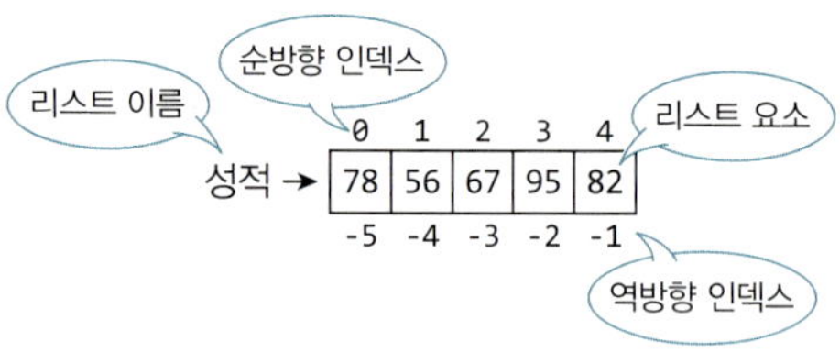

[그림 6-2] 리스트의 인덱싱

6.2 리스트의 구조와 연산

리스트의 인덱싱 및 슬라이싱 개념을 이해하자. 또한 리스트에 적용되는 연산자를 알아보고 리스트의 주요 함수 및 메소드를 공부하자. 중첩 리스트는 리스트의 요소가 다시 리스트가 되는 경우를 의미한다.

6.2.1 리스트의 인덱싱과 슬라이싱

■ 리스트의 인덱싱

6.1절에서 리스트에 어떻게 인덱싱(Indexing)을 붙이는지 알아보았다. 여기서 인덱싱이 어떻게 작용하는지 예를 통해 알아보자.

```
>>> Num = [13, 22, 37, 41, 58]
>>> Num[0]
13
>>> Pos = [1, 2, 3, [41, 42, 43], 5, 6]
>>> Pos[1]
2
>>> Pos[3][1]
```

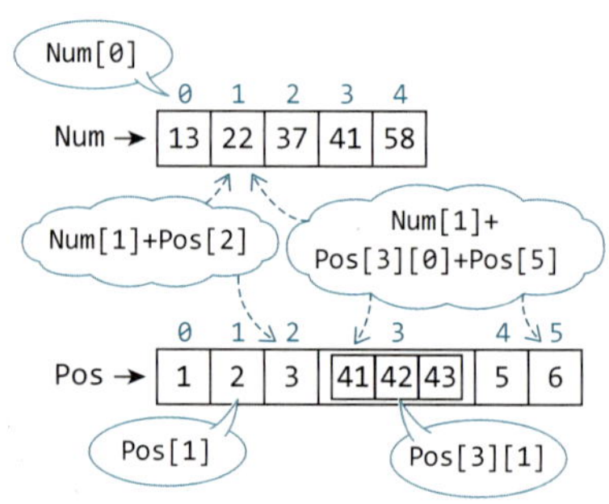

```
42
>>> Num[1] + Pos[2]
25
>>> Num[1] + Pos[3][0] + Pos[5]
69
>>>
```

위 예에서 Pos는 요소에 다시 리스트를 포함하는 중첩된 구조의 리스트이다. 중첩 리스트에서 인덱스 요소는 다음과 같이 찾는다. 예를 들어, Pos[3][1]의 경우 리스트 Pos의 인덱스 3번 요소를 찾으면 [41, 42, 43]이며, 이 요소는 다시 리스트이다. 따라서 리스트 [41, 42, 43]에서 인덱스 1번 요소를 찾고 그 값이 42임을 알 수 있다.

또한 역인덱싱도 아래와 같이 작용함을 알 수 있다.

```
>>> Num = [13, 22, 37, 41, 58]
>>> Num[-1]
58
>>> Pos = [1, 2, 3, [41, 42, 43], 5, 6]
>>> Pos[-3][2]
43
>>> Pos[-3][-1]
43
>>>
```

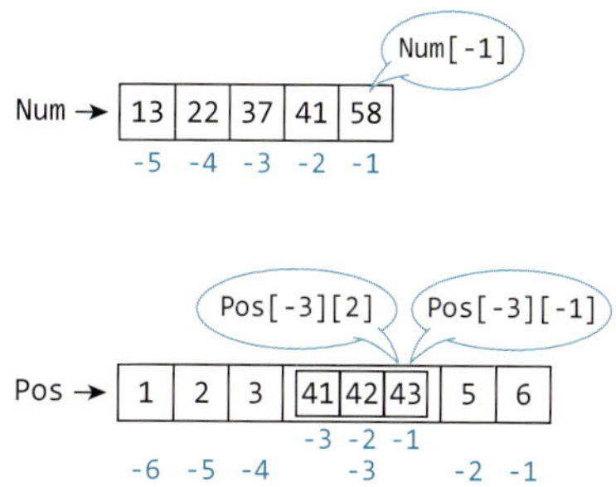

■ 리스트의 슬라이싱

리스트의 슬라이싱(Slicing)이란 리스트에서 연속적으로 위치한 요소들을 잘라내는 연산을 뜻한다. 그림 6-3을 통해 슬라이싱의 의미를 이해하자.

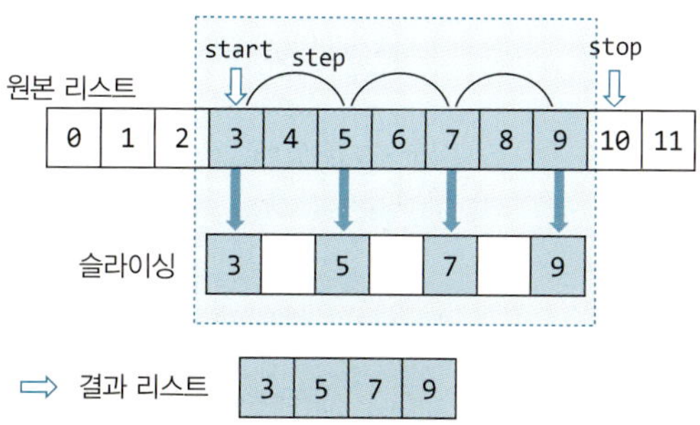

[그림 6-3] 리스트의 슬라이싱

그림 6-3은 원래 리스트가 12개의 요소(인덱스 0, 1, 2, 3, ... , 11)를 가지고 있으나 슬라이싱을 통해 4개의 연속적인 요소(인덱스 3, 5, 7, 9)로 잘라낸다. 리스트 슬라이싱의 형식은 아래와 같다.

```
<리스트_이름>[<start>:<stop>:<step>]
```

이 때 슬라이싱은 리스트 〈리스트_이름〉의 인덱스 〈start〉로부터 인덱스 (〈stop〉 - 1)까지 취한다. 경우에 따라 〈start〉 또는 〈stop〉를 생략할 수 있다. 또한 〈step〉은 인덱스 값을 증가시키는 폭을 의미한다. 〈step〉이 생략되면 〈step〉 = 1로 간주된다. 다음에 슬라이싱의 예를 살펴보자.

```
>>> Num = [13, 22, 37, 41, 58]
>>> Num[2:6]
[37, 41, 58]
>>> Num[2:]
[37, 41, 58]
>>> Num[:2]
[13, 22]
>>> Num[2:6:2]
[37, 58]
>>> Pos = [1, 2, 3, [41, 42, 43], 5, 6]
>>> Pos[3:5]
[[41, 42, 43], 5]
>>>
```

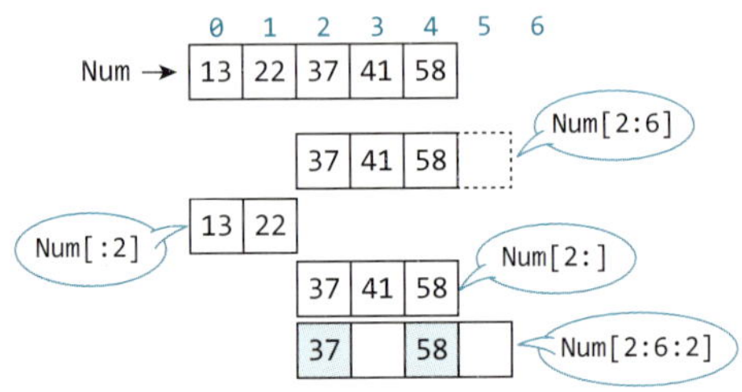

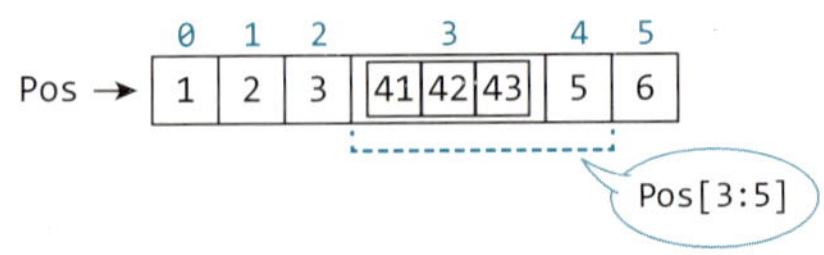

6.2.2 리스트의 연산

■ 리스트 연산자 +와 *

1) 리스트 연산자 +

리스트 연산자 +는 2개 리스트를 하나로 합치는 기능을 수행한다. 다음의 예를 살펴보자.

```
>>> Order = [1, 2, 3]
>>> Chars = ['a', 'b', 'c', 'd']
>>> Order + Chars
[1, 2, 3, 'a', 'b', 'c', 'd']
>>>
```

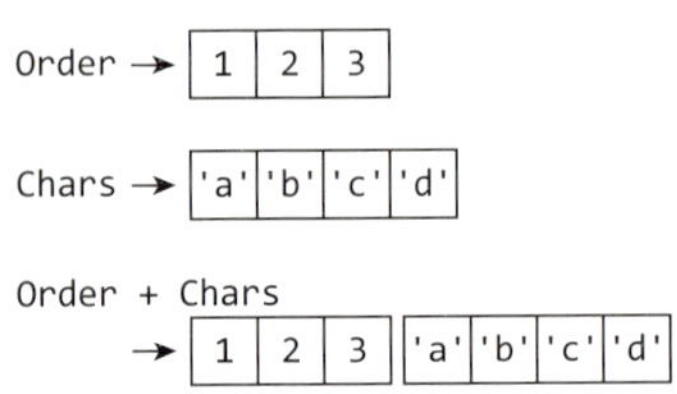

2) 리스트 연산자 *

리스트 연산자 *는 리스트를 반복하는 기능을 수행한다. 이어서 예를 살펴보자.

```
>>> 3 * Order
[1, 2, 3, 1, 2, 3, 1, 2, 3]
>>> 2 * Chars
['a', 'b', 'c', 'd', 'a', 'b', 'c', 'd']
>>>
```

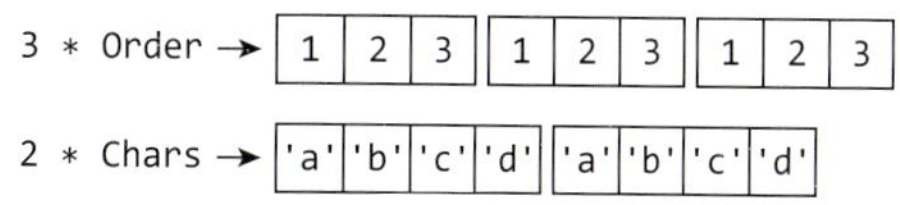

리스트 연산자 +와 *는 튜플 및 스트링에도 동일하게 작용한다. 예를 들면, 스트링 s1 = 'Forever'이고 s2 = 'Young'일 때 스트링 s1 + s2는 'ForeverYoung'이 되고 3 * s1은 'ForeverForeverForever'가 된다.

■ 리스트 연산자 in

리스트 연산자 in은 리스트에 해당 요소를 포함하고 있는지 확인하는 기능을 수행한다. 다음의 예를 살펴보자.

```
>>> Order = [1, 2, 3]
>>> 3 in Order
True
>>> 4 in Order
False
>>> Chars = ['a', 'b', 'c', 'd']
>>> 'a' in Chars
True
>>> 3 in Chars
False
>>>
```

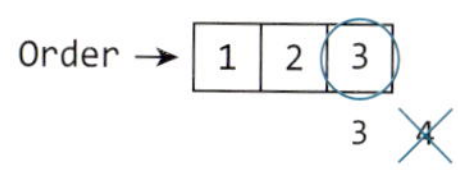

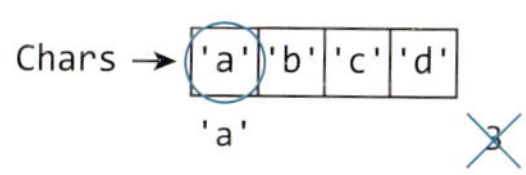

■ 리스트의 수정과 삭제

리스트는 요소의 값을 변경시키거나 삭제할 수 있는 데이터형이다.

1) 리스트의 수정

리스트의 요소 값을 수정하고 싶은 경우 아래와 같이 수행한다.

```
>>> Chars = ['a', 'b', 'c', 'd']
>>> Chars[2]
>>> 'c'
>>> Chars[2] = 'k'
>>> Chars
['a', 'b', 'k', 'd']
>>>
```

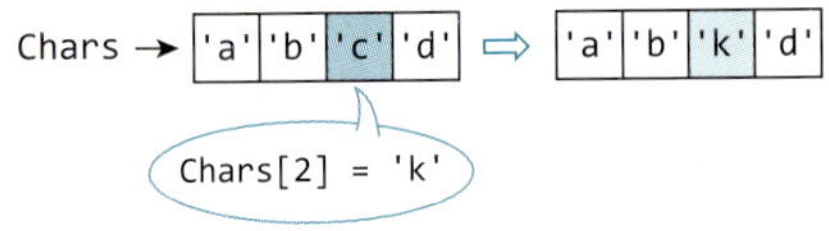


```
>>> Chars = ['a', 'b', 'c', 'd']
>>> Chars[1:2]
>>> ['b']
>>> Chars[1:2] = [1, 2, 3]
>>> Chars
['a', 1, 2, 3, 'c', 'd']
>>>
```

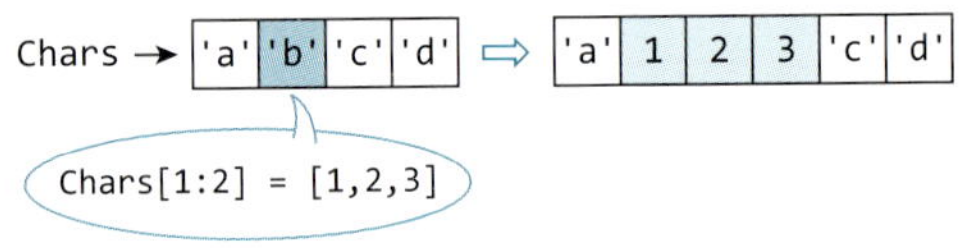

위의 예에서 처음의 Chars[1:2]는 ['b']이므로 수정 후에 'b' 대신이 아니라 ['b'] 대신에 리스트 [1, 2, 3]으로 바뀜을 알 수 있다.

2) 리스트의 삭제

리스트의 특정 요소를 삭제하려고 할 때 del 명령을 사용한다. 아래 del 명령을 사용한 예를 살펴보자.

```
>>> Chars = ['a', 'b', 'c', 'd']
>>> del Chars[2]
>>> Chars
['a', 'b', 'd']
>>>
```

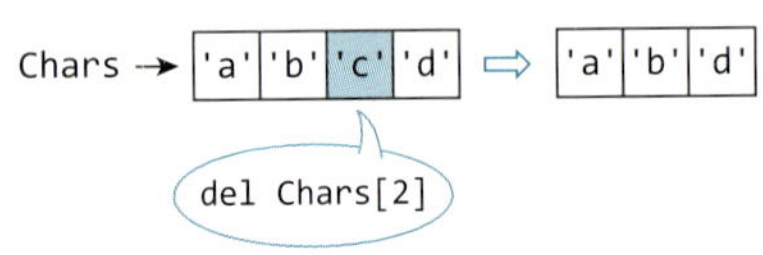

6.2.3 리스트 함수와 메소드

파이썬에서 함수와 메소드는 유사한 역할을 담당하고 있다. 객체지향 언어에서 클래스 또는 객체에 적용되는 함수를 특별히 메소드라 부른다. 파이썬 언어는 리스트를 객체의 데이터로 간주하며 리스트에 적용되는 20여 가지의 메소드들을 제공하고 있다. 여기서는 표 6-1을 통해 리스트에 자주 이용되는 내장 함수와 메소드들을 소개한다.

[표 6-1] 리스트의 주요 함수 및 메소드

구분	함수/메소드 이름	기능
함수	len(list)	리스트의 요소 개수를 찾는다.
	max(list)	리스트에서 최대값을 가지는 요소를 찾는다.
	min(list)	리스트에서 최소값을 가지는 요소를 찾는다.
	sum(list)	리스트에서 요소의 값의 합계를 구한다.
	sorted(list,key)	리스트의 요소를 key 순서로 정렬하여 반환한다.
	list(seq)	열거된 객체를 리스트 형태로 변환한다.
	tuple(list)	리스트를 튜플 형태로 변환한다.
메소드	list.append(x)	리스트에 주어진 요소 x를 추가한다.
	list.extend(list2)	리스트에 주어진 리스트2를 연장하여 추가한다.
	list.insert(i,x)	리스트에서 인덱스 i 위치에 요소 x를 삽입한다.
	list.remove(x)	리스트에서 요소 x를 삭제한다.
	list.pop(i)	리스트에서 주어진 인덱스의 요소를 반환한다.
	list.clear()	리스트에서 모든 요소를 삭제한다.
	list.index(x)	리스트에서 요소 x의 인덱스 번호를 찾는다.
	list.count(x)	리스트에서 요소 x의 개수를 찾는다.
	list.sort(key)	리스트의 요소를 key 순서로 정렬한다.
	list.reverse()	리스트의 요소 순서를 반대로 뒤집는다.

■ 리스트의 주요 내장 함수

함수에 대해서는 다음 7장에 자세히 설명되어 있다. 여기서는 파이썬 내장 함수 중에서 리스트에 적용되는 주요 함수에 대하여 예를 통해 자세히 알아보자.

1) 리스트의 길이 찾기: len(list)

len(list)는 리스트의 요소 개수를 반환해 준다.

```
>>> Num = [13, 22, 37, 41, 58]
>>> Pos = [1, 2, 3, [41, 42, 43], 5, 6]
>>> len(Num)
5
>>> len(Pos)
6
>>>
```

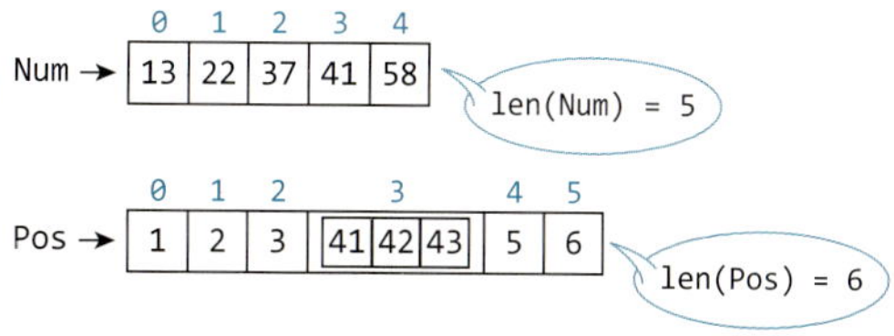

2) 최대값, 최소값 찾기: max(list), min(list)

max(list), min(list)는 리스트에서 각각 최대값과 최소값을 가지는 요소를 찾아 준다. 이때 리스트의 요소는 같은 데이터형이어야 한다.

```
>>> Num = [13, 22, 37, 41, 58]
>>> max(Num)
58
>>> 반려동물 = ['개', '고양이', '토끼', '햄스터', '앵무새']
>>> max(반려동물)
'햄스터'
>>> min(반려동물)
'개'
>>>
```

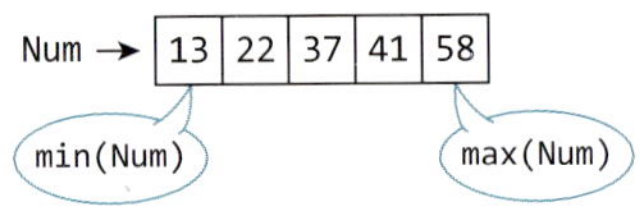

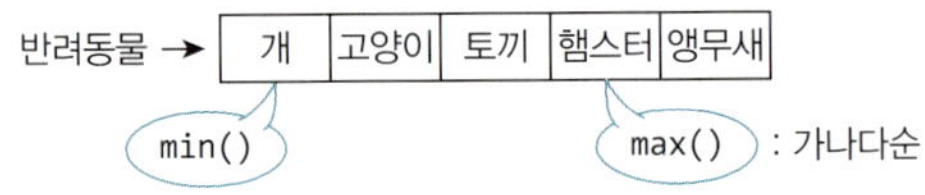

만약 리스트가 데이터형이 다른 요소로 구성되어 있다면 아래와 같이 오류가 발생한다.

```
>>> Pos = [1, 2, 3, [41, 42, 43], 5, 6]
>>> max(Pos)
Traceback (most recent call last):
  File "<pyshell#12>", line 1, in <module>
    max(Pos)
TypeError: '>' not supported between instances of 'int' and 'list'
>>>
```

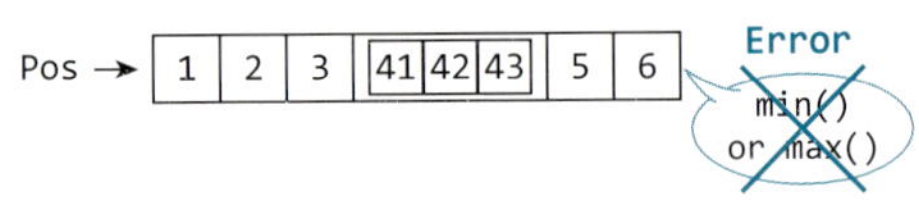

3) 합계 구하기: sum(list)

sum(list)는 리스트에서 요소의 수치값을 더하여 합계를 구해준다. 따라서 수치값이 아닌 문자나 중첩 구조의 리스트에서는 오류가 발생한다.

```
>>> Num = [13, 22, 37, 41, 58]
>>> sum(Num)
171
>>> Chars = ['a', 'b', 'c', 'd']
>>> sum(Chars)
Traceback (most recent call last):
  File "<pyshell#2>", line 1, in <module>
    sum(Chars)
TypeError: unsupported operand type(s) for +: 'int' and 'str'
>>>
```

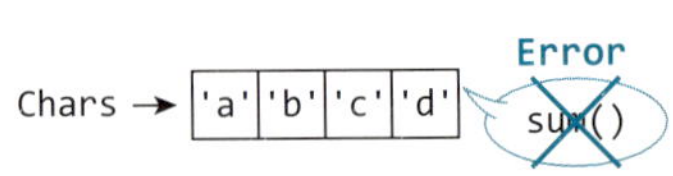

sum(Chars)에서는 문자나 스트링의 합산은 불가능하고, sum(Pos)에서도 각 요소의 데이터형이 다르므로 오류가 발생한다.

4) 데이터형 변환: list(seq), tuple(list)

list(seq)는 리스트, 튜플, 스트링 등 순서로 나열되어 있는 순서형 데이터(Sequence data)를 리스트형으로 변환해 준다. tuple( )은 역시 순서로 나열된 데이터를 튜플 형으로 변환해 준다.

```
>>> list([1,2,3,4])          리스트를 리스트로 변환
[1, 2, 3, 4]
>>> list(Num)
[13, 22, 37, 41, 58]
>>> list((1,2,3,4))          튜플을 리스트로 변환
[1, 2, 3, 4]
>>> list('Forever')          스트링을 리스트로 변환
['F', 'o', 'r', 'e', 'v', 'e', 'r']
>>> tuple(Num)
(13, 22, 37, 41, 58)         리스트를 튜플로 변환
>>>
```

■ 리스트의 주요 메소드

리스트는 함수와 달리 리스트이름 뒤에 메소드가 나오는 다음의 형식을 갖는다.

```
<리스트이름(List_name)>.<연산(Operation)>
```

즉, 〈리스트이름(List_name)〉이 먼저 나오고 닷(dot)이 나오며 닷 다음에 〈연산(Operation)〉이 나온다. 파이썬은 객체(Object)의 개념을 바탕으로 하고 있다. 또한 객체의 유형에 따라 적용될 수 있는 연산이 정해져있다. 2.2.6절에서 객체지향 프로그래밍을 설명할 때 객체는 속성(Attribute 또는 Property)과 메소드(Method 또는 Behavior)로 구성되어 있다고 하였다. 아래의 그림 6-4를 통해 어떻게 객체에서 메소드가 데이터(즉 속성)에 적용되는지 알 수 있다. 메소드는 개념적으로 함수와 동일하며 데이터에 적용되는 연산이라 할 수 있다.

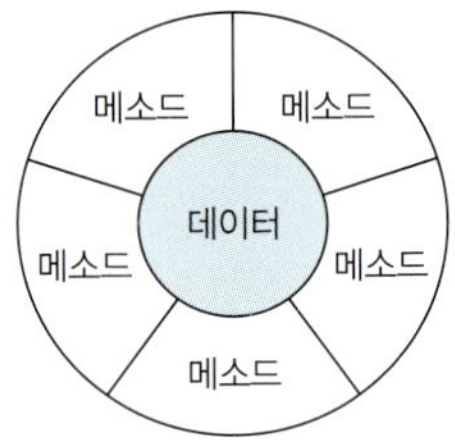

[그림 6-4] 객체 = 데이터 + 메소드

다음에 리스트의 메소드들에 대하여 예를 통해 자세히 알아보자.

1) 리스트의 인덱스 위치 i에 요소 x를 삽입: insert(i, x)

```
>>> Chars = ['a', 'b', 'c', 'd']
>>> Chars.insert(2, 'F')
>>> Chars
['a', 'b', 'F', 'c', 'd']
>>>
```

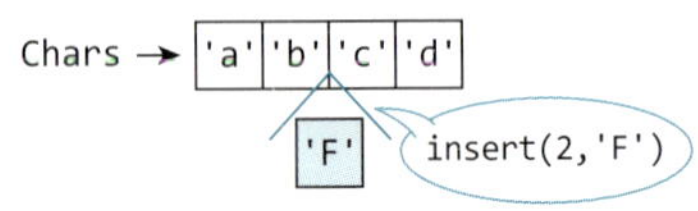

2) 리스트의 맨 뒤에 요소 x를 추가: append(x)

```
>>> Chars = ['a', 'b', 'c', 'd']
>>> Chars.append('K')
>>> Chars
['a', 'b', 'c', 'd', 'K']
>>>
```

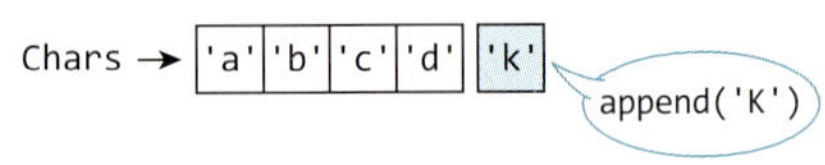

3) 리스트에서 특정 값을 가진 첫 번째 요소 x를 제거: remove(x)

```
>>> Chars = ['a', 'b', 'c', 'd']
>>> Chars.remove('b')
>>> Chars
['a', 'c', 'd']
>>>
```

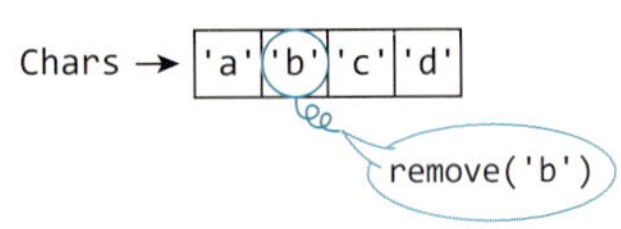

4) 리스트에서 특정 값 x를 가진 요소의 개수 찾기: count(x)

```
>>> Chars2 = ['a', 'b', 'c', 'd', 'a', 'b', 'a']
>>> Chars2.count('a')
3
```

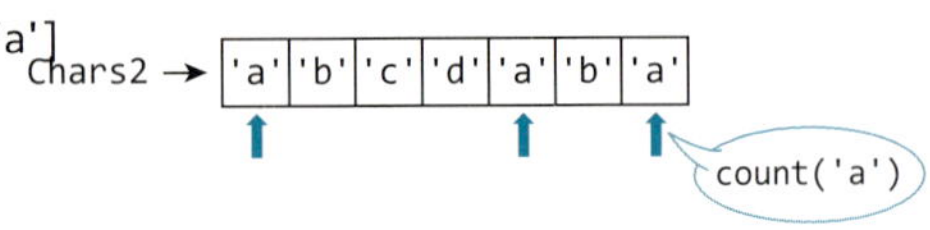

```
>>> Chars2.count('c')
1
>>>
```

5) 리스트에서 특정 위치의 요소를 끄집어내기: pop(i)

pop(i)는 리스트에서 인덱스 i번의 요소를 꺼내오고 그 요소는 리스트에서 제거된다.

```
>>> Chars = ['a', 'b', 'c', 'd']
>>> Chars.pop(1)
'b'
>>> Chars
['a', 'c', 'd']
>>>
```

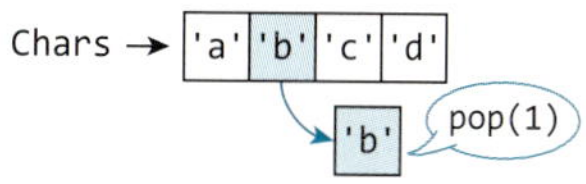

6) 리스트에서 특정 값 x를 가진 첫 번째 요소의 인덱스 찾기: index(x)

```
>>> Chars = ['a', 'b', 'c', 'd']
>>> Chars.index('c')
2
>>>
```

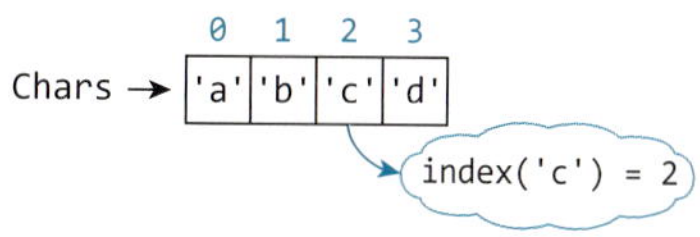

7) 리스트의 맨 뒤에 다른 리스트 list2를 추가: extend(list2)

```
>>> Chars = ['a', 'b', 'c', 'd']
>>> Num = [13, 22, 37, 41, 58]
>>> Chars.extend(Num)
>>> Chars
['a', 'b', 'c', 'd', 13, 22, 37, 41, 58]
>>>
```

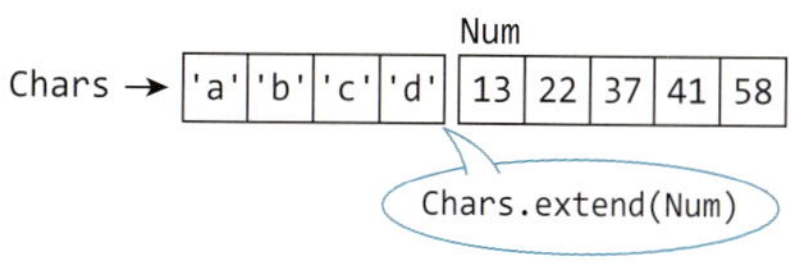

8) 리스트를 정렬하기: sort()

```
>>> Chars2 = ['a', 'b', 'c', 'd', 'a', 'b', 'a']
>>> Chars2.sort()
>>> Chars2
['a', 'a', 'a', 'b', 'b', 'c', 'd']
>>>
```

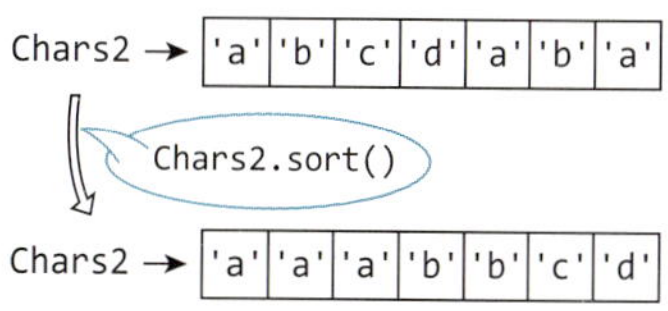

9) 리스트를 역순으로 나열하기: reverse()

```
>>> Chars = ['a', 'b', 'c', 'd']
```

```
>>> Chars.reverse()
>>> Chars
['d', 'c', 'b', 'a']
>>>
```

6.2.4 중첩 리스트(Nested List)

리스트의 요소는 어떤 자료형의 데이터도 취할 수 있다고 언급하였다. 그렇다면 리스트의 요소로 리스트가 올 수 있다. 이와 같은 복합 데이터 구조를 가진 리스트를 중첩 리스트(Nested List)라 부른다. 아래와 같이 클래스에서 5명 수강생의 세부 성적을 리스트로 표현하는 경우를 생각해보자. 성적표 데이터를 Scores라 부르고 Scores의 예가 그림 6-5에 나타나 있다. 전문 용어로 각 학생별 성적을 행(Row)이라 부르고 각 과목별 성적을 열(Column)이라 부른다.

열(Column)

행(Row)

	중간고사	기말고사	실습과제
김정호	92	80	87
박문수	94	82	86
이사부	74	65	69
장영실	87	89	81
홍길동	67	65	74

[그림 6-5] 중첩 리스트의 예

Scores 데이터를 중첩 리스트로 나타내면 아래와 같다.

```
Scores = [[92, 80, 87], [94, 82, 86], [74, 65, 69], [87, 89, 81], [67, 65, 74]]
```

중첩 리스트 Scores를 2차원적으로 표현하면 아래와 같다.

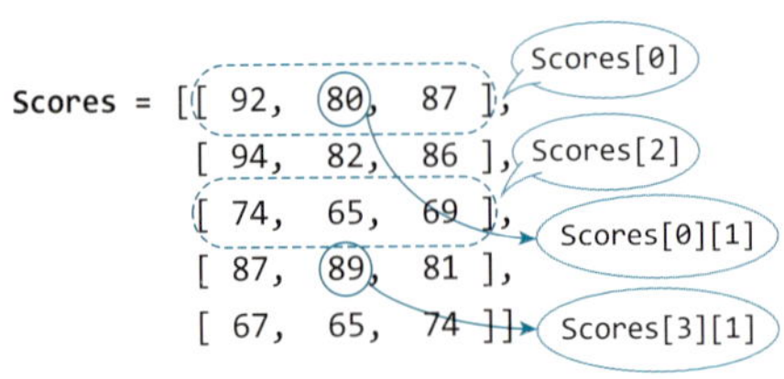

중첩 리스트 Scores의 인덱스를 아래의 예를 통해 알아보자. Scores의 첫 번째 인덱스는 학생(즉, 행 또는 Row)이고 두 번째 인덱스는 과목(즉, 열 또는 Column)이다.

행 인덱스 0: Scores[0]는 [92, 80, 87]이다.
행 인덱스 2: Scores[2]는 [74, 65, 69]이다.
행 인덱스 0, 열 인덱스 0: Scores[0][0]는 92이다.
행 인덱스 0, 열 인덱스 1: Scores[0][1]는 80이다.
행 인덱스 3, 열 인덱스 1: Scores[3][1]는 89이다.

다음 프로그램은 리스트 Scores를 이용하여 각 과목의 평균을 구한다. 이 프로그램에서 변수 row는 첫 번째 인덱스의 역할을 하고 변수 col은 두 번째 인덱스이다. 함수 len( )은 리스트의 요소 수를 구하는 함수이다.

[nested_list.py]

```
Scores = [[92, 80, 87], [94, 82, 86], [74, 65, 69], [87, 89, 81], [67, 65, 74]]
for row in Scores:          ← 각 행(Row)에 대해서
    total = 0
    for col in row:         ← 행 내의 각 셀에 대해서
        total = total + col
    average = total/len(row)    ← 각 행의 평균 계산하기
    print(format(average, '.2f'))
```

| 실행 결과 |

```
86.33
87.33
69.33
85.67
68.67
>>>
```

6.2.5 리스트의 복사

이미 존재하는 리스트를 다른 변수가 어떻게 참조(reference)하는지 또한 존재하는 리스트와 동일한 값을 가지는 다른 리스트를 생성하는 방법을 알아보자.

■ 리스트의 할당(Assigning)

아래 예를 살펴보자. 이 예에서 초기 리스트 Num1 = [13, 22, 37, 41, 58]이며 할당문 Num2 = Num1을 실행하면 Num2는 Num1과 동일한 객체를 참조하게 된다.

```
>>> Num1 = [13, 22, 37, 41, 58]
>>> Num2 = Num1
>>> Num2
[13, 22, 37, 41, 58]
>>>
```

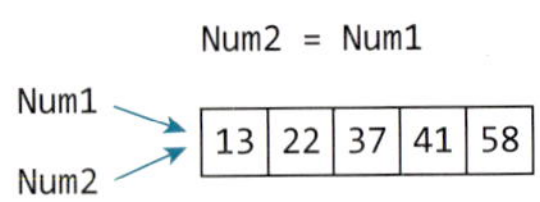

이어서 다음 프로그램을 통해 Num1의 요소값을 변경해도 Num2는 Num1과 동일한 객체를 참조하고 있음을 알 수 있다. 그 이유는 리스트가 변경할 수 있는(Mutable) 자료이기 때문이다.

```
>>> Num1[0] = 11
>>> Num1
[11, 22, 37, 41, 58]
>>> Num2
[11, 22, 37, 41, 58]
>>>
```

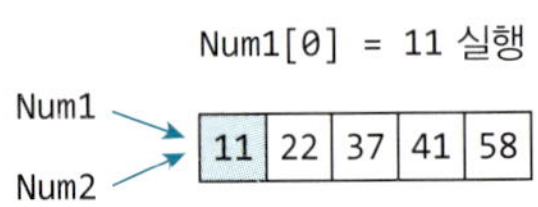

■ 리스트의 복사(Copying)

만일 Num1과 같은 데이터를 가지는 새로운 리스트를 생성하고 싶으면 함수 list( )를 사용하면 된다. 아래 프로그램의 실행 결과로 Num1과 Num2는 서로 다른 리스트 객체를 참조하고 있음에 유의하자. 이와 같이 같은 값을 가지는 새로운 리스트를 생성하는 행위를 리스트의 복사(Copying)라고 부른다.

```
>>> Num1 = [13, 22, 37, 41, 58]
>>> Num2 = list(Num1)
>>> Num1[0] = 11
>>> Num1
[11, 22, 37, 41, 58]
>>> Num2
[13, 22, 37, 41, 58]
>>>
```

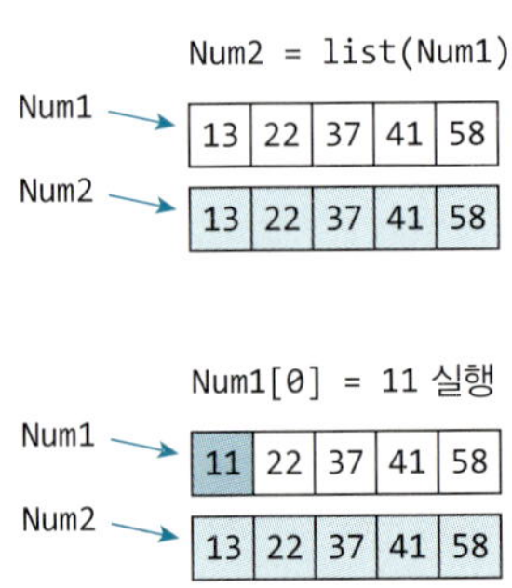

6.3 튜플의 특성

기본적으로 튜플은 리스트와 거의 동일한 개념의 데이터형이다. 다만 튜플의 각 요소는 일단 정해지면 추후 변하지 않는다. 따라서 변하지 않는 요소를 가진 리스트를 튜플로 이해할 수 있다. 따라서 리스트에 적용되는 거의 모든 연산자, 함수 및 메소드가 튜플에도 적용될 수 있다.

6.3.1 튜플이란?

■ 튜플의 형식

튜플은 아래의 형식을 가진다. 튜플은 리스트와 매우 유사한 형식을 가진다. 리스트의 경우 [ ]을 사용하지만 튜플에서는 ( )을 사용한다. 또한, 튜플에서 ( )를 사용하지 않고 요소들의 값을 나열해도 허용된다.

<튜플_이름> = (<요소$_1$>, <요소$_2$>, ···, <요소$_n$>)

또는

<튜플_이름> = <요소$_1$>, <요소$_2$>, ···, <요소$_n$>

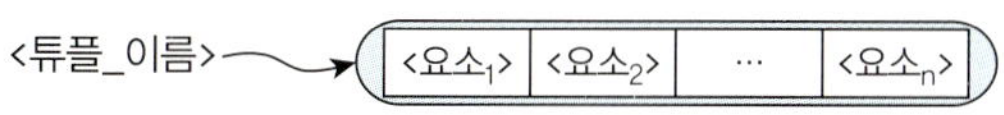

튜플의 요소에는 다양한 자료형이 사용될 수 있지만 일단 튜플이 정의되고 나면 내용의 변경이 불가능(Immutable)하다는 의미로 튜플의 그림에서 테두리를 표시하였다. 리스트의 경우와 마찬가지로 튜플도 빈 튜플(Empty Tuple)을 ( )로 나타낸다. 즉, 빈 튜플은 가지고 있는 요소 수가 0인 경우이다.

■ 튜플(Tuple)의 구조

튜플은 개념적으로 리스트와 거의 동일하다. 차이점은 리스트의 경우 요소를 새로 추가하거나 삭제할 수 있으며 요소값을 다른 값으로 변경할 수도 있다. 리스트의 이러한 속성을 가변적(Mutable) 자료구조라고 부른다. 이에 비하여 튜플은 불변적(Immutable) 자료구조이다. 실제 프로그램에서는 주로 리스트를 자주 사용하지만 때에 따라서는 튜플을 사용하는 것이 보다 바람직한 경우도 있다.

다음에 튜플의 몇 가지 예를 들어보자. 튜플은 [ ] 대신 ( ) 안에 요소를 나열한다.

```
홀수 = (1, 3, 5, 7, 9)
화폐단위 = (10, 50, 100, 500, 1000, 5000, 10000, 50000)
요일 = ('월', '화', '수', '목', '금', '토', '일')
Student = ('홍길동', 2012684, '게임개발학과', '서울')
Credit = [('IT이해', 4.0), ('프로그래밍', 3.7), ('자료구조', 4.0), ('이산수학', 3.4)]
```

위의 예에서 튜플을 변경할 수 없음을 다시 기억하기 바란다. 그러나 Credit은 튜플의 리스트이므로 새로운 튜플 요소를 추가하거나 리스트에서 기존의 튜플 요소를 제거하는 것은 합법적이다.

6.3.2 튜플의 기본 연산

■ 튜플의 인덱싱과 슬라이싱

튜플은 리스트와 거의 유사하므로 튜플에서 인덱싱하는 방식과 슬라이싱 개념이 동일하게 적용된다. 또한 역인덱싱도 동일하게 적용된다. 아래의 예를 살펴보자.

```
>>> Tnum = (13, 22, 37, 41, 58)
>>> Tnum[0]
13
>>> Tnum[1:4]
(22, 37, 41)
>>> Tnum[-1]
58
>>>
>>> Tpos = (1, 2, 3, [41, 42, 43], 5, 6)
>>> Tpos[1]
2
>>> Tpos[3][1]
42
>>> Tpos[2:5]
(3, [41, 42, 43], 5)
>>> Tnum[1] + Tnum[2] + Tpos[3][0]
70
>>>
```

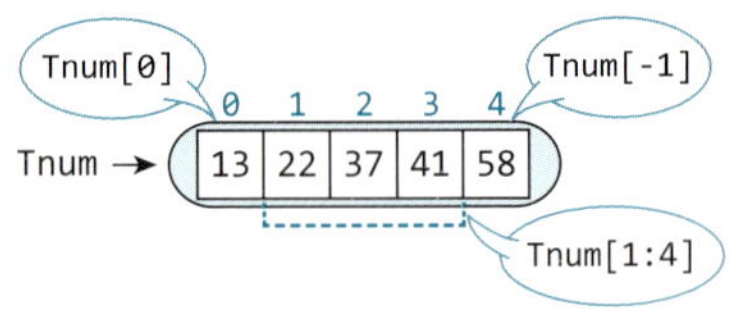

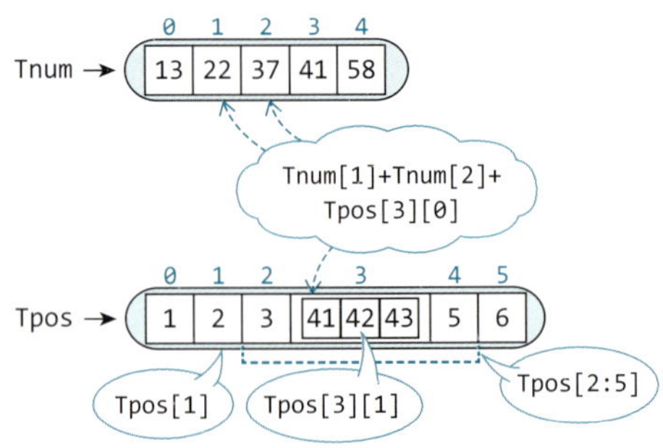

■ 튜플의 연산

튜플의 연산 +와 *도 리스트의 경우와 동일하게 작용한다. 아래의 예를 보자.

```
>>> Tnum = (13, 22, 37, 41, 58)
>>> Tchar = ('a', 'b', 'c')
>>> Tnum + Tchar
(13, 22, 37, 41, 58, 'a', 'b', 'c')
>>> Tchar * 2
('a', 'b', 'c', 'a', 'b', 'c')
>>> Tchar * 3
('a', 'b', 'c', 'a', 'b', 'c', 'a', 'b', 'c')
>>>
```

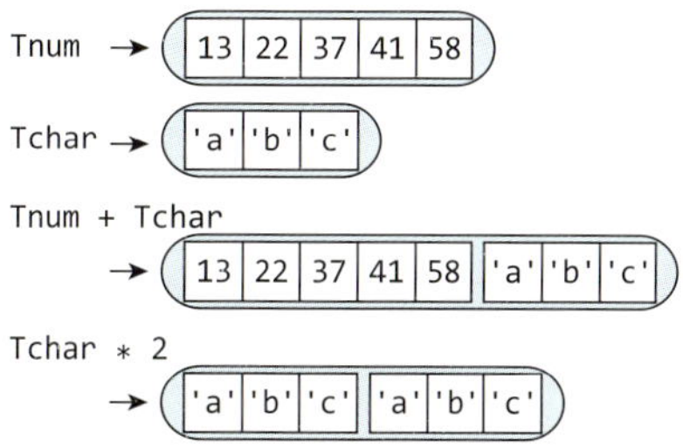

튜플이 리스트와 근본적으로 다른 점은 요소의 내용을 변경 못한다는(Immutable) 점이다. 즉, 요소의 내용을 추가하거나, 수정, 삭제할 수 없으므로 이를 시도하는 경우 오류를 발생시킨다. 아래의 예를 보자.

```
>>> Tnum = (13, 22, 37, 41, 58)
>>> Tnum[1]
22
>>> Tnum[1] = 29
Traceback (most recent call last):
  File "<pyshell#4>", line 1, in <module>
    Tnum[1] = 29
TypeError: 'tuple' object does not support item assignment
>>>
```

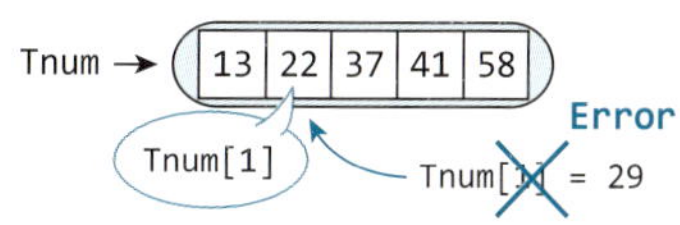

6.3.3 튜플의 함수와 메소드

■ 튜플의 함수

튜플도 리스트에서 사용하는 모든 함수를 사용할 수 있다. 튜플의 대표적인 함수 len(tuple), max(tuple), min(tuple), sum(tuple), list(seq), tuple(seq)에 대해 예제를 통해 확인해 보자.

```
>>> Tnum = (13, 22, 37, 41, 58)
>>> Tchar = ('a', 'b', 'c')
>>> len(Tnum)
5
>>> max(Tnum)
58
>>> min(Tchar)
'a'
>>> sum(Tnum)
171
>>>
```

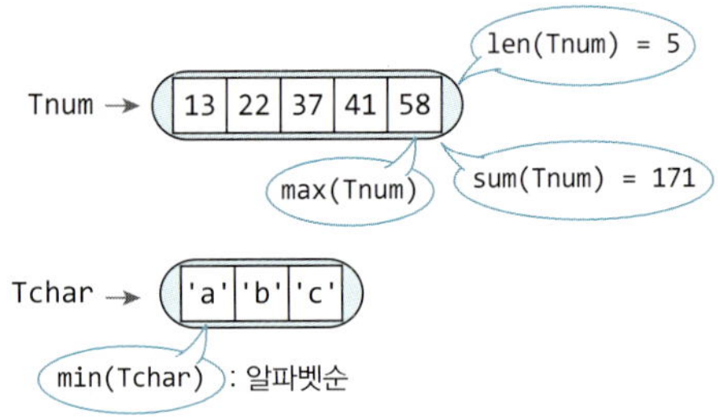

함수 tuple(seq)과 list(seq)는 순서형 데이터(Sequence data)를 튜플 혹은 리스트로 변환시켜 주는 함수이다. 시퀀스(Sequence)는 순서를 가지는 자료형, 즉 리스트, 튜플, 스트링을 의미한다. 리스트와 튜플 사이에 데이터형을 바꾸는 다음의 예를 살펴보자.

```
>>> Num = [13, 22, 37, 41, 58]
>>> Pos = [1, 2, 3, [11, 12, 13], 5, 6]
>>> tuple(Num)
(13, 22, 37, 41, 58)
>>> tuple(Pos)
(1, 2, 3, [11, 12, 13], 5, 6)
>>> Tnum = (13, 22, 37, 41, 58)
>>> Tpos = (1, 2, 3, [11, 12, 13], 5, 6)
>>> list(Tnum)
[13, 22, 37, 41, 58]
>>> list(Tpos)
[1, 2, 3, [11, 12, 13], 5, 6]
>>>
```

리스트를 튜플로 변환 (tuple(Num), tuple(Pos))

튜플을 리스트로 변환 (list(Tnum), list(Tpos))

함수 tuple(seq)과 list(seq)를 스트링에 적용한 예는 다음과 같다.

```
>>> tuple('Forever')
('F', 'o', 'r', 'e', 'v', 'e', 'r')
>>> list('Young')
['Y', 'o', 'u', 'n', 'g']
>>>
```

스트링을 튜플로 변환 (tuple('Forever'))

스트링을 리스트로 변환 (list('Young'))

■ 튜플의 메소드

리스트에서 사용하는 메소드 중에서 일부를 그대로 튜플에서 사용할 수 있다. 리스트와는 달리 튜플은 요소의 생성, 추가, 삭제 등 내용을 변경하는 메소드는 사용할 수 없다. 리스트는 가변적이며 튜플은 불변적이기 때문이다. 다음은 튜플에서 메소드를 실행한 예이다.

```
>>> Tword = tuple('Forever')
>>> Tword.count('r')
2
>>> Tword.index('e')
3
>>> Tword.append('!')
Traceback (most recent call last):
  File "<pyshell#55>", line 1, in <module>
    Tword.append('!')
AttributeError: 'tuple' object has no attribute 'append'
>>>
```

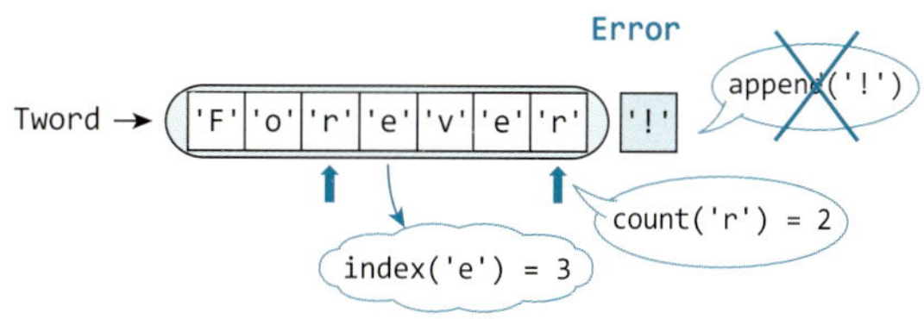

위 예에서 튜플은 불변적이기 때문에 튜플 Tword = ('F', 'o', 'r', 'e', 'v', 'e', 'r')에 새로운 요소 '!'을 추가하는 것은 오류를 발생시킨다. 따라서 튜플에 append(), clear(), insert(), entend(), remove(), pop(), sort(), reverse() 메소드를 사용하면 오류를 발생시킨다.

6.4 스트링 처리

스트링은 문자의 모임으로 문자의 검색이나 텍스트 처리에 필수적으로 사용되는 데이터형이다. 스트링은 시퀀스 데이터이므로 일반적으로 순서형 데이터에 적용되는 인덱싱, 슬라이싱, in 연산자 등이 사용될 수 있다. 스트링에 적용되는 연산자, 함수 및 메소드를 공부해보자.

6.4.1 텍스트와 스트링

텍스트 파일에서 우리가 흔히 하는 작업은 텍스트에서 특정한 스트링을 검색하고 분석하고 새로운 값으로 치환하는 것이다. 스트링은 문자들이 나열된 순서형 데이터이므로 아래 예제에서 변수 mysting이 스트링일 때 mysting[k]와 같이 특정한 문자를 인덱스를 이용하여 접근할 수 있다.

아래 예는 특정 문자(char = 'e')를 검색하여 문자의 개수를 계산하는 프로그램이다. 여기서 len( )과 같이 리스트나 튜플에도 동일하게 적용되는 함수를 사용하고 있다.

[string_count1.py]

```
mystring = 'Whenever Wherever Forever young!'
char = 'e'

no_char = 0
for k in range(0, len(mystring)):     # len(mystring) = 32
    if mystring[k] == char:           # 'e'인 문자의 개수 카운트 증가
        no_char += 1

print('no_char =', no_char)
```

| 실행 결과 |

```
no_char = 8
>>>
```

또한, 구체적인 인덱스를 사용하지 않고 for-in 문을 사용하여 아래와 같이 동일한 작업을 수행할 수 있다.

[string_count2.py]

```
mystring = 'Whenever Wherever Forever young!'
char = 'e'

no_char = 0
for ch in mystring:     # mystring에 있는 문자에 대해서
    if ch == char:      # 'e' 문자인 경우 카운트 증가
        no_char += 1

print('no_char =', no_char)
```

| 실행 결과 |

```
no_char = 8
>>>
```

6.4.2 스트링 연산자 및 함수

■ 기본 연산자

스트링은 리스트나 튜플과 같은 순서형 데이터형으로 인덱싱, 슬라이싱, in 연산자 등은 동일한 연산 결과를 보여준다. 그러나 튜플과 마찬가지로 스트링은 변경할 수 없는 데이터형이므로 스트링 내의 특정 문자를 변경하는 연산은 불가능하다. 예를 들면, 스트링에 특정 문자를 추가하거나 제거하거나 새로운 문자로 대체하는 작업을 수행할 수 없다. 따라서 스트링 연산에서 데이터를 변경하려면 변경의 결과로 반드시 새로운 스트링을 반환해야 한다. 이렇게 함으로써 원래의 스트링은 그대로 남아있고 새로운 스트링이 생성되게 된다.

다음 예제는 스트링과 관련된 주요 연산을 보여주고 있다. 특히, str1 + str2와 같은 스트링의 합은 새로운 스트링을 반환한다. "+" 연산은 일반적으로 숫자에 적용되는 연산인데 파이썬에서는 스트링에 확장 적용되어 "+" 연산이 스트링을 이어주는데 적용되고 있다. "*" 연산도 마찬가지로 횟수만큼 반복하여 이어준다.

```
>>> str1 = 'Forever young! '
>>> str1[3]
'e'
>>> str1[8:13]
'young'
>>> str1[-2]
'!'
>>> str1[0]+str1[8]
'Fy'
>>>
>>> str2 = 'Whenever Wherever '
>>> str2 + str1
'Whenever Wherever Forever young! '
>>> str1 * 2
'Forever young! Forever young! '
>>>
```

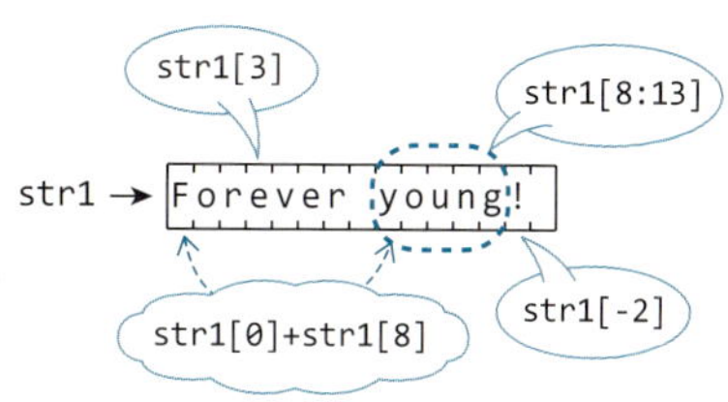

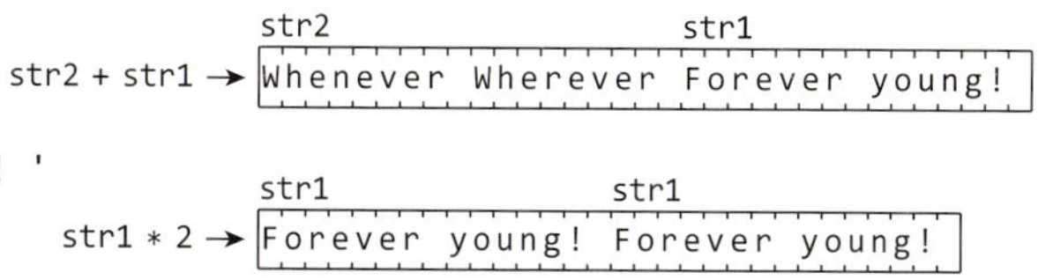

■ 기본 함수

스트링에서는 순서형 데이터에 적용되는 함수 중에서 요소의 내용을 변경하지 않는 len(), max(), min(), list(), tuple() 등의 함수가 적용 가능하다. 함수 len(str)은 스트링의 길이를 구하고 함수 max(str)와 min(str)은 스트링에서 최대값과 최소값의 ASCII 코드를 갖는 문자를 찾아준다. 단, sum(str)은 "+" 연산자가 문자 연결 기능을 수행하므로 합계를 구할 수 없다. list(str)와 tuple(str)은 스트링을 각각 리스트형 또는 튜플형으로 변환해 준다.

```
>>> str1 = 'Forever young! '
>>> len(str1)          ← 스트링 길이
15
>>> max(str1)          ← 스트링에서 최대값 문자
'y'
>>> min(str1)          ← 스트링에서 최소값 문자
' '
>>> sum(str1)          ← 스트링의 합계는 오류
Traceback (most recent call last):
  File "<pyshell#1>", line 1, in <module>
    sum(str1)
TypeError: unsupported operand type(s) for +: 'int' and 'str'
>>> list(str1)         ← 스트링을 리스트로 변환
['F', 'o', 'r', 'e', 'v', 'e', 'r', ' ', 'y', 'o', 'u', 'n', 'g', '!', ' ']
>>> tuple(str1)        ← 스트링을 튜플로 변환
('F', 'o', 'r', 'e', 'v', 'e', 'r', ' ', 'y', 'o', 'u', 'n', 'g', '!', ' ')
>>>
```

6.4.3 스트링 메소드

■ 기본 메소드

스트링은 튜플과 마찬가지로 변경이 불가한(Immutable) 데이터형이므로 리스트에 적용되는 메소드 중에서 str.count(ch)와 str.index(ch) 메소드는 적용이 가능하다. str.count(ch) 메소드는 스트링 str에서 문자 ch의 빈도수를 구해주고, str.index(ch) 메소드는 str에서 문자 ch의 인덱스 번호를 찾아준다. 그러나 append(), insert()와 같이 문자의 추가, 삭제 등 스트링의 내용을 변경하는 기본 메소드는 사용할 수 없다.

▪ 스트링 메소드

파이썬 프로그램 내에서 텍스트 파일을 다룰 때 스트링에 대한 처리는 매우 빈번하게 발생한다. 따라서 파이썬에서는 스트링을 다루는 다양한 메소드를 제공하고 있다. 표 6-2에서는 스트링의 주요 메소드들을 보여주고 있다. 스트링의 내용을 체크하는 메소드, 스트링의 내용을 검색하는 메소드가 있으며, 심지어 스트링의 일부를 다른 것으로 교체하는 메소드, 스트링의 일부를 제거하는 메소드, 스트링을 나누는 메소드 등이 존재한다.

[표 6-2] 스트링의 주요 메소드

구분	메소드 이름	기능
검색	str.find(w)	스트링 str에서 서브스트링 w의 위치 인덱스를 찾는다.
	str.rfind(w)	스트링 str에서 서브스트링 w의 뒤로부터 인덱스를 찾는다.
내용의 확인	str.count(w)	스트링 str에서 서브스트링 w가 몇 번 나오는지 찾는다.
	str.startswith(w)	스트링 str이 서브스트링 w로 시작하면 True를 반환한다.
	str.endswith(w)	스트링 str이 서브스트링 w로 끝나면 True를 반환한다.
	str.isalpha()	스트링이 모두 알파벳이면 True를 반환한다.
	str.isdigit()	스트링이 모두 숫자(디지트)이면 True를 반환한다.
	str.islower()	스트링이 모두 소문자이면 True를 반환한다.
	str.isupper()	스트링이 모두 대문자이면 True를 반환한다.
새로운 스트링 반환	str.lower()	전부 소문자로 변경된 스트링을 반환한다.
	str.upper()	전부 대문자로 변경된 스트링을 반환한다.
	str.replace(from,to)	서브스트링 from을 to로 변경한 스트링을 반환한다.
	str.strip(w)	앞이나 뒤에서 서브스트링 w를 제거한 스트링을 반환한다.
	str.split(w)	서브스트링 w로 분리한 스트링을 리스트 형태로 반환한다.

1) 검색 및 확인 메소드

주요 메소드의 활용 예제를 살펴보자. find() 메소드는 str.find(w) 형식을 가지며 서브스트링 w를 찾아 그의 인덱스 번호를 반환한다. 이때 처음 찾은 서브스트링의 인덱스를 반환하되 만일 찾지 못할 경우에는 -1 값을 반환한다. str.rfind(w)는 서브스트링 w를 뒤에서부터 찾아서 뒤쪽 인덱스 번호를 반환한다.

str.count(w) 메소드는 w가 몇 번 나오는지 세어주고, str.startswith(w) 및 str.endswith(w)는 스트링 str이 주어진 서브스트링으로 시작하거나 끝나는지 확인한다. str.isalpha() 및 str.isdigit() 메소드는 스트링이 모두 알파벳 혹은 숫자만으로 구성되어 있으면 True를 반환한다. str.islower( ) 및 str.isupper( ) 메소드는 스트링이 모두 소문자 혹은 대문자로 구성되어 있는지 확인한다.

```
>>> str1 = 'Forever young! '
>>> str1.find('ever')
3
>>> str1.isalpha()
False
>>> str2 = 'forever'
>>> str2.isalpha()
True
>>> str2.islower()
True
>>>
```

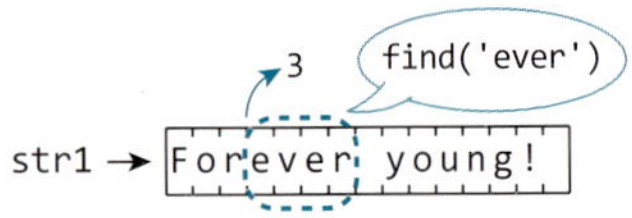

2) 새로운 스트링을 반환하는 메소드

replace( ) 메소드는 str.replace(from,to) 형식을 가지며 모든 서브스트링 from을 찾아서 스트링 to로 대체한다. 아래 예에서 str1.replace('For','4_')는 스트링 str1 = 'Forever young!'에서 'For'를 '4_'로 대체하여 '4_ever young'을 반환한다. 그러나 str1 = 'Forever young!'은 변경되지 않았음에 유의하자. 스트링은 변경할 수 없는 변수이기 때문이다. 만약 str1 = str1.replace('For','4_')를 실행하면 str1이 참조하고 있던 기존의 데이터와 링크를 끊고 replace('For','4_')로 새롭게 생성된 값을 참조하게 된다. 따라서 str1은 최종적으로 스트링 '4_ever young!'이 된다.

```
>>> str1 = 'Forever young! '
>>> str1.replace('For','4_')
'4_ever young! '
>>> str1
'Forever young! '
>>>
>>> str1 = str1.replace('For','4_')
>>> str1
'4_ever young! '
>>>
```

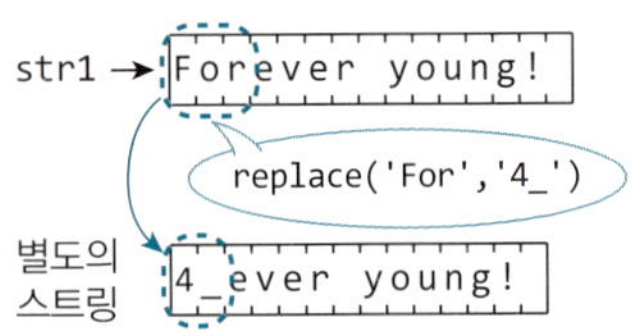

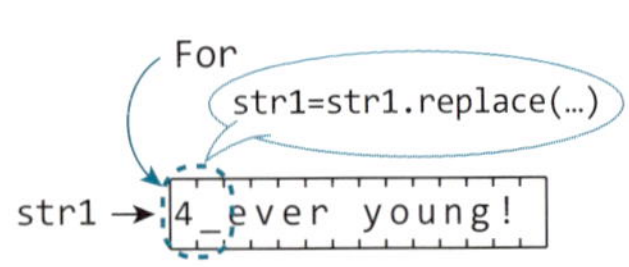

str.strip(w) 메소드는 스트링 str 내에서 맨 앞 혹은 맨 뒤에 나오는 서브스트링 w를 제거한다. 특히, 텍스트 라인의 맨 뒤에 나오는 \n을 제거하는데 매우 유용한 메소드이다.

```
>>> str2 = '~ Forever young ! \n'
>>> str2.strip('~ ')
'Forever young ! \n'
>>> print(str2)
~ Forever young !

>>> print(str2.strip('\n'))
~ Forever young !
>>> str2
'~ Forever young ! \n'
>>>
```

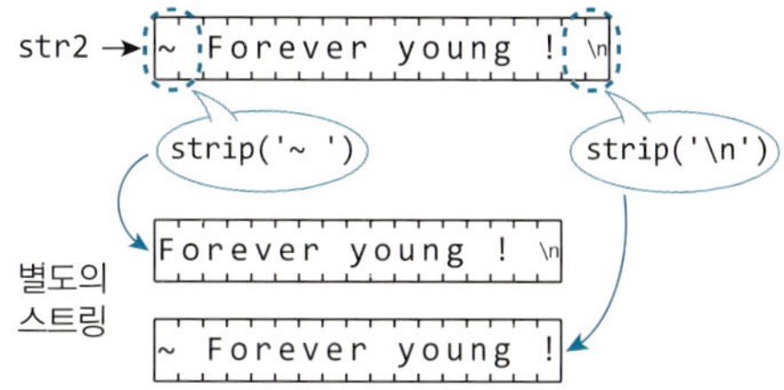

3) 새로운 스트링을 리스트로 반환하는 메소드

str.split(w) 메소드는 스트링 str에서 분리 기호(Separator) w에 의해 구분되는 모든 서브스트링을 찾아 리스트로 반환한다. 아래 예에서는 스트링 mystring을 분리기호 ' ', str3에서 분리 기호 ','에 의하여 구분하여 모든 서브스트링을 리스트로 반환한다.

```
>>> mystring = 'Whenever Wherever Forever young!'
>>> mylist = mystring.split(' ')          공백으로 구분하여 분리하기
>>> mylist
['Whenever', 'Wherever', 'Forever', 'young!']
>>> str3 = '개, 고양이, 토끼, 햄스터, 앵무새'
>>> str3.split(',')          컴마로 구분하여 분리하기
['개', ' 고양이', ' 토끼', ' 햄스터', ' 앵무새']          단어 앞에 공백으로 남아 있다.
>>>
```

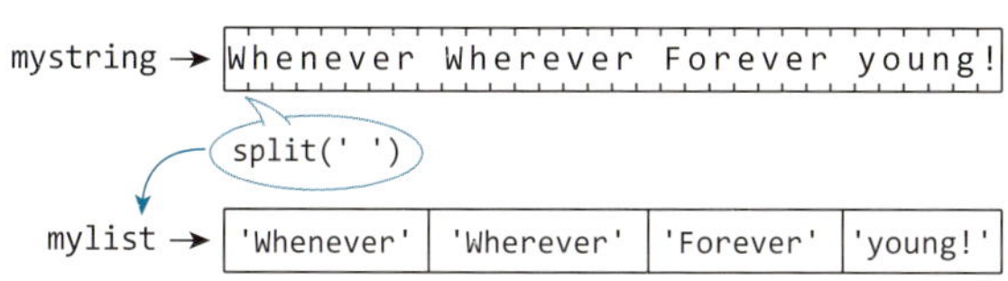

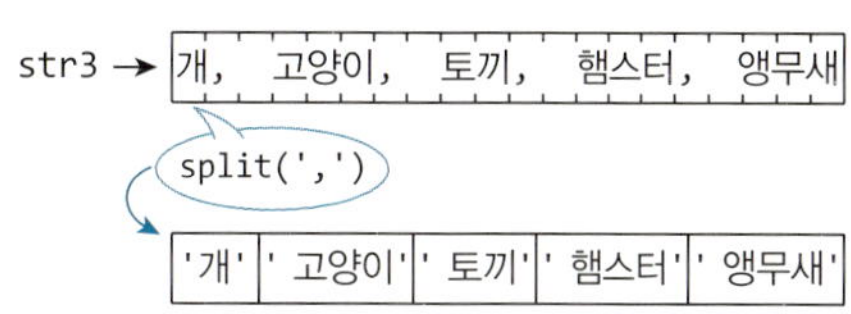

6.5 순서형 데이터와 반복 구조

순서형 데이터(Sequence data)는 다수의 요소들을 가지고 있고 요소들의 순서가 중요하므로 자주 for 루프 및 while 루프와 같은 반복문과 함께 사용된다. 이 절에서 반복문이 어떻게 순서형 데이터에 적용되는지 알아보자.

6.5.1 리스트와 for 루프

5.3절에서 for 루프의 기본 형식이 다음과 같음을 언급하였다.

```
for <반복변수> in <순서형 데이터>
    <명령문 블록>
```

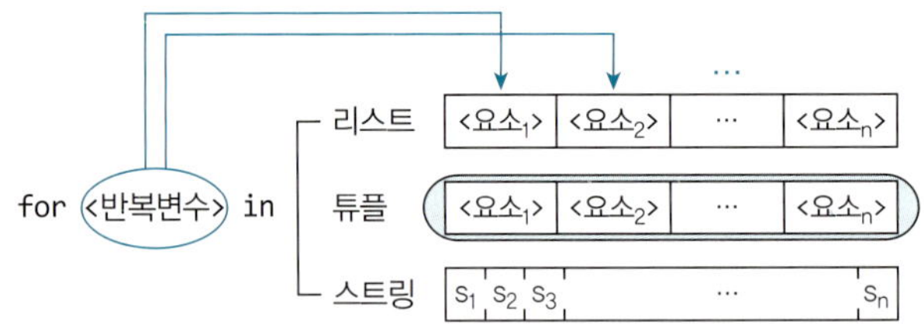

여기서 〈순서형 데이터〉는 리스트, 튜플 또는 스트링 등 시퀀스 데이터를 의미한다. 개념도에서 보듯이 〈반복변수〉는 리스트, 튜플, 스트링 등의 〈순서형 데이터〉에 나오는 값을 하나씩 취하여 반복적으로 실행해 나간다. 다음의 예를 보자.

[for_list1.py]

```python
Num = [13, 22, 37, 41, 58]
sum = 0
for x in Num:
    sum = sum + x
print('sum =', sum)
```

(sum = sum + x ← 리스트 Num에서 각 요소들의 합계)

| 실행 결과 |

```
sum = 171
>>>
```

위의 예에서 range( ) 함수와 len( )을 사용하여 아래와 같이 표현해도 된다. 5.3.2절에서 설명하였듯이 for 루프는 range( ) 함수와 함께 이용되는 경우가 많다.

[for_list2.py]

```
Num = [13, 22, 37, 41, 58]
sum = 0

for k in range(len(Num)):
    sum = sum + Num[k]    ← 리스트 Num의 요소 개수만큼 반복
print('sum =', sum)
```

다음 예는 숫자 리스트에서 홀수만 골라내어 10을 곱한 새로운 리스트를 작성하는 코드이다.

[for_list3.py]

```
Num = [13, 22, 37, 41, 58]
result = []

for x in Num:    ← 리스트 Num에서 각 요소들에 대해
    if x % 2:
        result.append(x * 10)    ← 홀수인 경우 10을 곱해서 리스트에 추가
print('result =', result)
```

| 실행 결과 |

```
result = [130, 370, 410]
>>>
```

이 예제에서는 빈 리스트를 시작으로 하여 짝수인 경우 새로운 요소를 append( ) 함수를 이용하여 리스트에 추가하고 있다. 결과를 리스트 형태로 작성하고 싶다면 해당 코드의 처리 과정을 다음과 같이 전체 리스트 안에 적으면 코드가 매우 간단해 진다. 첫 번째 코드는 각 요소를 2로 나눈 나머지 리스트이고, 두 번째 코드는 위의 예와 같이 홀수 요소만 10을 곱하여 구성된 리스트이다.

```
>>> Num = [13, 22, 37, 41, 58]
>>> [x % 2 for x in Num]    ← 짝수이면 0 홀수이면 1
[1, 0, 1, 1, 0]
>>> [x * 10 for x in Num if x % 2]    ← 홀수인 경우에만 10을 곱해서 리스트 생성
[130, 370, 410]
>>>
```

이러한 코딩은 리스트뿐 아니라 튜플이나 스트링과 같이 순서형 데이터에 모두 동등한 방법으로 적용할 수 있다. 다음 예제는 주어진 스트링에서 소문자만 골라낸 스트링을 반환해 준다.

[for_string.py]

```
str1 = 'Forever young!'
result = ''

for x in str1:          ← 스트링 str1의 각 문자들에 대해
    if x.islower():
        result += x     ← 소문자인 경우에만 결과 스트링에 추가
print('result =', result)
```

| 실행 결과 |

```
result = oreveryoung
>>>
```

다음 예제는 주어진 스트링에 대해 각 문자에 해당하는 유니코드 값을 리스트 형태로 작성해 준다. 이 프로그램의 경우 리스트 괄호 안에 코드를 적는 기법을 적용하면 코드가 매우 간단해진다.

```
>>> str2 = 'young !'
>>> [ord(char) for char in str2]     ← 스트링 str2의 각 문자들에 대해 유니코드로 변환한 리스트 생성
[121, 111, 117, 110, 103, 32, 33]
>>>
```

6.5.2 리스트와 while 루프

5.1절에서 while 루프의 기본 형식을 다음과 같이 설명하였다. 명령문 블록에서 순서형 데이터를 처리할 때 아래 개념도에서와 같이 요소들의 순서를 따라 원하는 작업을 수행할 수 있다.

```
while ( <조건문> ):
      <명령문 블록>
```

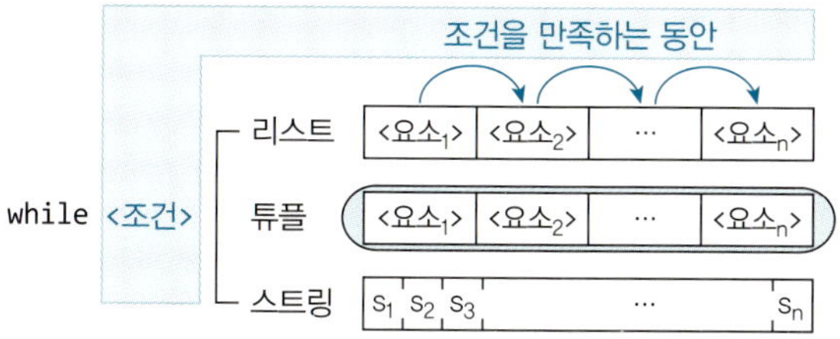

while 루프가 리스트와 같이 사용될 때 다음의 두 가지 경우가 발생한다. 이것은 리스트뿐만 아니라 while 루프가 튜플, 스트링과 같은 순서형 데이터(Sequence)와 같이 사용될 때도 마찬가지이다.

1) 어떤 조건이 만족될 때까지 순서형 데이터의 요소를 따라 작업을 실행한다. 다음 프로그램 예를 살펴보자. 코드가 길 경우 파이썬 모듈로 작성하는 것이 편하다. 파이썬 모듈은 8장에서 자세히 설명한다.

[while_list.py]

```
pet = ['개', '고양이', '토끼', '햄스터', '앵무새']
favorate = '토끼'

found_it = False     # Boolean Flag : favorate 발견 여부
k=0
while k < len(pet) and not found_it:
    if pet[k] == favorate:
        found_it = True
    else:
        k += 1
if found_it:
    print(favorate, '있습니다.')
else:
    print(favorate, '리스트에 없습니다.')
```

불리언 깃발

pet[k]가 '토끼'인 경우

| 실행 결과 |

```
토끼 있습니다.
>>>
```

위 프로그램은 리스트 pet에서 요소 favorate = '토끼'인 경우를 찾는 프로그램이다. 리스트에서 '토끼'를 찾은 즉시 while 루프를 빠져나온다. 이 프로그램에서 불리언 변수 found_it은 리스트에서 원하는 요소를 찾았는지를 나타내는 깃발 역할을 수행한다. 이와 같이 사용되는 불리언 변수를 불리언 깃발(Boolean Flag)이라고 부른다. 불리언 깃발을 적절히 사용함으로써 프로그램의 구조가 매우 효율적이고 논리적으로 작성된다.

다음 예제는 주어진 스트링에서 특정 문자(여기서는 'e'인 경우)를 찾는 프로그램으로 while 루프와 불리언 깃발을 이용하여 작성하였다.

[while_string.py]

```
str1 ='Forever young!'
char = 'e'

found_it = False     # Boolean Flag : 해당 문자 발견 여부
k=0

while k < len(str1) and not found_it:
    if str1[k] == char:
        found_it = True
    else:
        k += 1
if found_it:
    print(char, 'is found at index', k)
else:
    print(char, 'is not found')
```

str1[k]가 'e'인 경우

| 실행 결과 |

```
e is found at index 3
>>>
```

2) while 루프 내에서 break 명령어를 만나면 while 루프를 빠져 나간다.

while 루프에서 while True를 사용하여 무한 루프를 구성하고 필요에 따라 continue 문과 break 문을 적절히 사용하는 사례를 5.2절에서 설명하였다. 다음 예제에서 continue 문은 '#' 문자가 입력되면 무한 루프를 계속 반복하도록 하며, break 문은 'done'이 입력되었을 때 무한루프를 종료하도록 한다.

[while_break.py]

```
while True:
    line = input('> ')        ← 첫 칸에 프롬프트 '>' 출력
    if line[0] == '#':
        continue              ← '#'이 입력되면 계속하기
    if line == 'done':
        break                 ← 'done'이 입력되면 종료
    print('..',line)          ← 그 외에는 '..'에 이어서 그대로 출력

print('-- Done!')
```

| 실행 결과 |

```
> just do it 1234
.. just do it 1234
> #
> 계속
.. 계속
> done
-- Done!
>>>
```

| 연습문제 |

A. 괄호 넣기 및 객관식

1 리스트란 여러 개의 요소들이 (   )인 데이터 구조를 가지고 있으며 순서가 있다. 리스트에서 특정한 요소의 값을 알고 싶으면 인덱스 번호를 알면 된다. 인덱스 번호는 (   )부터 시작한다.

2 파이썬의 리스트는 요소의 수와 값이 (   )이며 (   ) 자료형을 가질 수 있는 선형 데이터 구조이다.

3 리스트, 튜플, 스트링 연산자 +는 데이터를 (   )하는 기능을 수행하고, *는 데이터를 (   )하는 기능을 수행하다.

4 리스트 할당에서 Num2 = Num1을 실행하면 Num2는 Num1과 동일한 객체를 참조하게 된다. 만일 Num1과 같은 데이터를 가지는 새로운 리스트를 생성하고 싶으면 함수 (   )를 사용하여 Num1과 Num2가 서로 다른 리스트 객체를 참조하게 해야 한다.

5 함수 tuple(seq)과 list(seq)는 (   )를 튜플 혹은 리스트로 변환시켜 주는 함수이다.

6 튜플은 리스트에서 사용하는 메소드 중에서 일부를 그대로 튜플에서 사용할 수 있다. 그러나 리스트와는 달리 튜플을 요소의 (   ), (   ), (   ) 등의 메소드는 사용할 수 없다.

7 스트링 함수 max(str)와 min(str)은 스트링에서 최대값과 최소값의 (   )를 갖는 문자를 찾아 준다.

8 스트링의 split( ) 메소드는 분리기호(Separator)에 의해 구분되는 모든 서브스트링을 찾아 (   )로 반환한다.

9 다음 프로그램의 실행 결과는?

```
>>> Chars = ['a', 'b', ['c', 'd'], 'e']
>>> Chars[1:3] = [1, 2, 3]
>>> Chars
```

(a) [1, 2, 3, 'e'] (b) ['a', [1, 2, 3], 'e']
(c) ['a', 1, 2, 3, 'e'] (d) ['a', 1, 2, 3]

10 다음 중 리스트의 함수 및 메소드가 아닌 것은?

(a) add(x) (b) append(x) (c) pop(i) (d) index(x)

11 다음 중 튜플의 함수 및 메소드 표현이 올바르지 않은 것은?

(a) sum(Tnum) (b) Tnum.max() (c) list(Tnum) (d) Tnum.index(3)

12 다음 프로그램의 실행 결과는?

```
>>> Tnum = (12, 22, 37, 41, 58)
>>> Tpos = (1, 2, 3, [11, 12, 13], 5, 6)
>>> Tnum[-1] + Tpos[3][2] + Tnum[2]
```

(a) 91 (b) 108 (c) 109 (d) 120

13 다음 중 스트링 메소드가 아닌 것은?

(a) count (b) index (c) find (d) append

14 다음 프로그램의 빈칸에 들어갈 메소드는 무엇인가?

```
>>> str = 'I love you'
>>> str.[        ]('you', 'U')
'I love U'
```

(a) change (b) reverse (c) insert (d) replace

15 다음 프로그램의 실행 결과는?

```
>>> Nums = [10, 11, 12, 13, 14]
>>> [x%2 for x in Nums]
```

(a) [0, 1, 0, 1, 0] (b) [10, 11, 12, 13, 14]
(c) [5, 5, 6, 6, 7] (d) [0, 0, 0, 0, 0]

B. 따라하기 실습

1 다음에서 숫자로 구성된 리스트의 인덱싱 개념을 이해하라.

```
>>> year = [ 2018, 2019, 2020, '2021' ]
>>> year[0]
>>> year[3]
>>> year[4]      # error
```

2 다음에서 리스트, 튜플, 스트링의 인덱싱 개념을 이해하라.

```
>>> friends = ['Kim', 'Lee', 'Park']
>>> print(friends[2])

>>> nums = ( 10, 20, 30, 40 )
>>> print(nums[3])

>>> message = 'You are my friend'
>>> print(message[5])
```

3 순서형 자료인 리스트에서 적용되는 함수와 메소드를 이해하라.

```
>>> mystr = 'bug'
>>> print(min(mystr))

>>> mylist = [4, 6, 2, 4]
>>> max(mylist)
>>> sum(mylist)
>>> sorted(mylist)

>>> mypet = ['dog', 'cat', 'horse', 'cat', 'cat']
>>> mypet.count('cat')
>>> mypet.index('cat')
```

4 리스트의 메소드 append, extend, insert, pop이 어떻게 작동하는지 알아보자.

```
>>> nums = [3, 5, 7, 9]
>>> nums.append(10)
>>> nums.append(15)
>>> print(nums)

>>> more = [30, 50]
>>> nums.extend(more)
>>> print(nums)
```

```
>>> nums.insert(2, 8)
>>> print(nums)
>>> nums.insert(1, [3, 4])
>>> print(nums)

>>> print(nums.pop())
>>> print(nums)
```

5 리스트의 메소드 remove, reverse, sort가 어떻게 작동하는지 알아보자.

```
>>> mylist = ['a', 'b', 'c', 'dog', 'cat']
>>> mylist.remove('dog')
>>> print(mylist)

>>> mylist.reverse()
>>> print(mylist)

>>> nums = [93, 3, 17, 11]
>>> nums.sort()
>>> print(nums)
```

6 튜플의 함수 len, sum, max, min과 연산자 del이 어떻게 작동하는지 알아보자.

```
>>> Tnums = (12, 42, 3, 23, 35)
>>> Tpets = ('dog', 'cat', 'banana', 'apple')

>>> len(Tnums), len(Tpets)
>>> max(Tnums), min(Tnums)
>>> sum(Tnums)
>>> max(Tpets), min(Tpets)
>>> sum(Tpets)      # error

>>> Tnums = ([1,2], 3, 4)
>>> del( Tnums[0][1] )
>>> print(Tnum)

>>> (x, y, z) = (12345, 54321, 'hello!')
>>> a, b, c = 32, 44, 99
>>> q, p = [100, 200]
>>> print(b, y, q)
```

7 스트링 연산자 +가 어떻게 작용하는지 알아보자. 또한, 스트링 데이터의 인덱싱을 알아보자.

```
>>> str1 = 'He is '
>>> str2 = 60
>>> str3 = 'years old.'
>>> str1 + str2 + str3      # error
>>> str1 + str(str2) + str3

>>> fruit = 'pineapple'
>>> fruit[:4]
>>> fruit[4:]
>>> fruit[4:-2]
>>> fruit[4:2]      # error
>>> fruit[4:99]
```

8 스트링 데이터에 비교연산자가 어떻게 작용하는지 알아보자. 또한, 연산자 in이 어떻게 작용하는지 알아보자.

```
>>> '123' > '45'
>>> 'abc' > 'ABCD'
>>> 'Banana' > 'banana'

>>> fruit = 'banana'
>>> 'm' in fruit
>>> 'nan' in fruit

>>> fruit = 'banana'
>>> for letter in fruit :
        print(letter)
>>> for i in range(len(fruit)):
        print(i,  fruit[i])
```

9 스트링 메소드 split이 어떻게 작동하는지 알아보자.

```
>>> text1 = 'the clown ran after the car'
>>> print( text1.split() )

>>> text2 = 'hello world !!!'
>>> print( text2.split() )

>>> text3 = 'dog;cat,monkey;bird,fish'
>>> print( text3.split(';') )
```

10 스트링 데이터에 다양한 메소드들이 어떻게 작용하는지 알아보자.

```
>>> str1 = 'Welcome to python 3.9 !!'
>>> 'Welcome'.isalpha()
>>> str1.isalnum()      # 알파벳과 숫자로만 구성 ?
>>> str1.startswith('Wel')
>>> str1.endswith('3.9')

>>> str1.find('come')      # 첫 번째 검색 인덱스
>>> str1.rfind('o')         # 마지막 검색 인덱스
>>> str1.count('o')

>>> str1.replace('to', '2')
>>> str1.lower()
>>> str1.upper()
>>> str1.strip('!')
>>> str1.split(' ')
```

C. 프로그래밍 실습

1 리스트를 하나 만들고 정수를 입력 받으면 이를 추가하고 그 때마다 리스트의 평균값을 출력하는 프로그램을 작성하라. 이 때 'done'을 입력하면 프로그램이 종료된다.

| 실행 결과 예시 |

```
> 정수를 입력하세요 : 6
  [6] , average = 6.00
> 정수를 입력하세요 : 5
  [6, 5] , average = 5.50
> 정수를 입력하세요 : 3
  [6, 5, 3] , average = 4.67
> 정수를 입력하세요 : 457
  [6, 5, 3, 457] , average = 117.75
> 정수를 입력하세요 : done
-- Bye!
>>>
```

2 문제 1을 확장하여 리스트에 정수를 추가 및 삭제하도록 명령어 형태로 입력 받아서 수행할 수 있는 프로그램을 작성하라. 입력 형식은 "append 숫자" 혹은 "pop"을 따르고 입력

받은 명령 문자열을 분리할 때는 split() 메소드를 사용한다. 리스트의 크기가 0보다 큰 경우만 pop()을 실행하고 리스트의 크기가 0인 경우 'No elements!'를 출력한다. 그 외 잘못된 입력 경우는 고려하지 않아도 된다.

| 실행 결과 예시 |

```
> 명령을 입력하세요 : append 10
  [10] , average = 10.00
> 명령을 입력하세요 : append 5
  [10, 5] , average = 7.50
> 명령을 입력하세요 : append 4
  [10, 5, 4] , average = 6.33
> 명령을 입력하세요 : pop
  [10, 5] , average = 7.50
> 명령을 입력하세요 : append 200
  [10, 5, 200] , average = 71.67
> 명령을 입력하세요 : pop
  [10, 5] , average = 7.50
> 명령을 입력하세요 : pop
  [10] , average = 10.00
> 명령을 입력하세요 : pop
  No elements!
> 명령을 입력하세요 : done
-- Bye!
>>>
```

3 두 단어를 한 줄로 입력받아 사전식 순서에서 앞에 나오는 단어를 알려주는 프로그램을 작성하라. 두 단어는 공백으로 구분하고, 단어가 하나만 입력되면 다시 입력 받는다. 'done'이 입력되거나 입력 값이 없으면 종료된다.

| 실행 결과 예시 |

```
> 두 단어를 입력하세요 : pine apple
  apple 가/이 더 앞에있습니다.
> 두 단어를 입력하세요 : 1234 56
  1234 가/이 더 앞에있습니다.
> 두 단어를 입력하세요 : apple APPLE
```

```
  APPLE 가/이 더 앞에있습니다.
> 두 단어를 입력하세요 : apple apple
  같은 단어입니다.
> 두 단어를 입력하세요 : apple
> 두 단어를 입력하세요 : 1234
> 두 단어를 입력하세요 :
-- Bye!
>>>
```

4 이메일 주소를 입력 받아 (구글: id@gmail.com, 네이버: id@naver.com, 다음: id@daum.net) 아이디를 알려주는 프로그램을 작성하라. 모르는 호스트의 이메일 주소일 경우 이메일 호스트 부분을 있는 그대로 출력하라. 잘못된 형식일 경우 오류 메시지를 출력하라. 앞 문제와 마찬가지로 'done'이 입력되거나 입력 값이 없으면 종료된다.

| 실행 결과 예시 |

```
> 이메일을 입력하세요 : lim@gmail.com
  *구글 아이디:  lim
> 이메일을 입력하세요 : choi@daum.net
  *다음 아이디:  choi
> 이메일을 입력하세요 : lee@naver.com
  *네이버 아이디:  lee
> 이메일을 입력하세요 : kim@sm.ac.kr
  sm.ac.kr 아이디:  kim
> 이메일을 입력하세요 : sblim
  잘못된 형식입니다.
> 이메일을 입력하세요 :
-- Bye!
>>>
```

5 입력받은 문자열을 다음과 같이 처리하여 출력하는 프로그램을 작성하라.

1) 다음 5개의 특수문자들을 제거: , . : ! ?

2) 모든 알파벳을 대문자로 변환

| 실행 결과 예시 |

```
> 텍스트를 입력하세요 : HTTP 404: Not Found!
  *변환 => HTTP 404 NOT FOUND
> 텍스트를 입력하세요 : 여보세요~ ... 거기 누구 없소?
  *변환 => 여보세요~  거기 누구 없소
> 텍스트를 입력하세요 : 아니, 그게 아니라... 내 말은!!
  *변환 => 아니 그게 아니라 내 말은
> 텍스트를 입력하세요 : 범, 내려온다! 범이 내려온다!!!
  *변환 => 범 내려온다 범이 내려온다
> 텍스트를 입력하세요 :
-- Bye!
>>>
```

07

CHAPTER

함수(Function)

contents

| 단원개요 |

파이썬 프로그램을 작성할 때 함수를 자주 사용하게 된다. 이 장에서는 함수를 사용하는 이유와 역할을 설명하고 함수의 여러 가지 형태 및 특성을 설명한다. 특히 함수에서 매개변수의 전달 방식을 공부하고 변수의 효력 범위에 대해서 설명한다.

07 함수(Function)

7.1 함수의 역할

함수란 무엇이며 함수의 유용성과 필요성을 설명한다. 함수의 활용 사례를 통하여 함수의 역할을 알아보자. 함수를 정의하는 형식과 매개변수를 이해하고 함수를 호출하는 방식을 알아보자. 특히 값을 반환하는 함수와 반환하는 값이 없는 함수를 설명한다.

7.1.1 함수를 사용하는 이유

■ 함수(Function)란?

함수란 특정한 작업을 수행하는 일련의 프로그램을 의미한다. 정의되어 있는 함수를 필요할 때마다 반복적으로 호출하여 사용한다. 소프트웨어는 그 크기가 매우 크고 복잡하다. 파이썬을 처음 배운 사람은 수십, 수백 또는 길어야 수천 라인 수준의 프로그램을 작성한다. 그러나 현실 세계에서 프로그램의 라인 수(Number of lines of codes)가 수백만 또는 수천만이 될 수 있다. 이와 같이 길고 복잡한 프로그램을 처음부터 모두 개발한다는 것은 상상할 수 없다.

또한 소프트웨어는 일반적으로 한 개인이 아닌 개발팀에 의해 만들어진다. 소프트웨어는 특정한 기능을 담당하는 프로그램 모듈들로 구성되고 각 모듈은 다시 더 하위 모듈들로 구성되어 있다. 이렇게 구성되어 있는 모듈을 개발할 때 여러 사람이 나누어 개발할 수 있다. 이러한 소프트웨어의 구조에서 특정한 작업을 수행하는 프로그램의 부분을 함수로 정의하고 필요에 따라 반복적으로 사용할 수 있다.

예를 들어, 데이터를 입력받아 합계와 평균을 구하는 모듈을 생각해 보자. 프로그래머가 이러한 통계 프로그램을 매번 직접 작성하는 것은 대단히 지루한 작업이 될 것이다. 데이터를 처리해주는 함수가 이미 존재한다면 프로그래머는 손쉽게 이 통계 함수를 가져다 사용할 수 있게 된다. 그림 7-1은 정의되어 있는 함수를 메인 프로그램에서 반복적으로 호출하여 사용하는 것을 보여주고 있다. 이렇게 함으로써 프로그램의 길이가 짧아질 뿐만 아니라 프로그램을 이해하기도 쉬워진다. 특히 해당 함수가 파이썬에 내장되어 있거나 다른 사람이 개발한 함수가 이미 존재한다면 프로그램 개발에 큰 도움이 될 것이다.

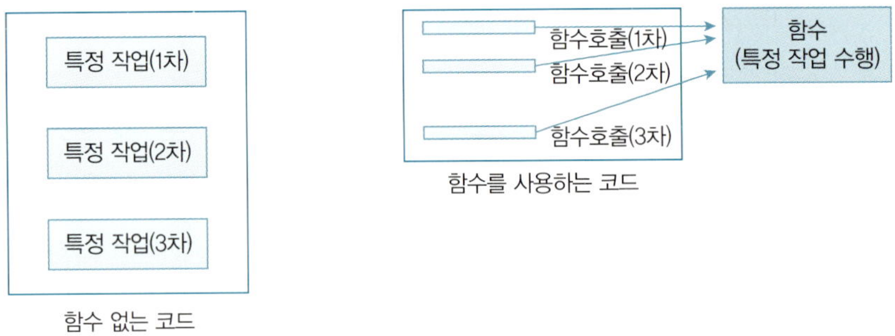

[그림 7-1] 함수의 반복적 호출

모든 프로그래밍 언어는 함수의 기능을 제공하고 있다. 프로그래밍 언어에 따라 함수는 서브프로그램(Subprogram), 서브루틴(Subroutine), 프로시저(Procedure)라고도 부른다. 프로그래밍 언어에 따라 의미에 다소 차이가 있으나 그 목적은 동일하다. 또한 함수는 프로그램의 추상화(Abstraction) 개념을 지원한다. 추상화란 어떤 함수가 내부적으로 어떻게 작성되어 있고 어떤 알고리즘을 사용하고 있는지 자세히 몰라도 프로그램의 개발자는 이 함수를 불러다 사용하는데 아무런 문제가 없다. 이것은 마치 자동차 운전자가 엔진의 작동 원리, 변속기 구조 및 브레이크 시스템의 원리에 대하여 구체적으로 알지 못해도 운전하는 데 전혀 문제가 없다는 사실과 유사하다. 함수는 많은 경우 누군가에 의해 이미 작성되어 있으며 필요한 경우 프로그램 개발자가 직접 작성하여 사용할 수도 있다.

결론적으로 함수의 유용성과 필요성을 아래와 같이 정리할 수 있다.

1) 함수는 재사용의 기능을 지원한다. 따라서 프로그램의 동일한 부분을 반복 작성할 필요 없이 한번 정의한 프로그램을 반복 호출하여 재사용하거나 이미 존재하는 함수를 불러다 사용할 수 있다.
2) 함수는 구조적으로 프로그램의 기본적인 블록(Basic Building Block)의 기능을 수행한다. 이러한 이유로 복잡한 프로그램 구조의 단순화에 도움을 줄 수 있다.
3) 함수는 추상화 개념을 지원한다. 추상화 개념은 함수의 구체적 내용을 몰라도 가져다

사용할 수 있는 이점이 있다. 또한 프로그램의 추상화를 통하여 프로그램의 구조를 이해하기 쉽게 작성할 수 있고 추후 변경과 관리가 용이해진다.

■ 함수의 활용 사례

어떤 작업을 수행하기 위한 작업지시서를 작성할 때 간단한 일은 한꺼번에 이해하기가 어렵지 않지만, 복잡한 일을 순서대로 한 번에 적는다면 전체 흐름을 파악하기 쉽지 않다. 이런 경우 일을 효율적으로 진행하려면 전체 일을 종류별로 구분하고 반복되는 일은 별도로 적어 놓으면 작업지시서 작성이나 이해가 수월해 질 수 있다.

실제 사례로, 여러 개의 수업 강좌에서 매일 성적이 매겨지고 이 중에서 제일 상위 성적과 하위 성적 그리고 평균을 구하는 일을 해야 된다고 하자. 이 경우 해야 될 일을 구체적으로 나열해 보면 다음과 같다.

- 각 수업 강좌의 성적 받아 오기
- 최고 성적, 최하 성적 찾기
- 평균 성적 구하기
- 성적 보고서 출력하기

이 작업을 파이썬 프로그램으로 작성해 보자. 파이썬에서 기본으로 제공해 주는 함수인 max(list), min(list), sum(list)를 사용하면 편하지만 여기서는 직접 코딩해보기로 한다. 우선 해당 강좌에서 5명의 성적이 78, 56, 67, 95, 82로 주어졌다면 다음과 같이 프로그램을 실행하면 된다.

```
>>> scorelist = [78, 56, 67, 95, 82]
>>> max1=0
>>> for score in scorelist:
        if score > max1:        ← scorelist에서 최대값 구하기
                                  - 각 요소에서 큰 값을 max1에 기록
            max1 = score
>>> min1 = 999
>>> for score in scorelist:
        if score < min1:        ← scorelist에서 최소값 구하기
                                  - 각 요소에서 작은 값을 min1에 기록
            min1 = score
>>> print('최고점수 : ', max1,', 최하점수 : ', min1)
최고점수 :  95 , 최하점수 :  56
>>>
```

```
>>> sum1 = 0
>>> for score in scorelist:
        sum1 += score  ← scorelist의 합계 구하기
>>> aver1 = sum1 / 5          # 5명 평균
>>>
>>> print('평균 성적 : ', aver1)
평균 성적 :  75.6
>>>
```

이 작업을 다른 강좌에 적용하려면 프로그램 코딩을 처음부터 다시 반복해야 한다. 더구나 강좌마다 학생 수가 다르다면 평균값을 구할 때 나누는 숫자가 달라야 한다. 이와 같이 반복되는 작업을 수월하게 프로그램으로 코딩하려면 함수를 잘 이용하면 유리해진다. 먼저 최대값, 최소값, 그리고 합계와 평균을 구하는 함수를 정의하여 모듈로 작성해 보면 다음과 같다.

[function_1st.py]

```
def list_max(mylist):      # 목록 mylist에서 최대값을 찾아서 반환하는 함수
    max1 = 0
    for score in mylist:
        if score > max1:
            max1 = score
    return max1  ← 최대값 반환

def list_min(mylist):      # 목록 mylist에서 최소값을 찾아서 반환하는 함수
    min1 = 999
    for score in mylist:
        if score < min1:
            min1 = score
    return min1  ← 최소값 반환

def list_sum(mylist):      # 목록 mylist에서 값의 합계를 찾아서 반환하는 함수
    sum1 = 0
    for item in mylist:
        sum1 += item
    return sum1  ← 합계 반환
```

```
def list_aver(mylist):    # 목록 mylist에서 평균값을 찾아서 반환하는 함수
    aver1 = list_sum(mylist) / len(mylist)          # 개수 구하기 내장 함수 사용
    return aver1 <~~~~ 평균값 반환
```

평균값을 구하는 list_aver( ) 함수에서 합계 구하는 데에는 앞에서 정의한 함수인 list_sum()을 이용하였고, mylist의 길이/개수를 구하는 데에는 시스템에서 제공해 주는 함수인 len( )을 이용하였다. 이와 같이 함수를 이용하면 코드를 간결하고 이해하기 쉽게 작성할 수 있다. 마찬가지로 임의의 수업 강좌에서 최대, 최소, 평균을 구하여 출력하는 함수도 다음과 같이 정의할 수 있다.

[function_1st.py (계속)]

```
def report_score(sclist):
    aver2 = list_aver(sclist)
    max2 = list_max(sclist)        <~~~~ 함수를 호출하여 평균, 최고, 최하 찾기
    min2 = list_min(sclist)

    print('성적 : ', sclist)
    print('평균 성적 : ', aver2)      <~~~~ 점수목록과 평균, 최고, 최하 출력
    print('최고점수 : ', max2, ', 최하점수 : ', min2)

if __name__ == '__main__':
    scorelist = [78, 56, 67, 95, 82]
    report_score(scorelist)
```

이와 같이 수업 강좌에서 평균, 최고점수, 최하점수를 구하는 함수와 보고서 출력을 하는 함수를 정의하였다. if __name__ == '__main__': 다음에 나오는 코드는 이 모듈이 메인 프로그램으로 호출될 때만 실행되는 부분이다. 이에 대해서는 8장에서 상세히 설명한다. 이 프로그램을 각 강좌의 성적 리스트에 적용하여 실행하면 다음과 같은 결과가 나온다.

| 실행 결과 |

```
성적 :  [78, 56, 67, 95, 82]
평균 성적 :  75.6
최고점수 :  95, 최하점수 :  56
>>>
```

이상에서 보는 바와 같이 함수를 사용하면 원하는 작업을 세부작업 모듈로 구분해서 실행할 수 있어서 작업관리가 훨씬 수월해진다. 또한, 하나의 함수를 여러 군데에서 사용할 수 있으며 언제나 다시 사용할 수 있으므로 코드의 재사용성이 증가한다.

7.1.2 함수의 형식

■ 함수의 정의

함수의 사용은 이미 존재하는 함수를 불러다 사용하는 경우와 프로그래머가 직접 정의하는 경우로 나누어 볼 수 있다. 여기서는 프로그래머 자신이 이용할 함수를 직접 정의하는 경우를 설명한다. 함수의 정의는 키워드 def로부터 시작하고 이어서 〈함수이름〉이 나온다. 함수 이름은 변수의 이름과 마찬가지로 함수의 내용에 합당한 의미 있는 이름을 부여한다. 함수의 이름만 보아도 이 함수가 무엇을 수행하는 함수인지 짐작할 수 있어야 한다. 〈함수이름〉도 식별자(Identifier)의 일종이므로 변수의 경우와 동일한 규칙에 따라 이름을 부여한다.

〈함수이름〉 다음에는 괄호가 존재하고 괄호 안에 〈매개변수(Parameter)〉가 나올 수 있으며 함수 헤더는 콜론(:)으로 끝난다. 〈매개변수〉가 없는 경우에는 단순히 ( )로 처리한다. 함수 헤더의 다음 줄에는 들여쓰기를 하여 함수의 몸체(Function Body)를 정의한다. 함수 몸체에는 이 함수가 호출 프로그램으로부터 매개변수 값들을 받아서 정의된 작업을 수행하는 〈코드 블록〉이 있다. 함수 몸체의 마지막에는 함수의 실행 결과를 호출 프로그램에 돌려주는 경우 키워드 return 명령문과 〈표현식(expression)〉이 나온다. 호출 프로그램에 돌려줄 〈표현식〉이 없는 경우에 return 부분이 생략된다.

```
def <함수이름> ( <매개변수> ):   ⇨ 함수 헤더(Function Header)
    <코드 블록>
    ...                          ⇨ 함수 몸체(Function Body)
    return <표현식>
```

함수의 정의를 앞 절의 예를 통해 이해하자. 함수 list_aver는 전달받은 리스트에서 각 요소의 평균을 구하는 기능을 수행한다. list_aver이라는 함수 이름만 보아도 이 함수가 무엇을 수행하는지 짐작할 수 있다. 이 함수는 외부로부터 전달받은 인수를 매개변수 mylist로 받아들이며, 함수 몸체는 2줄의 파이썬 실행문으로 구성되어 있다. 함수 몸체의 마지막 줄에는 키워드 return 다음에 표현식 aver가 나온다. 표현식으로 사용된 aver는 리스트에서 평균을 구하여 저장하는 변수임을 알 수 있다. 결과적으로 호출 프로그램은 return 명령 다음에 나오는 표현식 aver의 값을 함수 list_aver의 실행 결과로 받게 된다.

```
def list_aver ( mylist ):
    aver = sum(mylist)/len(mylist)
    return aver
```

함수의 기능은 그림 7-2(a)에서 보듯이 외부로부터 입력 데이터(그림에서 x)를 받아들여 함수 몸체에 정의된 작업을 수행한 후 결과를 출력(그림에서 f(x))하는 간단한 개념이다. 함수 몸체에서 어떻게 처리하는 지는 외부에 감추어져 있다. 이것이 함수의 추상화 개념이다. 그림 7-2(b)는 함수의 내부에서 입력값을 리스트로 받아들여 평균값 계산을 한 후 결과값을 되돌려 주는 간단한 예이다.

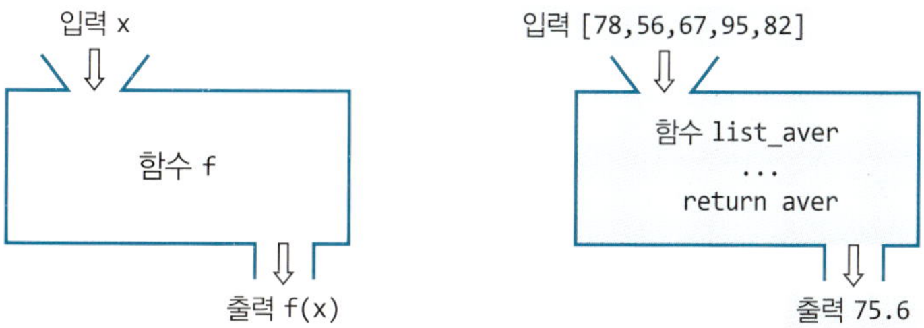

(a) 함수의 개념　　　　(b) 함수의 실행 예

[그림 7-2] 함수의 개념과 예

■ 함수의 호출

정의된 함수는 호출 프로그램에 의해 호출되고 실행된다. 단, 파이썬은 인터프리터 방식으로 한 줄씩 해석하여 실행하므로 함수를 호출하기 이전에 함수가 정의되어 있어야 한다. 앞의 설명에서 보듯이 함수는 함수 이름과 매개변수로 시작하고 실행 프로그램의 내용이 함수 몸체에 기술되어 있다. 이 함수를 호출하려면(즉 function call) 아래와 같이 간단히 〈함수이름〉을 적고 매개변수(Parameter) 위치에는 원하는 〈인수(Argument)〉를 적어주면 된다. 함수를 호출할 때 함수 이름은 함수를 찾아가는데 사용되며, 이 때 인수들은 함수의 매개변수로 전달되어 함수의 기능을 수행하게 된다.

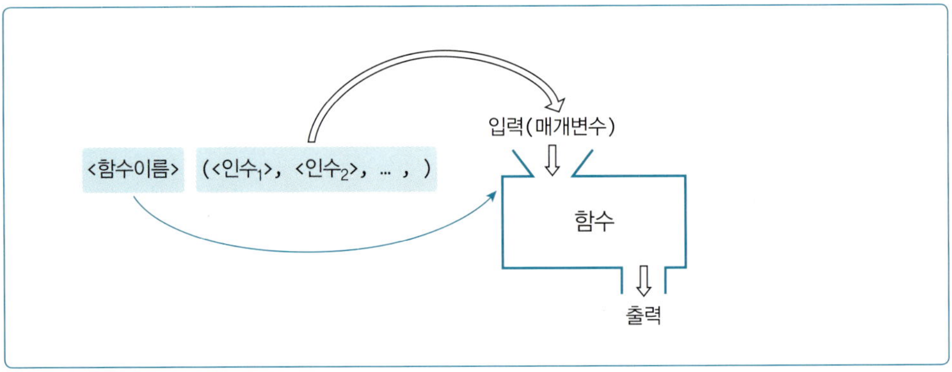

앞 절의 학급 성적을 구하는 예제 프로그램에서 함수를 정의하는 부분과 호출하는 부분만을 살펴보면 다음과 요약해 볼 수 있다.

[function_1st.py (요약)]

```
def list_max(mylist):                        # 함수 정의
    ... return max1
def list_min(mylist):                        # 함수 정의
    ... return min1
def list_aver(mylist):                       # 함수 정의
    ... return aver1
...
def report_score(sclist):                    # 함수 정의
    aver2  = list_aver(sclist)               # 함수 호출
    max2   = list_max(sclist)                # 함수 호출
    min2   = list_min(sclist)                # 함수 호출
    ...
```

(반환값 사용)

```
>>> scorelist = [78, 56, 67, 95, 82]
>>> report_score(scorelist)
성적 :  [78, 56, 67, 95, 82]
평균 성적 :  75.6
최고점수 :  95, 최하점수 :  56
>>>
```

(함수 호출)

위의 예에서 함수 호출은 list_aver( ), list_max( ), list_min( )과 같이 표현식 내에서

사용되는 경우도 있고 또는 report_score( )와 같이 명령문으로 사용될 수도 있다. 표현식 내에서 사용되는 함수에는 return 문장으로 값을 반환하며, 명령문 형태의 함수에는 return 반환문이 없음을 볼 수 있다. 7.1.3절에서 어떤 경우 함수가 표현식에서 사용되고 어떤 경우 명령문의 형태를 취하는지 상세히 설명한다.

■ 함수의 실행 순서

프로그램에서 함수를 호출하여 사용하는 경우 프로그램의 실행 순서가 어떻게 변하는 지 알아보자. 그림에서 보듯이 메인 프로그램 또는 함수를 사용하는 프로그램이 함수를 호출할 때 프로그램의 실행 순서가 함수로 넘어간다(그림 7-3의 ②). 함수의 프로그램 실행이 완료되고 나면(③) 프로그램의 제어가 다시 메인 프로그램(또는 함수를 호출한 프로그램)으로 되돌아와서(④) 나머지 프로그램 실행이 순서대로 진행된다(⑤).

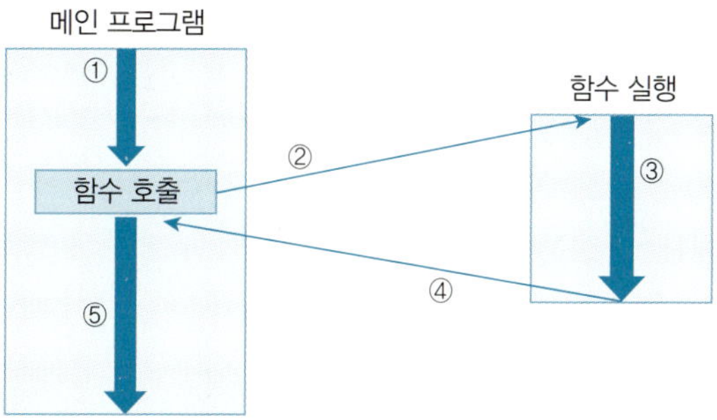

[그림 7-3] 함수의 호출에 따른 프로그램 실행 순서의 변화

7.1.3 함수의 형태

앞 절의 설명에서 표현식 내에서 사용되는 함수에는 return 문장으로 값을 반환하고, 명령문 형태의 함수에는 return 반환값이 없다는 사실을 보았다. 이와 같이 함수에는 값을 반환하는 경우와 반환값이 없는 경우가 있다.

■ 값을 반환하는 함수(Value Returning Function)

앞 절의 예제에서 보듯이 list_aver( ), list_max( ), list_min( )과 같이 표현식 내에서 사용되는 함수는 return 문장으로 값을 반환한다. 값을 반환하는 함수는 함수 정의의 맨 마지막이 항상 return 문으로 종료되며, 함수의 실행 결과로 return 다음에 나오는 값을 반환하게 된다. 주어진 리스트의 합계를 구하는 list_sum( )과 list_aver( )의 예를 보자.

[function_1st.py (일부)]

```
def list_sum(mylist):                        # list_sum() 함수의 정의
    sum1 = 0
    for item in mylist:
        sum1 += item
    return sum1

def list_aver(mylist):
    aver1 = list_sum(mylist) / len(mylist)   # list_sum() 함수 호출
    return aver1
```

합계 반환

list_sum() 호출

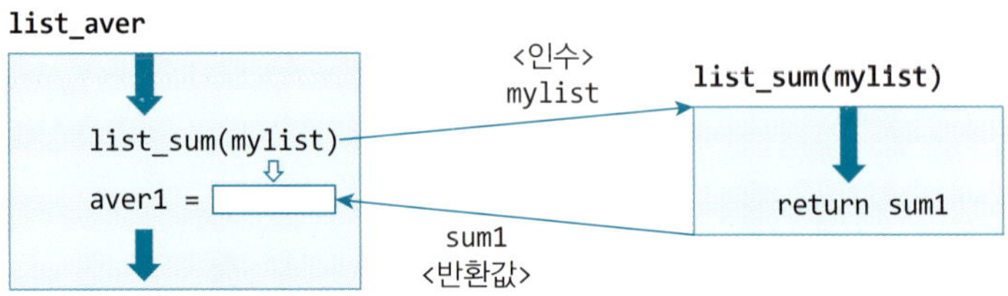

예에서 보듯이 함수를 호출하는 aver1 = list_sum(mylist) / len(mylist)에서는 함수 list_sum()이 표현식의 한 부분으로 사용되고 있음을 알 수 있다.

■ 반환값이 없는 함수(Non-value Returning Function)

이제 반환값이 없는 함수를 알아보자. 앞 절의 예제에서 정의되어 있는 함수 report_score()는 함수 몸체에서 세 개의 print() 함수를 이용하여 세 개의 문장을 출력한다. 따라서 이 함수가 반환하는 값은 없다.

[function_1st.py (일부)]

```
def report_score(sclist):
    aver2 = list_aver(sclist)
    max2 = list_max(sclist)
    min2 = list_min(sclist)

    print('성적 : ', sclist)
    print('평균 성적 : ', aver2)
```

목록, 평균, 최고, 최하 출력
(실행 후 종료: 반환값 없음)

```
    print('최고점수 : ', max2, ', 최하점수 : ', min2)

if __name__ == '__main__':
    scorelist = [78, 56, 67, 95, 82]
    report_score(scorelist)
```

함수 호출

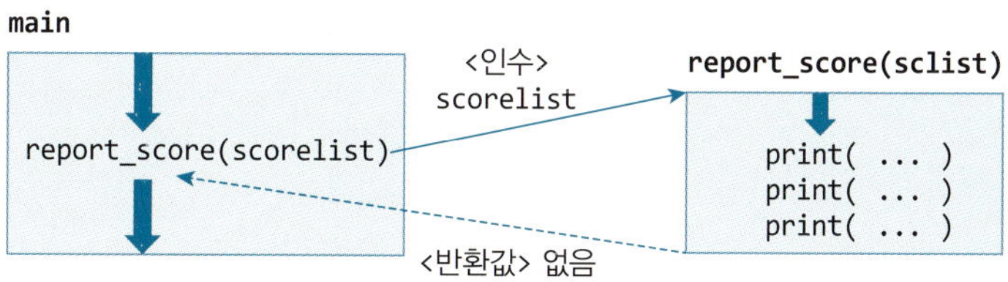

| 실행 결과 |

```
성적 :  [78, 56, 67, 95, 82]
평균 성적 :  75.6
최고점수 :  95, 최하점수 :  56
>>>
```

예제 프로그램에서 알 수 있듯이 간단한 프로그램에서도 함수를 이용함으로써 메인 프로그램의 가독성이 높아지고 프로그램의 흐름을 이해하기 쉬워진다. 따라서 프로그램을 설계할 때 어떤 부분을 함수로 작성할지 미리 결정해야 한다. 특히, 자주 사용되는 프로그램 부분이나 어려운 알고리즘에 의해 작성되어야 하는 부분을 함수화하는 것이 바람직하다. 메인 프로그램에는 프로그램의 전체적인 흐름이 나타나게 작성하는 구조로 가져가는 것이 이상적이다.

7.2 파이썬 함수

파이썬은 자체적으로 지원하는 내장 함수, 표준 라이브러리 형태의 모듈 및 외부 모듈, 그리고 사용자정의 함수의 유형이 존재한다. 파이썬 프로그램에서 자주 사용되는 내장 함수와 표준 라이브러리를 알아보고 제3자가 개발해 놓은 다양한 영역의 외부 모듈들을 소개한다. 또한 사용자정의 함수와 람다 함수를 간단히 설명한다.

7.2.1 파이썬 함수의 유형

파이썬 언어는 그림 7-4에서 보듯이 몇 가지 유형의 함수를 허용한다. 내장 함수(Built-in Function)는 파이썬 언어가 자체적으로 지원하고 있는 함수들을 의미한다. 예를 들어 앞에서 자주 사용한 print, input, max, min 등은 모두 내장 함수에 속한다.

파이썬은 또한 두 가지 유형의 모듈(Module) 함수들을 지원하고 있다. 한 가지는 파이썬 표준 라이브러리(Python Standard Library) 모듈이라고 불리는 것들로 이들은 파이썬 언어가 갖고 있지만 임포트(import)하여 사용하는 것들이다. 예를 들어, 수리연산을 위한 math 함수, 난수를 생성하는 random 함수들이 이러한 유형에 속한다.

다른 한 가지는 파이썬이 자체적으로 지원하지는 않지만 제3자가 개발해 놓은 수많은 모듈들이 존재한다. 이들을 이용하기 위하여 외부로부터 임포트해야 한다. 예를 들어, 차트와 그래프를 그리기 위한 Matplotlib, 기계학습 응용프로그램을 개발하기 위한 TensorFlow 등이 이에 속한다. TensorFlow는 구글사가 기계학습 및 딥러닝 프로그램을 개발하기 위하여 만들어 놓은 다양한 함수들의 집합으로 처음에는 구글사 내에서 사용하다가 외부 이용자들에게도 공개한 라이브러리들이다.

마지막 유형으로 사용자정의 함수가 있다. 사용자정의(User-defined) 함수는 프로그램 개발자가 프로그램의 효율적 구조를 위해 자체적으로 작성한 함수를 의미한다. 따라서 사용자정의 함수는 개발자 자신의 프로그램에서만 사용된다.

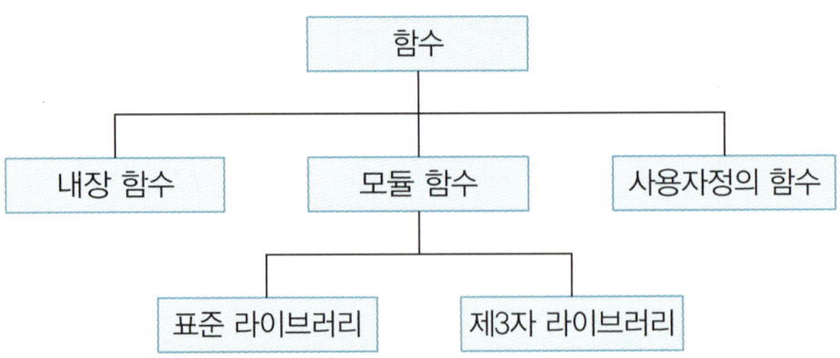

[그림 7-4] 파이썬의 함수 유형

7.2.2 내장 함수(Built-in Function)

■ 내장 함수란?

내장 함수는 파이썬 언어가 자체적으로 내장하고 있는 함수로써 활용 빈도가 높고 유용한 함수들로 프로그램에서 자주 사용되는 함수들이다. 내장 함수는 외부 모듈과는 달리 임포트(import)하지 않고 직접 사용할 수 있다. 앞 절의 예제에서 리스트의 합계나 최대값, 최소값 항목을 구하는 함수 list_sum(), list_max(), list_min()를 정의하여 사용하였다. 한편, 리스트의 길이를 구하는 함수 len()은 파이썬 언어에서 기본적으로 내장 함수로 제공하고 있으므로 별도로 정의하지 않고 바로 사용할 수 있었다. 실제로는 합계나 최대값, 최소값을 구하는 경우에도 내장 함수 sum(), max(), min()이 제공되고 있으므로 이를 활용하면 다음과 같이 코드를 간략하게 작성할 수 있다. print() 역시 파이썬에서 제공하고 있는 내장 함수이다.

[function_internal.py]

```
def report_score3(sclist):                          # 사용자 함수 정의
    aver3 = sum(sclist) / len(sclist)               # 내장 함수 호출
    max3 = max(sclist)                              # 내장 함수 호출
    min3 = min(sclist)                              # 내장 함수 호출
                                        내장 함수
    print('성적 : ', sclist)                         # 내장 함수 호출
    print('평균 성적 : ', aver3)
    print('최고점수 : ', max3, ', 최하점수 : ', min3)

if __name__ == '__main__':
    scorelist = [78, 56, 67, 95, 82]
    report_score3(scorelist)
```

| 실행 결과 |

```
성적 :  [78, 56, 67, 95, 82]
평균 성적 :  75.6
최고점수 :  95, 최하점수 :  56
>>>
```

▪ 파이썬의 내장 함수

그림 7-5에서와 같이 내장 함수는 파이썬 실행 환경에서 바로 호출하여 사용할 수 있는 반면, 모듈 함수는 라이브러리로부터 임포트하고 난 후 함수를 호출하여 실행시킬 수 있다. 파이썬 언어는 80여개의 내장 함수를 제공하고 있으며, 표 7-1에서 보듯이 내장 함수는 매우 다양하고 유용한 기능을 지원하고 있다. 파이썬 프로그래머는 파이썬의 내장 함수를 익히 알고 있어 필요한 경우 적절히 사용할 수 있어야 한다.

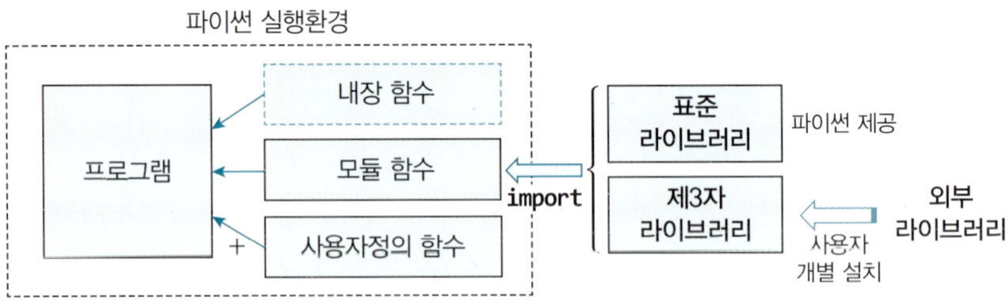

[그림 7-5] 파이썬의 함수 유형에 따른 사용 방법

[표 7-1] 파이썬에서 제공되는 내장 함수

abs()	all()	any()	ascii()	bin()
bool()	breakpoint()	bytearray()	bytes()	callable()
chr()	classmethod()	compile()	complex()	delattr()
dict()	dir()	divmod()	enumerate()	eval()
exec()	filter()	float()	format()	frozenset()
getattr()	globals()	hasattr()	hash()	help()
hex()	id()	input()	int()	isinstance()
issubclass()	iter()	len()	list()	locals()
map()	max()	memoryview()	min()	next()
object()	oct()	open()	ord()	pow()
print()	property()	range()	repr()	reversed()
round()	set()	setattr()	slice()	sorted()
staticmethod()	str()	sum()	super()	tuple()
type()	vars()	zip()	__import__()	

각 내장 함수의 용법은 doc.python.org 사이트에 사용 예와 더불어 자세히 설명되어 있다. 여기서는 자주 사용되는 몇 가지 내장 함수에 대하여 간단히 설명한다.

1) 연산에 관련된 내장 함수: abs(), divmod(), pow()

abs(x)는 숫자 x의 절대값을 반환하고, divmod(x, y)는 x를 y로 나눈 몫과 나머지를 튜플 형태로 반환하며, pow(x, y)는 x**y 값을 반환한다.

```
>>> abs(-7)          ← |-7|
7
>>> divmod(25, 3)    ← 나눈 몫과 나머지
(8, 1)
>>> pow(3, 4)        ← 3^4
81
>>>
```

2) 데이터 형식에 관련된 내장 함수: int(), float(), str(), list(), tuple(), type(), chr(), ord()

int(x)는 스트링 x를 정수로 또는 실수 x를 정수로 변환하여 반환하고, float(x)와 str(x)는 각각 실수 및 스트링 형태로 변환하여 반환한다. 또한 list(seq)과 tuple(seq)는 순서형 데이터를 리스트 및 튜플 자료형으로 변환하여 반환한다. type(x)는 입력 데이터 x의 자료형을 알려준다. chr(k)은 ASCII 코드 값 k를 받아 그 값에 해당하는 문자를 ord(ch)는 반대로 문자 ch를 받아 그 문자에 해당하는 ASCII 코드 값을 반환한다.

```
>>> int('-7')          ← 스트링을 정수형으로 변환
-7
>>> int(8.3)           ← 실수형을 정수형으로 변환
8
>>> float('8.7')       ← 스트링을 실수형으로 변환
8.7
>>> str(6)             ← 정수형을 스트링으로 변환
'6'
>>>
>>> tuple('happy')     ← 스트링을 튜플 형태로 변환
('h', 'a', 'p', 'p', 'y')
>>> type('hello')      ← 'hello'의 자료형 찾기
<class 'str'>
>>> chr(99)            ← 유니코드 99번에 해당하는 문자 찾기
```

```
'c'
>>> ord('7')        # 문자 '7'의 유니코드 값을 찾기
55
>>>
```

3) 순서형 데이터에 관련된 내장 함수: len(), range(), max(), min(), sum(), sorted()

len(seq)은 리스트, 튜플, 스트링과 같은 순서형 데이터 seq의 길이를 반환하고 range()는 range([start,] stop [,step]) 형식을 가지며 start와 step은 생략될 수 있다. range() 함수는 설정된 범위의 숫자를 나열해주며 for 루프와 같이 사용되는 경우가 많다.

```
>>> a = [1, Mon, 2, Tue, 3, Wed]
>>> len(a)        # 리스트 a의 길이(요소의 개수)
6
>>> list(range(3))        # 0에서 3 이전까지 숫자의 리스트
[0, 1, 2]
>>> list(range(1, 12, 2))        # 1부터 12 사이에 2간격의 숫자 리스트
[1, 3, 5, 7, 9, 11]
>>>
```

max(seq)와 min(seq)은 순서형 데이터 seq를 입력받아 최대값 및 최소값을 반환하고 sum(seq) 함수는 순서형 데이터 seq의 합을 구하여 반환한다. sorted(seq) 함수는 입력받은 순서형 데이터 seq를 정렬하여 반환하는 함수이다.

```
>>> max([3, 5, 7, -2, 6])        # 최대값 구하기
7
>>> min('Happy')        # 최소 코드값의 문자 찾기 구하기
'a'
>>> sum([3, 5, 7, -2, 6])        # 합계 구하기
19
>>> sorted([3, 5, 7, -2, 6])        # 리스트를 순서대로 정렬하기
[-2, 3, 5, 6, 7]
>>> sorted('holiday')        # 스트링의 문자를 순서대로 정렬하기
'a', 'd', 'h', 'i', 'l', 'o', 'y'
>>>
```

4) 일반적인 실행에 관련된 함수: input(), print()

input()은 사용자로부터 데이터를 입력받는 함수이고 print()는 출력하는 함수이다.

7.2.3 모듈 함수(Module Function)

파이썬의 장점 중에 하나가 여러 사람들이 미리 만들어 놓은 라이브러리가 많아서 다양한 어플리케이션 개발이 쉽다는 점이다. 파이썬에서 모듈(Module)이란 이미 작성해 놓은 프로그램을 말하며 파이썬의 모듈 함수에는 파이썬 표준 라이브러리 모듈이라고 불리는 것들과 파이썬이 자체적으로 지원하지는 않지만 제3자가 개발해 놓은 수많은 유용한 외부 모듈들이 존재한다.

▪ 모듈 함수의 사용

모듈에 작성해 놓은 함수를 사용하려면 우선 import 명령으로 모듈을 호출하고 모듈 이름 다음에 이어서 함수 이름을 사용하면 된다. 다음 예제에서는 앞의 예제에서 구한 평균을 이용하여 표준편차를 구하려고 한다. 표준편차를 구하기 위하여 제곱근(root)를 구해야 하는데 이와 같은 수학 함수들이 math라는 모듈에 정의되어 있다. 다음 그림에서 보여주고 있듯이 평균을 구하기 위한 sum()이나 len()은 내장 함수이므로 바로 호출하여 실행하고, 제곱근을 구하는 sqrt() 함수는 math 모듈을 먼저 import한 이후 math.sqrt() 형태로 함수를 실행한다.

[function_module.py]

```
def my_aver(mylist):                    # 숫자 리스트의 평균을 구하는 함수
    aver1 = sum(mylist) / len(mylist)   ← 내장 함수 호출
    return aver1

def my_std(mylist):                     # 리스트의 표준편차를 구하는 함수
    import math                         ← math 모듈 임포트
    average = my_aver(mylist)           ← 사용자정의 함수 호출
    variance = 0
    for data in mylist:
        variance += (data - average) ** 2
    stdev = math.sqrt(variance) / (len(mylist)-1)  # math.sqrt(x)
    return stdev                        ← math 모듈 함수 호출

if __name__ == '__main__':
    scorelist = [78, 56, 67, 95, 82]
    aver_val = my_aver(scorelist)       ← 사용자정의 함수 호출
    std_val = my_std(scorelist)
```

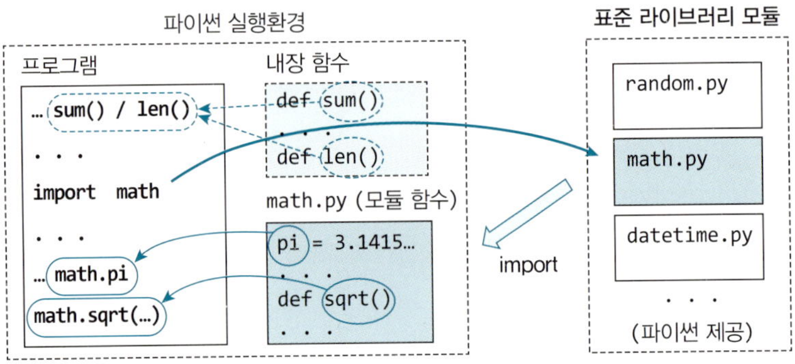

| 실행 결과 |

```
75.0 6.73609679265374
>>>
```

■ 모듈 함수의 유형

1) 파이썬 표준 라이브러리(Python Standard Library) 모듈

파이썬 언어는 다양한 표준 라이브러리들을 제공하고 있다. 수리연산을 위한 math 모듈, 스트링 처리를 위한 string 모듈, 정규표현식을 위한 re 모듈, 날자와 시간을 위한 datetime 모듈, 난수 생성을 위한 random 모듈 등 다양한 모듈들이 존재한다. 표 7-2는 파이썬에서 이용되는 표준 라이브러리 중 자주 사용되는 유용한 모듈들을 설명하고 있다.

[표 7-2] 사용빈도가 높은 파이썬 표준 라이브러리

모듈 이름	기능
math	다양한 수학 함수를 제공한다.
random	난수(Random number)를 발생시킨다.
datetime	날짜와 시간을 다양한 형식으로 표현한다.
string	문자열을 다루는 다양한 함수를 제공한다.
collection	성능이 좋은 집합 유형의 자료형을 다룬다.
itertools	효율적인 loop 코딩을 위한 iterator를 생성한다.
re	정규 표현식(Regular expression)을 다룬다.
test	회귀분석(Regression) 실험을 하는 기능을 제공한다.

csv	CSV 파일을 입출력하는 기능을 제공한다.
os	운영체제의 다양한 기능을 사용하는 인터페이스를 제공한다.
pdb	파이썬 디버거를 제공한다.

아래 예를 통해 math 모듈, random 모듈, datetime 모듈의 활용 사례를 알아보자.

```
>>> import math                          # math 모듈 임포트
>>> math.pi                              ← 파이 상수
3.141592653589793
>>> math.sin(3.141592653589/6)           ← math.sin() 함수 호출
0.49999999999988554
>>> math.sin(math.pi/6)
0.49999999999999994
>>>
>>> import random                        # random 모듈 임포트
>>> random.random()                      ← random() 함수 호출
0.07867037705489843                        0..1 사이의 값 반환
>>> random.random()
0.39218659613480333
>>> random.randint(1,12)                 ← randint() 함수 호출
6                                          1..12 사이의 랜덤 정수 반환
>>> random.randint(1,12)
3
>>>
>>> import datetime                      # datetime 모듈 임포트
>>> datetime.datetime.now()              ← 현재 시간 객체 구하기
datetime.datetime(2021, 7, 20, 8, 23, 1, 842093)
>>> datetime.datetime(2021, 1, 1)        ← 주어진 시간 객체 구하기
datetime.datetime(2021, 1, 1, 0, 0)
>>>
```

2) 외부 라이브러리(Third-Party Library) 모듈

외부 라이브러리 모듈은 제3자가 다양한 영역에서 필요에 따라 개발하고 일반 프로그래머들에게 무료로 공개한 것들이다. 외부 세계에 수많은 외부 라이브러리들이 존재한다. 현실적으로 프로그래머가 필요한 거의 모든 영역을 포함하고 있다 해도 과언이 아니다. 가장 많이 이용되는 외부 라이브러리들의 예를 들면, 데이터 분석 및 빅데이터 영역의 Pandas,

수리 및 통계 연산을 위한 Numpy와 Scipy, 그래프와 차트를 그리기 위한 Matplotlib, 기계학습을 위한 Scikit-learn, 딥러닝 응용을 위한 TensorFlow, 자연어처리를 위한 NLTK 등 매우 다양한 외부 라이브러리들이 존재한다. 원하는 외부 라이브러리를 일단 시스템에 설치(Install) 한 후에 외부 라이브러리 함수를 사용하기 위해서는 파이썬 표준 라이브러리와 마찬가지로 당연히 이들을 import 해야 한다(그림 7-6).

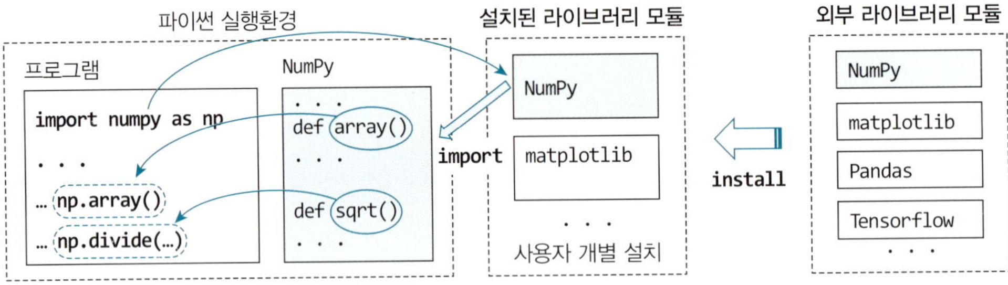

[그림 7-6] 외부 라이브러리의 설치 및 함수 호출 과정

[표 7-3] 자주 사용되는 외부 라이브러리

모듈 이름	기능
NumPy	데이터 구조 및 수치 계산을 위해 효율적으로 구현된 기능을 제공한다.
matplotlib	다양한 차트 및 그래프 표시를 가능케 하는 라이브러리이다.
Pandas	표 데이터 등 다양한 데이터 구조 및 시계열 분석 등의 통계 분석 기능을 제공한다.
Scipy	미적분, 확률, 통계 등 과학 분석 그리고 및 엔지니어링을 위한 과학계산 컴퓨팅 작업을 위한 라이브러리이다.
Django	웹 애플리케이션 개발을 위한 프레임워크로, 모델-뷰-컨트롤러 패턴을 지원한다.
PIL(Python Imaging Library)	다양한 이미지 파일 형식을 지원하고 강력한 이미지 처리와 그래픽 기능을 제공한다.
Scikit-learn	기계학습을 위한 데이터 변환 및 다양한 기계학습 알고리즘에 대한 함수를 오픈 소스로 제공한다.
NLTK(Natural Language Toolkit)	자연 언어 처리를 위한 다양한 기능을 제공하는 라이브러리이다.
TensorFlow	데이터 흐름 프로그래밍을 위한 라이브러리로서, 인공 신경망 등의 딥러닝 기계 학습 기능을 제공한다.

7.2.4 사용자정의 함수(User-defined Function)

사용자정의 함수는 7.1절에서 설명하였듯이 값을 반환하는 함수와 반환 값이 없는 함수

로 구분할 수 있다고 언급하였다. 또한 함수는 복수의 매개변수를 가지거나 매개변수가 전혀 없을 수도 있다. 함수가 때로는 한 개 이상의 값을 반환할 수 있다. 함수가 반환값으로 리스트 혹은 튜플 형태를 가지는 경우에는 복수의 값을 반환하게 된다. 아래 예에서 함수 max_min은 두 개의 값을 리스트로 반환한다.

[function_user.py]

```
def max_min(mylist):                    # 함수 max_min() 정의
    return [max(mylist), min(mylist)]   ← 리스트 형태로 반환

if __name__ == '__main__':
    scorelist = [78, 56, 67, 95, 82]
    result = max_min(scorelist)         ← 반환값을 리스트로 저장
    print('result =', result)
    best, worst = max_min(scorelist)    ← 반환값을 두 개 변수에 할당
    print('best, worst =', best, worst)
```

| 실행 결과 |

```
result = [95, 56]
best, worst = 95 56
>>>
```

7.2.5 람다(Lambda) 함수

■ 람다 함수의 의미

파이썬은 람다 함수라는 특이한 형태의 함수를 지원한다. 람다 함수란 함수 이름이 없는 익명의 함수로 미국의 수학자 알론조 처치(Alonzo Church)가 1936년 제안한 람다 대수에 기반하고 있다. LISP과 같은 함수형 언어는 람다 대수(Lambda Algebra) 개념에 기반하고 있으며 LISP 언어는 1980년대 인공지능 분야에서 가장 널리 사용되는 프로그래밍 언어가 되었다. 람다 함수는 하나의 표현식으로 정의되며 프로그램 내에서 한 번 또는 제한된 횟수만 사용된다.

일반적으로 함수를 정의하려면 def로 시작하는 함수 헤더가 있고 최소 한줄 이상의 몸체가 있어야 한다. 간단히 x+y나 a*x+b와 같은 수학 함수 같은 경우 기존의 함수로 작성한다면 다음과 같이 될 수 있다.

[function_def.py]

```
def plus(x, y):                          # 일반 함수 정의 plus
    return x+y          (일반 함수의 정의)

def my_fcn(x):                           # 일반 함수 정의 my_fcn
    a=2; b=7            (일반 함수의 정의)
    return a*x+b

if __name__ == '__main__':
    print('plus(3,5) =', plus(3,5))
    print('plus(string) =', plus('Forever ', 'young!'))
    print('my_fcn(4) =', my_fcn(4))
```

| 실행 결과 |

```
plus(3,5) = 8
plus(string) = Forever young!
my_fcn(4) = 15
>>>
```

이와 같은 경우 여러 줄의 코드를 작성하는 방법보다 함수 정의 없이 한 줄에 하나의 표현식으로 작성하는 람다(Lambda) 함수를 사용하는 것이 훨씬 편하게 될 것이다.

▪ 람다 함수의 정의와 호출

람다 함수는 아래의 형식을 가지고 있다. 키워드 lambda로 시작하고 〈매개변수〉가 나오며 반환할 값이 〈함수_표현식〉 형식을 가진다. 함수 이름 대신에 익명으로 lambda 라는 키워드를 사용하며 매개변수는 괄호 없이 lambda 뒤에 적어주면 된다. 이어서 콜론(:) 이후에 함수 몸체를 한 줄짜리 표현식으로 적어주면 된다. 람다 함수를 1회가 아니라 여러 차례 사용하려면 변수에 할당하는 것처럼 함수 이름에 람다 함수의 정의를 할당해 주면 된다.

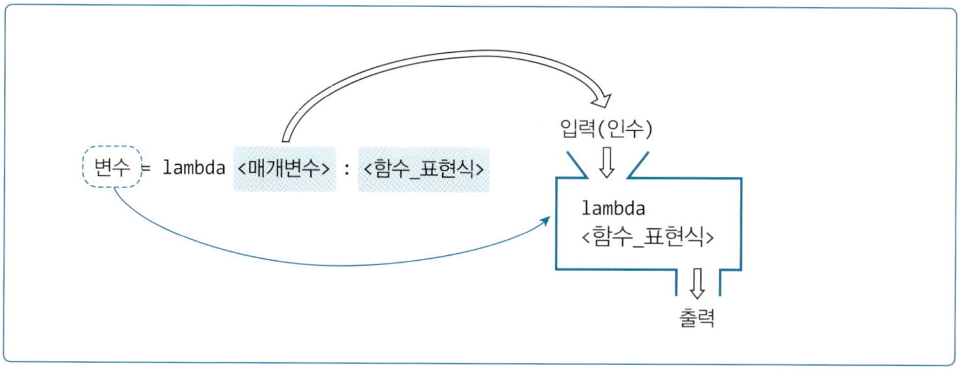

앞의 수식 예제에 람다 함수를 적용하면 다음과 같이 작성할 수 있다. 특히 my_fn의 경우에서처럼 매개변수 중 일부는 인수 값을 직접 지정할 수도 있다.

```
>>> plus = lambda x, y : x+y
>>> plus(3, 5)
8
>>> my_fn = lambda x, a=2, b=7 : a*x+b
>>> my_fn(4)
15
>>>
```

람다 함수 정의

람다 함수 정의

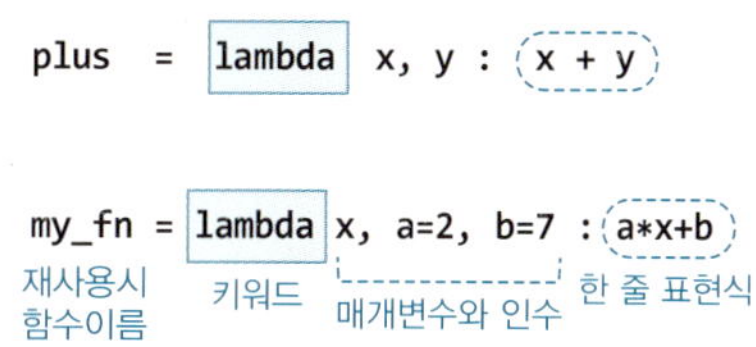

앞 절에서 작성했던 평균을 구하는 함수도 간단한 수식으로 표현할 수 있으므로 다음과 같이 람다 함수로 작성하여 편리하게 사용할 수 있다. 람다 함수를 이용하면 매우 축약된 형태의 함수가 되는 것을 볼 수 있다.

```
>>> my_aver = lambda list: sum(list) / len(list)
>>> scorelist = [78, 56, 67, 95, 82]
>>> my_aver(scorelist)
75.6
>>>
```

람다 함수 정의

람다 함수는 몇 가지 내장 함수와 종종 함께 사용된다. 여기서 람다 함수가 내장 함수 map() 및 filter()와 어떻게 사용되고 있는지 알아보자.

1) 람다 함수와 map( ) 함수

파이썬 내장 함수 map은 map(function, sequence)의 형식을 가지며 순서형 데이터 sequence의 값마다 각각 함수 function을 매핑한다. 아래 예에서 람다 함수는 lambda x: x**2이고 리스트인 scorelist의 각 요소마다 람다 함수를 적용하여 그 결과를 map 객체로 반환한다. 따라서 리스트 객체로 받아보고 싶으면 실행 결과에 list( ) 함수를 적용하면 된다.

```
>>> scorelist = [78, 56, 67, 95, 82]
>>> Squares = map(lambda x: x**2, scorelist)
>>> list(Squares)
[6084, 3136, 4489, 9025, 6724]
>>>
```

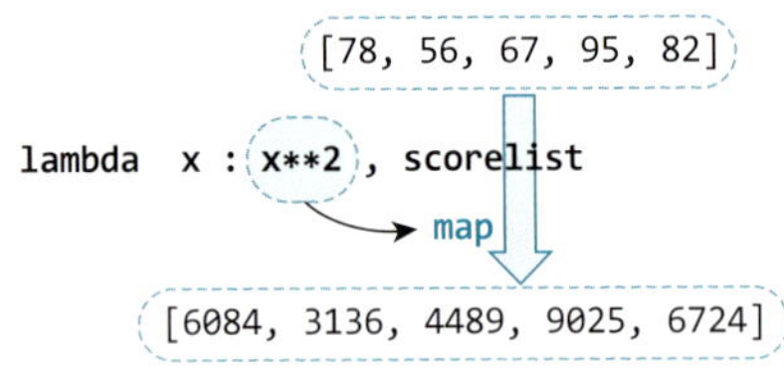

2) 람다 함수와 filter( ) 함수

파이썬 내장 함수 filter는 filter(function, sequence)의 형식을 가지며 순서형 데이터 값마다 각각 함수 function을 적용하여 이 값이 참(True)인 경우에 그 결과를 반환한다. 아래 예에서 lambda x: x 〈 82는 정수 x가 82보다 작은 경우, lambda x: x % 2는 정수 x가 홀수인 경우 참이 됨을 알 수 있다.

```
>>> scorelist = [78, 56, 67, 95, 82]
>>> list(filter(lambda x: x < 82, scorelist))
[78, 56, 67]
>>> list(filter(lambda x: x % 2, scorelist))
[67, 95]
>>>
```

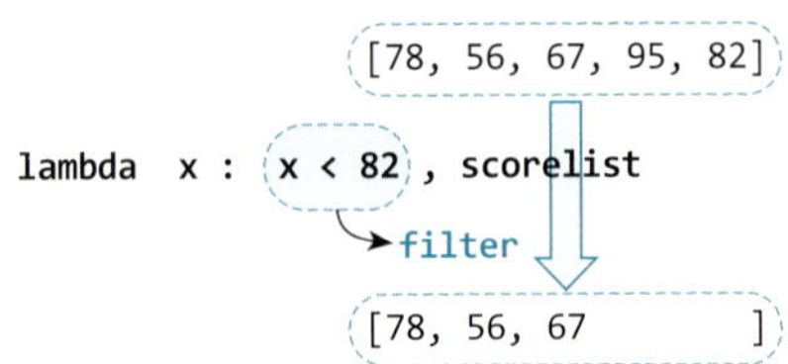

7.3 매개변수의 전달

수학에서 함수를 사용하는 이유는 여러 가지 입력 변수의 값에 대해 수식의 결과 값을 구하기 위한 것이다. 파이썬 함수에서는 매개변수로 입력변수를 표현하고 실제 인수 값으로 전달하게 되어 있다. 이 절에서는 매개변수와 인수의 다양한 전달 방식에 대해 설명한다.

7.3.1 매개변수(Parameter)와 인수(Argument)

앞 절의 함수 plus( )의 예제에서 보듯이 함수를 정의할 때는 plus(x, y)에서 매개변수를 x, y와 같은 변수 형태로 표현하였고, 함수를 호출할 때는 plus(2, 3)과 같이 실제 해당 값을 전달인수로 주어서 결과를 구하고자 한다. 이와 같이 함수를 정의할 때 함수 이름에 이어서 괄호 안에 변수로 나열해 놓은 것을 매개변수(Parameter)라 하며, 함수를 호출할 때 이 매개변수에게 원하는 값을 전달한다. 함수 호출시 실행하기 위한 값을 전달하기 위해 나열해 놓은 것을 인수(Argument)라고 한다. 즉 인수의 값이 함수의 매개변수로 전달된다. 매개변수를 형식 매개변수(Formal parameter), 인수를 실인수(Actual argument)라고도 부른다.

그림 7-7에서 plus( ) 함수의 예를 통해 매개변수의 전달 원리를 이해하자. plus(x, y)는 매개변수 x와 y를 더하거나 연결하여 결과를 반환하는 함수이다. 호출 프로그램에서 함수 plus를 호출하기 위하여 plus(3, 5) 또는 plus('Forever ', 'young!')을 사용하고 있다. 함수 호출 프로그램에서 3, 5, 또는 'Forever ', 'young!'이 모두 인수값에 해당하며, 이들 인수값이 각각 매개변수 x, y에 전달된다.

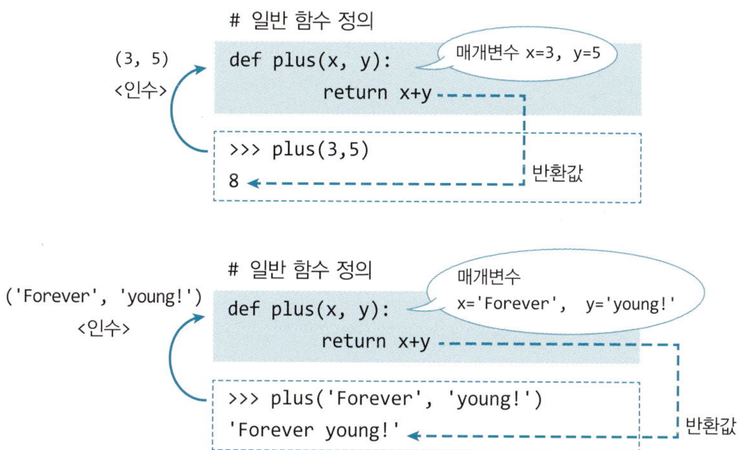

[그림 7-7] 매개변수와 인수

■ 매개변수 전달 방식

인수를 매개변수에 전달하는 방법에는 두 가지가 존재한다. 한 가지 방식은 인수값을 단순히 매개변수에 전달하고 함수는 전달받은 인수를 변경하지 않는 경우이고 다른 한 가지 방식은 전달받은 인수 값을 변경하는 경우이다. 파이썬 언어는 원칙적으로 이 두 가지 방식 모두 가능하다. 만일 매개변수의 값이 함수 내에서 변한다면 인수 값도 변하게 된다. 파이썬 언어의 특성상 매개변수 값의 변경은 리스트와 딕셔너리에서와 같은 변경가능 인수(Mutable Argument)는 가능하나 정수, 실수, 불리언, 스트링 및 튜플은 변경불가능 인수(Immutable Argument)이므로 매개변수 값의 변경이 불가능하다.

앞 절에서 소개한 plus(x, y) 함수나 my_fn(x) 함수에서는 plus(3, 5) 혹은 my_fn(4)와 같이 인수값을 매개변수로 전달해 주기만 하였다. 이와 같이 함수를 호출할 때 인수의 값을 전달해 주는 경우를 값에 의한 호출(Call by value) 방식이라고 한다. 매개변수의 데이터 형식이 정수, 실수, 불리언, 스트링 및 튜플과 같은 변경불가능 데이터 형인 경우에는 값에 의한 호출(Call by value) 방식만 적용이 가능하다.

한편 앞 절에서 살펴본 성적처리 관련 함수들에서는 아래 코드와 같이 성적을 scorelist라는 목록의 이름으로 전달하였다. scorelist라는 목록에는 하나의 값이 아니라 여러 개의 열거된 값이 저장되어 있다. 따라서 함수 호출할 때 전체 목록을 전달하기 위하여 실제로는 목록의 이름을 전달하여 함수 실행 시 목록 이름에 해당하는 메모리 주소로 가서 목록의 값을 찾아온다. 이러한 방식을 참조에 의한 호출(Call by reference) 방식이라고 한다.

[call_refer0.py]

```
def report_score3(sclist):                          # 사용자 함수 정의
    aver3 = sum(sclist) / len(sclist)               # 내장 함수 호출
    max3 = max(sclist)                              # 내장 함수 호출
    min3 = min(sclist)                              # 내장 함수 호출
    print('평균:', aver3, ' 최고:', max3, ' 최저:', min3)   ← Call by value

if __name__ == '__main__':
    scorelist = [78, 56, 67, 95, 82]
    report_score3(scorelist)   ← Call by reference
    print('scorelist =', scorelist)
```

| 실행 결과 |

```
평균: 75.6  최고: 95  최저: 56
[78, 56, 67, 95, 82]   ← 값은 변하지 않음
>>>
```

참조에 의한 호출(Call by reference) 방식에서는 일방적으로 값을 전달하는 것 뿐 만이 아니라 함수가 실행된 결과로 얻은 값을 return 명령을 통하지 않고 받을 수 있다. 기본적으로 메모리 주소에 해당하는 목록의 이름만 전달받았으므로 함수 실행 결과로 목록의 내용을 수정해 놓으면 된다. 만약 성적 목록을 백분율 점수로 바꾸려면 다음과 같이 참조에 의한 호출 방식으로 프로그램을 작성하면 된다. 예제에서 보는 바와 같이 scorelist의 점수 값들이 함수 실행 후에 백분율 값으로 변경되어 있다.

[call_refer1.py]

```
def percent_score(mylist):                       # 사용자 함수 정의
    max_val = max(mylist)
    for k in range(len(mylist)):
        mylist[k] = 100 * mylist[k] / max_val    # 매개변수 값 변경

if __name__ == '__main__':
    scorelist = [78, 56, 67, 95, 82]
    percent_score(scorelist)
    print('scorelist =', scorelist)
```

(def percent_score(mylist): ← Call by reference)
(percent_score(scorelist) ← Call by reference)

| 실행 결과 |

```
scorelist = [82.10526315, 58.94736842, 70.52631578, 100.0, 86.3157894]
>>>
```

(값이 변경되었다.)

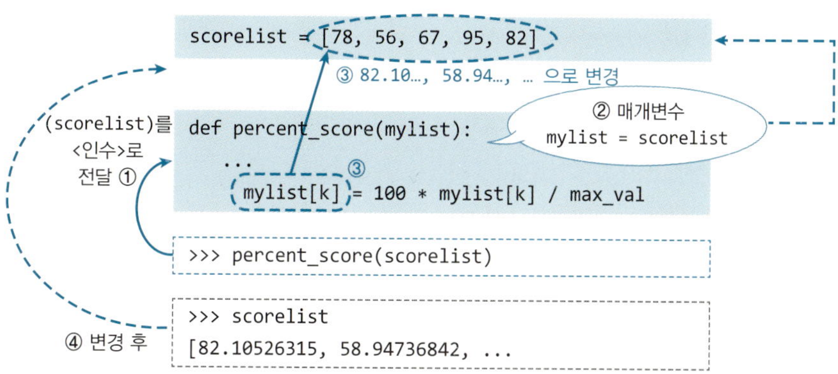

리스트와 딕셔너리 데이터형의 매개변수는 참조에 의한 호출 방식으로 변경이 가능하지만, 이를 이용하여 파이썬 프로그램을 작성할 때에는 매우 조심하여야 한다. 함수가 반환하는 값은 return 문을 통해 수행하는 것이 원칙적이며, 매개변수 값의 변경을 통한 전달 방식은 프로그램의 논리에 혼돈을 일으키기 쉬우므로 꼭 필요한 경우에만 적용하는 것이 바람직하다.

7.3.2 위치 인수, 키워드 인수 및 디폴트 인수

■ 위치 인수(Positional argument)

그동안 살펴보았던 프로그램에서 함수에 인수를 전달할 때 매개변수를 정의한 순서대로 값을 전달하였다. 원칙적으로 호출하는 프로그램의 인수와 호출 당하는 함수의 매개변수 간에는 위치에 따라 값들이 전달된다. 그동안 함수 호출할 때처럼 매개변수를 정의한 순서대로 인수를 전달하는 방식을 위치 인수(Positional argument)라고 한다. 다음의 예제에서는 성적처리 결과를 인쇄하는 함수 report_score4( )를 다음과 같이 모듈에 작성하고, 이 함수를 호출할 때 성적목록, 평균, 최고, 최하 순으로 인수값을 전달하였다.

[arg_position.py]

```
def report_score4(sclist, aver, max, min):
    print('성적 : ', sclist)
    print('평균 : ', aver)
    print('최고 : ', max, ',  최하 : ', min)

scorelist = [78, 56, 67, 95, 82]
my_aver = sum(scorelist) / len(scorelist)
my_max = max(scorelist)
my_min = min(scorelist)
```

매개변수 전달 순서: 점수목록, 평균, 최고, 최하

출력 후에 바로 종료

위 프로그램의 실행 결과는 다음과 같다.

```
def report_score4 (sclist,  aver,      max,      min):
      <위치 인수>
>>> report_score4(scorelist, my_aver, my_max, my_min)
성적 :  [78, 56, 67, 95, 82]
```

```
평균 :  75.6
최고 :  95 ,  최하 :  56
>>>
```

아래 실행 결과에서 보듯이 만약 인수값의 순서가 바뀌면 매개변수에 잘못된 값이 전달된다. 평균값과 최고 및 최하 점수가 바뀐 것을 볼 수 있다. 또한 인수의 개수가 다르면 실행 오류가 발생된다. 두 번 째 실행 예에서는 평균값 인수가 빠져서 오류가 발생한 것을 볼 수 있다.

```
def report_score4 (sclist,  aver,     max,     min):
        <위치 인수>                                      위치 오류
>>> report_score4(scorelist, my_max, my_min, my_aver)
성적 :  [78, 56, 67, 95, 82]
평균 :  95        실제로는 최고 점수
최고 :  56 ,  최하 :  75.6        실제로는 최하 및 평균 점수
>>>
```

```
def report_score4 (sclist,  aver,     max,     min):
        <위치 인수>                              인수 없음
>>> report_score(scorelist, my_max, my_min)
Traceback (most recent call last):
  File "<pyshell#7>", line 1, in <module>
    report_score4(scorelist, my_max, my_min)
TypeError: report_score4() missing 1 required positional argument: 'min'
>>>
```

■ 키워드 인수(Keyword argument)

경우에 따라서는 매개변수가 전달 받는 값의 위치를 변경하고 싶은 경우가 있다. 만약에 매개변수의 순서나 위치에 혼동 여지가 있을 때에는 매개변수의 이름을 밝히고 직접 값을 할당하여 전달해 줄 수도 있다. 앞의 예에서 평균값, 최대값, 최소값의 순서가 혼동된다면 min=my_min, max=my_max 라는 식으로 매개변수 이름을 키워드로 하여 값을 지정하여 전달하면 인수의 위치에 상관없이 동일한 실행 결과를 얻을 수 있다. 키워드 인수(Keyword argument)는 이름으로 전달되므로 max=my_max, min=my_min, aver=my_aver 순서로 호출하여도 동일한 결과를 얻는다.

```
def report_score4 (sclist,   aver,      max,      min):
```

<위치 인수> <키워드 인수>

```
>>> report_score4(scorelist, my_aver, min=my_min, max=my_max)
성적 :  [78, 56, 67, 95, 82]
평균 :  75.6
최고 :  95 ,  최하 :  56
>>>
```

```
def report_score4 (sclist,   aver,      max,      min):
```

<위치 인수> <키워드 인수>

```
>>> report_score4(scorelist, max=my_max, min=my_min, aver=my_aver)
성적 :  [78, 56, 67, 95, 82]
평균 :  75.6
최고 :  95 ,  최하 :  56
>>>
```

평균값 aver의 전달 위치가 혼동이 된다면 위와 같이 aver=my_aver 라고 키워드 인수로 지정해 줄 수 있다. 단, 키워드 인수를 사용하고 난 이후에 나오는 매개변수에는 위치 인수를 사용하지 못하고 모두 키워드 인수를 사용해야 한다. 즉, max와 min은 aver 다음에 위치하므로 이들 인수도 키워드로 지정해 주어야 한다. 만약, 키워드 인수 뒤에 위치 인수가 나오면 아래의 예에서 보듯이 실행 오류가 발생한다.

```
>>> report_score4(scorelist, aver=my_aver, my_min, my_max)
SyntaxError: positional argument follows keyword argument
>>>
```

키워드 인수 뒤에 위치 인수가 나오면 실행 오류

■ 디폴트 인수(Default argument)

경우에 따라서는 호출 프로그램에서 특정 인수의 값을 고정시키고 싶은 경우가 있다. 이러한 인수를 디폴트 인수(Default argument)라 부른다. 디폴트 인수는 함수를 정의할 때 미리 해당 인수에 디폴트 값을 부여한다. 아래 예에서 함수 report_score5( )의 매개변수 max와 min을 각각 디폴트 값 100, 60으로 고정시켰음을 볼 수 있다. 두 번 째 예에서 보듯이 디폴트 인수로 값을 지정한 매개변수는 키워드 인수를 이용하여 다른 값으로 변경할 수도 있다.

[arg_default.py]

```
def report_score5(sclist, aver, max=100, min=60):
    print('성적 : ', sclist)
    print('평균 : ', aver)
    print('최고범위 : ', max, ',  최하범위 : ', min)

scorelist = [78, 56, 67, 95, 82]
my_aver = sum(scorelist) / len(scorelist)
my_max = max(scorelist)
my_min = min(scorelist)
```

max, min은 디폴트 인수

```
def report_score5 (sclist, aver, max=100, min=60):
```

<위치 인수> <디폴트 인수>

```
>>> report_score5(scorelist, my_aver)
성적 :  [78, 56, 67, 95, 82]
평균 :  75.6
최고범위 :  100 ,  최하범위 :  60
>>>
```

```
def report_score5 (sclist, aver, max=100, min=60):
```

<위치 인수> <디폴트 인수>

```
>>> report_score5(scorelist, my_aver, max=105, min=50)
성적 :  [78, 56, 67, 95, 82]
평균 :  75.6
최고범위 :  105 ,  최하범위 :  50
>>>
```

디폴트 인수값 변경

7.4 변수의 효력 범위(Scope)

변수에는 프로그램에서 접근할 수 있는 범위가 존재한다. 함수를 작성하다 보면 함수 내에서만 사용되는 변수 이름도 있지만, 함수 밖에서 사용하는 변수와 동일한 이름의 변수를 함수 내에서 사용하는 경우가 있다. 그 변수를 함수 밖이나 함수 내에서 같은 값으로 그대로 유효하게 사용하는 경우도 있고, 함수 내에서 새롭게 정의하여 별도의 값을 가지는 경우도 있다. 변수의 효력 범위(Scope of variable)란 해당 변수가 프로그램 내에서 어디까지 유효한지 접근 가능한 범위를 말한다.

7.4.1 지역변수(Local Variable)와 전역변수(Global Variable)

프로그램 내에서 변수의 접근 가능한 효력 범위가 전체 프로그램인 경우 전역변수, 특정 함수 이내인 경우 지역변수라고 한다. 그림 7-8에서 보여주듯이 지역변수는 정의된 함수 내에서만 생성되어 사용되고 함수 실행을 마치면 자동으로 사라진다. 파이썬 함수 내에서 정의된 모든 변수는 지역변수이다. 반면, 전역변수는 함수 밖에서 선언되어 프로그램의 실행 도중에는 함수의 내부 혹은 외부 상관없이 계속해서 사용된다.

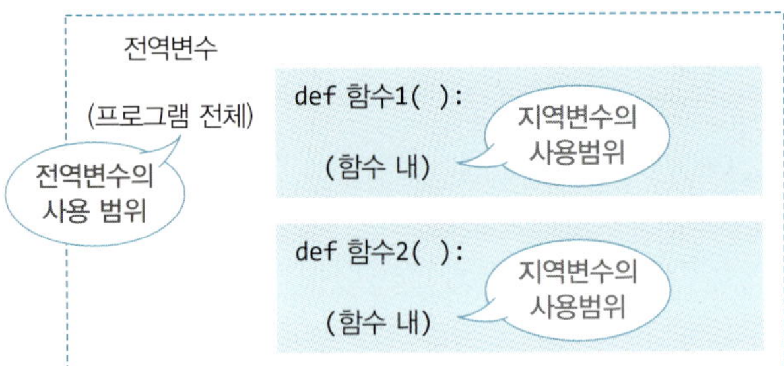

[그림 7-8] 지역변수와 전역변수

다음의 예는 융합예술대학의 어떤 행사에 등록하는 학생의 소속 학과명을 출력해주는 프로그램이다. 각 학과별로 등록하는 함수를 각각 작성하여 학생 이름을 전달해주면 이름 뒤에 소속 학과까지 출력을 해주도록 하였다.

[var_scope0.py]

```
div = '융합예술대학'                 # 전역변수 선언
dept = '<미기재>'  ← 전역변수        # 전역변수 선언
```

```
def reg_GM (name):
    dept = '게임개발학과'                    # 지역변수 선언
    print ('이름 :', name, ', 소속 :', div, dept)
                                   전역변수  지역변수
```

```
def reg_MG (name):
    dept = '만화창작학과'                    # 지역변수 선언
    print ('이름 :', name, ', 소속 :', div, dept)
                                   전역변수  지역변수
```

```
def reg_BT (name):
    dept = '뷰티디자인학과'                  # 지역변수 선언
    print ('이름 :', name, ', 소속 :', div, dept)
                                   전역변수  지역변수
```

우선 학과별 함수를 실행하기 전에 div과 dept를 확인해 보고, 함수를 reg_GM('홍길동')과 reg_MG('장보고')를 호출하고, 다시 또 div와 dept를 확인해 보자.

```
>>> div, dept                                  ← 전역변수로 처리
('융합예술대학', '<미기재>')
>>> reg_GM('홍길동')
이름 : 홍길동 , 소속 : 융합예술대학 게임개발학과   ← 지역변수로 처리
>>> reg_MG('장보고')
이름 : 장보고 , 소속 : 융합예술대학 만화창작학과   ← 지역변수로 처리
>>> div, dept
('융합예술대학', '<미기재>')                     ← 전역변수로 처리
>>>
```

이 프로그램에서 div의 값은 함수 밖이나 함수 내에서나 변하지 않고 '융합예술대학'으로 출력되었다. div 변수는 함수들이 선언된 곳 밖에서 정의되었고 함수 내에서는 재정의된 바 없이 출력에만 사용되었다. 따라서 div는 전 프로그램에서 전역변수로 사용되어 값이 동일하게 유지되었다. 반면, dept 변수는 처음에는 '〈미기재〉'로 설정되었고, 각 함수 내에서는 각 학과 이름으로 다시 설정되었다. 따라서 함수 내에서 재설정된 dept는 해당 함수의 지역변수이며 새로 설정된 값은 함수 내에서만 사용되고 함수가 종료되면 원래 값으로 바뀌게 된다.

7.4.2 전역변수(Global Variable)의 명시적 선언

간혹 전역변수의 값을 함수 내에서 변경해야 되는 경우가 있다. 앞 절의 프로그램에서 등록 학생에게 일련번호를 부여하여 출력하도록 각 학과별 함수를 수정해 보자. 등록번호를 전역변수 reg_no로 설정하고 초기값을 0으로 주었다. 그리고 각 함수가 호출될 때마다 등록 학생이 추가 된 것이므로 각 등록 함수 내에서 전역변수 reg_no 값을 1씩 증가시켜서 일련번호를 출력하도록 하였다. 이 때 전역변수의 값을 함수 내에서 변경하기 위해서는 reg_no라는 변수가 전역변수라는 사실을 global이라는 키워드를 사용하여 명시적으로 표기해 주어야 한다. 앞의 프로그램에서 reg_no를 global 키워드로 지정하도록 다음과 같이 수정하였다.

[var_scope1.py]

```
div = '융합예술대학'
dept = '<미기재>'
reg_no = 0

def reg_GM (name):
    dept = '게임개발학과'
    global reg_no                    전역변수의 명시적
    reg_no += 1                      선언 및 값의 변경
    print (reg_no, '. 이름 :', name, ', 소속 :', div, dept)

def reg_MG (name):
    dept = '만화창작학과'
    global reg_no                    전역변수의 명시적
    reg_no += 1                      선언 및 값의 변경
    print (reg_no, '. 이름 :', name, ', 소속 :', div, dept)

def reg_BT (name):
    dept = '뷰티디자인학과'
    global reg_no                    전역변수의 명시적
    reg_no += 1                      선언 및 값의 변경
    print (reg_no, '. 이름 :', name, ', 소속 :', div, dept)
```

이제 함수를 실행해보면 아래에서 보듯이 학생 이름을 등록할 때마다 등록번호가 하나씩 증가한다. reg_no를 global로 선언하여 전역변수로 사용되도록 하였기 때문에 어느 학과

로 등록하든지 상관없이 함수가 호출될 때 마다 공통적으로 하나씩 증가한다. 마지막 줄에서 전역변수 reg_no의 값은 증가했지만 div와 dept 값은 변하지 않은 것을 볼 수 있다.

전역변수로 처리

```
>>> reg_no, div, dept
(0, '융합예술대학', '<미기재>')
>>> reg_GM('홍길동')
1 . 이름 : 홍길동 , 소속 : 융합예술대학 게임개발학과
>>> reg_MG('장보고')
2 . 이름 : 장보고 , 소속 : 융합예술대학 만화창작학과
>>> reg_GM('박문수')
3 . 이름 : 박문수 , 소속 : 융합예술대학 게임개발학과
>>> reg_BT('장영실')
4 . 이름 : 장영실 , 소속 : 융합예술대학 뷰티디자인학과
>>> reg_no, div, dept
(4, '융합예술대학', '<미기재>')
```

연습문제

A. 괄호 넣기 및 객관식

1 함수는 (   )의 기능을 지원한다. 따라서 프로그램의 동일한 부분을 반복 작성할 필요 없이 한번 정의한 프로그램을 반복 호출하거나 이미 존재하는 함수를 불러다 사용할 수 있다.

2 파이썬의 모듈 함수 중 한 가지로 파이썬 언어가 갖고 있지만 임포트(import) 하여 사용하는 것을 (   ) 모듈이라고 한다. 예를 들어 math 함수, random 함수들이 이러한 유형에 속한다.

3 파이썬의 내장 함수 중 (   )은 x를 y로 나눈 몫과 나머지를 튜플 형태로 반환하며, (   ) 은 숫자 x의 절대값을 반환한다.

4 파이썬은 (   ) 라는 특이한 형태의 함수를 지원한다. 이 함수는 이름이 없는 익명의 함수이다. 하나의 표현식으로 정의 되며, 프로그램 내에서 한번 또는 제한된 횟수만 사용된다.

5 인수를 매개변수에 전달하는 방법에는 두 가지가 존재한다. 한 가지 방식은 인수값을 단순히 매개변수에 전달하고 함수는 전달받은 매개변수를 변경하지 않는 방식으로 (   ) 방식이라고 한다. 다른 한 가지는 함수 호출 시 전체 목록을 전달하기 위해 실행 시 목록 이름에 해당하는 메모리 주소로 가서 찾는 방식으로 (   ) 방식 이라고 한다.

6 함수에 인수를 전달할 때 매개변수를 정의한 순서대로 인수를 전달하는 방식이 있다. 즉, 호출하는 프로그램의 인수와 호출 당하는 함수의 매개변수 간에는 위치에 따라 값들이 전달된다. 이러한 인수 전달방식을 (   )라고 한다.

7 프로그램 내에서 변수의 접근 가능한 효력 범위가 전체 프로그램인 경우 (   ) 라고 한다. 이때 이 값을 함수 내에서 변경해야 하는 경우가 있을 시 (   )라는 키워드를

사용하여 명시적으로 표기해 주어야 한다. 이와 다르게 효력 범위가 특정 함수 이내인 경우는 (   )라고 한다.

8 다음 프로그램은 리스트의 모든 원소를 더하여 반환하는 list_sum 함수이다. 괄호 속에 와야 하는 것은?

```
(                              ) :
    sum1 = 0
    for item in mylist:
        sum1 += item
    return sum1
```

(a) def list_sum(mylist[ ])
(b) def list_sum( )
(c) def list_sum(mylist)
(d) def list_sum(list[mylist])

9 다음 프로그램의 실행 결과는?

```
sum = 0
def function(a, b):
    global sum
    temp = a
    a = b
    b = a
    sum += temp
    return a
```

```
>>> x = function(3,5)
>>> print(sum, x)
```

(a) 5 3
(b) 3 5
(c) 3 3
(d) 0 5

10 파이썬 내장 함수 중 입력 데이터 x의 자료형을 알려주는 함수의 이름은?

(a) data( )
(b) eval( )
(c) type( )
(d) property( )

11 다음 프로그램의 실행 결과는?

```
>>> mylist = [50, 48, 60, 76, 84, 55]
>>> list(filter(lambda x: x % 3, mylist))
```

(a) [50, 76, 55]
(b) [16, 20, 28]
(c) [48, 50, 84]
(d) [2, 0, 1, 0, 1]

12 다음 프로그램의 실행 결과는?

```
>>> import math
>>> mylist = [121, 144, 64, 49, 16]
>>> Squares = map(lambda x, y=2: math.sqrt(x) * y, mylist)
>>> list(Squares)
```

(a) [11.0, 12.0, 8.0, 7.0, 4.0] (b) [242.0, 288.0, 128.0, 98.0, 32.0]
(c) [5.5, 6.0, 4.0, 3.5, 2.0] (d) [22.0, 24.0, 16.0, 14.0, 8.0]

13 함수의 유용성 및 필요성과 가장 관련성이 적은 것은?

(a) 추상화 (b) 단순화 (d) 가용성 (d) 재사용

14 함수에 인수를 전달할 때 호출 프로그램에서 특정 인수의 값을 고정시키고 싶은 경우가 있다. 이 함수를 정의할 때 미리 해당 인수에 값을 부여하는 방식을 무엇이라 하는가?

(a) 키워드 인수 (b) 디폴트 인수 (c) 시퀀스 인수 (d) 위치 인수

15 변수에는 프로그램에서 접근할 수 있는 범위가 존재한다. 함수를 작성하다 보면 함수 내에서만 사용되는 변수 이름도 있지만, 함수 밖에서 사용하는 변수와 동일한 이름의 변수를 함수 내에서 사용하는 경우가 있다. 프로그램 내에서 변수의 접근 가능한 효력 범위가 전체 프로그램인 경우 무엇이라 하는가?

(a) 현역변수 (b) 전체변수 (c) 전역변수 (d) 지역변수

B. 따라하기 실습

1 두 수의 차이를 계산해 주는 함수 diff( )를 정의하고 그 결과를 알아보자.

```
>>> def diff(a, b):
        if a > b:
            return a - b
        else:
            return b - a

>>> print( diff(7, 2) )
>>> print( diff(5, 10) )
```

2 학생 이름과 성적 등급을 출력하는 함수 checkGrade()를 정의하고 그 결과를 알아보자.

```
>>> def checkGrade(name, score):
        if score > 90:
            print(name, '학점 A')
        elif score > 80:
            print(name, '학점 B')
        elif score > 70:
            print(name, '학점 C')
        else:
            print(name, '학점 F')

>>> scores = [('길동',86),('민지',70),('명희',50),('철수',73),('영웅',100)]

>>> for name, score in scores:
        checkGrade(name, score)
```

3 주어진 문자의 ASCII 코드 값이 맞는지 확인하는 함수 ascii_check()를 정의하고 실행 결과를 알아보자.

```
>>> def ascii_check(ch, num):
        if(chr(num)==ch):
            return True
        else:
            return False

>>> str = [('A', 65), ('B', 1), ('c', 99)]
>>>
>>> for ch, num in str:
        print(ascii_check(ch, num))
```

4 아래와 같이 mult_n_sub() 함수를 정의하고 그 결과를 알아보자.

```
>>> def mult_n_sub(x,y):
        if x > y :
            sub = x - y
        else:
            sub = y - x
        return (x * y, sub)

>>> tlist = []
>>> tlist.append(mult_n_sub(1,3))
>>> tlist.append(mult_n_sub(3,4))
>>> tlist.append(mult_n_sub(4,2))
>>> tlist
```

5 주어진 숫자의 제곱을 반환해 주는 일반 함수 square()를 정의하고 그 결과를 알아보자. 또한 같은 기능을 수행하는 람다 함수가 어떻게 작용하는지 알아보자.

```
>>> mylist = [1, 2, 3, 4, 5]
>>>         #with conventional function
>>> def square(t):
        return t * t

>>> sq_list = []
>>> for item in mylist:
        sq_list.append(square(item))
>>> print('일반함수 이용', sq_list)
>>>
>>>         #with lambda function
>>> sq_list = map(lambda t: t * t, mylist)
>>> print('람다함수 이용', list(sq_list))
```

6 주어진 횟수만큼 주사위를 던져 나온 숫자를 리스트로 반환해 주는 함수 random_dice()를 정의하고 그 결과를 알아보자. 이 때 전달인수의 내용이 바뀜을 확인하라.

```
>>> import random
>>>
>>> def random_dice(numlist, count):
        for i in range(count):
            numlist.append(random.randint(1,6))

>>> mylist = []
>>> random_dice(mylist, 7)
>>> mylist
```

7 아래와 같이 두 수를 서로 바꾸는 함수 swap()을 정의하고 그 결과를 알아보자. 또한 swap() 함수가 제대로 작동하는지, 아니라면 그 이유를 알아보자.

```
>>> def swap(a, b):
        temp = a
        a = b
        b = temp
        print('swap 함수 안', a, b)

>>> num1, num2 = 5, 33
>>> swap(num1, num2)
>>> print('swap 함수 밖', num1, num2)
```

8 사용자가 화면에서 클릭하는 위치에 사각형을 그리는 프로그램을 아래와 같이 turtle 모듈을 import 하고 draw 함수를 정의하여 그 결과를 알아보자. dl 프로그램을 쉘 모드가 아니라 IDLE 환경에서 편집기를 이용하여 파일에 작성하여 실행하라.

```
import turtle
tut = turtle.Turtle()
screen = tut.getscreen()

def draw_rect(x, y):
    tut.penup()
    tut.goto(x,y)
    tut.pendown()
    for i in range(4):
        tut.forward(100)
        tut.left(90)

screen.onclick(draw_rect)
screen.mainloop()    # 프로그램 동작 유지
```

C. 프로그래밍 실습

1 양의 정수 num을 입력받은 후, 0~num까지의 숫자 중에서 3으로 나누어떨어지는 수의 개수를 반환하는 함수 num_divided3( )를 for-range 문을 이용하여 정의하라. 이 프로그램에서 사용자로부터 숫자를 입력 받아 num_divided3( )의 결과를 출력하며 반복하다가 'exit' 혹은 빈 문자(' ')가 입력되면 종료된다. 아래의 주어진 코드를 부분적으로 활용하라.

| 참고 프로그램 코드 |

```
def num_divided3( num ):
    ...
    for i in range(...)
    ....
    return count
while True:
    in_str = input('>> 정수를 입력하시오 : ')
    ...
```

| 실행 결과 예시 |

```
>> 정수를 입력하시오 : 7
  *3의 배수 개수 = 2
>> 정수를 입력하시오 : 40
  *3의 배수 개수 = 13
>> 정수를 입력하시오 : 300
  *3의 배수 개수 = 100
>> 정수를 입력하시오 : exit
>>>
```

2 아래의 입출력 형식을 만족하는 3자리 숫자야구 프로그램을 구현하라.
문제로 주어진 숫자의 각 자리는 0~9 사이 정수이며 중복이 가능하다. 문제는 random으로 작성되며 사용자가 입력한 답(3자리 숫자)에서 문제와 같은 숫자가 동일한 자리에 있으면 strike 문제와 같은 숫자가 다른 자리에 있으면 ball이 된다. 입력이 없으면 답과 시도 횟수를 인쇄하고 종료한다.

예제) 문제: 123
입력숫자: 147이면 1 strike (1이 있고 자리가 같음)
입력숫자: 531이면 1 ball (1이 있고 자리가 다름)
입력숫자: 135이면 1 strike 1 ball

| 참고 프로그램 코드 |

```
import random
...
answer = 3자리 임의의 숫자
def baseball(ans, ges):
    ...    # strike, ball 계산
    return (strike, ball)
while guess:
    guess = input('>> 정수를 입력하시오 : ')
    strike, ball = baseball (answer, guess)
    ...
```

| 실행 결과 예시(1) |

```
> 예측값 3자리 수를 입력하세요 : 147
 1회 결과 : 0 strike 1 ball
> 예측값 3자리 수를 입력하세요 : 413
 2회 결과 : 0 strike 0 ball
> 예측값 3자리 수를 입력하세요 : 765
 3회 결과 : 0 strike 2 ball
> 예측값 3자리 수를 입력하세요 :
 ** 276 : 4번 시도!
>>>
```

| 실행 결과 예시(2) |

```
> 예측값 3자리 수를 입력하세요 : 987
 1회 결과 : 1 strike 1 ball
> 예측값 3자리 수를 입력하세요 : 972
 2회 결과 : 3 strike 0 ball
 ** 972 : 2번 만에 승리하였습니다!
>>>
```

3 1등번호가 다음과 같이 주어졌을 때, 6자리 로또 번호를 5개 생성하는 로또 생성기를 만들고 1, 2, 3, 4등에 당첨된 횟수를 출력하는 프로그램을 만들어라. 1등 번호는 [1, 3, 4, 8, 9, 43] 이고 로또의 각 번호는 1~45 사이의 무작위 숫자이다. 1등은 같은 번호 6개, 2등은 같은 번호 5개, 3등은 같은 번호 4개, 4등은 같은 번호 3개이다. 생성된 로또번호는 sorting 되어 있어야 한다. 로또 번호와 1등 번호를 비교하여 당첨 등수를 반환하는 함수를 만들고 이를 활용하여 프로그램을 만들라. 아래 템플릿을 참고하라.

| 참고 프로그램 코드 |

```
def checkRank(lotto):        # lotto: 1개의 로또 list
    rank = -1                # 로또 등수 저장 변수
    # 1등 번호와 로또번호를 비교하여 등수를 rank에 저장.
    # 꽝인 경우 rank에 0을 저장
    return rank
```

| 실행 결과 예시 |

```
1등 번호 : [1,3,4,8,9,43]

로또번호 :
[2, 8, 9, 23, 37, 43]
[5, 6, 17, 18, 26, 43]
[8, 9, 14, 15, 21, 22]
[9, 11, 12, 24, 29, 42]
[3, 10, 12, 16, 21, 36]
로또 5개 생성이 완료 되었습니다.

로또 당첨 횟수는
1등 : 0회
2등 : 0회
3등 : 0회
4등 : 1회
입니다.
>>>
```

08

CHAPTER

프로그램의 모듈화

contents

| 단원개요 |

일반적으로 실세계 문제를 해결하는 파이썬 프로그램은 그 크기가 매우 크다. 따라서 프로그램을 하나로 개발하지 않고 기능별로 나누어 모듈들을 만들어 구성한다. 모듈에서 사용하는 변수 이름들 간에 서로 충돌하지 않도록 하는 방법을 알아보자. 또한 동일한 목적으로 존재하는 모듈들을 효율적으로 관리하기 위하여 패키지 형태로 조직한다. 마지막으로 파이썬이 제공하는 표준 라이브러리 모듈을 알아보자.

08 프로그램의 모듈화

8.1 모듈화 설계

모듈화 설계가 무엇을 의미하는지 알아보고 모듈화 설계의 이점을 이해하자. 실제 사례를 통하여 파이썬 프로그램의 모듈을 알아보고 파이썬의 문서화 속성 __doc__를 설명한다.

8.1.1 모듈이란?

■ 모듈화 접근

복잡한 문제를 해결하거나 복잡한 시스템을 설계하기 위하여 혼자서 모든 일을 담당한다는 것은 현실적으로 매우 어렵고 바람직하지 않다. 복잡한 시스템을 개발하기 위하여 우리는 흔히 하향식 접근 방식(Top-down Approach)을 사용한다. 그림 8-1에서 보듯이 메인 모듈은 몇 개의 하위 모듈로 구성될 수 있다. 이들을 서브 모듈이라 한다. 서브 모듈은 다시 그 아래 하위 모듈들로 구성된다. 모듈화 접근이란 큰 프로그램을 처리할 수 있는 정도의 크기로 나누어 개발하는 것을 의미한다. 이렇게 함으로써 각 모듈은 독립적으로 개발되고 테스트 될 수 있는 단위가 된다.

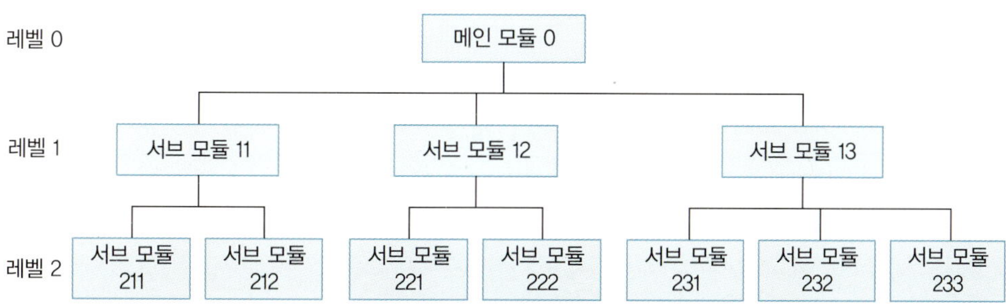

[그림 8-1] 모듈화 설계의 개념

모듈화 개념은 오래 전부터 엔지니어링 분야에 적용되어 왔다. 제품을 설계하고 제작할 때 더 작은 구성 요소들로 나누어 시스템을 구성함으로써 설계, 제작, 관리, 변경이 용이해진다. 예를 들어, 자동차, 휴대폰과 같은 제품을 제작할 때도 모듈화 개념을 적용해 왔다. 모듈화 접근 방식은 소프트웨어를 개발할 때도 그대로 적용된다. 그림 8-2는 휴대폰 소프트웨어를 모듈화 개념에 따라 구성한 것이다. 휴대폰이 음성처리 모듈, 메시지처리 모듈, 전화번호관리 모듈로 구성되어 있다고 하자. 각 모듈은 다시 각각의 하위 모듈들로 구성된다.

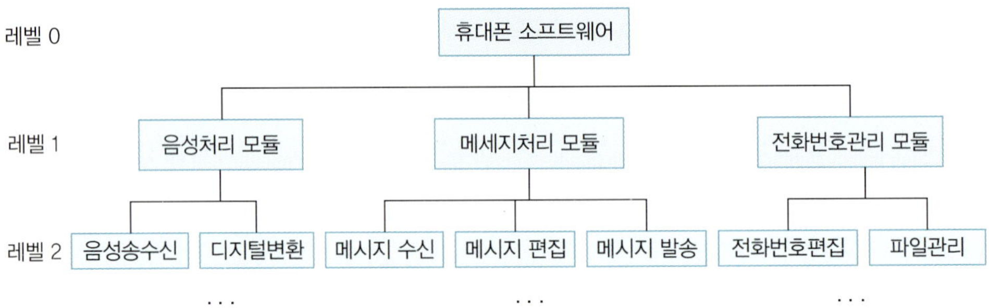

[그림 8-2] 휴대폰 소프트웨어 개발 시 모듈화 설계

8.1.2 모듈화 설계의 이점

소프트웨어를 개발할 때 모듈화 설계의 장점이 무엇인지 살펴보자. 첫째, 모듈화 설계는 소프트웨어를 잘 설계된 프로그램으로 구성할 수 있다. 둘째, 모듈화는 프로그램을 기능별로 자연스럽게 나누는 역할을 한다. 또한, 모듈은 프로그램 코드를 재사용할 수 있는 수단이 된다. 셋째, 모듈화는 각 모듈을 독립적으로 테스트할 수 있는 방법이다. 각 모듈을 테스트한 후 하나의 소프트웨어로 통합할 수 있게 한다. 마지막으로 각 모듈은 구체적 기능에 대해 독립적으로 개발된 부분이므로 변경하기 용이하다.

결론적으로 모듈화 설계는 프로그램의 개발 용이성과 신뢰성 및 가독성을 높이고 추후 변경을 포함한 관리의 효율성을 높여준다. 특히 프로그램의 크기가 커질수록 모듈화가 중요하게 된다. 각 모듈은 상호 의존성이 없거나 최소의 의존성을 가지고 독립적으로 개발된다. 각 모듈의 개발이 완료되면 이들이 통합되어 함께 실행된다.

8.1.3 파이썬의 모듈

■ 파이썬 모듈이란?

파이썬 모듈은 함수, 변수, 상수 및 클래스를 모두 모아놓은 파일을 의미하며, 파이썬 모듈의 이름은 항상 소문자 및 밑줄 문자(_)로 구성된다. 예를 들어, 파이썬 표준 라이브러리는 math, random과 같이 미리 정의해 놓은(Built-in) 모듈들을 포함하고 있다. 함수, 변수, 상수에 대해서는 이미 3장과 7장에서 설명하였다.

아래에 원을 정의하는 모듈 mycircle.py, 일반 다각형을 정의하는 모듈 myrect.py, 정사각형을 정의하는 mysquare.py의 예를 통하여 모듈의 개념을 소개한다.

#모듈 mycircle.py
```
def get_area(rad):
        ...
def get_peri(rad):
        ...
def set_pos(x,y):
        ...
```

#모듈 myrect.py
```
def get_area(w,h):
        ...
def get_peri(w,h):
        ...
def set_pos(x,y):
        ...
```

#모듈 mysquare.py
```
def get_area(len):
        ...
def get_per(len):
        ...
def set_pos(x,y):
        ...
```

[그림 8-3] 모듈 mycircle.py, myrect.py, mysquare.py의 사례

원에 관한 모듈 mycircle.py는 상수 PI, 전역변수 xpos와 ypos, 함수 get_area( ), get_peri( ), set_pos( )를 포함하고 있다. 모듈 mycircle은 원의 반경(radius)을 인수를 통해 매개변수로 전달받고 함수 get_area(radius)와 get_peri(radius)를 통해 원의 면적과 둘레를 계산한다. 함수 set_pos(x y)를 통해 원의 중심 위치를 지정하면, 전역변수 xpos, ypos 값이 설정된다.

[mycircle0.py]

```
import math
PI = math.pi
xpos, ypos = 0, 0

def get_area(radius):                          # 원의 면적 계산
    return  (PI * radius ** 2)

def get_peri(radius):                          # 원의 둘레 계산
    return (2 * PI * radius)
```

```
def set_pos(x, y):                          # 위치 지정
    global xpos, ypos
    xpos, ypos = x, y
```

앞의 예와 비슷하게 일반 사각형의 면적과 둘레를 계산하는 모듈을 다음과 같이 작성할 수 있다. 일반 사각형을 위한 myrect.py의 함수 get_area(width,height)와 get_peri(width,height)는 사각형의 폭(width)과 높이(height)를 인수로 전달받아 사각형의 면적과 둘레를 계산하고, 함수 set_pos(x y)는 사각형에서 좌상의 꼭지점 위치를 지정한다.

[myrect0.py]

```
xpos, ypos = 0, 0

def get_area(width, height):                # 사각형 면적 계산
    area = width * height
    return area

def get_peri(width, height):                # 사각형 둘레 계산
    peri = 2 * (width + height)
    return peri

def set_pos(x, y):                          # 위치 지정
    global xpos, ypos
    xpos, ypos = x, y
```

이상의 예제에서 보듯이 같은 기하 객체를 대상으로 하는 함수를 각각의 모듈로 작성해 놓으면 프로그램의 작성이나 유지 관리가 매우 편리하게 된다. 파이썬은 객체지향언어 개념을 지원하므로 앞 예제의 각 기하객체를 클래스(Class)로 정의하고 해당하는 상수나 함수를 속성(Attribute)과 메소드(Method)로 표현하여 모듈에 저장한다면 더욱 체계적인 프로그램 개발이 가능해진다. 객체지향 프로그래밍은 11장에서 소개한다.

■ 파이썬 문서화 __doc__ 속성

모듈의 문서화 속성은 이 모듈의 용도가 무엇인지 기술하고 이용자가 활용할 수 있도록 명확하고 자세히 설명하고 있다. 모듈의 문서화 __doc__ 속성에 정의된 내용을 docstring 라 부르며 아래 예에서 보듯이 모듈 문서의 시작 부분에서 " " " 로 시작하여 " " "로 끝난다. 문서화 속성은 복잡한 소프트웨어를 개발할 때 각 모듈별로 관련 정보를 기록하는 문서화 작업을 매우 용이하게 해준다. 모듈의 설명뿐 아니라 각 함수의 설명을 위해 문서화 속성도 별개로 작성할 수 있다. 함수의 문서화 속성은 아래 예에서 보듯이 함수를 정의하는 def 선언 다음 줄에 들여쓰기를 하면 된다.

앞의 예에 이어서 정사각형의 면적과 둘레를 계산하는 모듈을 다음과 같이 작성할 수 있다. 앞에서와 같은 이름의 함수 get_area(len)와 get_peri(len)에서는 정사각형의 한 변의 길이(length)를 인수로 전달받아 면적과 둘레를 계산하고, 함수 set_pos(x y)는 사각형의 위치를 지정한다. 이 예제의 모듈과 함수에 문서화 설명을 작성해 보았다.

[mysquare.py]

```
""""
   #mysquare.py : 정사각형의 속성을 계산하는 모듈
   get_area(length) : 한 변의 길이가 length인 정사각형의 면적을 반환
   get_peri(length) : 한 변의 길이가 length인 정사각형의 둘레를 반환
   set_pos(x, y) : 좌표 (x, y)에 도형을 위치시킴
""""
xpos, ypos = 0, 0

def get_area(length):                      # 정사각형의 면적 계산
    """"
        모듈: mysquare.py    함수: get_area(length)
        한 변의 길이가 length인 정사각형의 면적을 계산
    """"
    return  length ** 2

def get_peri(length):                      # 정사각형의 둘레 계산
    """"
        모듈: mysquare.py    함수: get_peri(length)
        한 변의 길이가 length인 정사각형의 둘레를 계산
    """"
```

모듈 mysquare.py의 문서화 __doc__ 속성

함수 get_area( )의 문서화__doc__ 속성

함수 get_peri( )의 문서화__doc__ 속성

```
    return  4 * length

def set_pos(x, y):                              # 위치 지정
    """
      모듈: mysquare.py     함수:  set_pos(x, y)
      좌표 (x, y)에 사각형의 왼쪽 위 꼭지점을 위치시킴
    """
    global xpos, ypos
    xpos, ypos = x, y
```

함수 set_pos( )의 문서화__doc__ 속성

모듈의 문서화 속성에 작성한 설명은 __doc__로 찾아볼 수 있다. 아래의 실행 예에서는 모듈 mysqure에 작성한 문서화 설명과 mysquare 내에 있는 함수 get_area에 작성한 문서화 설명을 print 문으로 확인해 보았다.

```
>>> import mysquare
>>> print(mysquare.__doc__)          ← 모듈의 문서화 속성 출력

    #mysquare.py : 정사각형의 속성을 계산하는 모듈
    get_area(length) : 한 변의 길이가 length인 정사각형의 면적을 반환
    get_peri(length) : 한 변의 길이가 length인 정사각형의 둘레를 반환
    set_pos(x, y) : 좌표 (x, y)에 도형을 위치시킴

>>> print(mysquare.get_area.__doc__)          ← 모듈 함수의 문서화 속성 출력

        모듈: mysquare.py     함수: get_area(length)
        한 변의 길이가 length인 정사각형의 면적을 계산

>>>
```

8.2 모듈의 이름 공간(Namespace)과 임포트(import) 명령

프로그램 내에서 특정한 변수 또는 식별자가 통용되는 공간을 의미하는 이름 공간에 대하여 설명한다. 이름 공간의 개념은 모듈 내에서 각 식별자가 이름을 통해 서로 충돌하는 것을 방지하기 위해 필요하다. 완전정규화 함수 이름을 이해하고 모듈을 외부에서 임포트하는 방식을 알아보자.

8.2.1 이름 공간이란?

■ 이름 공간(Namespace)과 이름 충돌

이름 공간이란 프로그램 내에서 특정한 식별자가 통용될 수 있는 범위를 의미한다. 식별자(Identifier)란 변수 및 상수 이름, 함수 이름, 모듈 이름, 클래스 이름 등을 뜻한다. 파이썬 언어에서 함수와 변수 이름을 사용하는데 이러한 이름들이 모듈과 함수에서 겹치지 않게 사용하는 것은 매우 중요하다. 따라서 어떤 식별자의 이름을 사용할 때 이 이름이 미치는 영역을 확실히 해 둘 필요가 있다. 설령 동일한 이름이라도 이름이 미치는 범위가 서로 상이하다면 혼돈을 일으킬 염려가 없다. 변수나 함수 이름들 간에 혼돈이 일어나지 않게 하기 위하여 파이썬 언어에서 이름 공간이라는 개념이 존재한다.

앞 절의 모듈 프로그램 예를 통해 이름이 충돌할 수 있는 사례를 살펴보자. 앞 절의 예제에서 모듈 mycircle, myrect, mysquare는 각각 함수 get_area( )와 get_peri( )를 가지고 있다. 메인 프로그램에서 모듈 mycircle, myrect, mysquare를 임포트하고 get_area(size)란 명령문을 실행하면 이 때 그림 8-4에서 보는 바와 같이 get_area( ) 함수는 mycircle의 get_area( ) 함수를 의미하는지 또는 myrect나 mysquare의 get_area( ) 함수를 의미하는지 분명치 않다. 이와 같은 현상을 이름 충돌(Name Clash)이라 부른다. 이러한 문제점을 해결하기 위하여 다음에 설명하는 완전정규화 함수 이름(Fully Qualified Function Name)을 소개한다.

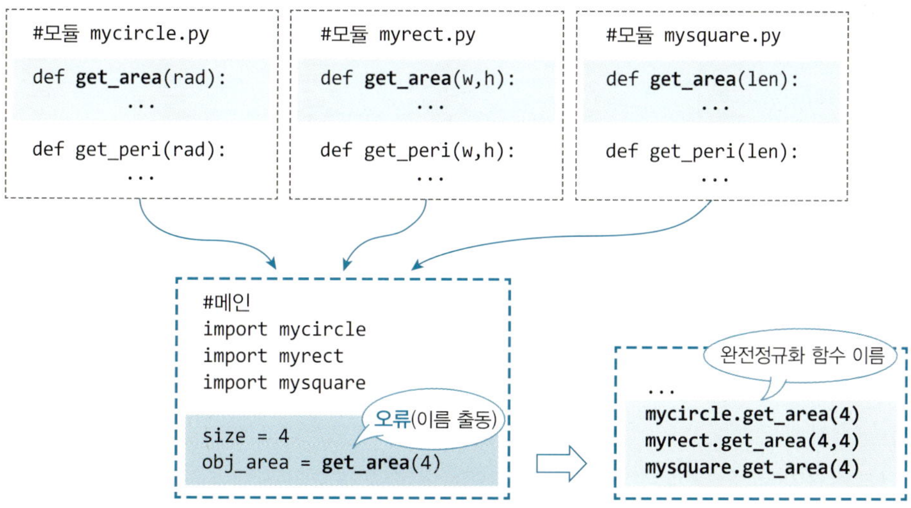

[그림 8-4] 이름 충돌 오류 및 완전정규화 함수 이름

■ 완전정규화 함수 이름(Fully Qualified Function Name)

앞에서 설명한 이름 충돌 현상을 해결하기 위하여 가장 확실한 방법은 완전정규화 이름(Fully Qualified Name)을 사용하는 것이다. 아래의 실행 예에서 보듯이 mycircle, myrect, mysquare 모듈에서 공통적으로 사용된 함수 이름 get_area()를 구분하기 위하여 각각 mycircle.get_area(), myrect.get_area(), mysquare.get_area()를 사용한다. 이렇게 함으로써 mycircle.get_area()는 이름 공간 mycircle 영역의 함수를 의미하고 myrect.get_area()는 myrect 영역의 함수를 의미한다. 이와 같이 함수 이름 앞에 이름 공간 명칭을 붙이는 것을 완전정규화 함수 이름이라 부른다. 이것은 마치 동일한 이름을 가진 두 사람을 구분하는 방법과 유사하다. 예를 들어, 나의 지인 중 "홍길동"이라는 이름을 가진 사람이 두 명 있다고 하자. 단순히 "홍길동"이라고 칭한다면 누구를 의미하는지 알 수 없다. 따라서 "우리 동네 홍길동" 또는 "우리 학교 홍길동"이라고 분명히 밝힘으로써 두 사람을 명확히 구분할 수 있게 되는 것과 마찬가지의 이치이다.

```
>>> import mycircle
>>> import myrect
>>> import mysquare
>>> get_area(4)          ← get_area() 함수의 이름 충돌
Traceback (most recent call last):
  File "<pyshell#6>", line 1, in <module>
    get_area(4)
NameError: name 'get_area' is not defined
>>>
>>> mycircle.get_area(4)          ← mycircle 모듈의 get_area() 함수 호출
50.26548245743669
>>> mysquare.get_area(4)          ← mysquare 모듈의 get_area() 함수 호출
16
>>> myrect.get_area(4,4)          ← myrect 모듈의 get_area() 함수 호출
16
>>>
```

만약 파이썬 쉘(Shell)에서 실행시킬 때 모듈 파일의 경로를 찾지 못한다면 다음과 같이 경로를 설정해 주면 된다. 우선 표준 모듈인 sys를 임포트하고 sys.path 명령으로 파일의 경로를 적어준다. 현재 설정되어 있는 모듈 경로를 보고 싶으면 sys.path로 확인할 수 있다.

```
>>> import mycircle
Traceback (most recent call last):
  File "<pyshell#2>", line 1, in <module>
    import mycircle
ModuleNotFoundError: No module named 'mycircle'
>>>
>>> import sys
>>> sys.path.append('C:\My_Python_work')
>>> import mycircle
>>>
```

모듈 경로 찾기 실패

현재 작업 위치를 경로에 추가

8.2.2 모듈의 임포트

▪ import 명령

"import 〈모듈이름〉"의 경우 임포트된 모듈에서 정의된 상수, 변수, 함수 등 모든 식별자(Identifier)를 사용할 수 있다. 그러나 현재 실행 환경의 이름 공간이 임포트한 모듈(즉, 호출한 모듈)의 이름 공간과 일치하지 않는다. 따라서 앞 절에서 설명한 바와 같이 임포트된 모듈의 식별자는 항상 "〈모듈이름〉.〈함수〉"와 같이 완전정규화 이름 형식을 가져야 한다.

```
>>> import mycircle
>>> mycircle.get_area(4)
50.26548245743669
>>> mycircle.get_peri(4)
25.132741228718345
```

임포트한 모듈의 함수 호출

▪ from-import 명령

일반적으로 모듈은 여러 개의 함수들을 가지고 있다. 프로그램에서 모듈에 있는 함수를 불러다 사용할 때 이 모듈이 가지고 있는 함수들이 모두 필요하지 않을 때도 있다. 이런 경우에 필요한 함수들만 임포트하는 몇 가지 유형을 소개한다.

```
(a) from <모듈이름> import <함수1>, <함수2>, ...
(b) from <모듈이름> import *
(c) from <모듈이름> import <함수1> as <새이름1>
```

(a)의 경우 모듈로부터 단지 〈함수1〉과 〈함수2〉, ...만을 임포트한다. (b)의 경우는 모듈이 가지는 함수들을 모두 임포트하기 위하여 "*"를 사용하고 있다. 여기서 "*"는 모든 것이라는 의미를 갖는다. (c)의 경우는 모듈로부터 〈함수1〉 만을 임포트하여 이것을 새로운 이름 〈새이름1〉으로 명명한다. 구체적인 사용방법은 아래에 예제와 함께 설명한다.

1) from 〈모듈이름〉 import 〈함수1〉, 〈함수2〉, ...

from-import로 표현할 경우에는 임포트된 모듈의 이름 공간이 임포트한 함수의 이름 공간이 되므로 완전정규화 이름 형식을 따르지 않고 〈함수1〉과 같이 함수 이름만 사용하면 된다. 앞 절에서 이어진 예제를 보면 mycircle 모듈의 get_area( ) 함수를 임포트하여 모듈이름 없이 get_area(4)와 같이 함수 이름만으로 실행할 수 있다. 이어서 mysquare 모듈에서 get_area( ) 함수를 임포트하면 get_area(4) 함수는 이름은 같지만 최근에 임포트한 mysquare 모듈의 함수를 실행하여 정사각형의 면적을 계산해 준다.

```
>>> from mycircle import get_area
>>> get_area(4)          ← mycircle의 get_area()
50.26548245743669
>>>
```

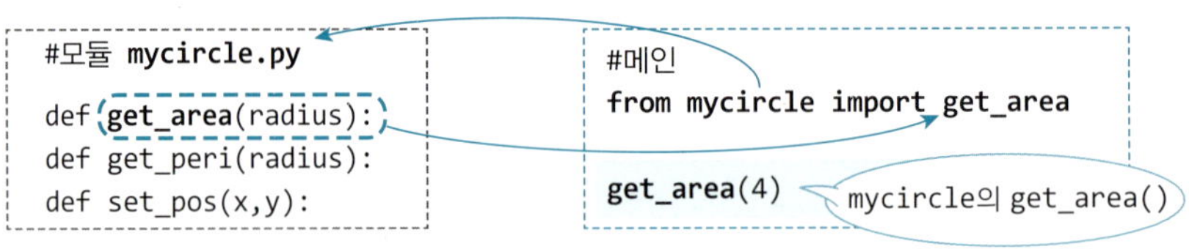


```
>>> from mysquare import get_area
>>> get_area(4)          ← mysquare의 get_area()
16
>>>
```

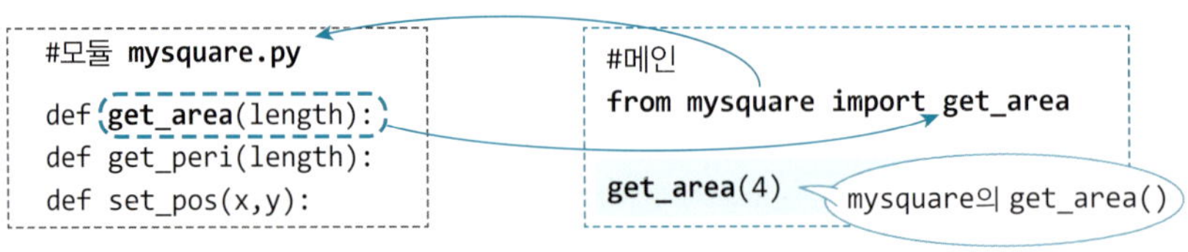

2) from 〈모듈이름〉 import *

모듈 내에 있는 변수, 상수, 함수 등 모든 식별자를 임포트하며, "import 〈모듈이름〉"과는 달리 모든 식별자를 완전정규화 형식 대신 이름만 사용하여 실행할 수 있다. 그러나

"from 〈모듈이름〉 import *" 형식은 편리하지만 의도하지 않게 임포트한 모듈의 식별자가 겹쳐서 이름 충돌을 일으킬 가능성이 높아진다. "*"를 사용하여 모듈에 속해있는 모든 함수를 임포트함으로써 구체적으로 어떤 함수 이름이 임포트 되었는지 잘 파악이 되지 않을 수 있다.

계속되는 예제 프로그램에서 모듈 myrect는 함수 get_area( )와 get_peri( )를 가지고 있다. 그런데 함수 get_area( )가 이전에 mysquare로부터 임포트되어 있었다. 새로이 "from myrect import *"를 실행함으로써 myrect에서 모든 식별자를 임포트하였지만 어느 함수가 포함되어 있는지 명시되어 있지 않아서 실수하는 경우가 발생된다. 새로이 임포트된 get_area( ) 함수는 의도하지 않게 mysquare의 get_area( ) 함수와 겹치게 되어 예제에서 보듯이 오류를 야기할 수 있다. 이것은 프로그래머가 모듈 내의 모든 함수를 임포트함으로써 어떤 이름의 함수들을 포함하고 있는지 인지하기 어려운 사실에 기인한다.

```
>>> from myrect import *          ← 임포트되는 함수 명시 없음
>>> get_area(4)                   ← 인수의 개수 차이로 오류 발생
Traceback (most recent call last):
  File "<pyshell#10>", line 1, in <module>
    get_area(4)
TypeError: get_area() missing 1 required positional argument: 'height'
>>>
>>> get_area(4,3)                 ← myrect의 get_area
12
>>> get_peri(4,3)                 ← myrect의 get_peri
14
>>>
```

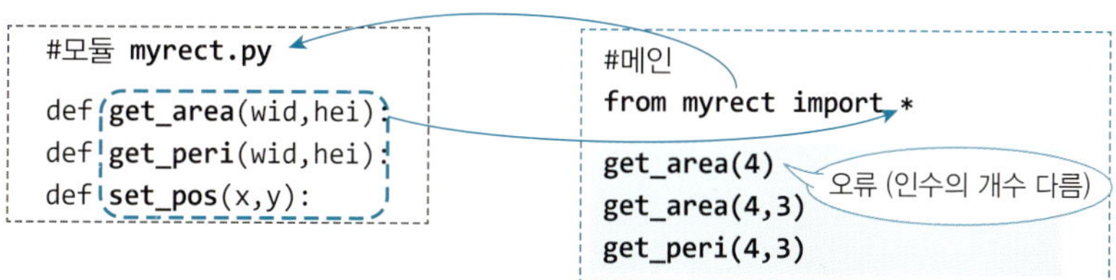

3) from 〈모듈이름〉 import 〈함수1〉 as 〈새이름1〉

이 형식은 특히 임포트된 모듈의 식별자가 임포트한 모듈의 식별자와 겹치는 경우 이들을 구별하기 위하여 사용된다. 아래의 실행 예에서 각 도형의 면적을 구하는 함수의 이름이 get_area( )로 겹치므로 함수를 임포트할 때 새로운 이름으로 지정을 해 주었다. 원의 면적을 구하는 함수는 circle_area( )로, 사각형은 rect_area( )로, 정사각형은 square_ area( )로 지정하였으므로 이름 출동을 염려할 필요 없이 새로운 함수 이름을 사용하면 된다.

```
>>> from mycircle import get_area as circle_area
>>> from myrect import get_area as rect_area
>>> from mysquare import get_area as square_area
>>>
>>> circle_area(4)      ← mycircle의 get_area()
50.26548245743669
>>> rect_area(4,3)      ← myrect의 get_area()
12
>>> square_area(4)      ← mysquare의 get_area()
16
```

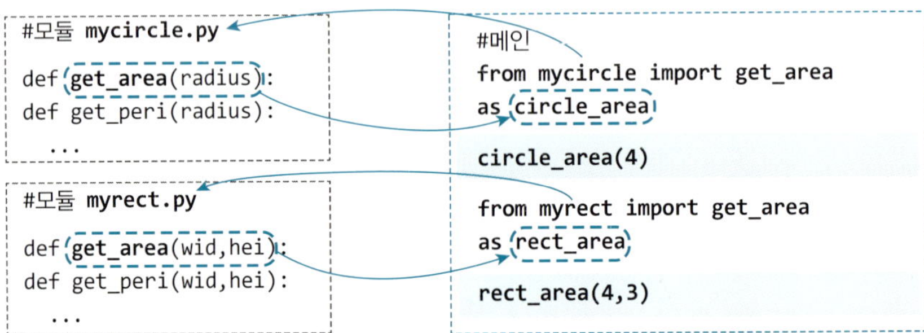

8.2.3 메인 모듈에서만 실행 명령

경우에 따라 직접 실행되는 명령을 모듈 프로그램 내에 포함할 때가 있다. 예를 들어 앞의 예제에서 myrect.py 모듈에 안내문을 출력하는 명령을 추가하려고 한다. 아래와 같이 기존 myrect.py 모듈에 실행문 1개와 print 명령문 2개를 추가하였다.

[myrect1.py]

```
xpos, ypos = 0, 0

def get_area(width, height):                # 사각형 면적 계산
    return (width * height)

def get_peri(width,height):                 # 사각형 둘레 계산
    return 2 * (width + height)
```

```
def set_pos(x, y):                         # 위치 지정
    global xpos, ypos
    xpos, ypos = x, y

#help documentation
area = get_area(4,3)
print('myrect2.get_area 의 인수는 2개(가로, 세로)')
print('예, myrect2.get_area(4,3) =', area)
```

모듈을 임포트할 때 매번 실행된다.

새로 수정된 myrect1.py 모듈을 임포트하면 다음과 같이 실행된다.

```
>>> import myrect1
myrect2.get_area 의 인수는 2개(가로, 세로)
예, myrect2.get_area(4,3) = 12
>>>
```

그런데 새로 작성된 myrect1.py 모듈은 임포트할 때 마다 위와 같은 안내문이 나타나게 된다. 안내문의 원래 의도는 이 모듈을 메인으로 실행할 때만 도움말이 나타나고 단순히 임포트하여 get_area() 혹은 get_peri() 등 일부 함수만 호출하려고 할 때는 안보이도록 하려는 것이었다. 그렇게 하려면 추가된 명령이 메인 모듈인 경우에만 실행되도록 해야 한다. 메인 모듈은 파일 이름이 __main__.py로 작성되므로 현재 모듈의 이름이 메인 모듈인지를 확인하려면 if __name__ == '__main__' 명령문으로 아래 코드와 같이 확인해 보면 된다.

[myrect2.py]

```
. . .

#help documentation
if __name__ == '__main__':
    area = get_area(4,3)
    print('myrect3.get_area 의 인수는 2개(가로, 세로)')
    print('예, myrect3.get_area(4,3) =', area)
```

메인 모듈로 작동될 때만 실행된다.

메인 모듈인지 이름을 확인하는 문장이 하나 추가된 최종 모듈 myrect2.py를 임포트 하면 아래 실행 예와 같이 함수만 임포트 되고 안내문을 출력하는 명령은 실행되지 않는다.

```
>>> import myrect2
>>>
```

안내문이 출력되지 않는다.

8.3 패키지(Package)

파이썬의 패키지란 프로그래머가 파일들을 저장할 때 동일한 목적을 가진 파일들을 폴더에 넣어 관리하는 개념과 유사하다. 이 절에서는 패키지로 작성하는 이유와 방법과 구체적 예를 통해 이해한다.

8.3.1 패키지를 작성하는 이유

프로그램 개발자가 파일들을 컴퓨터에 저장할 때 결코 모든 파일들을 한 군데에 함께 저장하지 않는다. 같은 목적을 위해 개발된 파일들은 묶어서 디렉토리(Directory) 혹은 폴더(Folder) 밑의 동일한 장소에 저장한다. 파일들을 같은 디렉토리(폴더)에 저장함으로써 접근하기 쉬워지고 관리가 용이해진다. 파이썬에서는 패키지(Package)가 디렉토리와 유사하고 모듈이 파일과 유사한 개념이다. 프로그램 개발 프로젝트가 커짐에 따라 모듈들을 체계적으로 관리할 필요성이 생긴다. 이 때 동일한 목적을 위해 개발된 모듈들을 한 패키지에 모아 두어 관리한다. 이렇게 함으로써 프로젝트의 관리가 용이해지고 목적이 분명해 진다. 디렉토리가 더 세분되어 서브디렉토리들로 나누어지듯이 패키지도 서브패키지들을 가질 수 있다. 서브패키지는 다시 모듈들을 가질 수 있다.

패키지에는 반드시 __init__.py라는 파일이 있어야 한다. __init__.py 파일은 패키지를 위해 초기화 코드를 가지고 있다. 그림 8-4에 게임 프로젝트를 개발하기 위한 패키지와 모듈 구조의 예제가 있다. 최상위 패키지는 mygame이고 이 패키지는 여러 개의 서브패키지를 포함하고 있다. 동시에 패키지의 초기화를 위해 __init__.py 파일을 가지고 있다. 서브패키지 sound, image, player는 각각 몇 개의 파이썬 모듈들을 가지고 있다. 앞에서 설명했듯이 모듈은 변수, 함수, 클래스 등을 담고 있는 파일이다.

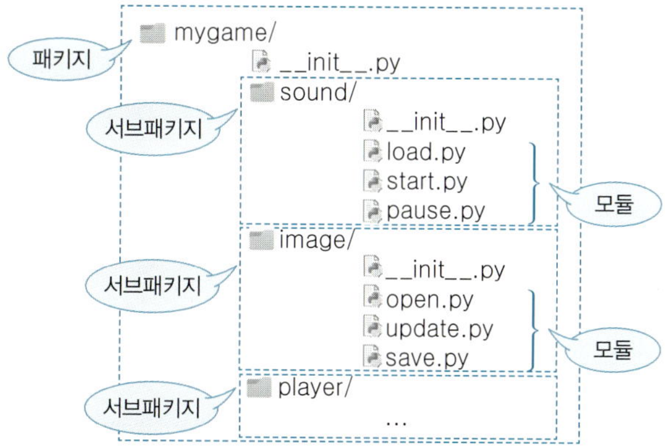

[그림 8-5] 패키지, 서브패키지와 모듈의 예

8.3.2 패키지 작성 방법

이제 패키지를 어떻게 작성하는지 앞 절의 예제를 확장하여 구체적으로 알아보자. 기하객체의 속성을 계산하는 프로그램들을 모아 놓은 패키지를 작성하려고 한다. 최상위 패키지 이름을 geo로 하고 그 안에 원, 사각형 등의 기본 객체에 대한 속성 계산 모듈을 서브패키지 basic에 포함시키고, 곡선의 속성 계산 모듈을 서브패키지 curve에, 다각형의 속성 계산 모듈을 서브패키지 polygon에 포함시키려고 한다.

■ 디렉토리 생성 및 파일 작성

우선 패키지에 해당하는 디렉토리(혹은 폴더)를 생성한다. 맨 먼저 디렉토리 geo를 만들고

```
geo/
    __init__.py
    basic/
        __init__.py
        mycircle.py
        myrect.py
        mysquare.py
    curve/
        ...
    polygon/
        ...
```

[그림 8-6] geo 패키지의 구조

geo/ 밑에는 basic/, curve/, polygon/ 디렉토리를 만든다. 그리고 각 디렉토리 별로 필요한 프로그램 모듈을 작성하거나 옮겨 놓는다. 다음으로는 각 디렉토리 별로 __init__.py 파일을 작성한다. 작성된 패키지의 파일 구조는 그림 8-6과 같이 될 것이다.

■ __init__.py 파일 작성

각 디렉토리에 있는 __init__.py 파일은 일종의 패키지 인덱스를 명시적으로 제공하는 역할을 한다. 즉, 각 디렉토리에 있는 모듈을 임포트하고 모듈 이름의 목록을 __all__ 이라는 리스트 변수에 작성해 주면 된다. 앞의 예제에서 geo 패키지의 __init__ 파일과 basic 서브패키지의 __init__ 파일은 다음과 같이 작성하면 된다.

[geo/__init__.py]

```
# sample package geo for Python textbook

from . import basic
from . import curve
from . import polygon

__all__ = ['basic', 'curve', 'polygon']
```

geo 패키지에 포함된 모듈(서브패키지) 목록

[geo/basic/__init__.py]

```
# sample sub_package basic in geo package

from . import mycircle
from . import myrect
from . import mysquare

__all__ = ['mycircle', 'myrect', 'mysquare']
```

basic 서브패키지에 포함된 모듈 목록

이렇게 작성된 패키지는 프로그램 실행 시에 한 번만 패키지를 임포트 하면 패키지 안에 포함되어 있는 모든 모듈의 함수를 호출하여 실행시킬 수 있다. 이 때 패키지 내의 모듈의 경로만 잘 지정하여 함수를 호출해 주면 된다.

```
>>> import geo
```

```
>>> get_area(4)    ← 함수의 경로를 못 찾는다.
Traceback (most recent call last):
  File "<pyshell#3>", line 1, in <module>
    get_area(4)
NameError: name 'get_area' is not defined
>>>
>>> geo.basic.mycircle.get_area(4)
50.26548245743669
>>> geo.basic.myrect.get_area(4,3)    ← 함수의 경로를 제대로 찾았다.
12
>>> geo.basic.mysquare.get_peri(4)
16
>>>
```

■ 메인 모듈 작성

파이썬 프로그램에는 메인 함수가 따로 없고, 최상위 수준으로 실행되는 명령문 스크립트만 있을 뿐이다. 따라서 현재 실행되는 스크립트나 실행시키고 싶은 스크립트를 메인 모듈로 작성하면 된다. 메인 모듈은 __main__.py의 이름이 부여되며, 메인 모듈은 하나의 프로그램으로 다른 모듈들을 임포트할 수 있다.

8.4 파이썬 표준 라이브러리 모듈

파이썬 언어는 많은 유용한 표준 라이브러리 모듈들을 제공하고 있다. 이 절에서 자주 이용하는 몇 가지 모듈, 즉 math 모듈, random 모듈, time 모듈, datetime 모듈, sys모듈, os 모듈의 사례를 통해 이들이 어떻게 사용되는지 알아보자.

8.4.1 math 모듈

math 모듈은 수리 연산에 필요한 함수 및 상수들을 제공하고 있다. import math 형식을 통하여 math 모듈을 임포트하면 math 모듈의 모든 함수와 상수는 앞에 "math."를 사용하여 접근이 가능하다. from math import * 형식을 사용하면 임포트하는 math 모듈의 네임스페이스에 존재하는 모든 함수 및 상수를 "math." 없이 직접 접근할 수 있다. 그러나 8.3.2절에서 언급하였듯이 이러한 방법은 상호대화식 파이썬 쉘을 제외하고는 바람직하지 않다. 앞에 "math."을 붙이지 않고 직접 함수 이름을 사용하면 임포트 하는 프로그램 내의 다른 함수들과 의도하지 않은 충돌을 일으킬 가능성이 높아지게 된다.

다음의 예를 통해 math 모듈의 함수 몇 가지를 소개한다. 제곱근이나 a**b와 같은 제곱 계산을 편하게 하는 함수 sqrt(x), pow(a,b)를 제공하며, 나머지 계산을 하는 remainder(), 최대공약수를 구하는 gcd(), 팩토리얼 계산을 하는 factorial() 등의 다양한 함수를 제공한다.

```
>>> import math
>>> math.pow(2,6)          ← 2^6
64.0
>>> math.sqrt(8)           ← √8
2.8284271247461903
>>> math.gcd(6,9)          ← 최대공약수(6,9)
3
>>>
>>> math.remainder(PI,3)   ← π/3 의 나머지
0.14159265358979312
>>> math.remainder(97,4)   ← 97/4 의 나머지
1.0
>>> math.factorial(4)      ← 4!
24
>>>
```

삼각함수 계산에 필요한 π 값은 math.pi 상수로 제공되며 sin(), cos(), tan() 등 다양한 삼각함수를 제공한다. 또한 각도(Degrees)와 라디안(Radians) 값을 서로 변환하는 함수도 제공한다.

```
>>> PI=math.pi                       ← π
>>> math.sin(PI/6.0)                 ← sin(π/6) = sin(30°)
0.49999999999999994
>>> math.tan(PI/4.0)                 ← tan(π/4) = tan(45°)
0.9999999999999999
>>> math.sin(math.radians(30))       ← sin(30°)
0.49999999999999994
>>> math.degrees(PI/4)               ← 각도(π/4) = 45°
45.0
>>>
```

삼각함수 외에도 지수함수나 로그함수와 관련된 기능을 제공하고, 실수를 정수로 변환할 때 올림 함수 ceil() 및 내림 함수 floor()도 제공한다.

```
>>> math.e                  ← 지수 e
2.718281828459045
>>> math.log(2)             ← log 2
0.6931471805599453
>>> math.log(math.e)        ← log e
1.0
>>> math.ceil(math.e)       ← ⌈e⌉
3
>>> math.floor(math.e)      ← ⌊e⌋
2
>>>
```

만약 모듈에서 제공되는 함수 목록을 보고 싶다면 시스템 내장 함수인 dir()을 이용하여 다음과 같이 확인할 수 있다.

```
>>> dir(math)               ← math 모듈에 있는 함수 목록
['__doc__', '__loader__', '__name__', '__package__', '__spec__', 'acos', 'acosh',
'asin', 'asinh', 'atan', 'atan2', 'atanh', 'ceil', 'comb', 'copysign', 'cos', 'cosh',
'degrees', 'dist', 'e', 'erf', 'erfc', 'exp', 'expm1', 'fabs', 'factorial', 'floor',
'fmod', 'frexp', 'fsum', 'gamma', 'gcd', 'hypot', 'inf', 'isclose', 'isfinite', 'isinf',
'isnan', 'isqrt', 'ldexp', 'lgamma', 'log', 'log10', 'log1p', 'log2', 'modf', 'nan',
'perm', 'pi', 'pow', 'prod', 'radians', 'remainder', 'sin', 'sinh', 'sqrt', 'tan',
'tanh', 'tau', 'trunc']
```

8.4.2 random 모듈

random 모듈은 다양한 형식의 난수 발생에 관련된 함수들을 제공하고 있다. 아래 예를 통해 몇 가지 함수들을 소개한다.

```
>>> import random
>>> random.random()         ← 0과 1 사이의 난수 생성
0.08583827951162926
>>>
```

random()은 0과 1 사이에서 임의의 난수를 생성해 준다. 프로그램에서 사용하고 싶은 숫

자의 범위가 있는 경우에는 uniform( ) 함수를 사용하고, 난수를 항상 정수로 사용하고 싶으면 randint( ) 함수를 사용하여 원하는 난수의 범위를 지정해 주면 된다. 난수가 특정 범위에서 일정 간격이 벌어진 숫자를 원하는 경우 randrange( )에서 최소, 최대, 간격을 지정해 주면 된다.

```
>>> random.uniform(3,15)
11.334308222846644
>>> random.uniform(3,15)
4.186650149522363
>>> random.randint(3,15)
11
>>> random.randrange(3,15,3)
12
>>> random.randrange(3,15,3)
3
>>>
```

3과 15 사이의 난수 생성

3과 15 사이의 정수형 난수 생성

3과 15 사이에서 간격 3의 난수 생성

난수 발생 함수에는 숫자 값에만 적용되는 것이 아니라 리스트로 나열된 객체에서 임의로 선택하는 함수도 있다. choice( ) 함수는 인수로 주어진 순서형 데이터에서 임의의 요소를 선택해 주며, sample( ) 함수는 주어진 데이터에서 지정한 개수만큼의 요소를 리스트로 반환해 준다. shuffle( ) 함수는 주어진 리스트에서 요소의 순서를 무작위로 섞어서 원래 리스트를 변경해 준다. shuffle( ) 함수는 리스트에만 적용이 가능하고 튜플이나 스트링은 변경 불가능(Immutable) 객체이므로 shuffle( ) 함수를 적용하면 오류가 발생된다.

```
>>> pet = ['개', '고양이', '토끼', '햄스터', '앵무새']
>>> random.choice(pet)
'개'
>>> random.choice(pet)
'앵무새'
>>> random.sample(pet,2)
['토끼', '고양이']
>>> random.sample(pet,3)
['토끼', '앵무새', '햄스터']
>>> random.shuffle(pet)
>>> pet
['앵무새', '토끼', '개', '고양이', '햄스터']
>>>
```

pet 리스트에서 무작위 선택

pet 리스트에서 무작위로 2/3개 선택

pet 리스트 순서를 섞어서 바꾸기

8.4.3 time 모듈과 datetime 모듈

time 모듈은 시간과 관련된 함수들을 제공하고 있다. 아래 예를 통해 몇 가지 함수들을 소개한다. time.time( ) 함수는 1970년 1월 1일 00:00:00 시간을 기준으로 현재까지의 시간을 초 단위로 구하는 함수이다. localtime( )은 연,월,일,시,분,초 등의 시간 정보를 구조체 형태로 생성해주며, asctime( )은 시간정보를 문자열 형태로 생성해 준다. 만약 localtime( ) 함수의 결과에서 원하는 요소만 선별하여 보고 싶으면 아래 예에서와 같이 tm_hour, tm_min 등 구조체 요소 이름을 사용하면 된다.

```
>>> import time
>>> time.time()          ← 1970.1.1.부터 현재까지 시간(초)
1596168675.628717
>>> time.localtime()     ← 현재 시간 정보(구조체 형태)
time.struct_time(tm_year=2021, tm_mon=7, tm_mday=31, tm_hour=13,
tm_min=14, tm_sec=45, tm_wday=4, tm_yday=213, tm_isdst=0)
>>> time.asctime()       ← 현재 시간 정보(표준 시간 문자열)
'Fri Jul 31 13:14:31 2021'
>>>
>>> tt= time.localtime() ← 시, 분, 초만 별도로 작성
>>> tt.tm_hour, tt.tm_min, tt.tm_sec
(13, 14, 31)
>>>
```

아래의 프로그램은 time( ) 함수를 통해 현재 시간을 초(second) 단위로 구한 후에 이 데이터를 시, 분, 초 단위로 변환해 주는 프로그램이다. 예를 들어, time( )의 값이 10,000일 때, s = 10000 % 60은 40(초)가 되고 m = 10000 // 60 % 60은 46(분)이 되며 h = 10000 // 60 // 60 % 24는 2(시간)이 된다.

[time_2hms.py]

```
import time

tti = int(time.time())                # 1970.1.1.부터 현재까지 시간(초)
s = tti % 60                          # 초 단위 값 계산
m = tti // 60 % 60                    # 분 단위 값 계산
h = (tti // 60 // 60 + 9) % 24        # 시 단위 값 계산(한국시간 +9)

print(h, m, s)
```

datetime 모듈은 연, 날짜 및 시간과 관련된 다양한 연산 결과를 반환하는 모듈이다. 아래 예에서 datetime.date.today() 함수는 오늘의 날짜시간 객체를 생성해 주며, 여기에서 구한 객체에서 year, month, day 속성으로 연, 월, 일을 구할 수 있다. time() 함수에서는 주어진 값으로 새로운 시간 객체를 생성해 주며, hour, minute, second 속성으로 개별적인 값을 구할 수 있다.

```
>>> import datetime
>>> dd = datetime.date.today()          ← 오늘의 날짜시간 date 객체 생성
>>> dd
datetime.date(2021, 7, 31)
>>> dd.year, dd.month, dd.day           ← 시, 분, 초 속성을 개별적으로 나열
(2021, 7, 31)
>>> tt = datetime.time(1, 13, 56)       ← 주어진 시간의 time 객체 생성
>>> tt.hour, tt.minute, tt.second
(1, 13, 56)
>>>
```

아래의 프로그램은 datetime 모듈을 임포트한 후 datetime.datetime.now() 함수를 사용하여 금년을 구하고 메인 프로그램에서 정의한 함수 koreanAge를 통해 소위 "한국 나이"를 계산하여 프린트하는 모듈로서 파일 이름을 "kor_age.py"로 저장하였다.

[kor_age.py]

```
import datetime

def koreanAge(y_birth, y_now):                # "한국 나이" 계산하는 함수 정의
    return y_now - y_birth + 1
                                              입력 프롬프트
if __name__ == '__main__':
    y_birth = int(input('$ 태어난 연도>> '))   # 태어난 연도 입력
    y_now = datetime.datetime.now().year      # 올해 연도 찾기
    k_age = koreanAge(y_birth, y_now)         # "한국 나이" 계산 함수 호출
    print('  한국식 나이:', k_age)             ← 결과 출력
```

| 실행 결과 |

```
$ 태어난 연도>> 1999
  한국식 나이: 23
>>>
```

8.4.4 sys 모듈과 os 모듈

sys 모듈은 파이썬 쉘 등의 실행환경을 관리하고 제어하는 기능을 제공한다. 아래 예에서 sys.platform은 현재 파이썬이 실행되고 있는 플랫폼 시스템의 명칭을 알려주며, sys.version은 실행되고 있는 파이썬 인터프리터의 버전을 알려준다. sys.path는 현재 라이브러리 모듈이 설치되어 실행 가능한 경로들을 보여준다.

```
>>> import sys
>>> sys.platform          ← 현재 실행 플랫폼 이름
'win32'
>>> sys.version           ← 현재 파이썬 인터프리터의 버전
'3.8.4 (tags/v3.8.4:dfa645a, Jul 13 2020, 16:30:28) [MSC v.1926 32 bit (Intel)]'
>>>
>>> sys.path              ← 현재 실행 가능한 경로들
['', 'C:\\Python\\Python38-32', 'C:\\Python\\Python38-32\\Lib\\idlelib',
'C:\\Python\\Python38-32\\python38.zip', 'C:\\Python\\Python38-32\\lib',
'C:\\Python\\Python38-32\\lib\\site-packages']
>>>
```

또한 sys.stdin 및 sys.stdout 객체를 이용하여 콘솔이나 쉘 환경에서 표준 입출력(standard input and output) 방식으로 사용자가 직접 입출력을 할 수 있다. 아래의 예에서 보듯이 stdin 객체의 readline() 함수를 사용하면 콘솔이나 쉘 창에서 사용자가 텍스트를 입력할 수 있으며, stdout 객체의 write() 함수를 이용하여 원하는 텍스트 스트링을 출력할 수 있다. readline() 함수의 경우 입력을 원하는 문자의 개수도 지정할 수 있다.

```
>>> mytext = sys.stdin.readline()
abcd 한글 입력
>>> mytext
'abcd 한글 입력\n'        ← 입력한 텍스트('\n' 포함)
>>> ntext = sys.stdout.write(mytext)
abcd 한글 입력            ← 텍스트 출력('\n' 제외)
>>> ntext
11                        ← '\n' 포함 11글자
>>>
>>> mytext = sys.stdin.readline(6)
abcd 한글 입력
>>> mytext                ← mytext에는 6글자만 저장
```

```
'abcd 한'
>>>
```

한편 os 모듈에서는 운영체제에서 실행되는 명령을 제공하므로 사용자가 직접 운영체제에 접근하여 파일이나 디렉토리를 관리하는 일을 할 수 있다. getcwd() 함수는 현재 작업 중인 디렉토리의 경로를 알려주며(get current working directory), chdir() 함수는 작업 디렉토리의 위치를 변경해 준다(change directory). listdir() 함수는 현재 디렉토리에 포함되어 있는 파일 및 서브 디렉토리의 이름을 리스트로 나열해 준다(list directory files). os 모듈의 함수를 이용하여 파일에 접근뿐 아니라 변경도 가능하다. mkdir() 함수는 디렉토리를 새로 만들어 주고(make directory), rename() 함수로는 디렉토리나 파일의 이름을 변경할 수 있으며, rmdir() 함수로 디렉토리를 삭제하고 remove() 함수로는 파일을 삭제할 수 있다. 아래의 예에서 다양한 사례를 보여주고 있다.

```
>>> import os
>>> os.getcwd()   ← 현재 작업 디렉토리
'C:\\Programs\\Python\\Python38-32'
>>> os.chdir('H:\\Python\\sample\\geo')   ← 작업 디렉토리 변경
>>> os.listdir()   ← 현재 디렉토리의 파일 목록
['basic', 'polygon', 'curve', '__init__.py', '__pycache__']
>>>
>>> os.mkdir('test')   ← 신규 디렉토리 'test' 생성
>>> os.listdir()
['basic', 'polygon', 'curve', '__init__.py', '__pycache__', 'test']
>>> os.rename('test', 'temp')   ← 디렉토리 이름 'test'를 'temp'로 변경
>>> os.listdir()
['basic', 'polygon', 'curve', '__init__.py', '__pycache__', 'temp']
>>> os.rmdir('temp')   ← 디렉토리 'temp' 삭제
>>> os.listdir()
['basic', 'polygon', 'curve', '__init__.py', '__pycache__']
>>>
```

연습문제

A. 괄호 넣기 및 객관식

1 파이썬 모듈의 문서화 속성은 이 모듈의 용도가 무엇인지 기술하고 이용자가 활용할 수 있도록 명확하고 자세하게 설명하고 있다. 모듈의 문서화 속성인 (　　　　) 속성에 정의된 내용을 docstring이라 부른다.

2 (　　　　)이란 프로그램 내에서 특정한 식별자가 통용될 수 있는 범위를 의미한다. 파이썬 언어에서 함수와 변수 이름을 사용하는데 이러한 이름들이 모듈과 함수에서 겹치지 않게 사용하는 것은 매우 중요하다. 어떤 식별자의 이름을 사용할 때 이 이름이 미치는 영역을 확실히 해 둘 필요가 있다.

3 파이썬에서 이름 충돌 현상을 해결하기 위한 가장 확실한 방법은 (　　　　)을 사용하는 것이다. 이 방법은 함수 이름 앞에 이름 공간의 명칭을 붙여 명확히 구분할 수 있게 하는 방법이다.

4 import math 형식을 통하여 math 모듈을 임포트 하면 math 모듈의 모든 함수, 상수는 앞에 "math."을 사용하여 접근한다. 이때 (　　　　) 형식의 명령문을 사용하면 모든 math 모듈의 이름 공간에 존재하는 함수, 상수에 "math." 없이 직접 접근할 수 있다.

5 파이썬에서 모듈과 파일이 유사한 개념이고, (　　　　)와 디렉토리가 유사한 개념이다. 이는 동일한 목적을 위해 개발된 모듈을 모아두어 관리하는 것으로 프로젝트 관리가 용이해지고 목적이 분명해 진다. 또한 반드시 (　　　　)라는 파일을 가져야 하는데 초기화 코드를 가진 파일이다.

6 난수 발생 함수에서 (　　　　) 함수는 주어진 리스트에서 요소의 순서를 무작위로 섞어서 원래 리스트를 변경해 주는 함수이다. 이 함수는 리스트에만 적용이 가능하고 튜플이나 스트링은 변경 불가능 객체이므로 적용 시 오류가 발생한다.

7 os 모듈에서 (   ) 함수는 현재 작업 중인 디렉토리 경로를 알려주며, (   ) 함수는 디렉토리를 새로 만들어 준다.

8 모듈화 설계의 이점과 가장 관련성이 적은 것은?

(a) 재사용 (b) 변경의 용이성 (c) 독립적인 개발 (d) 무결성

9 프로그램에서 모듈의 함수를 불러 사용할 때 필요한 함수만 임포트 하려고 한다. mycircle 모듈에서 get_area 함수만 임포트 하는 명령문으로 알맞은 것은?

(a) import get_area
(b) import get_area from mycirce
(c) from mycirce import get_area
(d) import mycirce as get_area

10 다음 프로그램에서 함수 get_area에 작성한 문서화 설명문을 print 문으로 확인하려 할 때 (   ) 속에 들어갈 명령문으로 맞는 것은?

```
"""
    #mysquare.py : 정사각형의 속성을 계산하는 모듈
    get_area(length), get_peri(length), set_pos(x, y)
"""
xpos, ypos = 0, 0

def get_area(length):                    # 면적 계산
    """
        모듈: mysquare.py     함수: get_area(length)
        한 변의 길이가 length인 정사각형의 면적을 계산
    """
    return  length ** 2
```

```
>>> import mysquare
>>> (            )
```

(a) print(get_area.doc)
(b) print(get_area.__doc__)
(c) print(mysquare.get_area.__doc__)
(d) print(mysquare.__doc__)

11 모듈을 작성할 때, 메인으로 실행할 때만 안내문이 나타나고 단순히 임포트 하여 일부 함수만 호출하려 할 때는 안내문이 안보이도록 하고 싶다. 이를 위해 메인 모듈인지 이름을 확인하는 문장을 작성하려 할 때, (   ) 속에 들어 갈 명령문으로 맞는 것은?

```
#helf documentation
(                        ) :
    area = get_area(4,3)
    print('myrect.get_area 의 인수는 2개(가로, 세로)')
```

(a) if name == 'main' (b) if name == '__main__'

(c) if __name__ == 'main' (d) if __name__ == '__main__'

12 다음과 같이 작성된 패키지의 파일 구조를 참고하였을 때, (   ) 속에 와야 할 명령문은?

```
enter/
    __init__.py
    movie/
        __init__.py
        director.py
        release.py
        genre.py
    music/
        __init__.py
        title.py
        singer.py
        play.py
```

```
#enter/music/__init__.py
from . import title
… (중략)
__all__ = (                        )
```

(a) [director, release, genre] (b) ['title', 'singer', 'play']

(c) ['title.py', 'singer.py', 'play.py'] (d) [title, singer, play]

13 다음 실행 결과를 참고하였을 때, (   )에 나올 명령문으로 맞는 것은?

```
>>> import time
>>> (                  )
  'Tue Sep 8 10:14:29 2020'
```

(a) time.datetime() (b) time.asctime()

(c) time.localtime() (d) time.time()

14 다음 프로그램의 실행 결과는?

```
>>> import sys
>>> mytext = sys.stdin.readline(6)
안녕하세요 반가워요
>>> mytext
```

(a) '안녕하세요 '　(b) '안녕하세요'　(c) '안녕하세요\n'　(d) '안녕하세요 반'

15 다음 설명을 순서대로 올바르게 수행하는 명령문을 선택하라.

```
import os
#  1) 현재 작업 중인 디렉토리를 표시
#  2) C:\\test 디렉토리로 이동
#  3) temp 디렉토리 생성
```

(a) os.listdir(), os.getcwd('C:\\test'), os.mkdir('temp')

(b) os.getcwd(), os.rename('C:\\test'), os.mkdir('temp')

(c) os.listdir(), os.chdir('C:\\test'), os.rmdir('temp')

(d) os.getcwd(), os.chdir('C:\\test'), os.mkdir('temp')

B. 따라하기 실습

1 아래와 같이 4칙 연산 함수 sum, sub, mul, div를 정의하여 myCalc.py로 저장하고 main 프로그램에서 실행하라.

[myCalc.py]

```
def sum(x, y):
    return x+y
def sub(x, y):
    return x-y
def mul(x, y):
    return x * y
def div(x, y):
    return x/y
```

```
>>> print(dir())
>>> import myCalc
>>> print(dir())
```

[myClac_main1.py]

```
import myCalc
x, y = 5, 3
print(myCalc.sum(x,y))
print(myCalc.sub(x,y))
print(myCalc.mul(x,y))
print(myCalc.div(x,y))
```

2 앞의 문제 1의 메인 프로그램을 from-import 형식으로 임포트하여 함수를 실행하는 다음의 메인 프로그램을 실행하라.

[myClac_main2.py]

```
from myCalc import sum, sub
from myCalc import div as myDiv
x, y = 5, 3
print(sum(x,y))
print(sub(x,y))
print(myDiv(x,y))
print(div(x,y))          # error!
```

[myClac_main3.py]

```
from myCalc import *
x, y = 5, 3
print(sum(x,y))
print(sub(x,y))
print(mul(x,y))
print(div(x,y))
```

3 자신의 이름과 인사 메시지를 주어진 숫자 내에서 임의의 횟수로 출력하는 함수 chan.py와 seri.py를 폴더 myFriend에 작성하고, 이를 호출하는 main 프로그램을 실행한다.

[myFriends/chan.py]

```
import random
def printMessage(num):
    for _ in range(random.randrange(1,num)):
        print('Hello my name is chan !')
```

[myFriends/seri.py]

```
import random
def printMessage(num):
    for _ in range(random.randrange(1,num)):
        print('hello my name is seri !')
```

[main1.py]

```
from myFriends import chan, seri
chan.printMessage(4)
seri.printMessage(4)
```

4 앞의 프로그램에서 myFriends를 다음과 같은 구조의 패키지로 작성하여 실행한다.

```
myFriends/
        __init__.py
        chano.py
        seri.py
```

[myFriends/__init__.py]

```
# myFriends/__init__.py
__all__ = ['chano', 'seri']
```

[main2.py]

```
from myFriends import *
chano.printMessage(5)
seri.printMessage(5)
```

5 다음 그림에서와 같이 삼각형의 두 변 x, y가 주어졌을 때 빗변의 길이가 반지름 r이 되는 원의 면적을 구해보자.

[circle_area.py]

```
import math
x= 6
y= 5
r= math.sqrt(x ** 2 + y ** 2)
area= math.pi * r ** 2
print(' 원의 면적 =', area)
print(' 올림(Ceil)  결과 =', math.ceil(area))
print(' 내림(Floor) 결과 =', math.floor(area))
```

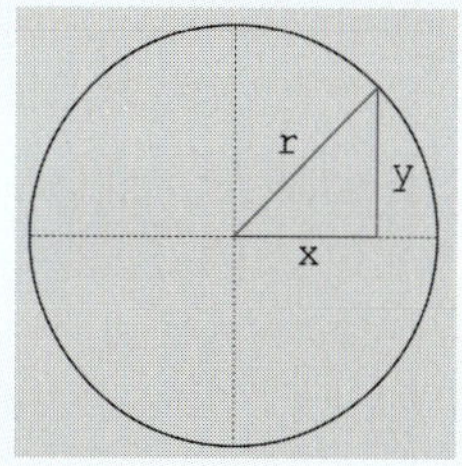

6 스톱워치 작동 후에 엔터 키를 누를 때까지의 시간을 출력하는 프로그램을 실행한다.

[stop_watch.py]

```
import time
print('스톱워치 작동 시작 …')
start_time = time.time()
input(' > 시간 종료를 원하면 <엔터>를 누르세요 ')
end_time = time.time()
sec = end_time - start_time
print(' %.2f 초 경과' % sec)
```

7 생일이 4월 25일로 주어졌을 때 오늘 날짜로부터 생일이 아직 남았는지 혹은 지나갔는지 확인한다.

[birthday.py]

```
import datetime
today = datetime.datetime.now()
print(' 오늘은 %d년 %d월 %d일' % (today.year, today.month, today.day))
birthday = datetime.datetime(today.year, 4, 25)

if birthday == today:
    print(' ** happy birthday!')
elif birthday > today:
    print(' + 생일이 아직 남았습니다!')
else:
    print(' - 생일이 지나 갔습니다!')
```

8 아래와 같이 주사위를 지정한 횟수만큼 던져서 나온 숫자를 합하는 프로그램을 작성하라.

[roll_dice.py]

```
import random
max_dots = 6

def roll_a_dice():
    return random.randint(1, max_dots)

def roll_dices(num_roll):
    dicelist = []
    for i in range(num_roll):
        dicelist.append( roll_a_dice() )
    return dicelist

def print_dice(num):
    dlist = roll_dices(num)
    for i in dlist:
        print(i, end=' ')
    print('Sum:', sum(dlist))

if __name__ == '__main__':
    print_dice(3)
```

C. 프로그래밍 실습

1 자신의 생일을 입력하였을 때 생일이 며칠 남았는지(지났는지) 출력해주는 프로그램을 작성하라. 이때, 남은(지난) 일이 30일을 넘어가는 경우 1달로 표기한다. 예를 들어, 현재 날짜가 5월 7일이고 생일이 6월 30일인 경우 '생일이 1달 24일 남았습니다.'를 출력한다.

| 실행 결과 예시 |

```
오늘은 2021년 2월 17일
> 생일을 입력하세요. (0508 형식) : 217
 * 생일 형식이 틀립니다.
> 생일을 입력하세요. (0508 형식) : 0217
 ** happy birthday!
> 생일을 입력하세요. (0508 형식) : 1230
```

```
 + 생일이 10개월 16일 남았습니다!
> 생일을 입력하세요. (0508 형식) : 0107
 - 생일이 1개월 11일 지나 갔습니다!
> 생일을 입력하세요. (0508 형식) :
>>>
```

2 1) 주어진 리스트를 역순으로 만들기, 비우기, n보다 작은 수만 걸러내기를 하는 list_reverse(), list_clear(), list_filter() 함수를 작성하여 listfunc.py 모듈을 생성하고, list_main.py 에서 list_func 모듈을 임포트하여 다음과 같은 프로그램을 실행하라

[list_main.py]

```
import listfunc
scorelist = [1, 2, 3, 4, 5, 6]

listfunc.list_reverse(scorelist)
print('reverse :', scorelist)
listfunc.list_filter(scorelist, 4)
print('filter :',scorelist)
listfunc.list_clear(scorelist)
print('clear :',scorelist)
```

| 실행 결과 예시 |

```
reverse : [6, 5, 4, 3, 2, 1]
filter : [3, 2, 1]
clear : []
>>>
```

2) 1)에서 작성한 프로그램 listfunc.py 모듈의 문서화 설명을 작성하고 출력하라.

| 실행 결과 예시 |

```
    # listfunc.py : 리스트에 적용할 수 있는 다양한 기능을 제공하는 모듈
    list_reverse(mylist): 리스트 mylist의 원소를 역순으로 바꿔 반환
    list_clear(mylist): 리스트 mylist의 원소를 전체 삭제하고 빈 리스트 반환
    list_filter(mylist, n): 리스트 mylist의 원소 중 n보다 작은 원소만 반환


>>>
```

3 다음과 같은 구조의 패키지로 구성되어 식사 메뉴를 골라주는 프로그램을 완성하라. 항목 선택은 사용자가 종료할 때까지 반복하며, 식사 리스트를 사용자가 추가할 수 있으며, 리스트가 비어있을 경우 추가하라는 메시지를 출력한다. 오늘의 메뉴는 현재 메뉴 리스트에서 무작위로 선택하여 보여주며, 초기 메뉴 리스트는 ['김치찌개', '된장찌개', '설렁탕', '백반']으로 구성한다.

| 패키지 구조 |

```
menu_choice/
        __init__.py
        menu/
                __init__.py
                select.py
```

| 실행 결과 예시 |

```
(1)현재 메뉴 보기, (2)메뉴 추가, (3)무작위 메뉴 선택, (9)종료
번호를 선택하세요: 1
['김치찌개', '된장찌개', '설렁탕', '백반']

(1)현재 메뉴 보기, (2)메뉴 추가, (3)무작위 메뉴 선택, (9)종료
번호를 선택하세요: 2
추가할 식사 메뉴를 입력하세요: 스파게티
['김치찌개', '된장찌개', '설렁탕', '백반', '스파게티']

(1)현재 메뉴 보기, (2)메뉴 추가, (3)무작위 메뉴 선택, (9)종료
번호를 선택하세요: 3
오늘 식사는 *백반* 어때요?

(1)현재 메뉴 보기, (2)메뉴 추가, (3)무작위 메뉴 선택, (9)종료
번호를 선택하세요: 3
오늘 식사는 *스파게티* 어때요?

(1)현재 메뉴 보기, (2)메뉴 추가, (3)무작위 메뉴 선택, (9)종료
번호를 선택하세요: 3
오늘 식사는 *설렁탕* 어때요?

(1)현재 메뉴 보기, (2)메뉴 추가, (3)무작위 메뉴 선택, (9)종료
번호를 선택하세요: 3
오늘 식사는 *백반* 어때요?

(1)현재 메뉴 보기, (2)메뉴 추가, (3)무작위 메뉴 선택, (9)종료
번호를 선택하세요: 9
>>>
```

09

CHAPTER

딕셔너리(Dictionary), 집합(Set) 및 텍스트 파일

contents

| 단원개요 |

6장에서 설명한 리스트, 튜플, 스트링은 순서형 데이터로 요소들의 순서가 중요하다. 이에 비하여 이 장에서 설명할 딕셔너리와 집합은 요소들을 가지고 있으나 그 순서가 전혀 중요하지 않은 데이터로 컬렉션 데이터에 속한다. 딕셔너리와 집합의 개념과 구조, 연산자 및 활용에 대하여 알아보자. 또한 텍스트 데이터가 파일로 구성되어 메모리나 클라우드를 이용하여 입력하고 출력(저장)하는 메소드들에 대하여 공부한다.

09 딕셔너리(Dictionary), 집합(Set) 및 텍스트 파일

9.1 딕셔너리(Dictionary)의 특성

딕셔너리란 무엇이며 그 필요성에 대하여 알아보자. 딕셔너리는 인덱스를 이용하지 않고 소위 키(Key)와 값(Value) 간의 "연관성"을 이용하는 데이터 구조이다. 이 절에서 파이썬 딕셔너리의 형식을 알아보고 리스트와의 차이점을 설명한다.

9.1.1 딕셔너리란?

■ 딕셔너리의 필요성

세상에는 매우 다양한 엄청난 양의 데이터가 존재한다. 그 중 많은 부분이 문자 또는 숫자 데이터이다. 이러한 데이터는 컴퓨터 메모리, 인터넷, 클라우드를 통해 저장되고 공유되고 있다. 데이터를 이용하기 위해서는 주어진 조건을 만족시키는 데이터를 효율적으로 검색하고 찾아와야 한다. 예를 들어, 그림 9-1에서 내가 방문했던 유럽 각 나라의 수도를 검색하기 위하여 Euro_capitals라는 데이터가 있다고 하자. 이 데이터를 이용하여 국가 이름('country_name')이 주어졌을 때 그 국가의 수도('capital_city')를 검색하여 가져온다. 아래 그림에서 보듯이 국가 이름이 'Italy'이면 수도는 'Rome'가 된다. 이 예에서 국가 이름은 키(Key) 역할을 하고 수도 이름은 주어진 키에 상응하는 값(Value)이 된다. 즉, 키 값이 주어졌을 때 이에 상응하는 값을 찾아온다. 이렇게 함으로써 원하는 정보를 용이하게 찾아 올 수 있다. 딕셔너리는 이와 같이 특정한 키가 주어졌을 때 이에 상응하는 요소의 값을 즉시 찾아주는 데이터형으로, 키가 주어졌을 때 이에 해당하는 요소의 값은 유일하게 정해져 있다. 이 예에서 국가 이름이 'Italy'이면 수도가 'Rome' 하나만 상응한다.

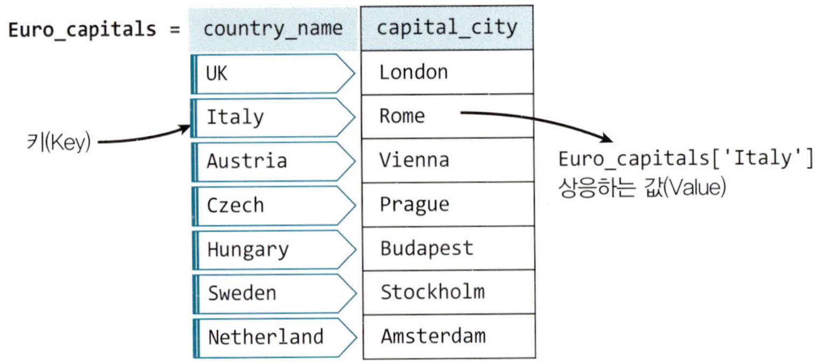

[그림 9-1] 딕셔너리 Euro_capitals는 'country_name'에 상응하는 'capital_city'를 검색

▪ 인덱스 데이터구조와 연관 데이터구조

파이썬 언어의 데이터 형식을 다시 떠올려 보자. 그림 9-2에서와 같이 리스트, 튜플, 스트링은 순서형 데이터에 속한다. 이에 비해 딕셔너리는 아래 그림에서 보듯이 순서형 데이터가 아니고 컬렉션(Collection) 데이터에 속한다. 순서형 데이터는 데이터의 구성 요소 간에 순서가 중요한 데이터형인데 비하여 컬렉션은 다수의 요소를 가지고 있으나 요소들 간에 순서가 문제 되지 않는다. 이 장에서 공부할 딕셔너리와 집합은 모두 컬렉션 데이터이다.

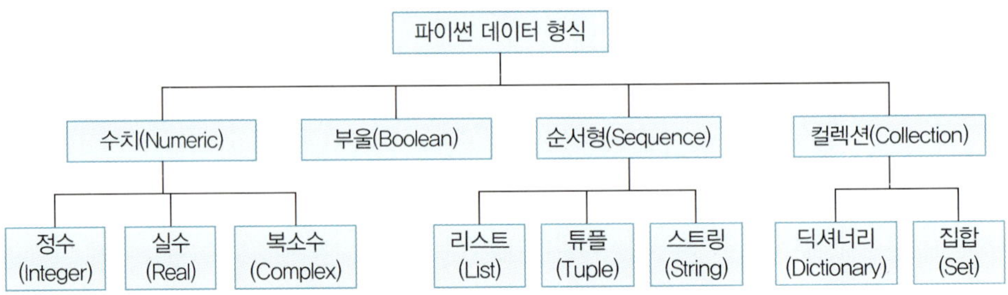

[그림 9-2] 파이썬 언어의 데이터 형식

순서형 데이터는 요소들의 순서가 중요하다. 그리고 각 요소는 인덱스를 통하여 지정할 수 있다. 리스트(List)란 여러 개의 요소(Item 또는 Element)들이 선형적인 데이터 구조를 가지고 있으며 아래 그림에서 보듯이 인덱스 번호를 통하여 특정 요소를 액세스한다. 그림 9-3(a)에서 월별 모의고사 성적을 기록한 리스트에서 monthly_score[2]는 리스트의 세 번째 요소, 즉 인덱스 2를 액세스하여 값 67을 얻는다. 이에 비하여 그림 9-3(b)에서 새로이 정의한 딕셔너리에서는 키 'Mar'를 이용하여 monthly_sale['Mar']의 값 67을 얻는다.

딕셔너리에서 요소의 순서는 문제되지 않으며, 중요한 것은 주어진 키에 따라 항상 같은 값을 획득한다는 사실이다.

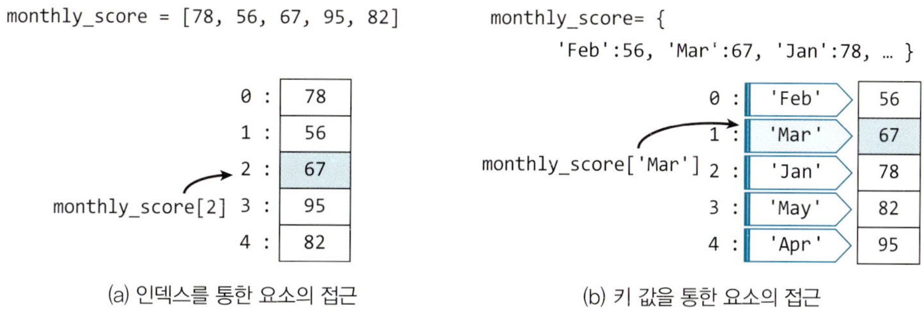

[그림 9-3] 순서형 데이터 리스트와 콜렉션 데이터 딕셔너리의 비교

그림 9-4에서 보듯이 리스트에서는 인덱스 번호에 따라 값이 정해지므로 인덱스 번호가 중요한 역할을 수행하고 있다. 따라서 인덱스 번호에 따라 순서대로 값이 위치하고 있다. 그러나 딕셔너리는 주어진 키에 따라 값이 정해지므로 순서는 전혀 중요하지 않다. 따라서 딕셔너리 데이터는 키(Key)와 값(Value) 간에 연관성이 존재한다. 이러한 이유로 딕셔너리를 연관 데이터구조(Associated Data Type)라 부른다. 딕셔너리에서 키가 주어지면 인덱스 없이 즉시 그와 연관된 데이터 값을 찾아올 수 있으므로 딕셔너리는 데이터 검색에 매우 유용한 데이터 형식이다.

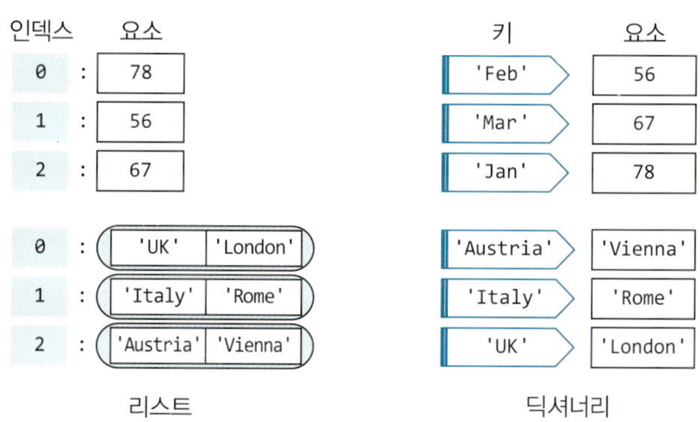

[그림 9-4] 딕셔너리 데이터의 연관성(Association) 개념

9.1.2 파이썬의 딕셔너리

■ 딕셔너리의 형식

파이썬의 딕셔너리는 아래와 같이 기본적으로 키(Key)와 키에 연관된 값(Value)의 형태로 구성 요소들을 가진다. 키와 이에 대응하는 값의 요소들이 중괄호 { } 안에 위치한다. 구체적으로 설명하면 아래의 딕셔너리 dd는 〈키〉 : 〈값〉이 짝을 이룬 요소들로 구성된다. 앞에서 설명한 바와 같이 요소 〈키〉 : 〈값〉의 순서는 중요하지 않다. 만일 딕셔너리가 n개의 요소를 가진다면 { } 내에 n개의 요소가 존재한다.

{ <키(key)> : <값(value)> }

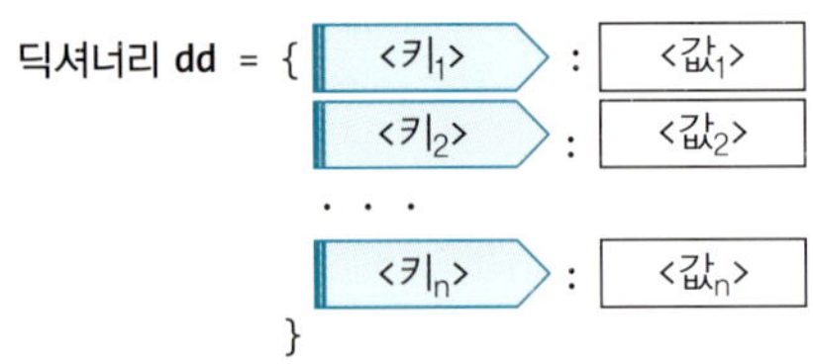

이제 딕셔너리를 이용하여 앞의 예제에서 나왔던 방문한 유럽 국가의 수도 Euro_capitals에 속하는 국가 이름과 도시 이름을 각 요소로 정의하고 그들의 값을 구체적으로 정의하자. 아래 예에서 7개의 요소가 존재한다.

```
>>> Euro_capitals = {
    'UK' : 'London',
    'Italy' : 'Rome',
    'Austria' : 'Vienna',
    'Czech' : 'Prague',
    'Hungary' : 'Budapest',
    'Sweden' : 'Stockholm',
    'Netherland' : 'Amsterdam'
}
```

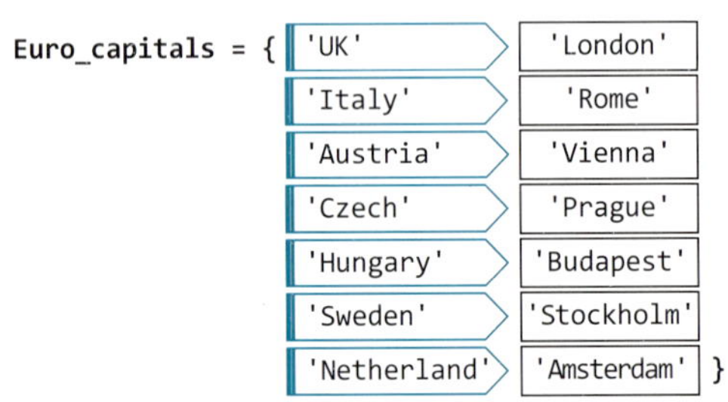

딕셔너리 Euro_capitals를 셸에서 확인해 보면 아래의 예와 같이 나타나며, 딕셔너리에 인덱스 번호 대신에 키가 주어지면 이에 상응하는(또는 연관된) 값을 즉시 찾을 수 있다. 만약 딕셔너리에 인덱스 숫자가 주어지면 아래와 같이 오류가 발생한다.

```
>>> Euro_capitals
{'UK': 'London', 'Italy': 'Rome', 'Austria': 'Vienna', 'Czech': 'Prague',
'Hungary': 'Budapest', 'Sweden': 'Stockholm', 'Netherland': 'Amsterdam'}
>>> Euro_capitals['Italy']
>>> 'Rome'                          주어진 키로 찾아오기
>>> Euro_capitals['Czech']
>>> 'Prague'
>>>
>>> Euro_capitals[1]                인덱스 번호로 찾기는 오류
Traceback (most recent call last):
  File "<pyshell#3>", line 1, in <module>
    Euro_capitals[1]
KeyError: 1
```

역시 앞 절에서 언급한 monthly_score를 딕셔너리로 표현하면 아래와 같다. 키는 월이 되고 이에 상응하는 값은 모의고사 성적이 된다. 이 딕셔너리를 이용하면 각 월 별로 모의고사 성적을 즉시 얻을 수 있다.

```
>>> monthly_score = { 'Jan' : 78, 'Feb' : 56,
        'Mar' : 67, 'Apr' : 95, 'May' : 82 }
>>> monthly_score['Feb']
56
```

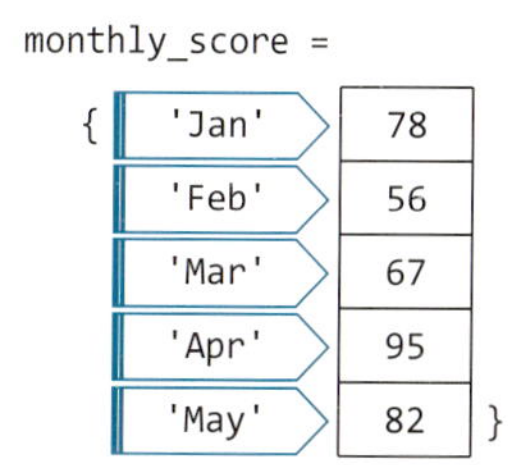

■ 딕셔너리와 리스트의 비교

딕셔너리 데이터와 리스트는 모두 다수의 요소를 가진다는 점에서 동일하다. 이들 간의 공통점과 차이점을 알아보자. 그림 9-5에서 리스트와 딕셔너리의 공통점과 차이점을 그림으로 보여주고 있다.

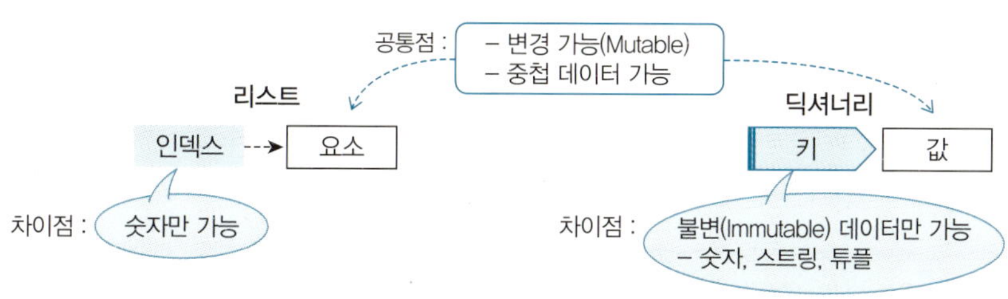

[그림 9-5] 리스트와 딕셔너리의 공통점과 차이점

1) 공통점

리스트와 딕셔너리는 모두 요소값 들을 변경(Mutable)할 수 있다. 따라서 리스트와 딕셔너리는 새로운 요소가 생겨나고 딕셔너리의 요소를 제거할 수 있다. 이러한 이유로 이들을 동적 데이터라 부른다. 또한 리스트와 딕셔너리는 모두 중첩 데이터(Nested data)를 값으로 가질 수 있다. 즉, 각 요소의 값은 다시 리스트, 튜플 또는 딕셔너리가 될 수 있다.

새로운 예제로 내가 방문했던 유럽 도시들을 나열하는 데이터를 딕셔너리로 작성해 보자. 딕셔너리의 키는 국가 이름으로 하고, 값은 각 나라별로 방문했던 도시로 구성하였다. 한 국가에서 한 도시만 방문한 경우도 있지만 여러 도시들을 방문할 수 있으며 후에 추가할 수 있으므로, 도시 이름은 하나의 스트링 혹은 리스트로 작성하도록 한다. 아래의 예에서 'Swiss'나 'UK'인 경우는 값을 여러 도시 이름의 리스트 형태로 가지고 있으며, 'Italy'나 'Spain'과 같은 경우에는 하나의 도시 이름만 스트링으로 값을 가지고 있음을 볼 수 있다.

```
>>> Euro_visit = {
    'Swiss' : ['Zurich', 'Lausanne'],
    'UK' : ['London', 'Oxford', 'Leeds'],
    'Italy' : 'Rome',
    'Austria' : 'Vienna',
    'Czech' : ['Prague', 'Plzen'],
    'Hungary' : 'Budapest',
    'Sweden' : 'Stockholm',
    'Netherland' : ['Amsterdam', 'Delft'],
    'Spain' : 'Barcelona' }
>>>
>>> Euro_visit['Swiss']        ← 값이 리스트 형태
['Zurich', 'Lausanne']
>>> Euro_visit['Italy']        ← 값이 단순히 스트링
'Rome'
```

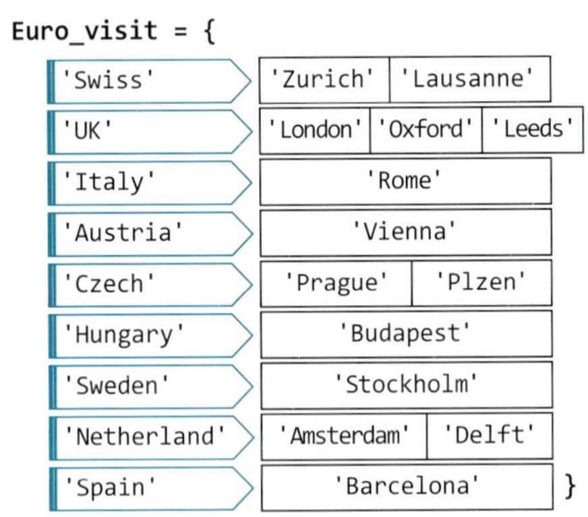

2) 차이점

딕셔너리가 리스트와 다른 점은 리스트의 경우 요소를 위치, 즉 인덱스에 의해 접근할 수 있는데 비하여 딕셔너리는 키를 통하여 이에 상응하는 값을 얻을 수 있다. 즉 딕셔너리는 9.1.1절에서 설명한 바와 같이 연관 데이터구조를 가지며, 이 때 키의 값은 변하면 안 되므로 숫자, 스트링, 튜플 등 변하지 않는(Immutable) 데이터 형만이 가능하다. 리스트, 딕셔너리, 집합과 같은 변할 수 있는(Mutable) 데이터 형은 키로 사용할 수 없다.

앞 절의 월별 모의고사 성적을 기록한 딕셔너리 monthly_score를 연도도 포함하여 (연도, 월) 별로 기록할 수 있도록 수정해 보자. 튜플은 키로 사용 가능하므로 딕셔너리 monthly_score의 키가 (연도, 월) 튜플로 구성하도록 수정하였다.

```
>>> monthly_score =  {  ← 튜플을 키로 사용
    (2019, 2) : 56,
    (2019, 3) : 67,
    (2019, 1) : 78,
    (2020, 5) : 82,
    (2020, 4) : 95 }
>>> monthly_score[(2019, 3)]  ← 튜플을 키로 사용
67
>>>
```

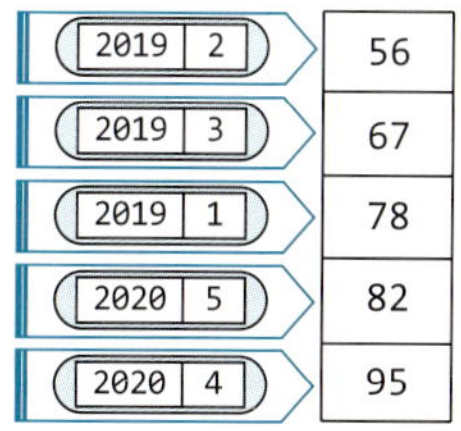

만약 리스트 구조를 키로 사용한다면 아래의 실행 예제에서처럼 오류가 발생한다.

```
>>> monthly_list =  {  ← 리스트는 키로 사용 불가
    [2019, 1] : 78,
    [2019, 2] : 56 }
Traceback (most recent call last):
  File "<pyshell#11>", line 1, in <module>
    monthly_list =  {
TypeError: unhashable type: 'list'
```

9.2 딕셔너리(Dictionary)의 구조

딕셔너리를 어떻게 생성하는지 알아보자. 이 절에서 딕셔너리의 동적 생성 개념을 이해하고 또한 딕셔너리 데이터에 적용되는 다양한 연산자들을 설명한다.

9.2.1 딕셔너리의 동적 생성

딕셔너리를 { 〈키〉 : 〈값〉 } 형식을 통해 직접 생성할 수 있지만 아래와 같이 함수 dict( )를 이용하여 생성할 수 있다. 함수 dict( )의 인수에는 리스트나 튜플과 같은 순서형 데이터가 나올 수 있으며, 혹은 명시적인 방법으로 〈키〉=〈값〉의 키워드 인수 형태로 지정할 수 있다. 함수 dict( )를 이용하여 Euro_capitals를 생성하면 아래와 같다. 코딩의 편리를 위

하여 우선 (국가이름, 수도이름)을 튜플로 구성한 리스트를 먼저 작성하고 이를 dict( ) 함수의 인수로 전달하였다.

```
>>> capitals = [
    ('UK', 'London'),
    ('Italy', 'Rome'),
    ('Czech', 'Prague'),
    ('Sweden', 'Stockholm'),
    ('Hungary', 'Budapest') ]
>>> Euro_capitals = dict(capitals)
>>> Euro_capitals['Italy']
'Rome'
>>>
```

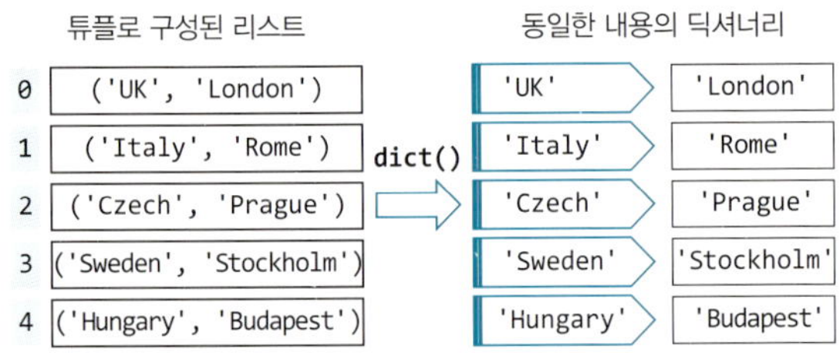

리스트를 딕셔너리로 변환하여 생성

같은 내용을 키워드 인수 형태로 지정한 예는 다음과 같다. 이때 키워드 인수의 키워드는 문자열 형태가 아니라 변수 형태로 표시해 주어야 한다. 즉, 'UK' = 'London'이 아니고 UK = 'London'의 키워드 인수 형태로 전달해 주면 'UK': 'London'이라는 딕셔너리 요소로 생성된다. 아래의 실행 예에서 생성된 딕셔너리 Euro_capitals를 확인해 보았다.

키워드 인수 형태로 지정(따옴표가 없다.)

```
>>> Euro_capitals = dict( UK = 'London', Italy = 'Rome',
    Czech = 'Prague', Sweden = 'Stockholm', Hungary = 'Budapest' )
>>> Euro_capitals['Italy']
'Rome'
>>> Euro_capitals
{'UK': 'London', 'Italy': 'Rome', 'Czech': 'Prague', 'Sweden': 'Stockholm',
'Hungary': 'Budapest' }
>>>
```

딕셔너리 Euro_capitals에 새로운 요소 ('Netherland': 'Amsterdam')과 ('Austria': 'Vienna')를 추가하려면 아래와 같이 키 인덱스로 지정해 주면 된다.

```
>>> Euro_capitals['Netherland'] = 'Amsterdam'
>>> Euro_capitals['Austria'] = 'Vienna'
>>> Euro_capitals
{'UK': 'London', 'Italy': 'Rome', 'Czech': 'Prague', 'Sweden': 'Stockholm', 'Hungary':
'Budapest', 'Netherland': 'Amsterdam', 'Austria': 'Vienna'}
>>>
```

새로운 요소 추가

또한 Euro_capitals의 요소 ('Czech', 'Prague')를 ('Czech', 'Praha')로 변경하려면 마찬가지 방법으로 처리할 수 있다.

```
>>> Euro_capitals['Czech'] = 'Praha'    # 요소 값의 변경
>>> Euro_capitals
{'UK': 'London', 'Italy': 'Rome', 'Czech': 'Praha', 'Sweden': 'Stockholm',
'Netherland': 'Amsterdam', 'Hungary': 'Budapest', 'Austria': 'Vienna'}
>>>
```

9.2.2 딕셔너리 연산자

딕셔너리는 다양한 함수와 연산자를 지원하고 있다. 딕셔너리 함수로는 앞 절에서 소개한 dict() 함수, 그리고 크기를 반환해주는 len(), 키만 나열해주는 keys(), 값들만 나열해주는 values() 함수가 있다. 또한, 요소를 삭제해 주는 del 연산자와 포함 여부를 확인하는 in 연산자도 있다. 그 중 몇 가지를 예제와 함께 소개한다.

1) 새로운 딕셔너리의 생성: dict()

앞에서 예를 통해 함수 dict()를 설명하였다. 함수 dict()는 새로운 딕셔너리를 생성하며 또한 빈 딕셔너리(Empty dictionary)도 생성할 수 있다. 새로운 예제를 통해 다시 한 번 딕셔너리 생성 과정을 함수로 살펴보자. 6장에서 리스트의 예제 중에 Score1 = ['Steve', 76, 'Bill', 98, 'Steve', 73, 'Steve', 79]이라는 점수 예제가 있었다. 이 내용을 그대로 딕셔너리로 변환하기 위해 우선 기존의 리스트를 (이름, 성적) 튜플의 리스트로 구성하였다. 그리고 dict 함수를 이용하여 딕셔너리를 생성하였다.

```
>>> t_list = [ ('Steve', 76), ('Bill', 98), ('Steve', 73), ('Steve', 79) ]
>>> dict()
{}    # 딕셔너리로 변환
>>> dict(t_list)
{'Steve': 79, 'Bill': 98}
>>>
```

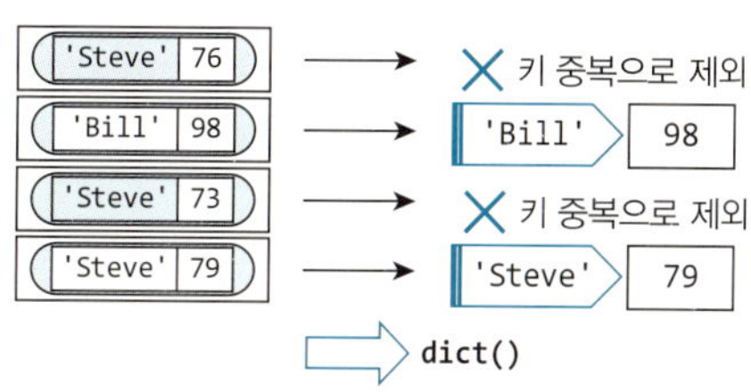

그러나 위의 예에서 보듯이 리스트에서 'Steve'라는 요소가 튜플에 중복해서 사용되었지만, 마지막으로 'Steve'가 나온 튜플만 딕셔너리 요소로 변환된 것을 볼 수 있다. 따라서 키가 중복되지 않도록 'Steve'의 성적을 리스트로 모아서 전체 데이터를 튜플-리스트의 구

조로 아래 예제와 같이 작성할 수 있다. 다시 작성된 리스트를 dict 함수에 적용하면 중첩된 구조를 가지는 딕셔너리가 생성된 것을 볼 수 있다.

```
>>> t_list = [ ('Steve', [76, 73, 79]), ('Bill', 98) ]
>>> d_score = dict(t_list)      ← 딕셔너리로 변환
>>> d_score
{'Steve': [76, 73, 79], 'Bill': 98}
>>>
>>> d_score['Steve']
[76, 73, 79]      ← 값이 리스트 형태
>>> d_score['Bill']
98      ← 값이 단순히 숫자
>>>
```

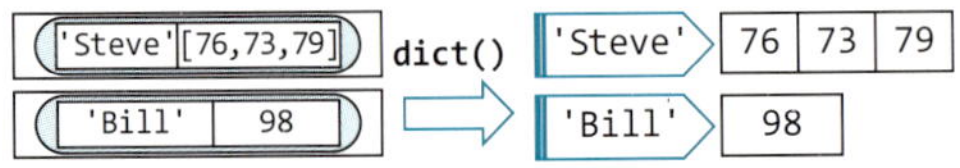

2) 딕셔너리의 크기, 키 목록, 값의 목록 구하기: len(), keys(), values()

함수 len( )은 딕셔너리의 요소 수를 구하고, keys( )는 딕셔너리의 키들을 나열하고, values( )는 값들의 목록을 나열해 준다. 앞의 예에 이어서 다음과 같이 실행하면 된다.

```
>>> len(d_score)
2
>>> d_score['Tim'] = 84      ← 요소 추가
>>> d_score
{'Steve': [76, 73, 79], 'Bill': 98, 'Tim': 84}
>>> len(d_score)
3
>>>
>>> d_score.keys()      ← 키들만 나열
dict_keys(['Steve', 'Bill', 'Tim'])
>>> d_score.values()      ← 값들만 나열
dict_values([[76, 73, 79], 98, 84])
>>>
```

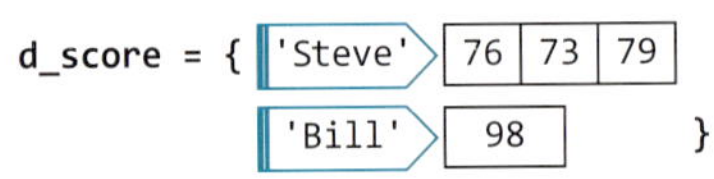

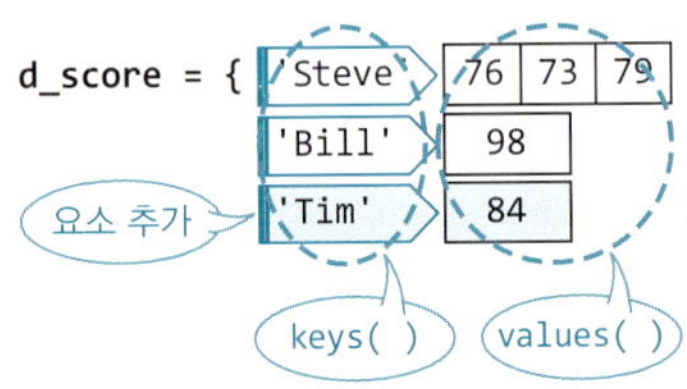

3) 포함 여부 확인과 요소 삭제: in 연산자와 del 연산자

in 연산자는 특정한 키가 딕셔너리에 속하는 지를 테스트하며, del 연산자는 특정 키를 가지는 요소를 딕셔너리에서 제거한다. 아래 예에서 보듯이 존재하지 않는 키의 요소를 삭제하라는 명령인 경우에는 오류가 발생한다. 따라서 마지막 예에서 보듯이 in 연산자로 해당 키가 있는지 확인한 후에 del 명령을 사용하면 오류를 방지할 수 있다.

```
>>> 'Tim' in d_score
True
>>> del d_score['Tim']          ← 요소 삭제
>>> d_score
{'Steve': [76, 73, 79], 'Bill': 98}
>>> del d_score['Tim']          ← 없는 요소 삭제
Traceback (most recent call last):
  File "<pyshell#141>", line 1, in <module>
    del d_score['Tim']
KeyError: 'Tim'
>>>
>>> 'Tim' in d_score            ← 키가 있는지 확인
False
>>> if 'Tim' in d_score:        ← 키가 있는지 확인하여 오류 방지
    del d_score['Tim']
>>>
```

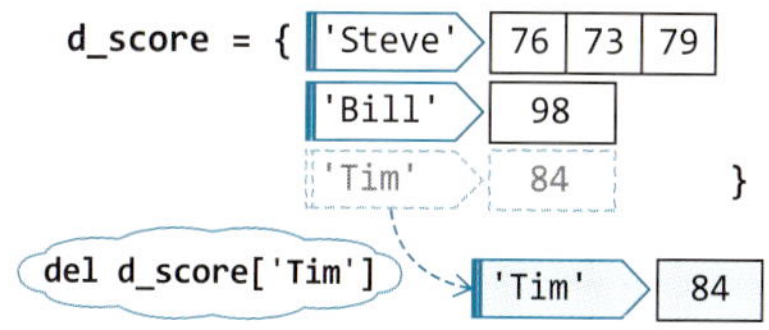

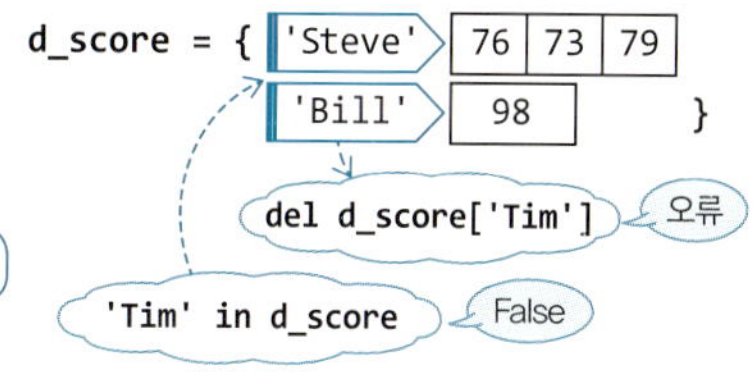

9.3 집합(Set) 데이터

집합도 컬렉션 데이터에 속한다. 따라서 집합의 요소들의 순서는 아무런 의미가 없다. 집합은 수학의 집합 개념을 그대로 사용하고 있다. 파이썬에서 집합의 형식을 알아보고 합집합, 교집합, 차집합 개념과 집합에 적용되는 연산자들에 대하여 설명한다.

9.3.1 집합이란?

■ 집합의 필요성

집합 데이터는 수학의 집합론(Set theory)에 기반하고 있으며 집합론은 수학에서 매우 중요한 분야이다. 집합은 특정한 조건을 만족시키는 원소(Element)들의 모임을 의미한다. 정보처리에서 집합의 개념은 매우 유용하다. 파이썬 언어는 집합(Set) 데이터형을 기본 자료형으로 지원하고 있다. 집합의 대표적인 기본 연산으로는 그림 9-6과 같이 교집합(Intersection), 합집합(Union), 차집합(Difference), 대칭차집합(Symmetric Difference)연산이 있다.

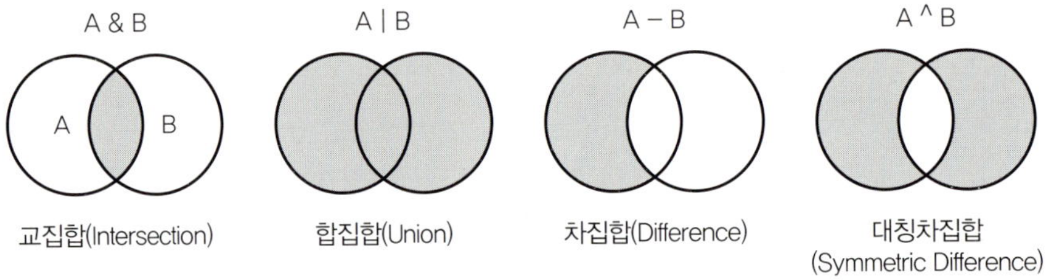

[그림 9-6] 집합의 기본 연산

집합의 기본 연산에 대해 예를 통해 알아보자. 우리나라 도시 중에 프로야구 구단이 다음과 같은 도시들을 연고지 도시로 하고 있다. 또한 서울을 포함하여 광역시를 나열해 보면 다음과 같다.

```
프로야구 = { '서울', '인천', '수원', '대전', '광주', '대구', '창원', '부산' }
광역시 = { '서울', '인천', '대전', '광주', '대구', '울산', '부산' }     # 서울시 포함
```

이제, 프로야구 연고지이며 광역시인 도시를 알고 싶으면 교집합을 이용하여 "프로야구 intersection 광역시" = { '서울', '인천', '대전', '광주', '대구', '부산' }이다. 프로야구 연고지 혹은 광역시인 모든 도시를 알고 싶으면 "프로야구 union 광역시" = { '서울', '인천', '수원', '대전', '광주', '대구', '창원', '부산', '울산' }이다. 또한 프로야구 연고지 중에서 광역시가 아닌 도시를 알고 싶으면 "프로야구 difference 광역시" = { '수원', '창원' }이 된다. 여기서 intersection, union 및 difference는 모두 집합 연산이다.

■ 집합의 형식

파이썬 언어의 집합 S가 n개의 요소(또는 원소) 〈요소$_1$〉, 〈요소$_2$〉, ..., 〈요소$_n$〉를 가지면 아래와 같은 형식으로 표현된다.

S = { <요소$_1$>, <요소$_2$>, ..., <요소$_n$> }

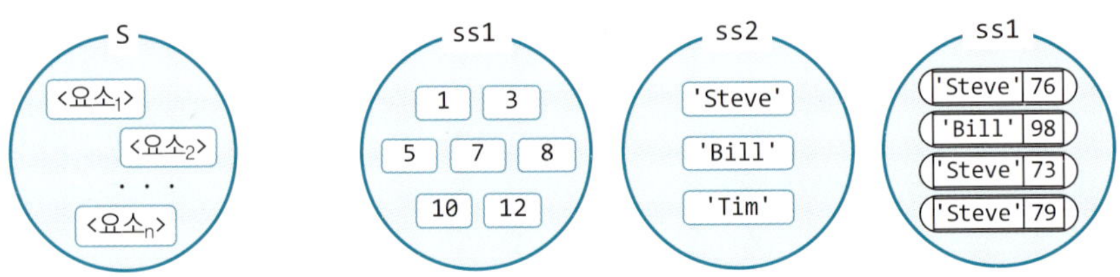

[그림 9-7] 집합과 개념도와 사례

파이썬 언어의 집합은 몇 가지 특성을 가진다. 집합의 요소는 순서형 데이터가 아니고 순서가 없는 컬렉션 데이터이다. 따라서 집합의 요소는 딕셔너리 경우와 마찬가지로 인덱스를 통해 접근할 수 없다. 또한 집합의 요소는 중복을 허용하지 않는다. 집합은 딕셔너리와 마찬가지로 변경될 수 있는 데이터이지만 집합의 각 요소는 변경될 수 없는 데이터형이어야 한다. 아래 예에서 집합 ss1, ss2, ss3는 각각 정수, 스트링, 튜플을 요소로 갖는다.

```
>>> ss1 = { 1, 3, 5, 7, 8, 10, 12 }
>>> ss2 = { 'Steve', 'Bill', 'Tim' }
>>> ss3 = { ('Steve', 76), ('Bill', 98), ('Steve', 73), ('Steve', 79) }
```

■ 집합의 생성

집합은 앞에서 설명한 바와 같이 직접 S = { 요소$_1$, 요소$_2$, ..., 요소$_n$ } 형태로 정의할 수 있지만 set( ) 함수를 이용하여 아래와 같이 생성할 수 있다. 리스트와 튜플은 중복된 요소를 허용하나 집합은 중복 요소를 허용하지 않는다.

```
>>> member = set( ['Steve', 'Steve', 'Bill', 'Steve', 'Tim'] )
>>> member
{'Tim', 'Steve', 'Bill'}
>>> member = set( ('Steve', 'Steve', 'Bill', 'Steve', 'Tim') )
>>> member
{'Tim', 'Steve', 'Bill'}
>>>
```

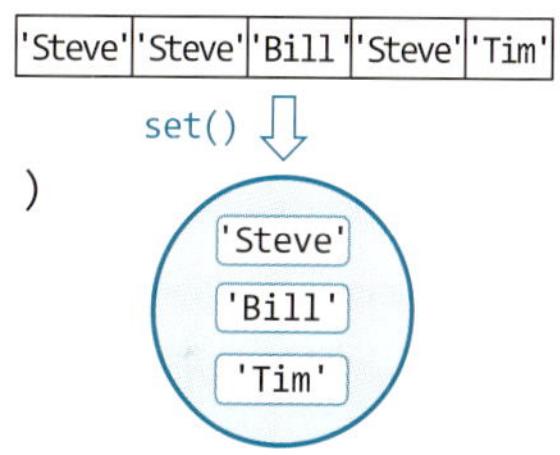

스트링의 예에서 함수 list( )와 함수 set( )을 이용하면 구성 요소인 문자로 구성된 리스트와 집합을 다음과 같은 결과로 얻을 수 있다. set( ) 함수는 중복 요소를 허용하지 않으므로 요소 'r'과 'e'가 한 번씩만 나타나는 것을 유의하라.

```
>>> word = 'forever'
>>> list(word)
['f', 'o', 'r', 'e', 'v', 'e', 'r']
>>> tuple(word)
('f', 'o', 'r', 'e', 'v', 'e', 'r')
>>> set(word)
{'o', 'r', 'f', 'e', 'v'}
```

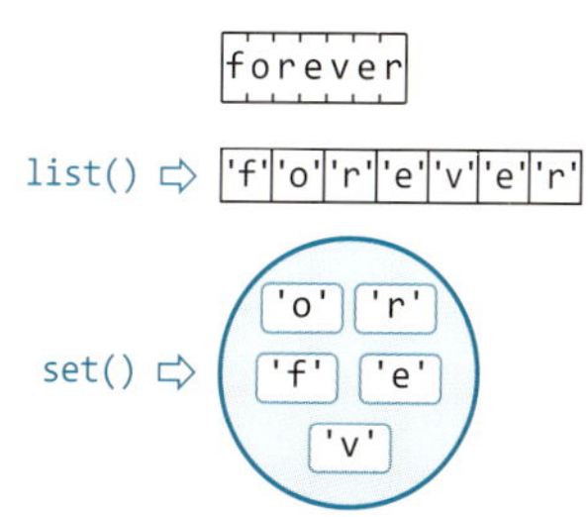

9.3.2 집합 연산자

집합은 다양한 함수와 연산자를 지원하고 있다. 딕셔너리와 마찬가지로 집합의 크기를 알려주는 len() 함수와 포함 여부를 알려주는 in 연산자가 있으며, 추가로 집합 고유의 특성인 집합 연산을 위한 연산자가 있다. 집합 요소의 추가 및 제거를 위하여 별도의 add()와 remove() 메소드가 있다.

1) 집합의 크기와 멤버쉽: len(), in 연산자

함수 len()은 집합의 요소 개수를 구하고, in 연산자는 특정한 요소가 집합에 속하는지를 확인하여 True 혹은 False 값을 반환해 준다. 프로야구 및 광역시 에에서 집합의 요소 값은 스트링 형태인 '수원'과 같고 변수명인 프로야구 혹은 광역시에는 스트링을 표시하는 따옴표가 없음을 유의하라.

```
>>> 프로야구 = { '서울', '인천', '수원', '대전', '광주', '대구', '창원', '부산' }
>>> 광역시 = { '서울', '인천', '대전', '광주', '대구', '울산', '부산' }   # 서울 포함
>>> len(프로야구)
8
>>> len(광역시)
7
>>> '수원' in 프로야구
True
>>> '수원' in 광역시
False
>>>
```

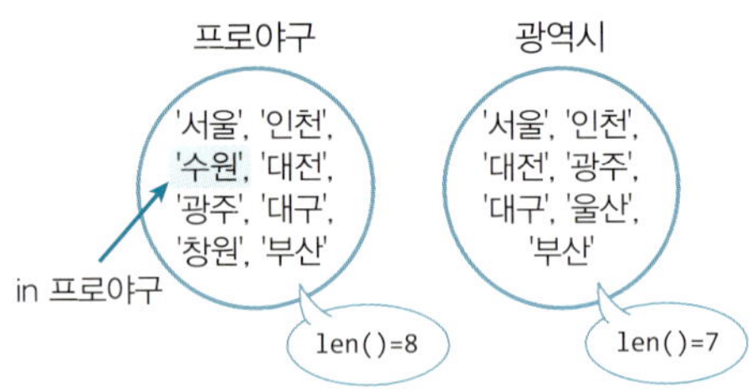

2) 합집합(Union), 교집합(Intersection), 차집합(Difference), 대칭차집합(Symmetric difference)

그림 9-6에서 보듯이 집합 A와 B의 합집합, 교집합, 차집합은 각각 집합 연산자를 이용하여 A | B, A & B, A - B로 표현한다. 또한 대칭차집합 A ^ B는 집합 A 또는 집합 B에는 속하지만 두 집합 모두에는 속하지 않는 요소들의 집합이다. 이들 연산자는 각각 A.union(B), A.intersection(B), A.difference(B), A.symmetric_difference(B)와 같이 메소드를 이용하여 처리할 수도 있다.

```
>>> 프로야구 | 광역시      ← 프로야구 연고지 혹은 광역시인 도시
{'대구', '울산', '부산', '광주', '대전', '창원', '서울', '인천', '수원'}
>>> 프로야구 & 광역시      ← 프로야구 연고지이며 광역시인 도시
{'대구', '부산', '광주', '대전', '인천', '서울'}
```

```
>>> 프로야구 - 광역시    ← 프로야구 연고지 중 광역시가 아닌 도시
{'창원', '수원'}
>>> 프로야구 ^ 광역시    ← 광역시가 아니거나 프로야구 연고지가 아닌 도시
{'창원', '울산', '수원'}
>>>
```

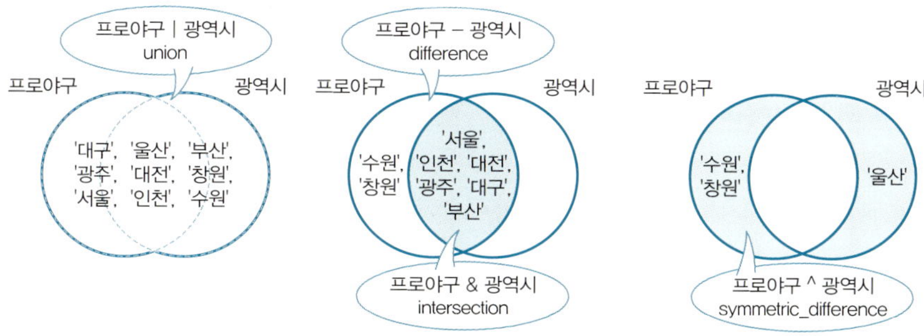


```
>>> 프로야구.union(광역시)
{'대구', '울산', '부산', '광주', '대전', '창원', '서울', '인천', '수원'}
>>> 프로야구.intersection(광역시)
{'대구', '부산', '광주', '대전', '인천', '서울'}
>>> 프로야구.difference(광역시)
{'창원', '수원'}
>>> 프로야구.symmetric_difference(광역시)
{'창원', '울산', '수원'}
>>>
```

3) add()와 remove()

add(요소)는 집합에 새로운 요소를 추가하고 remove(요소)는 집합에서 특정 요소를 제거하는 기능을 수행한다. 광역시 기준이 인구 100만 명이므로 후보 도시 '수원'을 후보로 포함시켜 보자. 그리고 '서울'은 특별시이므로 광역시 명단에서 삭제해 보자.

```
>>> 광역시.add('수원')
>>> 광역시
{'대구', '울산', '부산', '광주', '대전', '서울', '인천', '수원'}
>>>
>>> 광역시.remove('서울')
>>> 광역시
{'대구', '울산', '부산', '광주', '대전', '인천', '수원'}
>>>
```

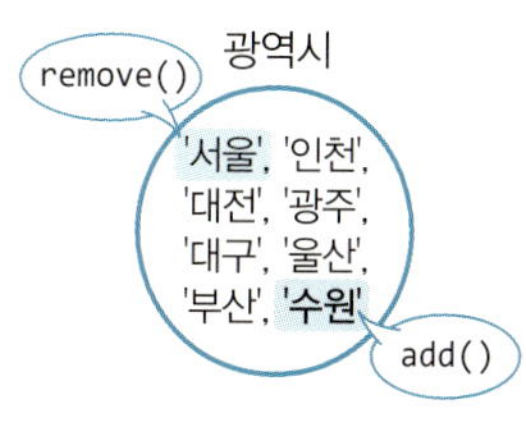

9.4 텍스트 파일

우리 주변에 수많은 텍스트 파일들이 존재하고 이들이 다양한 사용자들에 의해 공유되고 있다. 특히, 인터넷, 클라우드, 휴대폰, SNS의 발전과 확산으로 매우 다양한 텍스트 파일들이 존재한다. 이 절에서는 텍스트 파일을 생성하여 저장(출력)하고 저장된 텍스트 파일을 읽는(입력) 메소드들에 대하여 공부한다.

9.4.1 텍스트 파일이란?

과거에는 데이터가 컴퓨터 내에 존재하였다. 그 후 컴퓨터 네트워크에 의해 데이터가 다른 컴퓨터로 전송되기 시작하였다. 인터넷 출현 이후 데이터는 인터넷 망을 통하여 세계 곳곳의 컴퓨터나 휴대폰에 의하여 공유되었다. 최근에는 클라우드 컴퓨팅의 활성화로 더 많은 다양한 데이터가 공유되고 있다. 데이터에는 크게 나누어 텍스트 데이터와 이미지, 사운드, 동영상과 같은 바이너리 데이터가 있다.

■ 텍스트 파일과 바이너리 파일

텍스트 파일은 문자, 숫자, 문법 기호 등으로 구성되어 있는데 비하여 바이너리 파일은 그 종류에 관계없이 1과 0으로 구성되어 있다. 1과 0으로 이루어진 바이너리 데이터는 어떻게 해석하느냐에 따라 이미지가 될 수도 있고 사운드, 애니메이션 또는 동영상이 될 수도 있다.

텍스트 파일은 문자, 숫자, 문법 기호, 제어 부호 등을 포함하고 있고 한 줄씩 구성되어 있다. 텍스트 파일의 내용을 프린트할 수 있고 '\n'과 같은 제어 문자는 "줄바꿈"을 의미하며 프린트할 수 없다. 제어 문자 '\n'는 다음 줄(Next line)이라는 의미를 갖는다. 텍스트 파일의 종류의 예로 텍스트를 의미하는 .txt 파일, 파이썬 프로그램 소스 파일 .py 파일, 그리고 웹 문서 .html 파일 등을 들 수 있다.

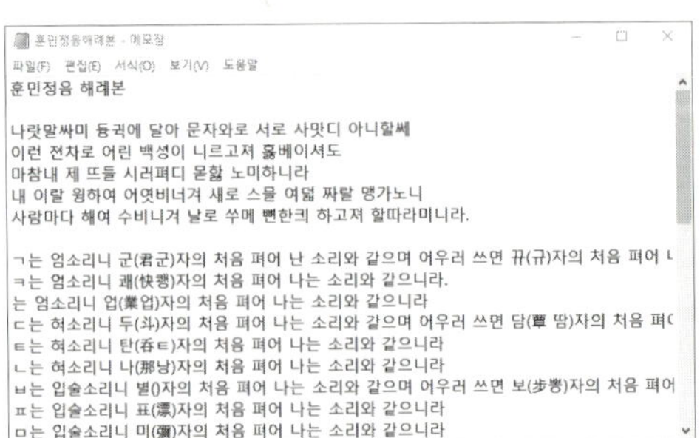
훈민정음 해례본

나랏말싸미 듕귁에 달아 문자와로 서로 사맛디 아니할쎄
이런 전차로 어린 백성이 니르고져 훓베이셔도
마참내 제 뜨들 시러펴디 몯핧 노미하니라
내 이랄 윙하여 어엿비너겨 새로 스믈 여덟 짜랄 맹가노니
사람마다 해여 수비니겨 날로 쑤메 뼌한킈 하고져 할따라미니라.

ㄱ는 엄소리니 군(君군)자의 처음 펴어 난 소리와 같으며 어우러 쓰면 뀨(규)자의 처음 펴어 ㄴ
ㅋ는 엄소리니 쾌(快쾡)자의 처음 펴어 나는 소리와 같으니라.
는 엄소리니 업(業업)자의 처음 펴어 나는 소리와 같으니라
ㄷ는 혀소리니 두(斗)자의 처음 펴어 나는 소리와 같으며 어우러 쓰면 담(覃 땀)자의 처음 펴(
ㅌ는 혀소리니 탄(呑ㅌ)자의 처음 펴어 나는 소리와 같으니라
ㄴ는 혀소리니 나(那낭)자의 처음 펴어 나는 소리와 같으니라
ㅂ는 입술소리니 별()자의 처음 펴어 나는 소리와 같으며 어우러 쓰면 보(步뽕)자의 처음 펴어
ㅍ는 입술소리니 표(漂)자의 처음 펴어 나는 소리와 같으니라
ㅁ는 입술소리니 미(彌)자의 처음 펴어 나는 소리와 같으니라

[그림 9-8] 텍스트 파일의 예 "훈민정음해례본.txt"

바이너리 파일은 다양한 데이터를 포함한다. 바이너리 파일은 텍스트 파일의 줄(Line)과 같은 개념이 없다. 바이너리 파일은 컴퓨터 프로그램에 의해서만 해석될 수 있다. 바이너리 파일의 예로 프로그램 실행 파일을 의미하는 .exe 파일, 이미지를 의미하는 .jpg, 사운드 파일 .mp3, 동영상 파일 .mpeg 등 다양한 파일이 존재한다.

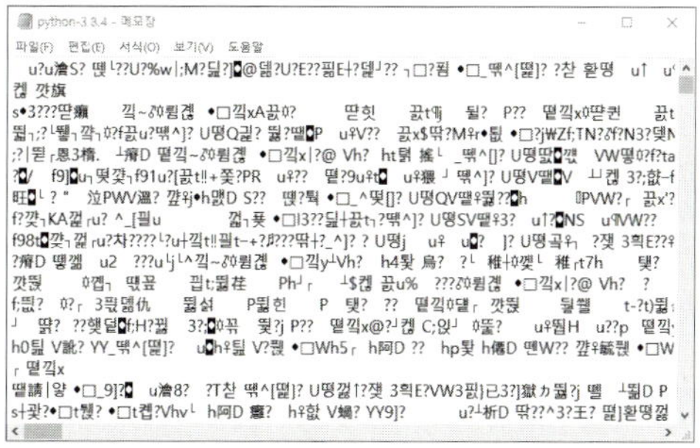

[그림 9-9] 실행 파일 "python-3.8.4.exe"

9.4.2 텍스트 파일의 입력

텍스트 파일은 워드 프로세서나 텍스트 편집기 등을 사용하여 생성된다. 이러한 텍스트 파일을 읽고 싶은 경우 먼저 파일을 열고("open") 난 후, read( ), readline( ), readlines( ) 메소드를 이용하여 텍스트를 읽어 들인다. 마지막으로 텍스트 파일을 닫는다("close"). 그림 9-10의 예에서 보듯이 메모리에 존재하는 'myfile.txt'를 읽기 위하여 open('myfile.txt', 'r')을 사용한다(①). 여기서 'r'은 "read" 모드를 의미하며 읽기 위해 텍스트 파일을 연다는 의미이다. 열린 파일은 in_file이라는 변수에 의해 참조된다. 이제 텍스트 파일 in_file을 변수 text로 읽기 위하여 in_file.read( )을 사용한다(②). read( )는 텍스트 파일 in_file에 적용되는 메소드이다. 이제 변수 text는 스트링 데이터로 존재한다. 마지막으로

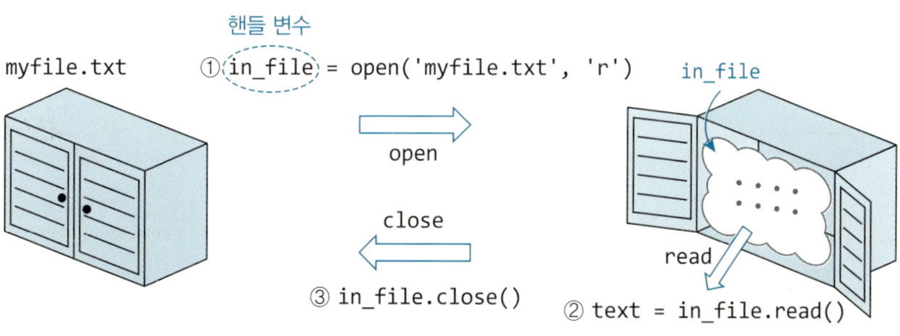

[그림 9-10] 텍스트 파일 입력 과정

in_file.close()를 이용하여 텍스트 파일을 닫는다(③).

텍스트 파일에 적용되는 메소드(또는 함수)는 네 가지가 존재한다. 첫째, 파일을 여는("open a file") 기능, 둘째, 파일을 읽는("read") 기능, 셋째, 파일에 쓰는("write") 기능, 넷째, 파일을 닫는("close") 기능이 있다.

파일을 여는 기능은 아래의 형식을 따른다.

```
〈핸들 변수〉 = open(〈파일이름〉, 〈모드〉)
```

여기서 〈파일이름〉은 텍스트 파일의 이름이고 〈모드〉에는 'r', 'w', 'a', 'r+'가 존재한다. 'r' 모드는 "read" 모드, 'w'는 "write" 모드, 'a'는 "append" 모드이고 'r+'는 "read/write" 모드이다. "write"는 파일에 출력하기 위한 모드이고, "append" 모드는 이미 존재하는 텍스트 파일에 새로운 텍스트를 추가하는 것이고 "read/write" 모드는 읽기와 쓰기 모드를 동시에 지원한다. 〈핸들 변수〉는 열린 파일에 어떤 작업을 하기 위하여 사용되는 변수로 open() 함수에 의해 열린 텍스트 파일을 참조하고 있다.

텍스트 파일은 여러 개의 줄로 구성되어 있다. 각 줄의 마지막에는 제어 문자 '\n'이 존재한다. '\n'은 줄바꿈(New line)이라는 의미를 갖고 있다. 그림 9-11(a)는 텍스트 파일을 출력한 것이고 그림 9-11(b)는 텍스트 파일에 실제 존재하는 제어 부호를 포함한 것이다.

서문.txt

```
훈민정음 해례본
*나랏말싸미 듕귁에 달아
*문자와로 서로
*사맛디 아니할쎄
```

(a) 텍스트 파일

서문.txt

```
훈민정음 해례본\n
*나랏말싸미 듕귁에 달아\n
*문자와로 서로\n
*사맛디 아니할쎄\n
```

(b) 제어 문자(\n)를 포함한 파일

[그림 9-11] 텍스트 파일의 구성

텍스트 파일의 입력문에는 다음과 같이 read(), readline(), readlines()의 세 가지 메소드가 존재한다.

1) read() 메소드

read( ) 메소드는 텍스트 파일의 내용 전체를 스트링으로 반환한다. 텍스트 파일을 아래 프로그램 file_read.py에서 보듯이 read( ) 메소드를 이용하여 파일을 읽은 후 인쇄하면 다음과 같은 실행 결과를 얻는다. 앞에서 설명하였듯이 텍스트 파일 "서문.txt"는 매 줄 마지막에 줄바꿈 문자 '\n'이 존재하므로 print(mytext)를 실행하면 각 텍스트 줄을 인쇄하고 다음 줄로 넘어간다.

[file_read.py]

```
in_file = open('서문.txt', 'r')          # 1) file open
mytext = in_file.read()                   # 2) read file
in_file.close()        (핸들 변수)          # 3) close file

print(mytext)
```

| 실행 결과 |

```
훈민정음 해례본
*나랏말싸미 듕귁에 달아
*문자와로 서로
*사맛디 아니할쎄
>>>
```

아래 예를 통하여 텍스트 파일이 하나의 스트링 mytext로 읽어 들인 것을 알 수 있다. 텍스트 파일 "서문.txt"에서 읽어 들인 텍스트의 길이는 총 41자이고 print(mytext[:6]) 및 print(mytext[:14])을 통하여 처음 6글자 혹은 14글자가 프린트된다. 이때 제어 문자 '\n'이 포함되어 1개의 문자로 취급되고 있는 것을 주의하라.

```
>>> mytext          ← 핸들 변수에 읽어 놓은 내용
'훈민정음 해례본\n*나랏말싸미 듕귁에 달아\n*문자와로 서로\n*사맛디 아니할쎄'
>>> len(mytext)          ← 핸들 변수 내용의 길이('\n' 포함)
41
>>> print(mytext[:6])          ← 처음 6글자만 출력
훈민정음 해
>>> print(mytext[:14])          ← 처음 14글자 출력('\n' 포함)
훈민정음 해례본
*나랏말싸
>>>
```

텍스트 파일의 구조는 기본적으로 줄바꿈 문자 '\n'으로 끝나는 라인 단위의 집합으로 구성되어 있다. 텍스트 파일을 한 라인씩 읽고 싶은 경우에는 for 루프를 이용하여 각 라인별로 아래와 같이 작성하면 된다.

```
>>> hunmin = open('서문.txt', 'r')
>>> for line in hunmin:        ← 매 라인별로 문자열 출력
        line

'훈민정음 해례본\n'            ← 스트링 데이터 형태
'*나랏말싸미 듕귁에 달아\n'
'*문자와로 서로\n'
'*사맛디 아니할쎄'
>>>
```

텍스트 파일의 각 라인은 '\n'로 끝나므로 각 라인을 읽은 후 메소드 strip( )을 이용하여 줄바꿈 문자 '\n'를 제거하면 원문 텍스트만 출력할 수 있다. 그리고 한 번 읽은 파일을 다시 읽고 싶을 때에는 seek(n) 메소드를 이용하여 원하는 위치로 이동하여 텍스트를 읽으면 된다.

```
>>> hunmin.seek(0)             ← 처음 위치로 이동
0
>>> for line in hunmin:        ← 매 라인별로 '\n' 빼고 출력
        print(line.strip('\n'))
```

| 실행 결과 |

```
훈민정음 해례본
*나랏말싸미 듕귁에 달아
*문자와로 서로
*사맛디 아니할쎄
>>>
>>> humin.close()
```

만약 with문을 사용하여 파일의 핸들 변수에 이름 공간을 설정하면 프로그램을 편리하게 코딩할 수 있다. with-as 문으로 핸들 변수의 이름 공간 지정 방법은 다음과 같다.

```
with open(<파일이름>, <모드>) as <핸들 변수>:
    <파일처리 프로그램 몸체>
```

여기서 〈핸들 변수〉는 with-as 문의 〈파일처리 프로그램 몸체〉에서만 사용되고, with-as 문의 종료와 함께 〈핸들 변수〉의 사용은 종료된다. 따라서 with-as 문을 사용하였을 경우 별도의 파일 종료 명령이 없더라도 열려던 파일이 자동으로 닫힌다. 즉, 파일의 close( ) 명령을 별도로 수행하지 않아도 된다. 바로 앞의 예제를 with-as 문으로 다시 작성하면 다음과 같다.

```
>>> with open('서문.txt', 'r') as hunmin:      ← 'hunmin' 이름 공간 설정
        for line in hunmin:
            print(line.strip('\n'))            ← 매 라인별로 '\n' 빼고 출력
```

이 프로그램 들을 파이썬 모듈로 작성하여 실행하면 다음과 같다. 프로그램 내에서는 line과 같은 데이터형을 바로 출력할 수 없으므로 print(line)이라고 명령문을 사용하였다. 각 라인을 print 할 경우 출력에서 각 라인 사이에 한 줄씩 띄어서 출력된다는 사실을 유의하라. 그 이유는 각 라인의 끝에 줄바꿈 제어문자 '\n'이 포함되어 있기 때문이다. 그리고 print( ) 문은 실행될 때마다 다음 줄로 넘어가서 프린트하는 명령어이다.

[file_forline.py]

핸들 변수

```
hunmin = open('서문.txt', 'r')      # file open
for line in hunmin:                 # output each line
    print(line)
hunmin.close()
```

| 실행 결과 |

```
훈민정음 해례본
                          ← 매 라인에서 '\n'이 줄바꿈으로 나타난다.
*나랏말싸미 듕귁에 달아

*문자와로 서로

*사맛디 아니할쎄
>>>
```

줄바꿈 효과를 보이지 않으려면 앞의 예에서처럼 메소드 strip()을 이용하여 줄바꿈 문자 '\n'을 제거하면 된다.

[file_forstrip.py]

```
hunmin = open('서문.txt', 'r')      # file open
for line in hunmin:                 # output each line
    print(line.strip('\n'))  ← '\n' 제거
hunmin.close()
```

| 실행 결과 |

```
훈민정음 해례본  ← 매 라인 별로 '\n'이 없이 출력된다.
*나랏말싸미 듕귁에 달아
*문자와로 서로
*사맛디 아니할쎄
>>>
```

텍스트 파일에서 각 라인이 어떤 특정한 문자로 시작되는 경우만 검색하고 싶을 경우 아래 프로그램과 같이 startswith() 메소드를 사용한다. '*'로 시작하는 라인만 출력하는 것을 볼 수 있다. 이 프로그램은 with-as 문을 사용하여 작성해 보았다. 파일의 close() 명령이 필요 없는 것을 볼 수 있다.

[file_forwith.py]

```
with open('서문.txt', 'r') as hunmin:       # file open
    for line in hunmin:                     # output each line
        if line.startswith('*'):  ← '*'로 시작하는 라인만 출력
            print(line.strip('\n'))
```

| 실행 결과 |

```
                ← 첫 번째 제목 라인이 없다.
*나랏말싸미 듕귁에 달아
*문자와로 서로
*사맛디 아니할쎄
>>>
```

2) readline() 메소드

readline( )은 텍스트 파일을 한 라인씩 읽는 메소드로 각 라인을 스트링으로 반환한다. 각 라인은 마지막에 줄바꿈 문자 '\n'이 존재하고 readline( )은 스트링에 '\n'도 포함한다. 텍스트의 마지막에 제어 문자 "end of file(EOF)"를 만나면 빈 스트링(Empty string)을 반환하게 된다. 아래의 프로그램 예를 통해 hunmin.readline( )이 한 줄씩 읽음을 알 수 있다. while 루프를 이용하여 각 라인을 print 할 경우 출력에서 각 라인 사이에 한 줄씩 띄어서 출력된다는 사실을 유의하라.

[file_readline.py]

```
hunmin = open('서문.txt', 'r')          # file open
EOF=''
line = hunmin.readline()                # 처음 줄 읽기(readline)
while line != EOF:
    print(line)                         # 한 라인 출력
    line = hunmin.readline()            # 다음 줄 읽기(readline)
hunmin.close()
```

한 줄씩 읽기

| 실행 결과 |

```
훈민정음 해례본

*나랏말싸미 듕귁에 달아

*문자와로 서로

*사맛디 아니할쎄
>>>
```

매 라인에서 '\n'이 줄바꿈으로 나타난다.

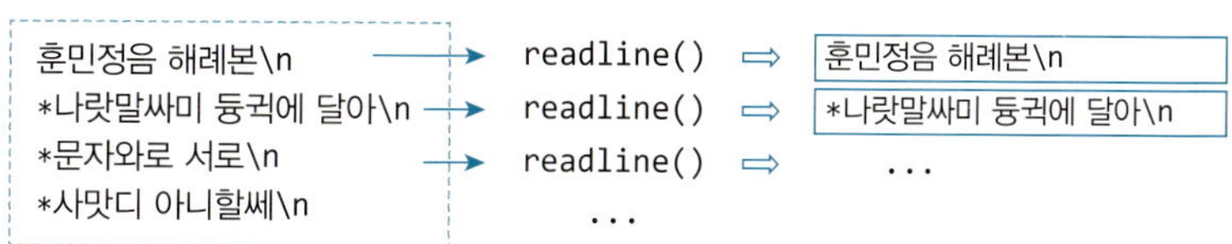

3) readlines() 메소드

readlines( ) 메소드는 텍스트 파일의 모든 라인들을 읽어서 리스트로 리턴한다. 아래 예에서 보듯이 readlines( )의 결과로 생성된 리스트 "lines"는 각 라인의 문자열을 리스트의

요소로 가져온다. 이때 각 요소는 제어문자 '\n'을 포함하고 있음을 알 수 있다.

[file_readlines.py]

```
hunmin = open('서문.txt', 'r')          # file open
lines = hunmin.readlines()             # 여러 줄 읽기(readlines)
print(lines)  ←  한 번에 여러 줄 읽기
hunmin.close()
```

| 실행 결과 |

```
['훈민정음 해례본\n', '\n', '*나랏말싸미 듕귁에 달아\n', '*문자와로 서로\n', '*사맛디 아니할쎄']
>>>
```

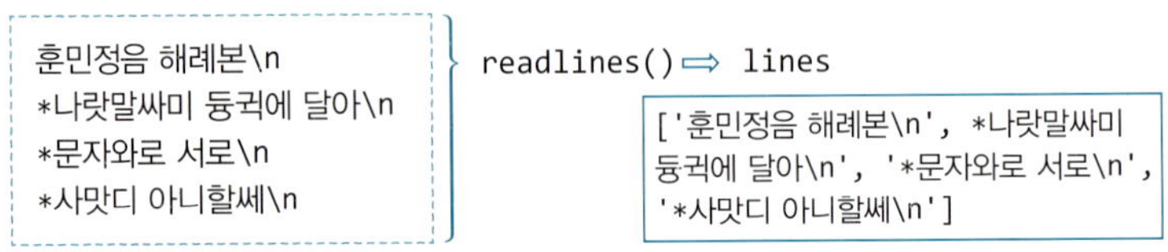

9.4.3 텍스트 파일의 출력

텍스트 파일에 텍스트를 출력하고자 할 때 아래 그림 9-12에서와 같이 'w' 모드를 사용하여 파일을 열고(① "open") 텍스트(아래 예에서는 스트링 'sample')를 출력하여 저장한 후(② "write") 파일을 닫는다(③ "close").

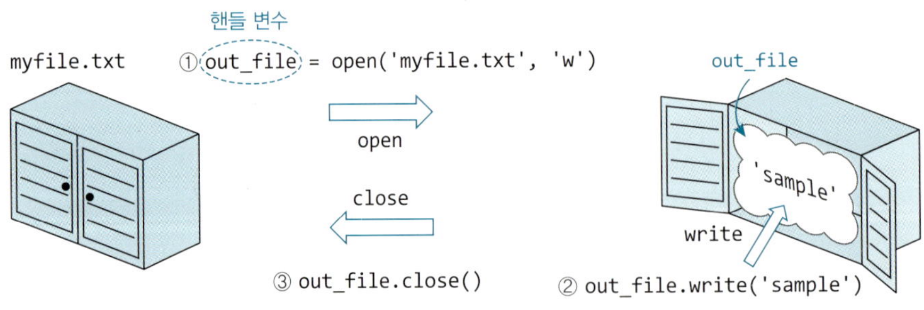

[그림 9-12] 텍스트 파일에 출력 과정

write( ) 메소드는 텍스트 파일에 스트링을 출력하기 위하여 사용된다. 다음 예제는 또 다른 예제의 텍스트 파일 doremi.txt를 읽어서 새로운 파일 do_copy.txt에 전체 내용을 두 번 출력하는 프로그램이다. 작업 폴더에서 새로운 파일 do_copy.txt가 생성된 것을 확인할 수 있다.

```
Doe, a deer, a female deer
Ray, a drop of golden sun
Me, a name I call myself
```

[그림 9-13] 새로운 예제 파일 doremi.txt

각 라인의 맨 뒤에는 줄바꿈 문자 '\n'이 존재하지만 마지막 라인의 뒤에는 파일의 맨 끝이므로 줄바꿈 문자가 존재하지 않는다. 따라서 두 번 출력하면 아래의 예에서 보듯이 마지막 줄과 첫 줄이 같은 라인에 이어서 나타나게 된다.

[doremi_write.py]

```
with open('doremi.txt', 'r') as doremi:    # doremi.txt 파일 오픈
    text = doremi.read()
    with open('do_copy.txt', 'w') as do2:  # do_copy,txt 파일 오픈(혹은 생성)
        do2.write(text)   ← doremi 내용 출력
        do2.write(text)   ← doremi 내용 또 출력

with open('do_copy.txt', 'r') as doremi2:  # do_copy 파일 내용 출력
    print(doremi2.read())
```

| 실행 결과 |

```
Doe, a deer, a female deer
Ray, a drop of golden sun
Me, a name I call myselfDoe, a deer, a female deer   ← 마지막 라인에는 '\n'이 없다.
Ray, a drop of golden sun
Me, a name I call myself
>>>
```

다음 예제는 도레미송의 매 라인을 readline( ) 메소드로 읽어서 앞의 12자만 write( ) 메소드로 출력하는 프로그램이다. write( ) 메소드가 자동적으로 각 라인 뒤에 제어문자

'\n'을 삽입하지 않으므로 결과 파일에 세 줄이 아니라 한 줄에 이어서 출력된 것을 볼 수 있다.

[doremi2_write.py]

```
EOF = ''
with open('doremi.txt', 'r') as doremi:            # doremi 파일 오픈
    with open('do_copy.txt', 'r+') as doremi2:     # do_copy 파일 오픈
        line = doremi.readline()
        while line != EOF:
            doremi2.write(line[:12])               # 매 라인 12글자까지 출력
            line = doremi.readline()

        doremi2.seek(0)                            # 시작 위치로 이동
        print(doremi2.read())
```

각 줄을 읽어서 12글자씩 출력

| 실행 결과 |

```
Doe, a deer,Ray, a drop Me, a name I
>>>
```

이를 해결하여 각 줄에 출력되도록 해결하려면 write() 메소드에서 읽은 내용 뒤에 줄바꿈 문자 '\n'을 포함하여 출력하면 된다. open() 함수에서 파일을 열 때 모드를 'r+'로 지정하면 쓰기와 읽기를 동시에 할 수 있으며, 원하는 위치는 seek() 메소드로 찾아간다. 만일 기존에 존재하는 텍스트 파일에서 항상 뒤쪽에 새로운 스트링을 추가하고 싶은 경우 open() 함수에서 'a' 모드를 이용한다.

[doremi3_write.py]

```
EOF = ''
EOF = ''
with open('doremi.txt', 'r') as doremi:            # doremi 파일 오픈
    with open('do_copy.txt', 'r+') as doremi2:     # do_copy 파일 오픈
        line = doremi.readline()
        while line != EOF:
            doremi2.write(line[:12]+'\n')          # 매 라인 12글자까지 출력
            line = doremi.readline()
```

줄바꿈

```
doremi2.seek(0)                              # 시작 위치로 이동
print(doremi2.read())
```

| 실행 결과 |

```
Doe, a deer,
Ray, a drop
Me, a name I

>>>
```

| 연습문제 |

A. 괄호 넣기 및 객관식

1 파이썬 언어의 데이터 형식에서 리스트, 튜플, 스트링은 데이터의 구성 요소 간에 순서가 중요한 (   ) 데이터에 속한다. 이에 비해 딕셔너리는 요소들 간에 순서가 문제되지 않는 (   ) 데이터에 속한다.

2 딕셔너리가 리스트와 다른 점은 리스트의 경우 요소를 위치, 즉 인덱스에 의해 접근할 수 있는데 비하여 딕셔너리는 (   ) 값을 통하여 이에 상응하는 값을 얻을 수 있다.

3 딕셔너리는 다양한 함수와 연산자를 지원하고 있다. 함수 (   )은(는) 딕셔너리의 요소 수를 구하고, (   )은(는) 딕셔너리의 키들을 나열하고, (   )은(는) 값들의 목록을 나열해 준다.

4 파이썬 언어의 집합은 몇 가지 특성을 가지는데, 그 중 하나는 집합의 요소는 순서형 데이터가 아니고 순서가 없는 (   )라는 것이다. 또한 집합의 요소는 (   )을(를) 허용하지 않는다.

5 집합 A와 B의 합집합, 차집합, 교집합은 각각 집합 연산자 기호를 이용하여 A ( ) B, A ( ) B, A ( ) B로 표현한다. 또한 대칭차집합 A ( ) B는 집합 A 또는 집합 B에는 속하지만 두 집합 모두에는 속하지 않는 요소들의 집합이다.

6 과거에는 데이터가 컴퓨터 내에 존재하였다. 그 후 컴퓨터 네트워크에 의해 데이터가 다른 컴퓨터로 전송되기 시작하였다. 인터넷 출현 이후 데이터는 인터넷 망을 통하여 세계 곳곳의 컴퓨터나 휴대폰에 의하여 공유되었다. 데이터에는 크게 (   ) 데이터와 이미지, 사운드, 동영상과 같은 (   ) 데이터가 있다.

7 텍스트 파일의 모드에는 'r', 'w', 'a', 'r+'가 존재한다. 'r' 모드는 (   ) 모드, 'w'는 (   ) 모드, 'a'는 (   ) 모드, 'r+'는 (   ) 모드이다.

8 다음 중 딕셔너리의 키 값으로 사용할 수 없는 것은?

(a) 'Tim' (b) (2020, 9) (c) {2018, 2} (d) 28

9 다음 프로그램에서 (　　) 속에 들어갈 결과를 차례대로 나열한 것은?

```
>>> list = [ ('Feb', 42), ('Mar', 57), ('May', 63), ('Jan', 69) ]
>>> m_score = dict(list)
>>> len(m_score)
(       )
>>> m_score['Apr'] = 58
>>> len(m_score)
(       )
>>> m_score['Feb'] = 50
>>> len(m_score)
(       )
```

(a) 4, 5, 5 (b) 4, 5, 6 (c) 4, 4, 5 (d) 4, 4, 4

10 다음 중 딕셔너리를 작성한 명령어로 올바른 것은?

(a) fruit = { 'apple' : 12, 'banana' : 14, 'grape' : 17 }

(b) fruit = { 'apple' = 12, 'banana' = 14, 'grape' = 17 }

(c) fruit = { apple : 12, banana : 14, grape : 17 }

(d) fruit = { 'apple' : '12', 'banana' : '14', 'grape' : '17' }

11 다음 프로그램의 결과로 올바른 것은?

```
>>> word = 'happy together'
>>> set(word)
(                          )
```

(a) {'h', 'a', 'p', 'p', 'y', ' ', 't', 'o', 'g', 'e', 't', 'h', 'e', 'r'}

(b) {' ', 'a', 'e', 'g', 'h', 'o', 'p', 'r', 't', 'y'}

(c) [' ', 'a', 'e', 'g', 'h', 'o', 'p', 'r', 't', 'y']

(d) ['h', 'a', 'p', 'p', 'y', ' ', 't', 'o', 'g', 'e', 't', 'h', 'e', 'r']

12 다음 프로그램에서 다음과 같은 결과가 나올 때 (　　　　　)에 들어갈 내용은?

```
>>> A가게 = { '사과', '바나나', '포도', '딸기', '복숭아' }
>>> B가게 = { '사과', '바나나', '딸기', '오렌지', '복숭아', '자두' }
```

```
>>> A가게.remove('바나나')
>>> B가게.add('포도')
>>> (                    )
{'바나나', '오렌지', '자두'}
```

(a) A가게.intersection(B가게) (b) A가게.union(B가게)
(c) A가게.difference(B가게) (d) A가게.symmetric_difference(B가게)

13 다음 중 바이너리 파일의 예로 잘못된 것은?

(a) .html 파일 (b) .exe 파일 (c) .jpg 파일 (d) .mpeg 파일

14 다음 중 텍스트 파일 메소드에서 원하는 위치로 이동하는 메소드는?

(a) go(n) (b) see(n) (c) seek(n) (d) jump(n)

15 텍스트 파일 '서문2.txt'에 아래의 내용이 저장되어 있다. 이 때 다음 프로그램을 실행하여 아래와 같은 결과를 얻기 위해 (   )에 들어가야 할 문장은?

서문2.txt

```
훈민정음 해례본
*나랏말싸미 듕귁에 달아
*문자와로 서로 사맛디 아니할쎄
```

```
>>> hunmin = open('서문2.txt', 'r')
>>> hunmin2 = open('서문_copy.txt', 'r+')
>>> line = hunmin.readline()
>>> while line != '':
        (                          )
        line = hunmin.readline()
>>> hunmin2.seek(0)
>>> print(hunmin2.read())
훈민정음 해례
*나랏말싸미
*문자와로 서
```

(a) hunmin2.read(line[:7] + '\n') (b) hunmin2.read(line[:7])
(c) hunmin2.write(line[:7] + '\n') (d) hunmin2.write(line[:7])

B. 따라하기 실습

1 아래와 같이 딕셔너리 데이터를 생성하고 해당 항목을 출력하는 프로그램을 실행하라.

```
>>> dict1 = {x: x ** 2 for x in (2, 4, 6) }
>>> print('dict1 =', dict1)

>>> dict2 = { 'student' + str(x+1) : x ** 2 for x in range(4) }
>>> print('dict2 =', dict2)

>>> dict3 = { }
>>> dict3['name'] = 'Gildong'
>>> dict3['id'] = '2018012345'

>>> print('dict3 =', dict3)
>>> print(dict3['name'])

>>> dict4 = {'money': 12, 'candy': 3, 'tissues': 20}
>>> dict4['candy'] = dict4['candy'] + 2
>>> dict4['tissues'] = 10
>>> print('dict4 =', dict4)
```

2 아래 명단 리스트에 나오는 이름의 빈도수를 딕셔너리로 구축하고 확인하라.

```
>>> name_count = dict()
>>> names = ['지성', '세리', '찬호', '세리', '찬호', '찬호', '세리', '흥민']
>>>
>>> for name in names :
        if name not in name_count:
            name_count[name] = 1
        else :
            name_count[name] += 1
>>> print(name_count)
```

3 아래와 같이 세 가지 음식의 가격이 딕셔너리로 정의되어 있다. 이 딕셔너리의 메뉴와 가격을 별도로 리스트로 보여주고, 항목별로도 출력하라.

```
>>> price = {'pork': 25.3, 'beef': 33.8, 'chicken':22.7}
>>>
>>> print('key_list =',list( price.keys() ))
>>> print('val_list =',list( price.values() ))
>>> print('item_list =',list( price.items() ))
>>>
```

```
>>> for key, val in price.items():
        print(' key =', key, ', value =', val)
```

4 3의 배수 10개의 집합, 'A'에서 'F'까지 문자 집합, '가'에 받침이 있는 글자의 집합, '해'에 받침이 있는 글자의 집합을 생성하고 출력하라.

```
>>> x3_set = { 3 * i for i in range(1, 11) }
>>> print('3의 배수 10개 =', x3_set)

>>> char_set = { chr(i) for i in range(ord('A'), ord('F')+1) }
>>> print('A에서 F까지 =', char_set)

>>> char_set = { chr(i) for i in range(ord('가')+1, ord('개')) }
>>> print('<가>에 받침있는 글자 =', char_set)

>>> char_set = { chr(i) for i in range(ord('해')+1, ord('햐')) }
>>> print('<해>에 받침있는 글자 =', char_set)
```

5 아래의 두 단어의 문자로 구성된 집합을 생성하고, 집합 연산을 실행하라.

```
>>> abra = set('abracadabra')
>>> abb = set('abbreviation')

>>> print('A(abra) = ', abra, '\nB(abb) =', abb)

>>> print('A - B =', abra - abb)    # letters in A but not in B
>>> print('A | B =', abra | abb)    # letters in A or B or both

>>> print('A & B =', abra & abb)    # letters in both A and B
>>> print('A ^ B =', abra ^ abb)    # letters in A or B but not both
```

6 태풍발생빈도가 기록된 CSV(Comma Separated Values) 파일을 열어서 내용을 읽어 출력하라. 그리고 같은 내용을 with-as 문을 사용하여 다시 실행하는 프로그램을 아래와 같이 모듈로 작성하여 실행하라.

[typhoon1.py]

```
# 파일 읽기
typhoon = open('태풍발생빈도.csv', 'r')
for line in typhoon:
    print(line)
```

```
typhoon.close()

# with-as 문을 사용한 파일 읽기
with open('태풍발생빈도.csv', 'r') as typhoon:
    for line in typhoon:
        print(line)
```

7 태풍발생빈도가 기록된 CSV 파일을 열어서 내용의 일부분만 읽거나 읽은 내용의 일부분만 출력하는 프로그램을 모듈로 작성하여 실행하라.

[typhoon2.py]

```
# with-as 문을 사용한 파일 읽기
with open('태풍발생빈도.csv', 'r') as typhoon:
    content1 = typhoon.read()
with open('태풍발생빈도.csv', 'r') as typhoon:
    content2 = typhoon.readlines()
with open('태풍발생빈도.csv', 'r') as typhoon:
    content3 = typhoon.readline()
    content4 = typhoon.readline()

print('len(내용1) :', len(content1))
print('내용1[:20] :', content1[:20])
print('len(내용2) :', len(content2))
print('내용2[:2] :', content2[:2])
print('내용3 :', content3)
print('내용4 :', content4)
```

8 래와 같이 'ftest1.txt' 파일에 짝수 줄이라는 문장을 4번(2에서 8까지) 기록하고, 이 파일의 내용을 화면에 출력하는 프로그램을 작성하여 실행하라.

[f_write1.py]

```
# 파일 쓰기
f_even = open('ftest1.txt', 'w')
for i in range(1,5) :
    data = '%d번 줄입니다. \n' % (i * 2)
    f_even.write(data)
f_even.close()
```

```
# 파일 읽기
f_even = open('ftest1.txt', 'r')
print('test1 :', f_even.readlines())
f_even.close()
```

9 이번에는 'ftest2.txt' 파일에 홀수 줄이라는 문장을 4번(1에서 9까지) 기록하고, 이 파일의 내용을 화면에 출력하는 프로그램을 with-as 문을 사용하여 작성하라.

[f_write2.py]

```
# namespace를 사용한 파일쓰기
with open('ftest2.txt', 'w') as f_odd:
    for i in range(1,5):
        data = '%d번 줄입니다. \n' % (i * 2 - 1)
        f_odd.write(data)

# namespace를 사용한 파일읽기
with open('ftest2.txt', 'r') as f_odd:
    print('test2 :', f_odd.readlines())
```

C. 프로그래밍 실습

1 다음과 같이 작동하는 식당 메뉴 관리 프로그램을 딕셔너리를 이용하여 작성하라. 식당의 초기 메뉴는 {'김치찌개': 6000, '된장찌개': 6000, '제육볶음': 8000}으로 설정되어 있고, 메뉴 관리 프로그램에서 1) 전체 메뉴를 보거나, 2) 단일 항목의 가격을 보거나, 3) 메뉴 항목을 추가 혹은 수정하거나, 4) 항목을 삭제할 수 있다. 다음의 실행 예시대로 작동되는 프로그램을 작성하라.

| 실행 결과 예시 |

```
(1)전체 메뉴 보기, (2)메뉴 가격 보기, (3)메뉴 추가/수정, (4)메뉴 삭제, (9)종료
> 번호를 선택하세요: 1
 * {'김치찌개': 6000, '된장찌개': 6000, '제육볶음': 8000}

(1)전체 메뉴 보기, (2)메뉴 가격 보기, (3)메뉴 추가/수정, (4)메뉴 삭제, (9)종료
> 번호를 선택하세요: 2
```

```
>> 가격을 확인하고 싶은 메뉴를 입력하세요: 김치
 * 메뉴에 없습니다. 다시 선택하세요.

(1)전체 메뉴 보기, (2)메뉴 가격 보기, (3)메뉴 추가/수정, (4)메뉴 삭제, (9)종료
> 번호를 선택하세요: 2
>> 가격을 확인하고 싶은 메뉴를 입력하세요: 김치찌개
 * 김치찌개의 가격은 6000원 입니다.

(1)전체 메뉴 보기, (2)메뉴 가격 보기, (3)메뉴 추가/수정, (4)메뉴 삭제, (9)종료
> 번호를 선택하세요: 3
>> 추가할 식사 메뉴를 입력하세요: 냉면
>> 새로운 식사 메뉴의 가격을 입력하세요: 7000
 * 메뉴 수정 완료

(1)전체 메뉴 보기, (2)메뉴 가격 보기, (3)메뉴 추가/수정, (4)메뉴 삭제, (9)종료
> 번호를 선택하세요: 4
>> 삭제할 식사 메뉴를 입력하세요: 된장찌개
 * 현재 메뉴에서 된장찌개 가/이 삭제되었습니다.

(1)전체 메뉴 보기, (2)메뉴 가격 보기, (3)메뉴 추가/수정, (4)메뉴 삭제, (9)종료
> 번호를 선택하세요: 1
 * {'김치찌개': 6000, '제육볶음': 8000, '냉면': 7000}

(1)전체 메뉴 보기, (2)메뉴 가격 보기, (3)메뉴 추가/수정, (4)메뉴 삭제, (9)종료
> 번호를 선택하세요: 9
>>>
```

2 과일 이름 목록이 ['사과', '감', '포도', '체리', '딸기', '메론', '수박', '망고', '바나나', '파인애플', '귤']과 같이 리스트로 작성되어 있다. 이 때, 현재 냉장고에 보관하던 과일과 오늘 새로 구매할 과일의 목록을 집합으로 구현하려고 한다. 우선 현재 보관 과일과 오늘 구매 과일을 번호로 선택하여 각 집합에 항목으로 추가한다. 그리고 아래 실행 사례와 같이 집합 연산에 해당하는 명령을 선택하여 실행한다.

| 실행 결과 예시 |

```
==================과일 종류===================
0.사과, 1.감, 2.포도, 3.체리, 4.딸기, 5.메론
5.수박, 6.망고, 7.바나나, 8.파인애플, 9.귤
=============================================
```

```
현재 있는 과일 번호 하나씩 (종료 시 '99'입력): 1
현재 있는 과일 번호 하나씩 (종료 시 '99'입력): 2
현재 있는 과일 번호 하나씩 (종료 시 '99'입력): 3
현재 있는 과일 번호 하나씩 (종료 시 '99'입력): 99
==========
오늘 구매한 과일 번호 하나씩 (종료 시 '99'입력): 2
오늘 구매한 과일 번호 하나씩 (종료 시 '99'입력): 3
오늘 구매한 과일 번호 하나씩 (종료 시 '99'입력): 4
오늘 구매한 과일 번호 하나씩 (종료 시 '99'입력): 99

==================질의 메뉴 선택==================

(1)있던 과일, (2)오늘 구매, (3)전체 목록, (4)중복구매, (5)신규 과일, (9)종료
> 원하는 질의 번호를 선택하세요: 1
 1. 이미 있던 과일 종류 = {'감', '체리', '포도'}

(1)있던 과일, (2)오늘 구매, (3)전체 목록, (4)중복구매, (5)신규 과일, (9)종료
> 원하는 질의 번호를 선택하세요: 2
 2. 오늘 구매한 과일 종류 = {'딸기', '체리', '포도'}

(1)있던 과일, (2)오늘 구매, (3)전체 목록, (4)중복구매, (5)신규 과일, (9)종료
> 원하는 질의 번호를 선택하세요: 3
 3. 구매한 전체 과일 종류 = {'딸기', '감', '체리', '포도'}

(1)있던 과일, (2)오늘 구매, (3)전체 목록, (4)중복구매, (5)신규 과일, (9)종료
> 원하는 질의 번호를 선택하세요: 4
 4. 중복해서 구매한 과일 종류 = {'체리', '포도'}

(1)있던 과일, (2)오늘 구매, (3)전체 목록, (4)중복구매, (5)신규 과일, (9)종료
> 원하는 질의 번호를 선택하세요: 9
 9. 종료
>>>
```

3 '범내려온다.txt' 파일을 읽어들인 후 모든 단어들의 개수를 세어서 단어와 등장 횟수를 딕셔너리로 저장한다. 그리고 나서 단어가 노래 가사에 4번 이상 등장한 경우만 출력하라.

| 참고 프로그램 코드 |

```
with open('범내려온다.txt', 'r') as tiger:
    for line in tiger:
        # 각 line을 split()하여 단어 출현 횟수를 기록한다.
for item in 딕셔너리 각 항목
    item[1] > 30이면
        print(item[0], item[1], end=' ')
```

| 실행 결과 예시 |

```
범:21, 내려온다:48, 범이:21, 골로:6, 몸은:6, 얼숭덜숭:6, 꼬리는:6, 잔뜩:6, 한:9, 발이:4,
넘고:4, 흔들며:6, 전동같은:4, 앞다리:4, 양:6, 귀:6, 발톱으로:4, 주홍:4, 입:4, 쩍:4, 벌리
고:4, 허는:4, 소리:4, 땅이:4, 툭:4, 꺼지난:4, 듯:4, 목을:4, 송림:5, 깊은:5, 짐생이:5, 누에
머리를:5, 쭉:5, 찢어지고:5,
>>>
```

4 우선 '범내려온다' 노래 가사의 라인수, 단어수, 문자수를 계산하여 출력한다. 그리고 검색을 원하는 문자열을 입력 받아 노래 가사에 몇 번 출현하는지 알려주는 프로그램을 작성하라. 입력하는 문자열은 공백이 포함되어도 된다. 빈문자열이 입력되면 종료한다.

| 실행 결과 예시 |

```
[범 내려온다] 가사는 97 줄, 342 단어, 1129개 문자로 구성되어 있습니다.

> 검색하려는 한글 문자열을 입력하세요 : 범
 * "범" - 42번 출현하였습니다.

> 검색하려는 한글 문자열을 입력하세요 : 내려온다
 * "내려온다" - 48번 출현하였습니다.

> 검색하려는 한글 문자열을 입력하세요 : 범 내려온다
 * "범 내려온다" - 21번 출현하였습니다.

> 검색하려는 한글 문자열을 입력하세요 : 좌르르르
 * "좌르르르" - 4번 출현하였습니다.

> 검색하려는 한글 문자열을 입력하세요 : 짐생이
 * "짐생이" - 5번 출현하였습니다.

> 검색하려는 한글 문자열을 입력하세요 :
>>>
```

10

CHAPTER

유용한 프로그래밍 기법

contents

| 단원개요 |

우리는 9장까지 파이썬 언어의 다양한 명령문과 데이터형에 대하여 공부하였다. 이 장에서는 파이썬 프로그램을 작성할 때 유용한 몇 가지 기법에 대하여 알아보자. 재귀 함수란 기존의 함수와 달리 자기 자신을 호출하는 함수로 알고리즘을 구현할 때 매우 유용한 경우가 많다. 예외 처리란 파이썬 프로그램의 실행 시 발생하는 오류를 탐지하고 오류 메시지를 출력한다. 마지막으로 정규표현식은 텍스트에서 특정 문자열 패턴을 찾아내기 위한 표현식으로 텍스트 처리에서 매우 유용한 기법이다.

10 유용한 프로그래밍 기법

10.1 재귀 함수(Recursive Function)

이 절에서 재귀적 사고를 이해하고 주어진 문제를 어떻게 재귀 함수로 구성하는지 알아보자. 또한 반복과 재귀의 개념적 차이를 이해하고 다양한 재귀 함수들의 예를 통하여 재귀 함수의 적용을 이해한다. 마지막으로 재귀적 사고의 장점을 보이기 위한 가장 대표적인 사례인 하노이 탑 문제를 알아보자.

10.1.1 재귀 함수의 의미

- 재귀 함수란?

대부분의 프로그램에서 주어진 문제를 해결하기 위하여 while이나 for와 같은 반복문을 사용한다. 그러나 이러한 방식 외에 주어진 문제를 풀기 위해 재귀적 방법이 존재한다. 재귀 함수란 함수 내에서 다시 자신을 호출하는 방식을 따른다("a function that calls itself"), 재귀(Recursion)란 원래 "다시 되돌아오다"라는 뜻을 가지고 있다. 그림 10–1(a)에서 보듯이 함수 recursive( )는 내부에서 자신, 즉 함수 recursive( )를 호출하고 있다. 재귀적 문제 해결법은 주어진 문제를 이보다 한 단계 작은 문제로 나타내고 다시 더 작은 문제로 나타낸다(그림 10–1(b) 참조). 이러한 방식을 따르면 결국에는 더 이상 자를 필요가 없는 작은 문제로 귀착하여 쉽게 풀 수 있게 된다.

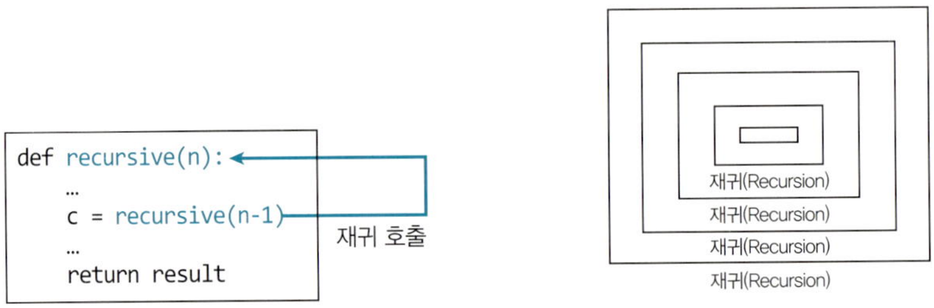

(a) 자신을 호출하는 재귀 함수

(b) 재귀적 문제 해결법

[그림 10-1] 재귀 함수의 개념

지금까지 일반적 함수들은 그림 10-2(a)에서 보듯이 메인 프로그램에서 func1()과 func2()를 호출하고 func2()는 다시 func3()을 호출하는 방식이다. 이에 비해, 그림 10-2(b)에서 재귀 함수는 자기 자신을 반복적으로 호출한다.

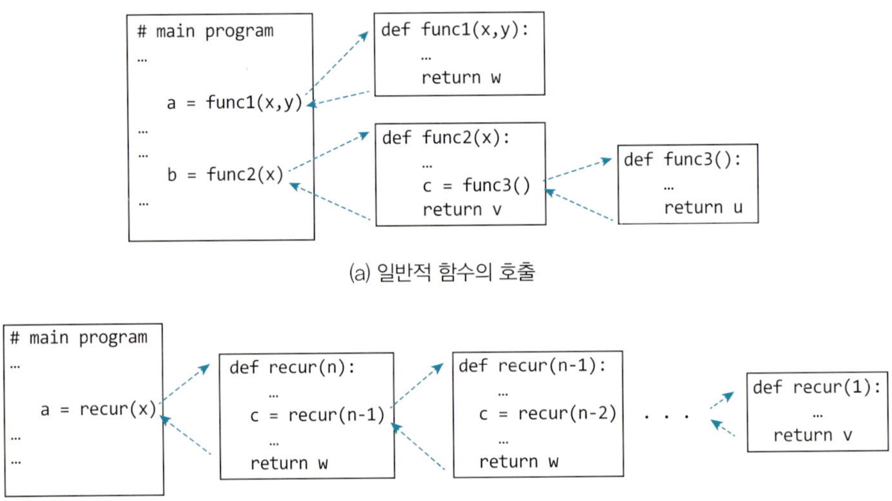

(b) 재귀적 함수의 호출

[그림 10-2] 함수의 호출 과정

■ 재귀적 사고(Recursive Thinking)

프로그램을 작성하다 보면 1부터 어느 수까지 반복적으로 더하거나 곱해야 하는 경우가 있다. 이와 같은 경우에 단순히 반복하여 계산할 수도 있지만 재귀 함수의 개념을 이용하여 보다 효율적으로 계산하는 방법이 있다. 재귀적 문제 해결은 프로그래머가 주어진 문제를 풀 때 매우 쉽게 문제를 해결할 수 있는 방법이다. 따라서 주어진 문제를 재귀적 사고를 통해 문제를 재귀적으로 바라보는 과정이 필요하다. 다음의 팩토리얼 문제를 생각해보자.

$$n! = \prod_{k=1}^{n} k = n\cdot(n-1)\cdot(n-2)\cdots 3\cdot 2\cdot 1$$

단, 0! = 1이다.

이 문제를 풀기 위해 지금까지 반복문 while 문이나 for 문을 이용하여 팩토리얼 계산을 반복적으로 풀었다. 수학적으로 팩토리얼을 정의한 바와 같이 1부터 n까지 곱하는 제일 단순한 방법으로 반복(iterative) 계산을 하는 것이다.

```
Fact_iter(n)
    = 1 * 2 * 3 * . . . * n
```

[fact_iter.py]

```
def Fact_iter(n):                    # iterative factorial function
    result = 1
    if n > 1:
        for i in range(1,n+1):
            result = result * i   <- 반복하여 곱하기
    return result
```

```
>>> Fact_iter(4)
24
>>> Fact_iter(8)
40320
>>>
```

팩토리얼을 수학적으로 정의하는 데에는 반복적인 방법 이외에 재귀적인(recursive) 사고를 통해 다음과 같은 방법으로 정의할 수 있다.

```
n! = 1,              if n = 0
   = n * (n-1)! ,    otherwise
```

위의 관계에서 factorial(n) = n • factorial(n−1)을 통해 팩토리얼 함수가 자기 자신을 이용하여 편리하게 프로그램을 작성할 수 있도록 표현된다. 재귀적 사고의 힘은 주어진 문제를 구체적으로 어떻게 해결할지 몰라도 문제를 풀 수 있다는 데 있다. 팩토리얼을 프로

그램으로 작성하면 아래와 같다. 이 프로그램에서 알 수 있듯이 팩토리얼 문제를 풀기 위해 어떻게 팩토리얼을 푸는지 몰라도 된다는 사실을 보여주고 있다.

```
Factorial(n)
    = n * Factorial(n-1)
    = n * (n-1) * Factorial(n-2)
      . . .
    = n * (n-1) * (n-2) * . . . * 1
```

[factorial.py]

```
def Factorial(n):                      # recursive factorial function
    if n < 1:
        return 1
    else:
        return n * Factorial(n-1)  <-------- 재귀 호출
```

```
>>> Factorial(4)
24
>>> Factorial(8)
40320
>>>
```

■ 재귀적 접근법의 특성

재귀적 함수는 다음의 특성을 갖는다.

1) 적어도 하나의 기본 케이스(Base case)가 존재한다. 기본 케이스는 풀이(Solution)가 매우 간단하여 더 이상 문제를 작게 자를 필요가 없는 케이스를 의미한다. 따라서 기본 케이스를 종료 조건이라고도 한다.
2) 주어진 문제를 이보다 작은 부분문제(Subproblem)로 잘라 나간다. 여기서 부분문제는 원래 주어진 문제와 동일한 문제의 형태를 갖는다.
3) 주어진 문제와 부분문제 간의 관계를 재귀적으로 표현할 수 있는 방법이 존재한다.

앞의 팩토리얼 문제에서 1)항의 기본 케이스는 factorial(0) = 1에 해당한다. 원래 주어진 문제가 factorial(n)인데 비하여 이 보다 한 단계 작은 부분문제(Subproblem)는

factorial(n−1)이므로 2)항에서 언급한 원래 문제와 부분문제가 모두 동일한 형태의 문제임을 알 수 있다. 마지막으로 factorial(n) = n * factorial(n−1)을 통하여 재귀적으로 표현할 수 있으므로 3)항의 조건을 만족시킨다.

재귀적 사고는 일종의 분할 정복("Divide and Conquer") 방법론에 속한다. 분할 정복 방법은 문제 해결 영역에서 매우 잘 알려진 방법이다. 분할 정복이란 주어진 문제를 분할하여 부분문제로 만들어 문제를 해결하는 방법이다. 분할된 부분문제는 동일한 알고리즘을 통해 해를 계산한다. 여기서 분할된 문제를 부분문제(Subproblem)라 하고 부분문제의 해를 부분해라고 한다. 부분문제를 더 이상 분할할 수 없을 때까지 계속 분할해 나간다.

10.1.2 반복과 재귀

다음에 몇 가지 예를 통해 주어진 문제를 반복적으로 해결하는 방법과 재귀적 방법을 비교해 보자. 재귀적 방법이 주어진 문제를 해결하는데 훨씬 수월함을 알 수 있다.

■ 곱셈 a * b를 덧셈으로만 계산

곱셈 a * b는 곱셈 연산자를 이용하면 쉽게 해결할 수 있다. 그러나 여기서는 곱셈 연산자를 이용하지 않고 덧셈 연산자만 이용하여 문제를 해결해 보자.

1) 반복적 방법

a를 b번 횟수만큼 더하면 a * b를 계산할 수 있다. 즉, a * b = a + a + . . . + a와 같이 계산하는 과정을 아래 프로그램에서 while 문을 이용하여 반복적으로 해결할 수 있다.

[multi_iter.py]

```
def multi_iter(a, b):                    # iterative multiply function
    result = 0
    if b > 0:
        for i in range(1, b+1):
            result += a      ← 반복하여 더하기
    return result
```

```
>>> multi_iter(2,8)
16
>>>
```

2) 재귀적 방법

주어진 문제를 재귀적으로 사고하면 a * b = a + a * (b−1)과 같은 관계로 표현할 수 있다. 여기서 원래 주어진 문제 a * b를 해결하기 위하여 * 연산자를 어떻게 해결할지 모르지만 a * (b−1)과의 관계로 표현하였고 이것은 수학적으로 타당한 관계식이다. 이제 주어진 문제를 다음 프로그램과 같이 재귀적으로 해결할 수 있다. 기본 케이스(Base case)는 b = 1인 경우이다.

[multi_recur.py]

```
def multi_recur(a, b):            # recursive multiply function
    if b == 1:                    # base case
        return a
    else:
        return a + multi_recur(a, b-1)   ← 재귀 호출
```

```
>>> multi_recur(2,8)
16
>>>
```

■ 리스트의 합

아래 프로그램에서 리스트에 속한 요소들의 합을 구하기 위하여 for 루프를 이용한 반복적 방법과 listsum(nums) = nums[0] + listsum(nums[1:]) 관계를 이용한 재귀적 방법을 보여주고 있다. 재귀적 방법을 이용하면 listsum(nums)를 어떻게 계산하는지 구체적으로 몰라도 재귀적 관계를 이용하여 쉽게 문제를 해결할 수 있음을 알 수 있다.

1) 반복적 방법

[listsum_iter.py]

```
def listsum_iter(nums):           # 리스트의 합계를 반복적 계산으로 구하는 함수
    result = 0
    for num in nums:
        result += num             ← 반복하여 요소값을 더하기
    return result
```

```
>>> scorelist = [78, 56, 67, 95, 82]
>>> listsum_iter(scorelist)
378
>>>
```

2) 재귀적 방법

[listsum_recur.py]

```
def listsum_recur(nums):              # 리스트의 합계를 재귀적으로 구하는 함수
    if len(nums) < 1:                 # base case
        return 0
    else:
        return nums[0] + listsum_recur(nums[1:])   ← 재귀 호출
```

```
>>> scorelist = [78, 56, 67, 95, 82]
>>> listsum_recur(scorelist)
378
>>> listsum_recur([2])     ← 대상 리스트 = [2]
2
>>> listsum_recur([])      ← 대상 리스트 = []
0
>>>
```

10.1.3 재귀 함수의 예

이 절에서는 재귀적 함수의 유용성을 보여주기 위하여 세 가지 재귀 함수의 사례를 소개한다. 첫째, 유클리드(Euclid) 알고리즘은 최대공약수를 구하기 위한 알고리즘이다. 이는 명시적으로 기술된 가장 오래된 알고리즘으로 기원전 300년경 유클리드에 의해 제시되었다. 두 번째 사례는 피보나치(Fibonacci) 수로 1202년 수학자 피보나치가 토끼의 번식을 언급하면서 연구한 결과로 재귀 함수를 설명하는데 자주 이용된다. 마지막 사례는 프랙탈(Fractal)로 코흐 눈송이와 프랙탈 트리를 소개하고 있다. 프랙탈은 컴퓨터 그래픽스, 생물학, 지리학, 경제학, 인체생리학, 지구물리학 등 많은 분야에서 적용되는 이론이다.

■ 유클리드 알고리즘: 최대공약수(GCD: Greatest Common Divisor)

유클리드의 최대공약수(GCD) 알고리즘은 다음의 유클리드 호제법(互除法) 정리를 기본 개념으로 이용하여 최대공약수를 구하는 방법을 제시하고 있다.

|유클리드 호제법 정리|

자연수 a를 b로 나눈 나머지가 r이라고 하자. (이 때, a ≥ b이고, 0 ≤ r 〈 b이다.)
a와 b의 최대공약수를 gcd(a,b)라고 하면 다음 등식이 성립한다.

```
gcd(a,b) = gcd(b,r)
```

유클리드 호제법 정리를 이용하여 작성된 유클리드 GCD 알고리즘은 다음과 같다.

1) 입력으로 두 수 m,n(m〉n)이 들어온다.
2) n이 0이라면, m을 출력하고 알고리즘을 종료한다.
3) m이 n으로 나누어떨어지면, n을 출력하고 알고리즘을 종료한다.
4) 아니면, m을 n으로 나눈 나머지 R을 m에 대입하고, m과 n을 바꾸고 3번으로 돌아온다. 즉, gcd(m,n)을 gcd(n,R)로 변경하고 계속 진행한다.

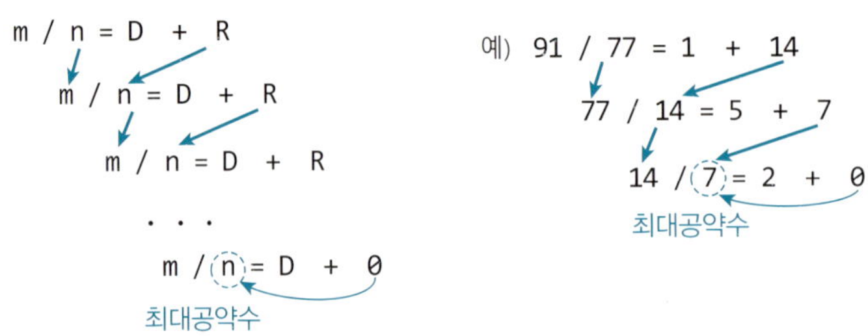

[그림 10-3] 유클리드 GCD 알고리즘의 개념 및 예제

유클리드 알고리즘을 반복적 방식으로 프로그램하면 복잡해진다. 여기서는 재귀적 방법으로 작성된 프로그램을 소개한다.

[gcd.py]

```
def gcd(m,n):                          # 유클리드 알고리즘의 최대공약수 함수
    if n == 0:                         # base case
        return m
```

나눈 나머지

```
    mod = m % n
    if mod == 0:                         # 최대공약수 찾음
        return n
    else:
        return gcd(n, mod)               # 다시 재귀적 계산
```

재귀 호출(나누기 수, 나머지)

```
>>> gcd(91, 77)
7
>>> gcd(5,0)
5
>>>
```

■ 피보나치 수(Fibonacci Number)

피보나치 수열이란 (1, 1, 2, 3, 5, 8, 13, 21, 34, 55, 89, 144,.......)의 형태를 가지며, 여기서 첫 번째 항과 두 번째 항의 값이 1이고 그 이후의 항들은 이전의 두 항을 더한 값으로 만들어지는 수열을 말한다. 혹은 첫 번째 항이 0이고 두 번째 항의 값이 1이라고 정의하여도 마찬가지 수열이 된다. 피보나치 수열의 공식을 수학 기호로 표기하면 다음과 같다.

$$F_0 = 0,\ F_1 = 1,\ F_n = F_{n-1} + F_{n-2}\ (n>1)$$

이 때 F_n/F_{n-1}의 값은 1.618에 수렴한다. 수 1.618을 황금 비율(Golden Ratio)이라 부르며 황금 비율은 가장 아름다운 숫자로 그림 10-4에서 보듯이 자연현상에서 황금 비율이 자주 나타난다.

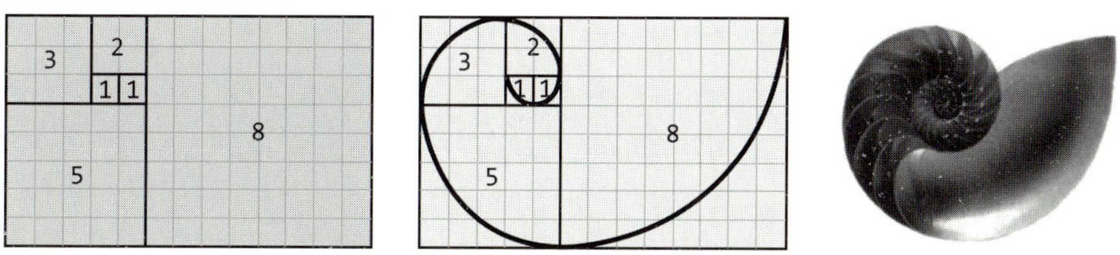

[그림 10-4] 황금 비율을 따르는 자연 현상의 예

이와 같은 재귀적 형태의 정의는 반복 계산으로 프로그램을 작성하는 것보다 재귀 함수를 이용하면 매우 편리하다. 아래 프로그램은 피보나치 수를 자연스럽게 재귀적으로 구하는

함수로 작성하여 실행시킨 예제이다.

[fibo.py]

```
def Fibo(n):                              # 피보나치 수열 구하는 함수
    if n<1:                               # base case 1
        return 0
    elif n==1:                            # base case 2
        return 1
    else:
        return Fibo(n-1) + Fibo(n-2)      # 재귀적 계산
```

재귀 호출

```
>>> [ Fibo(i) for i in range(0,14) ]
[0, 1, 1, 2, 3, 5, 8, 13, 21, 34, 55, 89, 144, 233]
>>> [ Fibo(i) for i in range(12,18) ]
[144, 233, 377, 610, 987, 1597]
>>>
```

피노나치 수열 0번에서 13번까지

피노나치 수열 12번에서 17번까지

■ 프랙탈(Fractals) – 코흐 눈송이(Koch snowflake)

우리가 익숙한 유클리드 기하학에서는 1차원, 2차원, 3차원과 같이 차원이 항상 정수이다. 그러나 프랙탈은 유클리드 기하학과 다르게 비정수 차원을 지원한다. 프랙탈(Fractal)이라는 용어는 "비정수 차원의(Fractional Dimensional)"라는 용어에서 유래한 합성어이다. 프랙탈 기하학은 1974년 만델브로트(Mandelbrot)에 의해 발견되었으며 오늘날 컴퓨터 그래픽스를 비롯하여 무질서와 혼돈 현상을 해석하기 위하여 자주 이용되고 있다. 프랙탈 기하학은 자기복제의 성질(Self-similarity Property)을 가진다. 자기복제란 어떤 형태가 순환적으로 반복되어 전체 형상과 유사한 형태를 국부적인 부분에서도 발견할 수 있다는 것을 의미한다.

플랙탈 기하학을 적용하여 생성되는 유명한 그림은 만델브로트 집합, 코흐 눈송이, 줄리아 집합(Julia set), 멩거 스폰지(Menger sponge) 등 여러 가지가 존재한다. 프랙탈 기하학은 복잡하고 무질서해 보이지만 자기 반복적인 성질을 가지고 있는 대상물을 묘사하는 데 매우 바람직한 모델링 방법이다. 여기서는 프랙탈 기하학에 기반하여 그림 10-5와 같은 코흐 눈송이를 어떻게 재귀적으로 표현할 수 있는지 공부해 보자.

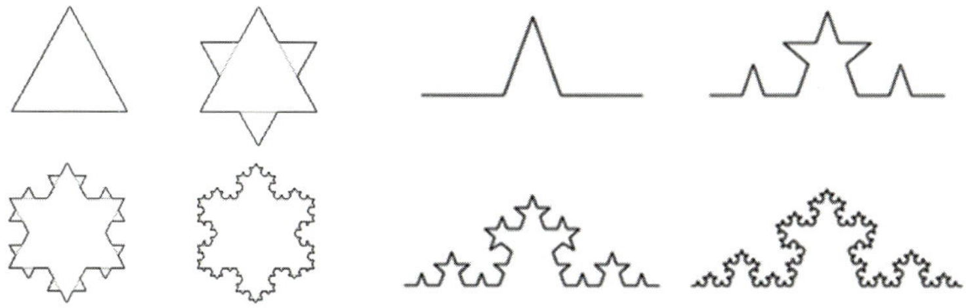

(a) 코흐 눈송이 (b) 코흐 곡선의 변환과정

[그림 10-5] 프랙탈 기하학에 기반한 코흐 눈송이

그림 10-6은 길이가 A_1인 한 변이 어떻게 길이가 A_2인 4개의 변으로 변환하는지, 이어서 길이가 A_3인 16개의 변으로 변환하는지 보여주고 있다.

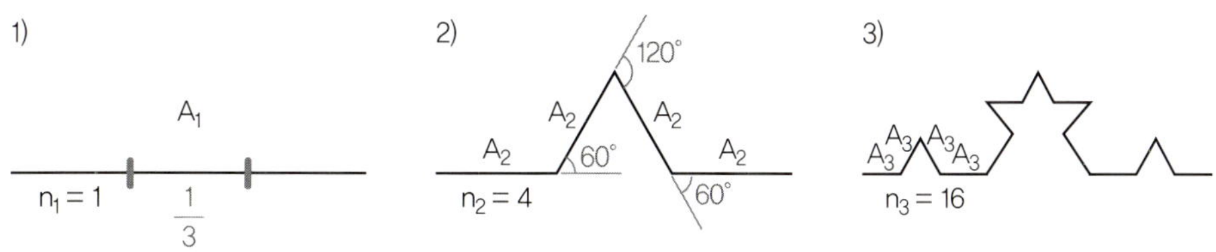

[그림 10-6] 코흐 곡선의 변환 모습

이러한 원리에 기반하여 코흐 눈송이의 한 변인 코흐 곡선을 재귀적으로 만들어보자. 코흐 눈송이를 생성하기 위하여 터틀 그래픽을 이용한다. 코흐 눈송이의 모양을 그리기 위해 프랙탈의 변환횟수와 변의 길이를 각각 order와 size라 하자. 이 프로그램에서 order = 0은 기본 케이스인 직선에 해당한다. 또한 코흐 눈송이의 한 변이 재귀적으로 4개의 변을 생성함을 볼 수 있다. 코흐 눈송이는 for 루프를 이용하여 삼각형 모양을 따라 코흐 곡선을 세 번 호출하면 최종적으로 완성된다.

[koch.py]

```
import turtle

def koch(tur, order, size):          # 길이가 size인 코흐 곡선 그리는 함수
    if order == 0:                   # 기본 케이스인 직선
        tur.forward(size)
    else:                            # 3등분하여 4개 곡선으로 그리기
        new = size/3
        koch(tur, order-1, new)  <-- 재귀 호출   # 변환 곡선 1
```

```
        tur.left(60)
        koch(tur, order-1, new)  ←  재귀 호출    # 변환 곡선 2
        tur.right(120)
        koch(tur, order-1, new)  ←  재귀 호출    # 변환 곡선 3
        tur.left(60)
        koch(tur, order-1, new)  ←  재귀 호출    # 변환 곡선 4

def snowflake(order, size):             # 코흐 눈송이 그리는 함수
    tur = turtle.Turtle()               # 터틀 객체 선언
    if size > 0:
        tur.penup()  ←  화면 가운데 위치하도록 이동
        tur.goto(-size/2, size/3)       # 시작 위치 이동
        tur.pendown()

    for i in range(3):                  # 코흐 곡선 3개로 코흐 눈송이 완성
        koch(tur, order, size)  ←  첫 번째 호출
        tur.right(120)
```

작성된 코흐 눈송이 모듈 koch.py를 임포트하고 눈송이 함수를 호출하면 그림 10-7과 같은 결과를 얻는다. 각각 order가 2, 3, 4인 경우이다.

```
>>> snowflake(order=2, size=300)
>>> snowflake(order=3, size=300)
>>> snowflake(order=4, size=300)
>>>
```

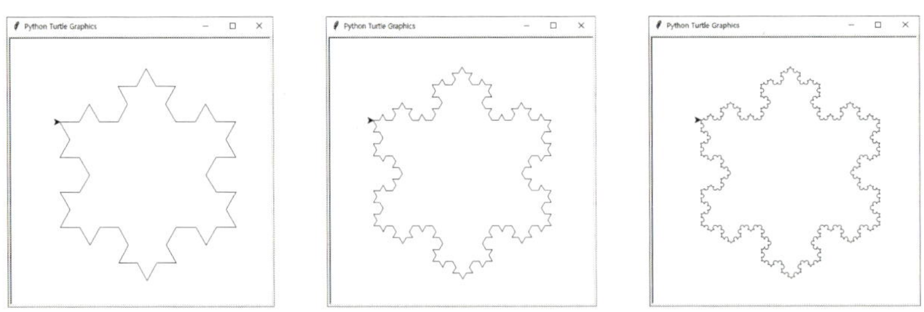

[그림 10-7] 코흐 눈송이 실행 결과(order = 2, 3, 4인 경우)

■ 프랙탈 트리(Fractal tree)

프랙탈 트리는 아래 그림과 같이 하나의 직선에서 출발하여 그 직선에 끝에서 처음 직선보다 짧은 직선으로 두 갈래로 나누는 작업을 재귀적으로 반복하면 나무와 같은 형상이 나타난다. 이 때 이런 과정에서 약간의 임의(Random)적 변화를 주면 실제 나무와 비슷한 형태를 얻을 수 있다. 다음은 임의적 요소가 없는 프랙탈 트리의 모습을 그려주는 프로그램의 실행 결과이다. 그림 10-8에서 order의 값이 증가함에 따라 나뭇가지가 번성함을 볼 수 있다.

[tree_fixed.py]

```
import turtle

def fixed_tree(tur, order, size):                # 프랙탈 트리 그리는 함수: 고정된 가지
    if order > 0:
        tur.pensize(size * 0.05)
        scale = 0.8                               # 매번 그릴 때 가지 굵기의 변화
        tur.forward(size)                         # 화면에 가지 그리기
        tur.right(20)                     ← 재귀 호출
        fixed_tree(tur, order-1, size * scale)    # 오른쪽 가지 호출
        tur.left(40)                      ← 재귀 호출
        fixed_tree(tur, order-1, size * scale)    # 왼쪽 가지 호출
        tur.right(20)
        tur.backward(size)                ← 가운데로 귀환

def draw_fixed_tree(order, size):                 # 프랙탈 트리 호출 함수
    cursor = turtle.Turtle()
    cursor.goto(0,-size)                          # 가지 크기만큼 아래로 이동
    cursor.left(90)                               # 방향을 위쪽으로
    fixed_tree(cursor, order, size)       ← 첫 번째 호출
```

```
>>> fixed_tree(order=5, size=90)
>>> fixed_tree(order=7, size=90)
>>> fixed_tree(order=9, size=90)
>>> fixed_tree(order=11, size=90)
>>>
```

(a) order=5　(b) order=7　(c) order=9　(d) order=11

[그림 10-8] 임의적 요소가 없는 프랙탈 트리

다음의 프로그램은 임의적 요소가 존재하는 프랙탈 트리의 모습을 그려준다. 그림 10-9에서 order 값에 따라 나뭇가지의 풍성함이 변하는 모습을 보여준다. random.uniform( ) 함수를 이용하여 매 번 반복되는 각도와 크기를 다르게 하였다. 이러한 과정을 통해 프랙탈 기하학을 이용하면 나무와 같은 자연물을 묘사하는 데 매우 바람직함을 알 수 있다.

[tree_free.py]

```
import random
import turtle

def free_tree(tur, order, size):          # 프랙탈 트리 그리는 함수: 임의 모양 가지
    if order > 0:
        tur.pensize(size * 0.05)          ← 임의적 요소
        scale = random.uniform(0.7, 0.9)  # 가지 굵기의 변화는 0.7~0.9 사이
        r_angle = random.uniform(0, 40)   # 오른쪽 가지 각도는 0~40도 사이
        l_angle = random.uniform(0, 40)   # 왼쪽 가지 각도는 0~40도 사이
        tur.forward(size)                 # 화면에 가지 그리기
        tur.right(r_angle)
        free_tree(tur, order-1, size * scale)      # 오른쪽 가지 호출   ← 재귀 호출
        tur.left(r_angle + l_angle)
        free_tree(tur, order-1, size * scale)      # 왼쪽 가지 호출    ← 재귀 호출
        tur.right(l_angle)
        tur.backward(size)                ← 가운데로 귀환

def draw_free_tree(order, size):          # 프랙탈 트리 호출 함수
    cursor = turtle.Turtle()
    cursor.goto(0,-size)                  # 가지 크기만큼 아래로 이동
    cursor.left(90)                       # 방향을 위쪽으로
    free_tree(cursor, order, size)        ← 첫 번째 호출
```

```
>>> draw_free_tree(order=5, size=90)
>>> draw_free_tree(order=7, size=90)
>>> draw_free_tree(order=9, size=90)
>>> draw_free_tree(order=11, size=90)
>>>
```

(a) order=5 (b) order=7 (c) order=9 (d) order=11

[그림 10-9] 임의적 요소가 존재하는 프랙탈 트리

10.1.4 하노이 탑(Tower of Hanoi)

"하노이 탑"은 재귀적 사고의 장점을 보이기 위해 좋은 문제이다. 매우 잘 알려진 고전적인 문제로 전설에 의하면 그림 10-10(a)와 같이 하노이에 64개의 원반 모양을 하고 있는 탑이 존재하였다고 한다. 하노이 탑 문제는 그림 10-10(b)에서 보듯이 왼쪽 기둥(Start)에 있는 탑의 원반들을 다음 규칙에 따라 오른쪽 기둥(End)으로 옮기는 것이다. 이 때 옮기는 도중에는 다음과 같은 규칙을 지켜야 한다.

① 그림 10-10(b)에서 왼쪽 기둥(Start)의 원반들을 오른쪽 기둥(End)으로 옮길 때 중간 기둥(Temp)을 이용할 수 있다.

② 한 번에 하나의 원반을 이동시킬 수 있다.

③ 어떤 순간에도 작은 원반 위에 큰 원반을 둘 수 없다.

(a) 하노이의 탑

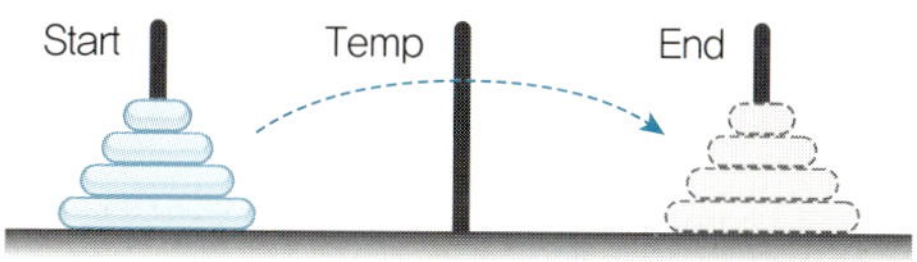

(b) 기둥을 이용한 탑의 이동

[그림 10-10] 하노이의 탑 문제

위에 언급한 규칙에 따라 64개 원반으로 구성된 하노이의 탑을 옮기기 위해서 하노이 탑의 승려가 1초에 하나의 원반을 옮긴다고 가정하면 5850억 년의 세월이 소요된다고 알려져 있다.

재귀적 방법으로 하노이 탑 문제를 풀어보자. 하노이 탑 문제는 재귀적인 방법을 이용하여 풀 수 있는 가장 알려진 사례 중 하나이라서 프로그램의 알고리즘 예제로 많이 이용되고 있다. 이 문제를 풀려면 우선 원반 2개짜리부터 풀어보면 된다. 기둥의 이름을 Start, Temp, End 라고 지정하면 다음 그림과 같이 우선 작은 원반을 Start에서 Temp로 이동하고(①), 큰 원반을 Start 에서 End로 이동한다(②). 그러고 나서 다시 작은 원반을 Temp에서 To로 이동하면 된다(③).

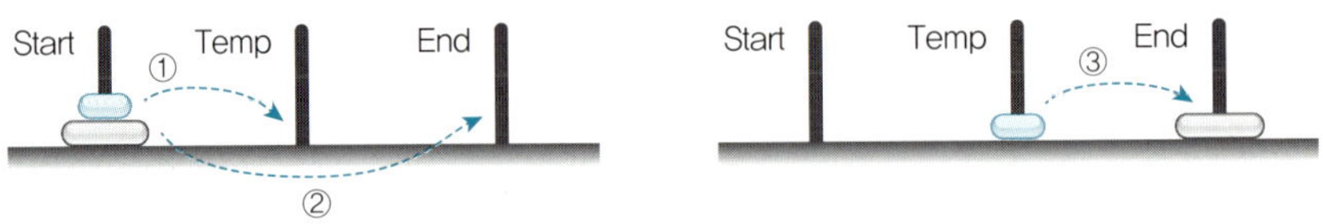

[그림 10-11] 하노이 탑 문제의 해결

다음 단계로 선반이 n개 있을 때를 풀려면 그림 10-11에서 파란색 작은 선반이 1개가 아니라 선반 n-1개의 그룹으로 간주하여 문제를 재귀적인 알고리즘으로 해결한다. 여기서 n-1개의 원반그룹을 이동한다는 말은 재귀 함수의 호출과 일맥상통한다. 즉, 선반 n개를 start에서 end로 옮기는 재귀 함수 hanoi(n, start, end)는 다음과 같이 정의된다.

① 위쪽 작은 선반 n-1개 그룹을 Start에서 Temp로 이동한다. 즉, hanoi(n-1, start, temp)

② 남은 원반 하나를 Start에서 End로 이동한다. 즉, print(start, '->', end)

③ n-1개의 그룹을 Temp에서 End로 이동한다. 즉, hanoi(n-1, temp, end)

하노이의 탑 알고리즘을 재귀 함수를 이용한 파이썬 코드로 작성하여 실행하면 다음과 같다.

[hanoi.py]

```
def hanoi(mylist, n, start, end, temp):          # 하노이 탑 알고리즘
    if n == 1:
        mylist.append(start + '->' + end)
```

```
    else:                                           재귀 호출
        hanoi(mylist, n-1, start, end, temp)     # 위 선반 n-1개 start에서 temp로
        hanoi(mylist, 1, start, temp, end)       # 남은 선반 1개 start에서 end로
        hanoi(mylist, n-1, temp, start, end)     # 옮긴 선반 n-1개 temp에서 end로
    return

def hanoi_list(n, start, end, temp):
    hnlist = []
    hanoi(hnlist, n, start, end, temp)  <-- 첫 번째 호출
    print('결과: ', hnlist)
```

```
>>> hanoi_list(2, '가','나','다')
결과:  ['가->나', '가->다', '나->다']
>>> hanoi_list(3,'A','B','C')
결과:  ['A->C', 'A->B', 'C->B', 'A->C', 'B->A', 'B->C', 'A->C']
>>> hanoi_list(4,'a','b','c')
결과:  ['a->b', 'a->c', 'b->c', 'a->b', 'c->a', 'c->b', 'a->b', 'a->c', 'b->c', 'b->a', 'c-
>a', 'b->c', 'a->b', 'a->c', 'b->c']
>>>
```

10.2 예외 처리(Exception Handling)

파이썬 프로그램의 실행 시 다양한 이유로 여러 가지 유형의 오류가 발생한다. 파이썬 언어는 몇 가지 유형의 오류를 자동적으로 처리하는 표준 오류 처리 기능을 제공하고 있다. 또한 특정한 오류에 대하여 프로그래머가 try-except 문을 사용하여 직접 오류 메시지를 발생시킬 수도 있다.

10.2.1 오류의 발생과 예외 처리

파이썬 프로그래밍을 실행하다 보면 다양한 오류 메시지가 발생한다. 아래의 실행 예제에서 몇 가지 종류의 오류 메시지를 볼 수 있다. 첫 번째 예는 n==1이 되어야 정상인 문법 오류(SyntaxError)이며, 두 번째는 파일이름을 잘못 적거나 파일이 없는 경우 발생하는 파일 없음 오류(FileNotFoundError)이다.

```
>>> def hanoi(n, start, end, temp):
        if n = 1:
            mylist.append(start + '->' + end)

SyntaxError: invalid syntax
>>>
```

문법 오류 'if n == 1:'

```
>>> myfile = open('samples.txt','r')
Traceback (most recent call last):
  File "<pyshell#43>", line 1, in <module>
    myfile = open('samples.txt','r')
FileNotFoundError: [Errno 2] No such file or directory: 'samples.txt'
>>>
```

파일 없음

위의 예에서 보듯이 기대치 못한 상황이나 오류가 일어날 때 특정한 값(객체)을 통하여 알림을 발생("raised" 또는 "thrown")시킨다. 이러한 오류를 예외(Exceptions)라 부른다. 예외는 프로그램에 의해 "잡히고(caught)", "처리(handled)"될 수 있다. 오류가 정정되거나 예외가 처리되고 난 후 프로그램의 실행이 계속되거나 프로그램이 종결된다. 이와 같이 예외가 발생되고 이를 처리하는 과정을 예외 처리(Exception Handling)라고 한다. 파이썬은 몇 가지 미리 정의된 예외를 표준 예외로 정의하고 있으며, 파이썬의 예외 처리 유형에는 그림 10-12와 같이 이러한 내장 예외(파이썬 표준 예외)와 사용자 정의 예외의 두 가지로 나눌 수 있다.

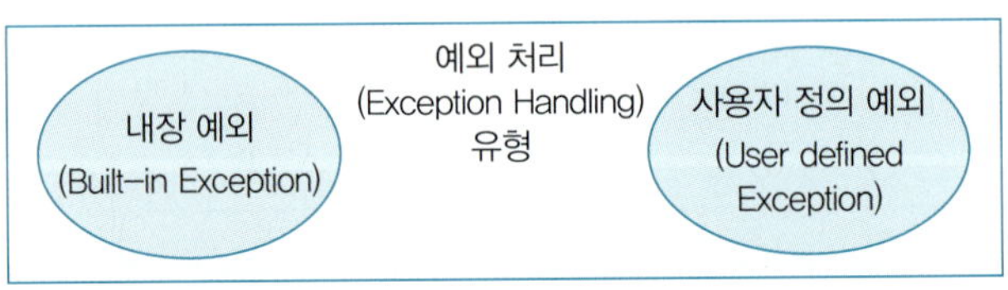

[그림 10-12] 내장 예외와 사용자 정의 예외

10.2.2 파이썬의 표준 예외

파이썬 언어가 제공하는 표준 예외를 알아보자. ImportError는 from-import 문이 해당하는 모듈을 찾을 수 없어서 실행 가능하지 않을 때 발생한다. IndexError은 인덱스가 범위를 벗어날 때 발생한다. NameError, TypeError는 각각 식별자 이름이 발견되지 않을 때 및 연산이나 함수가 부적합한 데이터 형에 적용될 때 발생한다. ValueError는 데이터

형은 맞지만 데이터 값이 부적합할 때 발생한다. 표 10-1에서 파이썬에 내장되어 있는 주요 표준 예외들을 소개하고 있다.

[표 10-1] 파이썬 언어의 주요 표준 예외

예외	발생 상황
ArithmeticError	수의 연산에서 문제가 발생할 때
EOFError	파일에서 더 이상 읽을 데이터가 없을 때
Exception	가장 상위의 예외 처리
FileExistsError	이미 있는 파일이나 폴더를 생성하려고 할 때
FileNotFoundError	없는 파일을 오픈하려고 할 때
ImportError	모듈을 임포트할 수 없을 때
IndentationError	코드에서 들여쓰기가 잘못되었을 때
IndexError	잘못된 범위의 인덱스를 사용할 때
KeyError	잘못된 키를 인덱싱할 때
ModuleNotFoundError	불러올 라이브러리 모듈이 없을 때
NameError	잘못된 식별자 이름을 사용할 때
OSError	운영체제와 관련된 문제가 발생할 때
SyntaxError	프로그램 문법 오류가 발생할 때
TypeError	데이터의 형이 잘못되었을 때
ValueError	데이터의 값이 잘못되었을 때
Warning	심각한 오류는 아니지만 주의가 필요할 때
ZeroDivisionError	수의 연산에서 0으로 나눌 때

파이썬의 표준 예외는 파이썬 표준 라이브러리의 예외 모듈(Exception Module) 안에 정의되어 있다. 파이썬 표준 라이브러리는 파이썬 프로그램에 자동적으로 임포트되어 있다. 예외가 발생하면 이에 해당하는 오류 처리기가 실행된다. 다음은 표준 예외의 몇 가지 예를 보여주고 있다. 첫 번째는 숫자의 연산에서 0으로 나누기 오류(ZeroDivisionError)이다. 다음으로는 변수 이름을 잘못 사용한 이름 오류(NameError)와 리스트 자료의 인덱스 번호가 넘어간 인덱스 오류(IndexError)이다.

```
>>> 230 * 2 / (32 - 4 * 8)        # 0으로 나눈다.
Traceback (most recent call last):
    File "<pyshell#35>", line 1, in <module>
        230 * 2 / (32 - 4 * 8)
ZeroDivisionError: division by zero
>>>
>>> mylist = [1, 2, 3]
>>> my_list        # 이름이 틀리다.
Traceback (most recent call last):
  File "<pyshell#39>", line 1, in <module>
    my_list
NameError: name 'my_list' is not defined
>>>
>>> mylist[3]        # mylist의 인덱스는 2까지 있다.
Traceback (most recent call last):
  File "<pyshell#41>", line 1, in <module>
    mylist[3]
IndexError: list index out of range
>>>
```

10.2.3 try-except 문

이제 사용자 정의 예외에 대하여 알아보자. 예외가 발생했을 때 이를 감지하고 처리하기 위하여 try-except 문을 사용하여 예외 처리를 구현한다.

■ try-except(-else) 문의 형식

try-except-else 문은 그림 10-13과 같은 구조를 가지고 있다. try 블록은 프로그램에서 예외 발생 가능성이 있는 어떤 작업을 실행하는 부분이다. 예를 들어, 데이터를 입력받는다거나 함수를 호출하는 것을 예로 들 수 있다. except 블록은 예외가 발생했을 때 처리하는 코드를 의미하고 else 블록은 예외가 발생하지 않았을 때 실행하는 코드이다.

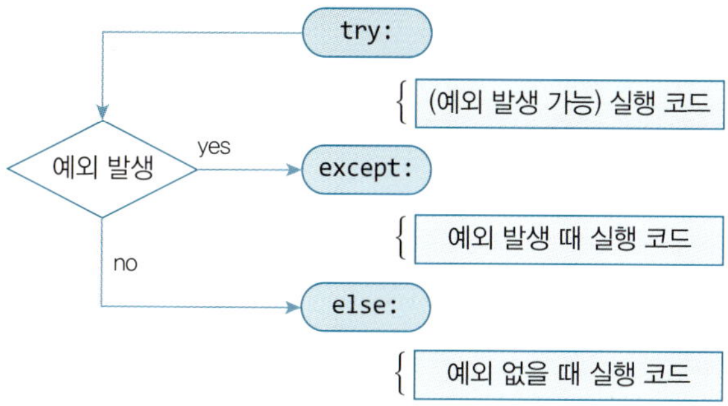

[그림 10-13] try-except-else 문의 구조

이제 간단한 예외 처리의 예를 통해 try-except 문이 어떻게 사용되는지 알아보자. 파일 이름을 입력받아 내용을 확인해 보는 예제이다. 파일 이름이 정상적으로 입력되면 파일 내용이 출력되지만, 파일 이름이 틀리거나 없는 파일이면 파이썬의 표준 예외에서는 다음과 같은 오류 메시지가 디스플레이 된다.

[fname_try0.py]

```
fname = input('[내용 확인하고 싶은 파일 이름을 입력하세요] > ')

while fname:                # fname이 제대로 입력되면 반복 (오류시 종료)
    myfile = open(fname,'r')
    print(myfile.read())
    fname = input('> \n[내용 확인하고 싶은 파일 이름을 입력하세요] > ')
```

입력줄 프롬프트

| 실행 결과 |

```
[내용 확인하고 싶은 파일 이름을 입력하세요] > doremi.txt
Doe, a deer, a female deer
Ray, a drop of golden sun
Me, a name I call myself
>
[내용 확인하고 싶은 파일 이름을 입력하세요] > doremi.song
Traceback (most recent call last):
  File "C:\Python\try1.py", line 4, in <module>
    myfile = open(fname,'r')
FileNotFoundError: [Errno 2] No such file or directory: 'doremi.song'
>>>
```

제대로 된 파일 이름

파일 이름이 틀렸다.

try-except 문을 사용하여 오류가 발생했을 때 예외 처리기(Except Handler)를 사용하여 어떻게 처리하는지 알아보자. 이 예에서는 FileNotFoundError가 발생하고 이를 처리하기 위하여 print('[오류 메시지] 파일이 존재하지 않습니다.') 문을 이용하여 처리하고 있다.

[fname_try1.py]

```
fname = input('[내용 확인하고 싶은 파일 이름을 입력하세요] > ')

while fname:                # fname이 제대로 입력되면 반복(오류시 종료)
  try:
      myfile = open(fname,'r')
      print(myfile.read())
      fname = input('> \n[내용 확인하고 싶은 파일 이름을 입력하세요] > ')
  except  FileNotFoundError:     ← 파일 없음 오류 발생 시
      print('[오류 메시지] 파일이 존재하지 않습니다.')     ← 원하는 오류 메시지 출력
      fname=''
```

| 실행 결과 |

```
[내용 확인하고 싶은 파일 이름을 입력하세요] > doremi.txt     ← 제대로 된 파일 이름
Doe, a deer, a female deer
Ray, a drop of golden sun
Me, a name I call myself
>
[내용 확인하고 싶은 파일 이름을 입력하세요] > doremi.song
[오류 메시지] 파일이 존재하지 않습니다.     ← 파일 없음. 오류 발생 시 오류 메시지 출력
>>>
```

■ try-except 문과 예외 처리

이제 try-except 문을 사용하여 오류가 발생했을 때 예외 처리기를 통해 오류 메시지를 발생시킬 뿐만 아니라 오류에서 벗어나 회복하는 프로그램의 예를 알아보자. 앞의 프로그램의 예에서 오류가 발생할 때 그림 10-14의 플로우와 같이 오류 처리기를 통해 오류의 사유를 프린트하고 프로그램을 종결하는데 그치지 않고 사용자에게 입력 데이터를 다시 입력할 것을 요구하여 프로그램이 지속될 수 있게 하자. 즉, try-except-else 문의 except 블록에서 fname = input('[오류] 파일 이름을 다시 입력하세요: 〉 ') 문을 통해 올바른 입

력 데이터를 지속적으로 요구하고 있다. else 블록에서 정상적으로 파일의 내용을 출력하고 다시 파일 이름을 물어본다. 파일 이름을 입력하지 않으면 fname이 null이 되므로 이 경우에 while 루프가 종결됨을 알 수 있다.

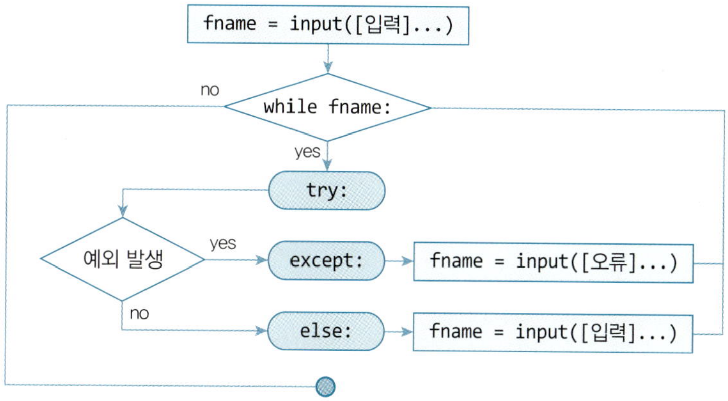

[그림 10-14] while 문 내에서 try-except-else 문의 플로우

[fname_try2.py]

```
fname = input('[내용 확인하고 싶은 파일 이름을 입력하세요] > ')

while fname:                    # fname이 제대로 입력되면 반복(Null이면 종료)
    try:
        myfile = open(fname,'r')
    except FileNotFoundError:   # 오류인 경우 다시 입력 요청
        fname = input('[오류] 파일 이름을 다시 입력하세요: > ')   ← 파일 이름 오류시 다시 입력 요청
    else:
        print(myfile.read())    # 정상인 경우 출력하고 다시 반복
        fname = input('> \n[내용 확인하고 싶은 파일 이름을 입력하세요] > ')
```

| 실행 결과 |

```
[내용 확인하고 싶은 파일 이름을 입력하세요] > doremi
[오류] 파일 이름을 다시 입력하세요: > doremi.song   ← 파일 이름 오류시 다시 입력 요구
[오류] 파일 이름을 다시 입력하세요: > doremi.txt    ← 제대로 된 파일 이름
Doe, a deer, a female deer
Ray, a drop of golden sun
Me, a name I call myself
```

```
>
[내용 확인하고 싶은 파일 이름을 입력하세요] > dd
[오류] 파일 이름을 다시 입력하세요: >
>>>
```

파일 없음 오류시 다시 입력 요청

Null 입력(종료)

■ 예외 처리와 사용자 입력

파이썬 언어가 자체적으로 제공하는 내장 예외 외에 사용자 정의 예외를 사용자 입력 오류의 예를 통해 알아보자. 다음에 입력 오류 체크의 경우를 몇 가지 비교해보자.

1) 단순 try-except

아래 프로그램은 월과 일의 날짜를 설정하기 위해 두 개의 숫자를 input().split()에서 입력받는다. 입력된 데이터가 정수가 아니면 ValueError가 발생하여 '[입력 오류]' 메시지를 프린트하고 다시 입력을 받으며, 입력 오류가 없는 경우에는 '%d월 %d일' 형태로 출력하고 반복한다. 그러나 12월이 넘어가거나 31일이 넘어가더라도 시스템의 표준 오류가 아니므로 예외 처리가 되지 않는다. 날짜 입력을 하지 않고 엔터를 누르면 프로그램이 종료된다.

[days_try0.py]

```python
date=True

while date:                          # date 값이 True인 경우 반복(Null이면 종료)
    try:
        date = input('날짜 <월 일>을 입력하세요: > ')
        mm, dd = date.split()
        mm, dd  = int(mm), int(dd)
    except :                         # 입력 오류시 오류 메시지 출력
        print('[입력 오류]')
    else:                            # 정상 입력시 월-일 출력
        print('%d월 %d일'%(mm, dd))
```

| 실행 결과 |

```
날짜 <월 일>을 입력하세요: > 1          ← 월만 입력
[입력 오류]
날짜 <월 일>을 입력하세요: > as df      ← 문자를 입력
[입력 오류]
날짜 <월 일>을 입력하세요: > 1 2        ← 정상 입력
1월 2일
날짜 <월 일>을 입력하세요: > 12345      ← 월만 입력, 범위 오류
[입력 오류]
날짜 <월 일>을 입력하세요: > 123 45     ← 월, 일 범위 오류
123월 45일
날짜 <월 일>을 입력하세요: >            ← Null 입력(종료)
[입력 오류]
>>>
```

다음 예제에서는 입력된 월이 1보다 작거나 12보다 큰 달은 존재하지 않으며, 월 내의 날짜도 days 목록에 있는 숫자를 넘지 못하도록 하였다. 월이나 일의 값이 이 범위를 넘어가면 사용자 프로그램에서 오류가 되므로 '[월/일-오류] 다시 입력하세요: 〉' 메시지를 출력하고 다시 입력을 받아들인다.

[days_try1.py]

```
days = (31, 29, 31, 30, 31, 30, 31, 31, 30, 31, 30, 31)
date=True

while date:                  # date 값이 True인 경우 반복(Null이면 종료)
    try:
        date = input('날짜 <월 일>을 입력하세요: > ')
        mm, dd = date.split()
        mm, dd  = int(mm), int(dd)
        while mm<1 or mm>12 or dd<1 or dd>days[mm-1]:          # 범위 확인
            date = input('[월/일-오류] 다시 입력하세요: > ')    ← 월, 일 범위가 틀리면 다시 입력 요구
            mm, dd = date.split()
            mm, dd  = int(mm), int(dd)
    except :                                # 입력 오류시 오류 메시지 출력
        print('[입력 오류]')
    else:                                   # 정상 입력시 월-일 출력
        print('%d월 %d일'%(mm, dd))
        mm = False
```

| 실행 결과 |

```
날짜 <월 일>을 입력하세요: > 12
[입력 오류]
날짜 <월 일>을 입력하세요: > 123 44
[월/일-오류] 다시 입력하세요: > 12 34
[월/일-오류] 다시 입력하세요: > jan 10
[입력 오류]
날짜 <월 일>을 입력하세요: > 23 44
[월/일-오류] 다시 입력하세요: > 1 2
1월 2일
날짜 <월 일>을 입력하세요: >
[입력 오류]
>>>
```

입력 오류

월, 일 범위가 틀리면 다시 입력 요구

입력 오류

월, 일 범위 오류

정상 입력

Null 입력(종료)

2) raise Exception ErrorMessage를 사용할 경우

파이썬 프로그램에서 필요에 따라 종종 오류를 일부러 발생시킬 필요가 생긴다. 이러한 경우 raise 명령문을 통해 오류를 일부러 발생시킬 수 있다. 파이썬 언어의 예외 처리는 그림 10-15에서 보듯이 try-raise-except를 통해 보다 바람직하게 오류 처리를 수행할 수 있다. try 블록 처리시 표준 오류가 발생하면 except를 통해 예외를 처리하고, 필요한 경우 프로그래머가 raise를 사용하여 직접 예외를 발생시키고 except를 통해 발생시킨 예외를 처리한다.

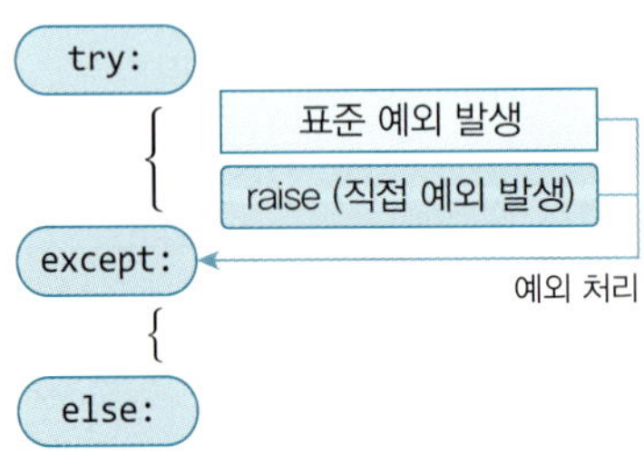

[그림 10-15] try-raise-except 문의 오류 처리

이어지는 프로그램에서 raise ValueError를 통해 오류 메시지를 일부러 발생시키는 예를 알아보자. 입력된 데이터가 정수가 아니면 ValueError가 표준 오류로 발생되지만, 변수 mm이 1~12 범위를 벗어나거나 변수 dd가 월별 날짜를 벗어난 정수이면 raise ValueError의 실행을 통해 직접 예외를 발생시킨다. raise 문에서 예외를 발생시킬 때 생성된 메시지는 except 문에서 'except ValueError as e'와 같은 형태의 except 문으로 전

달받을 수 있다. 아래의 예에서 월이 잘못되었을 때와 일이 잘못되었을 때 오류 메시지를 달리하여 except 블록에서 예외 처리 시에 오류의 유형을 구분하여 메시지를 출력하는 것을 볼 수 있다.

[days_try2.py]

```
days = (31, 29, 31, 30, 31, 30, 31, 31, 30, 31, 30, 31)
date=True

while date:                          # date 값이 True인 경우 반복(Null이면 종료)
    try:
        date = input('날짜 <월 일>을 입력하세요: > ')
        mm, dd = date.split()
        mm, dd  = int(mm), int(dd)
        if mm < 1 or mm > 12 :       # 범위 오류시 ValueError 발생
            raise ValueError('월은 1에서 12까지 입니다.')
        if dd < 1 or dd > days[mm-1]:   # 범위 오류시 ValueError 발생
            raise ValueError('일은 1에서 %d까지 입니다.'%days[mm-1])
    except ValueError as e:          # 입력 값 오류시 오류 메시지 출력
        print('[입력 오류]', e)
    else:                            # 정상 입력시 월-일 출력
        print('%d월 %d일'%(mm, dd))
```

월, 일의 범위가 틀리면 ValueError를 발생시킨다.

| 실행 결과 |

```
날짜 <월 일>을 입력하세요: > 111 222
[입력 오류] 월은 1에서 12까지 입니다.
날짜 <월 일>을 입력하세요: > 1 222
[입력 오류] 일은 1에서 31까지 입니다.
날짜 <월 일>을 입력하세요: > 234
[입력 오류]  not enough values to unpack (expected 2, got 1)
날짜 <월 일>을 입력하세요: > a d
[입력 오류] invalid literal for int() with base 10: 'a'
날짜 <월 일>을 입력하세요: > 2 3
2월 3일
날짜 <월 일>을 입력하세요: >
[입력 오류]  not enough values to unpack (expected 2, got 0)
>>>
```

월, 일 범위가 틀리면 다시 입력 요구

입력 오류

입력 오류

정상 입력

Null 입력(종료)

10.3 정규표현식(Regular Expression)

정규표현식이란 특정한 텍스트 패턴을 표현하기 위한 매우 강력한 표현식이다. 다양한 메타 문자를 이용하여 특정한 텍스트 패턴을 표현할 수 있다. 이를 위해 파이썬 언어는 re라는 표준 라이브러리 모듈을 제공하고 있다. 이 절에서는 re를 이용하여 어떻게 특정한 텍스트 패턴을 표현하는지 공부하고 몇 가지 적용 사례들을 알아본다.

10.3.1 정규표현식이란?

정규표현식(Regular Expression 또는 Regex)이란 텍스트에서 특정 스트링 패턴과 매칭되는 부분을 찾아내기 위한 표현식이다. 스트링 패턴의 예로 텍스트에서 'app'로 시작되는 모든 단어를 찾고 싶을 때 정규표현식을 이용하면 매우 간단하게 처리할 수 있다. 6장에서 설명한 스트링 데이터의 메소드 find()와 index()를 이용해도 'app'로 시작되는 스트링 패턴을 찾을 수 있지만 정규표현식을 이용하면 훨씬 강력하게 특정 스트링 패턴을 찾을 수 있다.

정규표현식은 매우 강력한 일종의 암호화된 표현식으로 이해할 수 있다. 정규표현식은 그 자체가 하나의 작은 언어("Little language")로서 컴퓨터과학에서 매우 중요한 수단이다. 정규표현식은 텍스트 편집기, 검색어 분석, 컴파일러의 어휘 분석기, 유한 오토마타 등의 영역에서 매우 유용한 수단이다. 역사적으로 정규표현식은 1951년 수학자 스티븐 클레이니(Stephen Cole Kleene)가 처음 정규언어(Regular Language) 개념을 제시하였다. 정규표현식은 Python뿐 아니라 Java, JavaScript, Perl 등 여러 프로그래밍 언어에서 특정 스트링 패턴을 찾기 위한 수단으로 사용되어 있다.

파이썬 언어는 정규표현식을 지원하기 위하여 표준 라이브러리 re 모듈을 제공하고 있다. re 모듈은 정규표현식(regex)을 나타내기 위한 수단으로 특정한 규칙을 따르는 스트링 패턴을 매칭하기 위한 기능을 제공하고 있다. re 모듈에서 제공되는 함수에는 search(), findall(), split(), sub() 등이 있다.

10.3.2 정규표현식을 통한 패턴 매칭

정규표현식에서 사용하는 문자는 특수한 의미를 가지는 소위 "메타 문자(Mata Character)"와 일반 문자(리터럴)로 구성된다. 표 10-2에 정규표현식에서 사용하는 대표적인 메타 문자와 그 의미가 나와 있다.

[표 10-2] 정규표현식에서 사용되는 대표적인 메타 문자

그룹	메타문자	설명	예
문자 집합 관련	[ ]	문자의 집합인 문자 클래스 정의	[a-z][0-9]
	( )	그룹 설정	a(b|c)
	|	OR의 의미	a(b|c)
	\	특별한 의미를 가지는 이스케이프 문자열	\w, \W
문자 매칭 관련	.	임의의 문자 한 개(단, newline 문자 제외)	for..er
	^	주어진 문자열로 시작하는 앵커(Anchor) 위치	^for
	$	주어진 문자열로 끝나는 앵커(Anchor) 위치	er$
반복 표현 관련	*	0 또는 이상 횟수의 반복	ab*
	+	1 또는 이상 횟수의 반복	ab+
	?	0 또는 1회의 반복	ab?
	{ }	반복 횟수의 지정	ab{2}

예를 들어, 정규표현식 'a+'에서 'a'는 일반 문자이고 '+'는 메타 문자로 문자 'a'가 한 번 이상 반복된다는 의미이다. 또 한 가지 예로, 정규표현식 'b[a-z]'는 문자 'b' 다음에 'a' ~ 'z' 사이의 모든 문자가 한 번 따라 나온다는 의미이다. 이제 위 표에 나와 있는 몇 가지 메타 문자의 의미를 이해하고 그들이 어떻게 스트링 패턴 매칭에 사용되는지 알아보자.

1) 문자 클래스의 표현: [], (), |

메타 문자 [ ]는 대괄호 속에 들어있는 문자 중 어떤 하나를 의미하는 문자 클래스를 표현한다. 예를 들어 [abc]는 소문자 abc 중의 문자 하나를 의미하고, [0-9]는 숫자 0~9 중 하나를 뜻하며 [a-z]는 소문자 a~z 사이의 문자 하나를 의미한다. 마찬가지로 [a-zA-Z0-9_]은 영어 소문자, 영어 대문자, 숫자 0~9, 밑줄문자(_) 중 하나를 의미한다. 문자 클래스 [ ]를 여러 번 연달아 표현하면 문자가 여러 개인 스트링을 의미한다. 예를 들어 [0-3][0-9]는 00부터 39까지의 두 자리 숫자를 표현한다.

```
[abc] = { a, b, c } 중 하나,              [0-9] = { 0, 1, 2, …, 9 }
[a-z] = { a, b, c, …, z },       [a-zA-Z0-9_] = { a, …, A, …, 0, …, 9, _ }
[0-3][0-9] = { 00, 01, …, 10, …, 20, …, 30, 31, …, 39 }
```

메타 문자 ( )는 소괄호 속에 들어있는 내용을 하나의 그룹으로 간주하는 의미이다. 예를 들어, 정규표현식 a(bc)는 a 다음에 나오는 bc를 하나의 그룹으로 간주한다는 의미이다.

따라서 a(bc)+는 a 다음에 그룹 bc가 한 번 이상 나온다는 것을 의미한다. 그러므로 abc, abcbc, abcbcbc는 모두 주어진 정규표현식을 따르는 스트링이다. 메타 문자 |는 OR 연산자로 "또는"이라는 의미이다. 예를 들어, 정규표현식 a(b|c)는 문자 a 다음에 문자 b 또는 c가 한번 따라 나온다는 의미이다. 따라서 ab, ac는 모두 이 정규표현식 맞는 스트링이다. 같은 원리로 정규표현식 a(b|c)+는 문자 a 다음에 문자 b 또는 문자 c가 한 번 이상 따라 나온다는 의미이다. 따라서 ab, ac, abb, accb는 모두 정규표현식 a(b|c)+에 적합한 스트링의 예이다.

```
a(bc)+ = { abc, abcbc, abcbcbc, … }
a(b|c) = { ab, ac }
a(b|c)+ = { ab, ac, abb, abc, acb, acc, abbb, … }
```

2) 이스케이프 문자열(Escape Characters) 의 표현: \w, \W, \d, \D, \s, \S

메타 문자 \w는 파이썬 식별자의 단어(Word)에서 사용될 수 있는 문자 집합 [a-zA-Z0-9_]와 동일한 의미를 가진다. 이에 비해 대문자는 반대 의미로, \W는 [a-zA-Z0-9_]을 제외한 모든 문자가 올 수 있다는 의미이다. \d는 10진수 숫자(Digit)인 [0-9]를 의미하므로 숫자 0~9 중 하나가 나온다는 것을 뜻하며 \D는 [0-9]를 제외한 모든 문자를 의미한다. 또한 \s는 공백, 탭, 줄바꿈 문자 등 공백 문자(Space character) 중 하나를 의미하며 \S는 공백, 탭, 줄바꿈 문자를 제외한 모든 문자를 의미한다.

```
\w = [a-zA-Z0-9_],          \W = 모든 문자 - [a-zA-Z0-9_]
\d = [0-9],                 \D = 모든 문자 - [0-9]
\s = { 공백, 탭, 줄바꿈 },     \S = 모든 문자 - { 공백문자 }
```

3) 문자 매칭을 위한 dot(.) 및 앵커(Anchor) ^, $

메타 문자 dot(.)는 어떤 문자든지 한 개를 모두 허용하겠다는 것을 뜻한다. 예를 들어, 정규표현식 ab.cd를 만족시키는 스트링은 abzcd, ab9cd, ab&cd, abAcd 등 수없이 많이 존재한다. 앵커 ^는 ^ 다음에 나오는 문자열이 스트링의 맨 앞에 나온다는 의미이며 앵커 $는 $ 이전에 나오는 문자열이 스트링의 맨 뒤에 나온다는 의미이다. 따라서 ^The는 스트링이 'The'로 시작한다는 의미이고 End$는 스트링이 'End'로 끝난다는 의미이다. ^meta를 만족시키는 예로 metaphor, metal, metabolism을 들 수 있다. py$의 예로는 happy, sleepy, sloppy, bumpy 등이 있으며, 리$는 리자로 끝나는 말이라는 의미이므로 개나리, 보따리, 소쿠리, 유리, 항아리 등을 들 수 있다.

```
a.b = { aab, …, aAb, …, a9b, …, a&b, … }
^meta = { metaphor, metal, metadata, … }
py$ = { happy, sleepy, sloppy, bumpy, … }
리$ = { 개나리, 보따리, 소쿠리, 유리, 항아리, … }
```

4) 반복 표현을 위한 정량자(Quantifier) *, +, ?, { }

정량자는 문자가 나오는 횟수를 지정한다. 메타 문자 *는 0번 이상을 의미하고, +는 한 번 이상, ?는 한 번 또는 0번을 의미한다. 또한 { }는 중괄호 속에 지정한 횟수만큼 반복함을 의미한다. 예를 들어, a(bc)*는 a 다음에 bc가 0번 이상 나온다는 뜻이다. 따라서 a, abc, abcbc는 모두 이를 만족시킨다. app(bc)+는 app 다음에 bc가 한 번 이상 나온다는 뜻이다. 따라서 appbc, appbcbc, appbcbcbc는 모두 이를 만족시키지만 app는 이를 만족시키지 못한다. ab(cd)?는 ab 다음에 cd가 한 번 또는 0번 나옴을 의미한다. 따라서 ab, abcd는 이를 만족시킨다. abc{3}는 ab 다음에 c가 3회 나온다는 뜻이므로 abccc는 이를 만족시킨다.

```
a(bc)* = { a, abc, abcbc, abcbcbc, ... }
app(bc)+ = { appbc, appbcbc, appbcbcbc, … }
ab(cd)? = { ab, abcd }
abc{3} = { abccc }
```

앞에서 설명한 메타문자를 이용하여 표 10-3에 작성한 몇 가지 패턴 사례를 예로 들어 다양한 정규식을 이해해 보자.

[표 10-3] 다양한 패턴의 정규식 표현 사례

패턴	설명
the	스트링 패턴 'the'를 모두 찾는다.
a234n	스트링 패턴 'a234n'을 모두 찾는다.
a[0-9]m	스트링 패턴 'a'로 시작하여 다음에 숫자 0~9 중 하나가 따라 나오고 'm'으로 끝나는 모든 패턴을 찾는다.
a\db	'a'로 시작하여 하나의 숫자가 나오고 'b'로 끝나는 패턴을 찾는다.
a...b	'a'로 시작하여 임의의 3개 문자가 나오고 'b'로 끝나는 패턴을 찾는다.
p[abc]r	'p'로 시작하고 다음에 'a', 'b' 또는 'c'가 따라 나오며 'r'로 끝나는 패턴을 찾는다.
pe?r	'p'로 시작하고 다음에 'e'가 한 개 나올 수도 있고 없을 수도 있으며(즉, Option) 'r'로 끝나는 패턴을 찾는다. 따라서 패턴 'pr', 'per'은 모두 정규식의 조건을 만족시킨다.

pe*r	'p'로 시작하고 다음에 'e'가 0번 이상 따라 나오는 패턴을 모두 찾는다. 따라서 패턴 'pr', 'per', 'peer', 'peeer' 등은 모두 조건을 만족시킨다.
pe+p	'p'로 시작하고 다음에 'e'가 1번 이상 따라 나오는 패턴을 모두 찾는다. 따라서 패턴 'pep', 'peep', 'peeep' 등은 모두 조건을 만족시킨다.

10.3.3 적용 사례

■ 문자열 검색

정규표현식의 몇 가지 사례를 알아보자. 아래 텍스트에서 스트링 'my'를 찾는 정규표현식을 이용하면 스트링 'myself'에서 'my'를 찾아온다. 다음 텍스트에서 정규표현식 '\s...\s'는 공백, 탭, 줄바꿈 문자 중 하나로('\s') 시작하여 세 개의 임의의 문자가 나오며(...) 마지막에 다시 공백, 탭, 줄바꿈 문자로 끝남을('\s') 의미한다. 따라서 이 정규표현식은 다음의 doremi_song.txt 파일의 텍스트에서 'sun', 'way', 'run', 'La,', 'Sew', 'jam'을 찾아온다. 컴마(,)로 끝나는 단어를 찾으려면 정규표현식을 '([a-zA-Z]+),'으로 표현하고, n을 시작하는 단어를 찾으려면 정규표현식을 '\sn[a-zA-Z]*\s'으로 표현하면 된다.

| doremi_song.txt |

```
Doe, a deer, a female deer
Ray, a drop of golden sun
Me, a name I call myself
Far, a long, long way to run
Sew, a needle pulling thread
La, a note to follow Sew
Tea, a drink with jam and bread
```

한글 파일의 경우에도 마찬가지로 적용할 수 있다. 단, 글자 코드가 한글이므로 'a-z' 혹은 'A-Z' 대신 '가-힣'으로 표현하면 된다. 훈민정음서문.txt에서 정규표현식 '[가-힣]{5}'으로 검색하면 한글 5글자로 구성된 단어를 ['나랏말싸미', '훙베이셔도', '노미하니라', '어엿비너겨', '할따라미니']와 같이 찾아준다. 정규표현식 '\s사[가-힣]*\s'으로 검색하면 '사'로 시작하는 단어를 [' 사맛디 ', '사람마다 ']와 같이 찾아준다.

| 훈민정음서문.txt |

```
나랏말싸미 듕귁에 달아 문자와로 서로 사맛디 아니할쎄
이런 전차로 어린 백셩이 니르고져 홇베이셔도
마참내 제 뜨들 시러펴디 몯핧 노미하니라
내 이랄 윙하여 어엿비녀겨 새로 스믈 여덟 짜랄 맹가노니
사람마다 해여 수비니겨 날로 쑤메 뼌한킈 하고져 할따라미니라.
```

파일 목록에서 .exe로 끝나는 실행 파일을 모두 찾으려면 정규표현식 '[a-z0-9._-]+\.exe'를 이용한다. 이 경우 파일 이름이 문자 a~z, 숫자 0~9, dot(.), 밑줄 문자(_), 대시 부호(-)를 포함할 수 있다고 가정하자. 또한 \.는 이스케이프 문자로 어떤 문자든 모두 허용한다는 의미가 아니고 문자 dot(.)를 의미한다. 파이썬 파일의 경우 정규표현식을 '[a-z0-9._-]+\.py'로 이용하면 된다.

▪ re 모듈 함수 findall()

표준 라이브러리인 re 모듈에서 제공되는 함수 중에서 특정 문자열 패턴을 찾는 데에는 re.search(), re.findall() 함수가 많이 사용된다. 함수 re.findall()을 주어진 스트링에서부터 특정 패턴을 모두 찾아오는데 매우 편리한 함수로 다음의 형식을 가진다.

```
re.findall( <패턴>, <스트링> )
```

여기서 〈패턴〉은 찾으려는 스트링 패턴을 정규표현식으로 나타낸 것이고 〈스트링〉은 찾을 대상인 텍스트를 의미한다. re.findall()은 주어진 〈스트링〉에서 〈패턴〉에 매칭되는 모든 스트링을 찾아서 리스트로 반환해 준다.

앞 절의 설명 중에 나온 정규표현식 '\s...\s', '([a-zA-Z]+),'를 텍스트 파일 doremi_song.txt에서 찾는 프로그램을 다음과 같이 작성할 수 있다. 실행 결과에서 앞 절의 설명을 확인할 수 있다. 정규표현식을 표현할 때 표현식의 스트링 앞에 r 문자로 표기하여 눈에 띄게 구분해 줄 수도 있다.

[findall_doremi0.py]

```
import re
with open('doremi_song.txt','r') as doremi:
    mytext = doremi.read()

    exp1 = r'\s...\s'
    print('exp1: ', re.findall(exp1, mytext))

    exp2 = r'([a-zA-Z]+),'
    print('exp2: ', re.findall(exp2, mytext))
```

문자 3개로 구성되고 공백으로 둘러싸인 단어

알파벳으로 구성되고 컴마로 끝나는 단어

| 실행 결과 |

```
exp1:  [' sun\n', ' way ', ' run\n', '\nLa, ', ' Sew\n', ' jam ']
exp2:  ['Doe', 'deer', 'Ray', 'Me', 'Far', 'long', 'Sew', 'La', 'Tea']
>>>
```

아래 프로그램은 스트링 정규표현식 '(a[a−zA−Z]*) (d[a−zA−Z]*)' 패턴을 만족시키는 스트링을 doremi_song.txt 파일에서 찾는 프로그램이다. 즉, a로 시작하는 스트링과 연이어 d로 시작하는 단어 쌍을 찾는 패턴이다. 실행 결과를 보면 'female deer'에서 'ale deer'로 찾아오듯이 단어의 중간에서 시작하는 스트링도 찾아오는 것을 볼 수 있다. 만약 단어 별로 나누어 찾고 싶으면 공백문자(Space Character)를 활용하면 된다. 즉, \s로 나타내는 공백 문자 사이가 하나의 단어가 되므로 \s 사이에 원하는 표현식을 작성하면 된다. 아래의 예는 n으로 시작하는 단어를 찾기 위해 '\sn[a−zA−Z]*\s'와 같은 정규표현식을 적용하였다.

[findall_doremi1.py]

```
import re
with open('doremi_song.txt','r') as doremi:
    mytext = doremi.read()

    exp1 = r'(a[a-zA-Z]*) (d[a-zA-Z]*)'
    print('exp1: ', re.findall(exp1, mytext))

    exp2 = r'\sn[a-zA-Z]*\s'
    print('exp2: ', re.findall(exp2, mytext))
```

a로 시작하는 단어와 이어서 d로 시작하는 단어의 쌍

n으로 시작하는 단어

| 실행 결과 |

```
exp1:  [('a', 'deer'), ('ale', 'deer'), ('a', 'drop'), ('a', 'drink')]
exp2:  [' name ', ' needle ', ' note ']
>>>
```

한글로 작성된 파일에서 특정 패턴을 찾는 것도 마찬가지이다. 아래의 프로그램은 앞 절에서 설명한 5개 이상의 문자로 구성된 스트링과 '사'로 시작하는 단어를 훈민정음서문.txt에서 찾는 예제이다.

[findall_hunmin.py]

```
import re
with open('훈민정음서문.txt','r') as hunmin:
    hantext = hunmin.read()

    exp1 = r'[가-힝]{5}'    ← 5개 이상의 문자로 구성된 스트링
    print('exp1: ', re.findall(exp1, hantext))

    exp2 = r'\s사[가-힝]*\s'    ← '사'로 시작하는 단어
    print('exp2: ', re.findall(exp2, hantext))
```

| 실행 결과 |

```
exp1:  ['나랏말싸미', '홇베이셔도', '노미하니라', '어엿비너겨', '할따라미니']
exp2:  [' 사맛디 ', '\n사람마다 ']
>>>
```

■ 특정 패턴의 문자열 정의

프로그램에서 다루는 문자열 중에서 전화번호, URL, 패스워드 등과 같이 특별한 문자 배치 패턴을 가지고 있는 경우가 있다. 이들의 특별한 패턴의 규칙을 정규표현식으로 표현하여 프로그램 개발에 활용하고 있다.

전화번호의 경우 첫 단위가 0으로 시작하는 2자리 혹은 3자리 숫자이고, - 다음에 3자리 혹은 4자리 숫자가 나오다. 마지막으로 - 다음에 4자리 숫자가 나온다. 이 규칙을 정규표현식으로 나타내면 다음과 같다. 010-1234-5678이나 02-234-5678 등 현재 사용되고

있는 전화번호를 모두 표현할 수 있다.

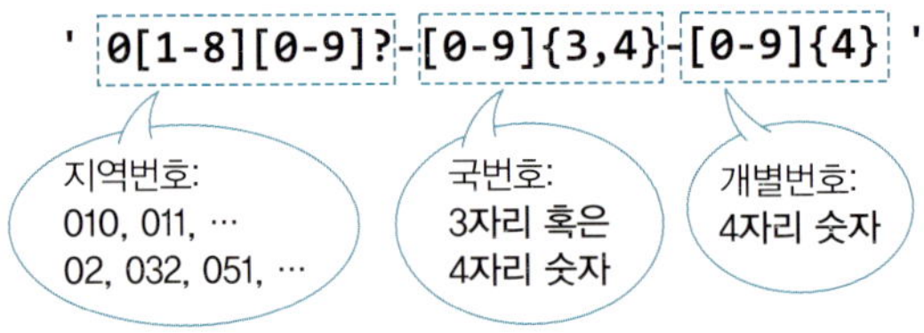

다음으로는 이메일 주소도 특정 패턴을 가지고 있다. 이메일 주소는 아이디 다음에 @가 나오고 도메인 주소가 나온다. 도메인 주소는 '.'으로 연결된 단어가 2~4개로 구성되어 있다. 이메일 주소의 규칙을 정규표현식으로 나타내면 다음과 같다.

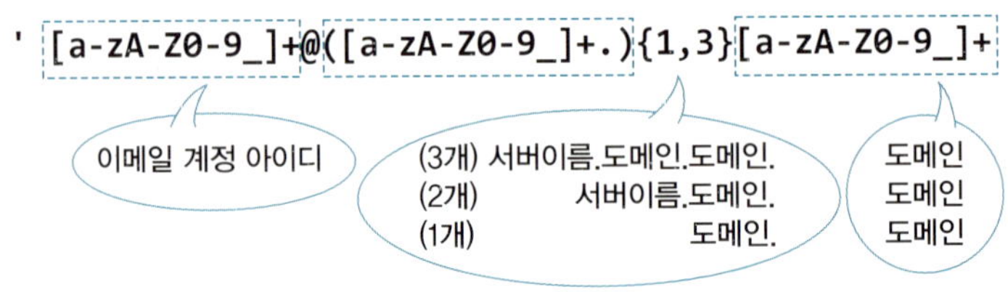

■ re 모듈 함수 search()와 match()

함수 re.search()는 주어진 스트링에서 특정 패턴을 찾아보는 데 매우 유용한 함수로 다음의 형식을 가진다.

```
re.search( <패턴>, <스트링> )
```

여기서 〈패턴〉과 〈스트링〉은 re.findall()에서와 마찬가지로 각각 찾으려는 스트링 패턴과 찾을 대상인 텍스트를 의미한다. re.search()는 첫 패턴 매칭을 찾아 해당 정보를 반환하고 정지하며 원하는 패턴을 찾지 못하는 경우는 'None' 값을 반환한다.

아래 프로그램은 바로 앞에서 사용되었던 스트링 정규표현식 '\sn[a-zA-Z]*\s' 패턴을 만족시키는 첫 번째 스트링을 doremi_song.txt 파일에서 찾는 프로그램이다. search() 함수는 첫 번째로 매칭되는 스트링만 찾아주는 대신 더 다양한 정보를 제공해 준다. 아래의 예에서 보듯이 검색 결과로 첫 번째 매칭되는 패턴의 위치 인덱스와 매칭된 스트링을 보여준다.

[search_doremi.py]

```
import re
mytext = open('doremi_song.txt','r').read()

exp = r'\sn[a-zA-Z]*\s'        # n으로 시작하고 공백으로 둘러싸인 알파벳 단어
print(re.search(exp, mytext))
```

| 실행 결과 |

```
<re.Match object; span=(58, 64), match=' name '>   # 첫 번째 매치되는 단어는 ' name ', 위치는 (58~63)
>>>
```

함수 re.match()는 주어진 스트링이 특정 패턴으로 시작하는지 판단하는 데 사용되는 함수로 다음의 형식을 가진다.

```
re.match( <패턴>, <스트링> )
```

여기서 〈패턴〉과 〈스트링〉은 re.search( )에서와 마찬가지이다. 차이점은 re.search( )는 〈패턴〉을 〈스트링〉의 어느 위치에서나 찾아가는데 비해, re.match( )는 〈스트링〉의 시작에서 찾는다. 아래 예에서 보듯이 일치하지 않으면 값을 반환하지 않고(즉, False를 반환), 패턴과 일치하는 경우에는 re.search( )와 마찬가지로 일치된 부분의 정보를 반환한다. re.match( )의 경우에 매칭된 스트링의 시작 인덱스는 항상 0이 된다.

```
>>> import re
>>> re.match(r'[a-zA-Z]+', '123-forever')        # 매치 안 됨
>>> re.match(r'[a-zA-Z]+', 'forever')
<re.Match object; span=(0, 7), match='forever'>  # 7글자 매치
>>> re.match(r'[a-zA-Z]+','for-ever')
<re.Match object; span=(0, 3), match='for'>      # 처음 3글자 매치
>>>
```

아래 프로그램은 입력된 전화번호가 앞에서 소개한 패턴 형식에 맞는지 확인하는 예제이다. html5 문서에서 전화번호를 입력하는 폼 〈input type='tel'〉의 문법 검사에 적용되는 것과 마찬가지 원리이다.

[match_tel.py]

```
import re
telnum = True
tel_exp = '0[1-8][0-9]?-[0-9]{3,4}-[0-9]{4}'   ← 전화번호의 정규표현식

while telnum:                    # telnum의 값이 True인 경우 반복(Null이면 종료)
    try:
        telnum = input('[전화번호] >> ')
        if not telnum:           ← Null 입력시 예외 발생
            raise NullError
        result = re.match(tel_exp, telnum)   ← 전화번호 형식 확인
    except:                      # 입력 값 오류시 오류 메시지 출력
        print('  *입력오류* 프로그램 종료!')
    else:
        if result:               # 정상 입력시 월-일 출력
            print('  **성공** 전화번호가 제대로 입력되었습니다!')
        else:                    # 번호 형식 오류시 오류 메시지 출력
            print('  *번호오류* 전화번호가 형식에 맞지 않습니다.')
```

| 실행 결과 |

```
[전화번호] >> 02-710-9114          ← 정상 입력
  **성공** 전화번호가 제대로 입력되었습니다!
[전화번호] >> 010-5533-9911        ← 정상 입력
  **성공** 전화번호가 제대로 입력되었습니다!
[전화번호] >> 1234                 ← 입력 오류
  *번호오류* 전화번호가 형식에 맞지 않습니다.
[전화번호] >> 1234-3232-999        ← 번호 형식 오류
  *번호오류* 전화번호가 형식에 맞지 않습니다.
[전화번호] >>                      ← Null 입력(종료)
  *입력오류* 프로그램 종료!
>>>
```

연습문제

A. 괄호 넣기 및 객관식

1 (   )란 함수 내에서 다시 자신을 호출하는 방식을 따른다. 이런 문제 해결법은 주어진 문제를 이보다 한 단계 작은 문제로 나타내고 다시 더 작은 문제로 나타낸다. 이러한 방식을 따르면 결국에는 더 이상 자를 필요가 없는 작은 문제로 귀착하여 쉽게 풀 수 있게 된다.

2 a * b를 재귀적으로 사고하면 (   ) 관계로 표현할 수 있다.

3 예기치 못한 상황이나 오류가 일어날 대 특정한 값(객체)을 통하여 알림을 발생("raised" 또는 "thrown")시킨다. 이러한 오류를 (   )라 부른다. (   )는 프로그램에 의해 "잡히고(caught)", "처리(handled)"될 수 있다.

4 (   )는 from-import 문이 해당하는 모듈을 찾을 수 없어서 실행 가능하지 않을 때 발생한다. (   )은 인덱스 범위를 벗어날 때 발생한다. (   ), (   )는 각각 식별자 이름이 발견되지 않을 때 및 연산이나 함수가 부적합할 때 발생한다.

5 예외가 발생 했을 때 이를 감지하고 처리하기 위하여 (   ) 문을 사용하여 예외 처리를 구현한다.

6 (   )이란 텍스트에서 특정 스트링 패턴과 매칭되는 부분을 찾아내기 위한 표현식이다. 스트링 패턴의 예로 텍스트에서 'app'로 시작되는 모든 단어를 찾고 싶을 때 (   )을 이용하면 매우 간단하게 처리할 수 있다.

7 메타 문자 (   )는 어떤 문자든지 한 개를 모두 허용하겠다는 것을 뜻하며 (   )는 (   ) 다음에 나오는 문자열이 스트링의 맨 앞에 나온다는 의미이다.

8 다음의 팩토리얼 계산을 실행하는 함수 프로그램의 빈칸을 채워 넣을 코드는?

```
def Factorial(n):
    if n > 1:
        return 1
    else:
        return n * (                    )
```

(a) n−1 (b) n * (n−1) (c) Factorial(n−1) (d) Factorial(n)

9 다음 중 재귀적 함수의 특징이 아닌 것은?

(a) 적어도 하나의 기본 케이스(Base case)가 존재한다.
(b) 부분 문제는 원래 주어진 문제와 다른 문제의 형태를 갖는다.
(c) 기본 케이스는 해(Solution)가 매우 간단하여 더 이상 문제를 작게 자를 필요 없는 케이스를 의미한다.
(d) 주어진 문제와 부분문제 간의 관계를 재귀적으로 표현할 수 있는 방법이 존재한다.

10 다음은 코흐 눈송이의 한 변을 그리기 위한 함수이다. 빈칸에 들어갈 코드를 고르시오.

```
import turtle

def koch(tur, order, size):
    if order == 0:
        tur.forward(size)
    else:
        new = (            )
        koch(tur, order-1, new)
        tur.left(60)
        koch(tur, order-1, new)
        tur.right(120)
        koch(tur, order-1, new)
        tur.left(60)
```

(a) size / 4 (b) size / 3 (c) size * 2 (d) size * 3

11 다음 중 파이썬의 표준 예외가 아닌 것은?

(a) IndexError (b) ZeroDivisionError
(c) NameError (d) IOException

12 다음 프로그램이 실행되었을 때 해당되는 오류 처리를 고르시오.

```
>>> 15 / (64 - 16 * 4)
```

(a) Warning　　(b) ZeroDivisionError
(c) TypeError　　(d) ValueError

13 파이썬에서 필요에 따라 종종 오류를 일부러 발생시킬 필요가 생긴다. 이때 필요한 명령어는?

(a) try　　(b) except　　(c) raise　　(d) else

14 다음 중 정규표현식의 메타 문자에 대한 설명이 올바르지 않은 것은?

(a) * : 1번 그 이상 횟수의 반복
(b) . : 임의의 문자 한 개
(c) $: 주어진 문자열로 끝나는 앵커(Anchor) 위치
(d) ^ : 주어진 문자열로 끝나는 앵커(Anchor) 위치

15 주민등록번호의 규칙에 대한 알맞은 정규표현식을 고르시오.

(a) '[0-9]{2}([0-1][0-9])([0-3][0-9]) - [1-4][0-9]{6}'
(b) '[0-9]{2}(0[1-9]|1[0-2])(0[1-9]|[1,2][0-9]|3[0,1]) - [1-4][0-9]{6}'
(c) '[0-9]{2}([0-1][0-9])([0-3][0-9]) - [0-9]{7}'
(d) '[0-9]{2}(0[1-9]|1[0-2])(0[1-9]|[1,2][0-9]|3[0,1]) - [0-9]{7}'

B. 따라하기 실습

1 1부터 n까지 더하는 재귀 함수 r_sum(n)을 정의하고 그 실행 결과를 알아보자.

[r_sum.py]

```
def r_sum(n):
    if n==0:
        return 0
    else:
        return n + r_sum(n-1)

if __name__ == '__main__':
    print(r_sum(10))
    print(r_sum(20))
```

2 숫자 x를 n번만큼 제곱한 수를 구하는 재귀 함수 r_power(x, n)을 정의하고 그 실행 결과를 알아보자.

[r_power.py]

```
def r_power(x, n):
    if n==0:
        return 1
    else:
        return x * r_power(x, n-1)

if __name__ == '__main__':
    print(r_power(2,8))
    print(r_power(3,4))
```

3 문자열의 길이를 구하는 함수 역시 아래와 같이 재귀 함수로 정의할 수 있다. 재귀 함수 r_strlen(str)을 정의하고 그 실행 결과를 알아보자.

[r_strlen.py]

```
def r_strlen(str):
    if str == '':
        return 0
    else:
        return 1 + r_strlen(str[1:])

if __name__ == '__main__':
    print(r_strlen('1234'))
    print(r_strlen('abracadabra'))
```

4 10진수 숫자를 다른 진법의 숫자로 바꾸는 함수 역시 재귀 함수 r_base(num, base)로 정의할 수 있다. 그 실행 결과를 알아보자.

[r_base.py]

```
def r_base(num, base):
    lookup = '0123456789ABCDEF'
    if num < base:
        return lookup[num]
    else:
        return r_base(num // base, base) + lookup[num % base]

if __name__ == '__main__':
    print( r_base(198, 10) )
    print( r_base(198, 2) )
    print( r_base(198, 8) )
    print( r_base(198, 16) )
```

5 터틀 화면에 임의의 트리를 그리는 재귀 함수 r_tree()가 어떻게 작동하는지 알아보자.

[r_tree.py]

```
import turtle
import random

def r_tree(branch, t):
    if branch > 5:
        t.forward(branch)
        t.right(20)
        r_tree(branch-15, t)
        t.left(40)
        r_tree(branch-10, t)
        t.right(20)
        t.backward(branch)

if __name__ == '__main__':
    tut = turtle.Turtle()
    tut.left(90)
    tut.color('blue')
    r_tree(75, tut)
```

6 정수를 입력받아 역수를 구하는 프로그램에서 아래와 같이 오류 처리를 포함하여 실행하라.

[err_divide.py]

```
while True:
    try:
        user_number = input('> 0이 아닌 정수를 입력해 주세요 : ')
        if user_number == '':
            break
        print(1/int(user_number))
    except ZeroDivisionError:
        print(' * 0으로 나눌 수 없습니다.')
    except ValueError:
        print(' * 입력한 값은 정수가 아닙니다.')
```

7 리스트를 입력받아 처음 세 개의 항목을 더하는 프로그램에서 아래와 같이 오류 처리를 포함하여 실행하라. 개수가 맞지 않으면 IndexError가 발생하고 데이터형이 다르면 해당 오류 메시지를 출력해 준다.

[err_index.py]

```
def err_index(values):
    sum = None
    try:
        sum = values[0] + values[1] + values[2]
    except IndexError as err:
        print(' * 인덱스에러 :', end =' ')
    except Exception as err:
        print(' * ', str(err), end = ' ')
    else:
        print(' * 정상 :', end =' ')
    finally:
        print(' 결과 =', sum)

if __name__ == '__main__':
    err_index([1, 2, 3, 6])
    err_index([1, 2])
    err_index(['a', 'b'])
    err_index(['a', 2, 3])
```

8 주민등록번호를 입력받아 형식에 맞는지 확인해 주는 프로그램을 실행하라.

[re_idnum.py]

```
import re

id_num = True
id_exp = '[0-9]{2}(0[1-9]|1[0-2])(0[1-9]|[1,2][0-9]|3[0,1])-[1-8][0-9]{6}'

while id_num:              # id_num의 값이 True인 경우 반복 (Null 이면 종료)
    try:
        id_num = input('[주민등록번호("-"포함, 공백없이)] >> ')
        if not id_num:
            raise NullError
        result = re.match(id_exp, id_num)
    except:
        print('  *입력오류* 프로그램 종료.')
    else:
        if result:
            print('  **성공** 번호가 제대로 입력되었습니다!')
        else:
            print('  *번호오류* 주민등록번호가 형식에 맞지 않습니다.')
```

9 '범내려온다.txt' 노래 가사에서 입력되는 정규표현식 패턴에 맞는 문자열이 몇 번 나오는지 확인하는 프로그램을 실행하라. 패턴 검색은 re.finall() 함수를 이용한다.

[re_tiger.py]

```
import re

with open('범내려온다.txt', 'r') as tiger:
    text = tiger.read()

    while True:
        in_str = input('> 검색하려는 문자열 패턴을 입력하세요 : ')
        if in_str == 'quit' or in_str == '':
            break
        str_count = len(re.findall(in_str, text))
        print(' * 검색 결과 : %d회 검색되었습니다.' % str_count)
```

C. 프로그래밍 실습

1 재귀 호출 방식으로 입력 문자열의 순서를 거꾸로 뒤집는(reverse) 함수 rev_str(str)을 완성하고 다음 문자열들을 거꾸로 뒤집는 프로그램을 작성하라. 아래의 주어진 코드를 부분적으로 활용하라.

| 참고 프로그램 코드 |

```
def rev_str(s):
    # 재귀함수 프로그램

if __name__ == '__main__':
    print( rev_str('ABCDE') )
    print( rev_str('Come again come again, Forever young !') )
    print( rev_str('Amore, Roma.') )
    print( rev_str('다 같은 것은 같다.') )
    print( rev_str('지은이 이름이 이은지.') )
```

| 실행 결과 예시 |

```
EDCBA
! gnuoy reveroF ,niaga emoc niaga emoC
.amoR ,eromA
.다같 은것 은같 다
.지은이 이름이 이은지
>>>
```

2 문자열의 순서를 뒤 바꾸어 읽어도 같은 문자열이 되는 문장을 회문(palindrome)이라고 부른다. 예를 들어 "기러기", "도제 제도" 외에도 많은 사례가 있다. 입력 문자열이 palindrome인지 아닌지 재귀 함수를 이용하여 판별하라. 아래의 함수를 완성하고 주어진 문자열들의 결과를 판별하는 프로그램을 작성하라.

| 참고 프로그램 코드 |

```
def preprocess(string):                 # 전처리
    # 영문의 경우 소문자로 변환, string.lower()
    # 알파벳(영문,한글) 및 숫자만으로 다시 문자열 구성
    # if ch.isalnum() result+=ch
    return result
```

```
def pal_comp(str):                  # 회문(palindrome)인지 확인하는 재귀 함수
    str = preprocess(str)           # 전처리 호출
    # 길이가 1이면 True 반환
    # 현재 문자열의 맨 앞과 맨 뒤 문자 비교하여 다르면 False 반환
    # 아니면 가운데 문자열(맨앞과 맨 뒤 제외하고)에 대하여 반복 - 재귀 호출

if __name__ == '__main__':
    slist = [ 'Madam', 'radar', 'class', '기러기', '요기요',
              'A dog, a plan, a canal: pagoda.', 'A lad named E. Mandala',
              '다 좋은 것이 좋다', '다 간다~ 이 일요일이 다 간다']
    for str in slist:
        print(str, '-', pal_comp(str))
```

| 실행 결과 예시 |

```
Madam - True
radar - True
class - False
기러기 - True
요기요 - True
A dog, a plan, a canal: pagoda. - True
A lad named E. Mandala - True
다 좋은 것이 좋다 - False
다 간다~ 이 일요일이 다 간다 - True
>>>
```

3 사칙연산을 하는 함수 sum(), sub(), mul(), div()를 작성하고 사용자 입력을 받아 처리하는 사칙연산 프로그램을 만들어보자. 단, 연산을 적용할 정수가 제대로 입력되었는지와 나눗셈에서 예외 처리를 적용해서 오류 처리를 하라.

| 참고 프로그램 코드 |

```
def sum(a, b):
def sub(a, b):
def mul(a, b):
def div(a, b):
    # try-except ZeroDivisionError as e:
```

```
while True:
    ...
    try:
        op1 = int(input('>> 첫 번째 정수 입력 : '))
        op2 = int(input('>> 두 번째 정수 입력 : ') )
    except ValueError as e:
    else:
        # 연산 함수 호출 및 결과 출력
```

| 실행 결과 예시 |

```
> 사칙연산 선택 (1)더하기, (2)빼기, (3)곱하기, (4)나누기, (9)종료 : 1
>> 첫 번째 정수 입력 : 3
>> 두 번째 정수 입력 : 5
 * 3 5 => 8
> 사칙연산 선택 (1)더하기, (2)빼기, (3)곱하기, (4)나누기, (9)종료 : 3
>> 첫 번째 정수 입력 : 2
>> 두 번째 정수 입력 :
invalid literal for int() with base 10: ''
> 사칙연산 선택 (1)더하기, (2)빼기, (3)곱하기, (4)나누기, (9)종료 : 4
>> 첫 번째 정수 입력 : 7
>> 두 번째 정수 입력 : 3
 * 7 3 => 2.3333333333333335
> 사칙연산 선택 (1)더하기, (2)빼기, (3)곱하기, (4)나누기, (9)종료 : 4
>> 첫 번째 정수 입력 : 7
>> 두 번째 정수 입력 : 0
 * 7 0 => 0으로는 나눌 수 없습니다. ErrorMessage : division by zero
None
> 사칙연산 선택 (1)더하기, (2)빼기, (3)곱하기, (4)나누기, (9)종료 : 9
 * 종료합니다.
>>>
```

4 재귀 호출 방식의 tree( ) 함수를 바탕으로 다음 변경 항목을 추가로 적용하고 화면 안에 일렬로 늘어선 나무 30개를 그리는 프로그램을 작성하라. 나무의 위치는 화면(1200×600)에 좌우로 골고루 분포, 시작은 화면 밑바닥으로 갈수록 가지의 thickness는 1씩 줄어든다. 가지가 나뉘는 각도는 각각 random하게 −5° ~ −30°, 5° ~ 30°로 적용한다. 가지가 줄어드는 범위는 random하게 5~20으로 적용한다. 화면의 배경색은 'skyblue1'로 가지의 길이가 30 이하일 때 단풍잎을 출력하도록 한다(재귀 호출 종료 조건). 단풍잎의 색깔은 ['yellow', 'orange', 'brown', 'red'] 중에서 임의로 택하고 나뭇가지의 색깔은

'darkgoldenrod'이다. 아래의 주어진 코드를 부분적으로 활용하라.

| 참고 프로그램 코드 |

```
import turtle, random
colors = ['yellow', 'orange', 'brown', 'red']
def tree(blen, thickness, t):
    if blen > 5:
        # if pensize < 1 pensize = 1
        t.pensize(thickness)
        t.forward(blen)
        angle0 = t.heading(),  angle1 = 20, angle2 = -20, dlen = 10
        ...
        t.setheading(angle0 + angle1)
        tree(blen-dlen, thickness, t)
        t.setheading(angle0 + angle2)
        tree(blen-dlen, thickness, t)
        t.setheading(angle0)
        t.backward(blen)
    ...
def main():
    ...
    turtle.setup(1200, 600)
    turtle.tracer(0,0)
    for i in range(30):
        ...
        t.setposition((i-15) * random.randint(35,45), -300)
        t.setheading(90)
        initlen = random.randint(40,80)
        tree(initlen, initlen // 10, t)
        turtle.update()
main()
```

| 실행 결과 예시 |

11 CHAPTER

객체지향 프로그래밍

contents

| 단원개요 |

지금까지 파이썬의 절차적 프로그래밍 개념을 소개하였다. 파이썬은 동시에 객체지향 프로그래밍 개념도 가지고 있다. 이 장에서는 객체지향 언어의 핵심 개념인 클래스, 객체, 메소드 개념을 소개하고 파이썬의 클래스 정의와 객체의 생성을 공부한다. 또한 객체지향 프로그래밍 언어의 특징인 캡슐화, 상속 및 다형성 개념을 실예제를 통하여 이해한다.

11 객체지향 프로그래밍

11.1 클래스(Class)와 객체(Object)

객체지향 프로그래밍(OOP)에서 객체란 무엇을 의미하는지 알아보자. 클래스와 객체 개념을 사례를 통해 공부하고 클래스의 추상화 개념을 이해하자. 또한 절차적 프로그래밍 언어와 객체지향 프로그래밍 언어가 어떻게 다른지 알아보자.

11.1.1 객체란 무엇인가?

■ 객체지향 프로그래밍(Object-Oriented Programming, OOP)

1장에서 프로그래밍 언어의 패러다임에 대하여 설명하였다. 과거 대부분의 프로그래밍 언어는 절차적 언어 개념에 기반하였으나 1970년대 제록스 PARC 연구소의 Smalltalk 이후 객체지향 프로그래밍 언어가 관심을 받게 되었다. 그 후 C++, Java 등의 언어가 객체지향 언어 개념에 기반하여 개발되었고 파이썬 언어도 객체지향 프로그래밍 개념을 가지고 있다.

객체지향 프로그래밍 언어는 클래스(Class)를 기반으로 하고 있다. 클래스란 같은 종류의 집단에 속하는 객체들이 가지는 공통 속성(Attribute)과 행위(Behavior)를 정의한 것이다. 여기서 속성이란 객체의 상태를 데이터로 나타낸 것이고 객체의 행위는 코드 또는 프로그램으로 표현한 것이다. 즉 클래스가 내부에 자체 데이터(속성)와 코드(행위)를 가지고 있다. 객체지향 프로그래밍 언어의 행위를 프로그램으로 나타낸 것을 메소드(Method)라 부른다. 객체(Object)는 클래스의 한 인스턴스(Instance)에 해당한다. 아래 그림은 클래스의 구성 요소인 속성과 메소드를 보여주고 있다. 그림 11-1(a)는 클래스의 일반적인 개념을 보여주고 있으며 그림 11-1(b)는 5장에서 소개한 터틀 그래픽스와 7장에서 언급한

NumPy 클래스의 사례를 보여주고 있다. turtle 클래스는 속성 pos, pencolor 등과 메소드 forward(), backward(), left(), right() 등을 가지고 있으며, NumPy 클래스에는 속성으로 shape, ndim 등이 있으며 메소드에는 add(), subtract(), multiply(), divide() 등이 있다.

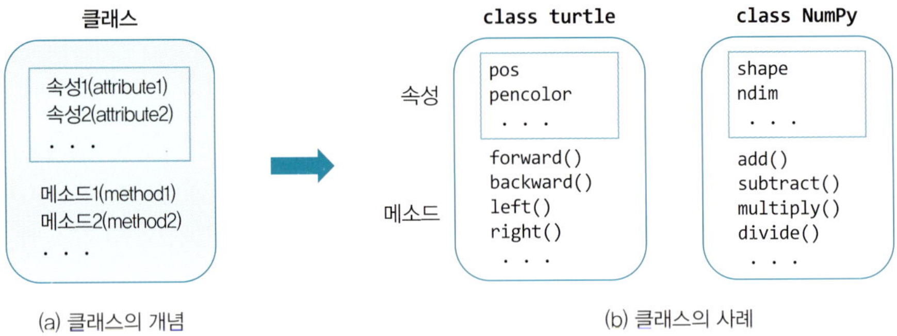

[그림 11-1] 객체지향 프로그래밍의 개념

객체지향 프로그래밍 언어의 장점이 무엇인지 알아보자. 실제 어플리케이션으로 개발하는 프로그램은 분량이 매우 크고 복잡하다. 따라서 하나의 프로그램으로 개발하지 않고 다수의 서브프로그램 또는 함수로 구성한다. 소프트웨어 공학 측면에서 각 서브프로그램은 상호 연관성이 약하고 독립적으로 존재하는 것이 바람직하다. 서브프로그램 간에 상호 의존성이 높으면 소프트웨어 개발이 복잡해지고 추후 소프트웨어 유지보수가 어려워진다. 절차적 프로그래밍 언어는 이런 측면에서 취약하지만 객체지향 프로그래밍 언어는 소프트웨어 개발이라는 측면에서 장점을 가지고 있다.

클래스는 자체적으로 데이터와 메소드를 가지고 있어 다른 클래스들로부터 독립성을 가질 수 있다. 따라서 클래스는 재사용이 가능하고 프로그램 개발의 구성 요소(Building block)가 되어 클래스를 기반으로 소프트웨어를 효율적으로 개발할 수 있다. 객체지향 방법론의 개념은 주어진 문제를 해결하기 쉬운 작은 문제로 나누고 각각의 작은 문제들을 가급적 독립적으로 존재할 수 있도록 프로그램화하는 것이다. 이것을 흔히 분할 정복(Divide and Conquer) 기법이라 부른다.

■ 추상화(Abstraction) 개념

앞에서 클래스(또는 객체)는 자체적으로 데이터(속성)와 코드(메소드)를 가지고 있다고 언급하였다. 또한 클래스는 독립적으로 존재한다. 하나의 프로그램에서 필요한 다수의 클래스들을 정의하고 클래스에 속하는 객체들의 상호 작용으로 나타낼 수 있다. 그림 11-2는 하나의 프로그램이 어떻게 객체들로 구성되는지 터틀 클래스의 사례로 보여주고 있다. 프로그램을 작성할 때 터틀 클래스에서 핵심 기능 및 상세 구현 내용을 알 필요는 없고, 단지 메소드 호출 방법과 공유 데이터로서 속성 이름만 알면 된다.

중요한 것은 각 클래스들이 독립적으로 정의되고 존재한다는 사실이다. 각 클래스는 그 내부가 어떻게 구성되어 있는지 외부에서 알 필요가 없다. 프로그램의 객체가 다른 객체와 상호 작용할 때 다른 객체가 어떤 기능이 있는지만 알면 된다. 다른 객체가 어떻게 작용하는지 즉 다른 객체의 메소드가 원하는 작업을 수행하기 위하여 어떻게 작용하는지 어떤 알고리즘을 사용하고 있는지 알 필요가 없다. 클래스(객체) 내부의 자세한 사항들이 외부 세계에 노출되어 있지 않고 프로그램 인터페이스인 메소드와 속성 이름만 공개된다. 이러한 개념을 추상화(Abstraction)라 부른다. 소프트웨어 공학에서 추상화는 매우 중요한 개념이다.

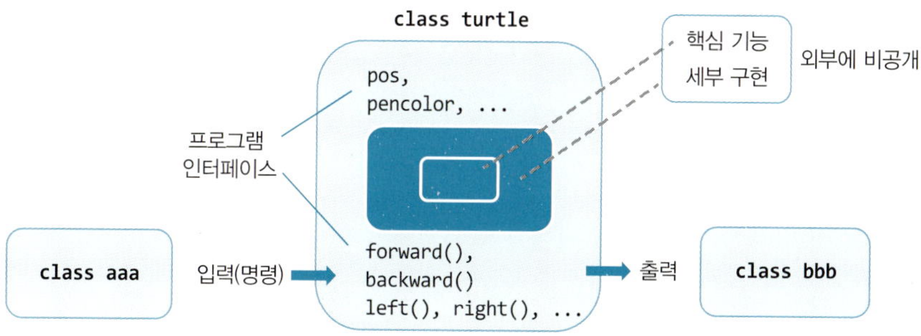

[그림 11-2] 객체지향 프로그램에서 객체들의 상호 작용

11.1.2 클래스와 객체의 개념

■ 클래스란?

객체지향 프로그래밍은 클래스, 객체, 속성, 메소드의 개념에 기반하고 있다. 클래스와 객체의 개념을 좀 더 자세히 알아보자. 앞에서 객체는 클래스의 한 인스턴스라고 설명하였다. 클래스는 그 자체가 객체는 아니고 프로그램 내의 객체들이 기반하고 있는 일종의 템플릿(Template) 기능을 한다.

예를 들어, 그림 11-3에서 붕어빵이나 국화빵 틀은 하나의 템플릿이다. 당연히 붕어빵 틀 자체가 붕어빵이 아니라 다양한 재료로 같은 모양의 붕어빵을 만들 수 있다. 즉, 하나의 붕어빵 틀을 이용하여 만든 붕어빵들은 공통의 요소들을 가지나 각 붕어빵에 따라 차이점이 존재할 수 있다. 그림 11-3에서 보듯이, 한 붕어빵에는 녹색의 녹차 분말을 섞었으나 다른 붕어빵에는 빨간색의 딸기 성분을 섞었다. 또한 내용물도 팥앙금이나 밤앙금 등 다양한 재료를 사용할 수 있다. 붕어빵이나 국화빵 틀에 해당하는 것이 클래스이고 붕어빵이나 국화빵에 해당하는 것이 객체이다. 따라서 클래스에는 공통의 속성과 메소드가 정의되어 있으며 각 객체는 클래스로부터 유래되었으나 다른 속성값을 가질 수 있다.

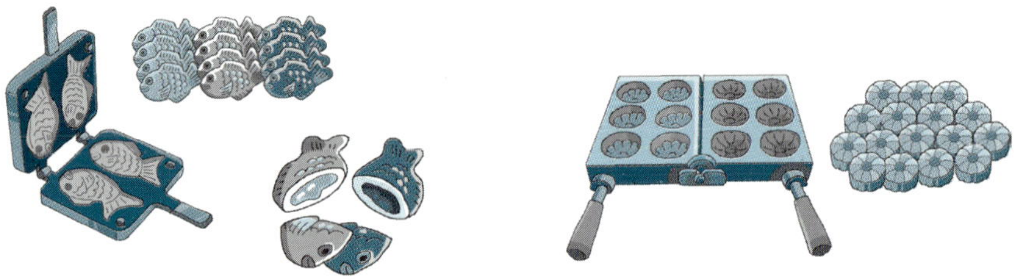

(a) 붕어빵 틀과 다양한 재료의 붕어빵 (b) 국화빵 틀과 다양한 재료의 국화빵

[그림 11-3] 붕어빵과 국화빵 사례

클래스는 객체가 가지는 공통의 특성(Property)과 행위(Behavior)를 추상적으로 정의하되 특성값을 가지고 있지는 않다. 객체지향 언어에서 특성을 속성(Attribute)이라 부르고 행위를 메소드(Method)라 부른다. 강아지(Dog)의 예를 통해 특성과 행위에 대해 알아보자. 강아지 클래스는 모든 강아지가 소유하고 있는 특성을 가지고 있다. 예를 들어, 강아지의 종류, 털의 색상과 길이 등은 모든 강아지가 가지고 있는 속성이다. 또한 강아지는 짖고 달리고 먹는 행위를 가지고 있다. 강아지의 종류에 따라 털의 색상과 길이는 상이하지만 종류에 상관없이 공통된 속성과 행위를 가지고 있다.

11.1.3 절차적 프로그래밍 언어와 객체지향 프로그래밍 언어

절차적 프로그래밍 언어는 데이터가 적용될 프로시저나 함수에 초점이 맞추어져 있다. 이에 비하여 객체지향 프로그래밍 언어에서는 객체에 초점이 맞추어져 있고 객체 자체가 데이터와 함수를 갖고 있다. 아래의 예에서 보듯이 절차적 언어에서는 read( )라는 함수가 myfile이라는 데이터에 적용된다. 이에 비하여 객체지향 언어에서는 myfile이 객체이고 객체 myfile에 적용될 함수 read()가 클래스 내에 메소드로 정의되어 있으므로 객체 myfile에 메소드 read()를 호출하여 적용한다.

```
절차적 언어의 함수 호출              객체지향 언어의 메소드 호출
<함수이름>(<데이터>)                 <객체데이터>.<메소드이름>
예) read(myfile)                    예) myfile.read()
```

객체지향 언어 개념은 실세계에서 매우 자연스러운 현상이다. 그림 11-4(a)는 통신 수단에 적용될 몇 가지 함수들을 기술하였다. 예를 들어, send(), receive()는 다양한 통신 수단에 적용되는 함수이므로 모든 경우에 다 처리해 주어야 하므로 수정 및 관리 작업이 만만치 않다. power_on(), login(), mailbox() 등은 특정 통신 수단에만 적용되는 함수이므로 이들은 통신 수단 별로 관리되어야 한다. 그림 11-4(b)에는 객체 phone, SMS, email이 존재하고 각 객체는 자체적으로 필요한 함수를 포함하고 있어서 수정하거나 관리하기에 편리하다. 이러한 함수를 메소드라 부르고 메소드는 클래스에 정의되어 있다. 실세계에서는 다양한 데이터에 적용될 함수들이 별도로 정의되어 있는 것이 아니고 오히려 각 객체가 필요한 함수들을 포함하고 있다고 생각하는 것이 자연스러운 모습이다.

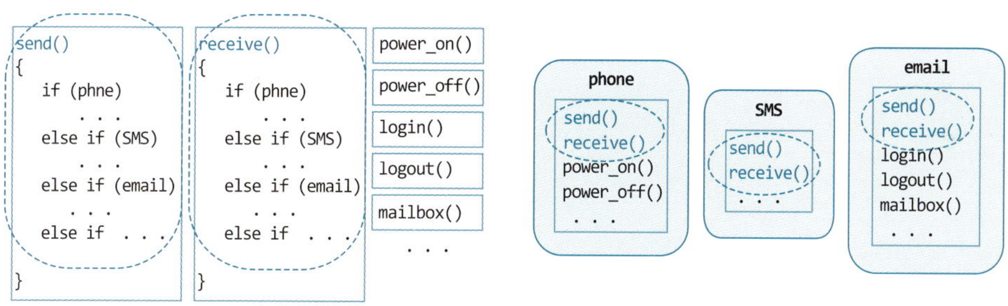

(a) 절차적 언어 개념 (b) 객체지향 언어 개념

[그림 11-4] 실세계에서 객체지향 개념의 예

11.2 파이썬의 사용자정의 클래스

파이썬에서 프로그래머가 클래스를 정의하는 방법을 공부하고 초기화 함수 __init__() 메소드를 이해하자. 그리고 파이썬의 객체 생성 방법을 설명하고 클래스의 메소드 정의 방

법을 공부한다. 클래스 변수와 인스턴스 변수가 무엇인지 알아보자. 마지막으로 연산자 오버로딩 개념을 소개한다.

11.2.1 파이썬의 클래스 정의

11.1절에서 클래스와 객체의 관계를 설명하였다. 클래스는 템플릿이고 객체는 클래스의 한 인스턴스이다. 또 하나의 예를 통해 클래스와 객체의 관계를 설명하자. 그림 11-5에서 보듯이 클래스는 자동차의 청사진(Blueprint)의 개념을 가지고 있고 객체는 청사진으로부터 만들어진 구체적인 차들이다. 청사진은 자동차에 관한 추상적인 내용을 담고 있으나 차는 이 청사진에 의해 제작된 구체적인 물건들이다. 따라서 청사진은 클래스에 해당하고 구체적인 차들은 객체이다.

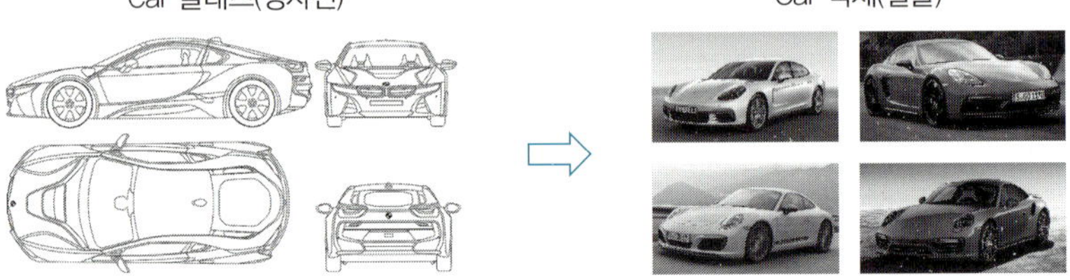

[그림 11-5] Car 클래스와 Car 객체의 관계

파이썬 언어는 모든 데이터 타입을 클래스로 정의하고 각 데이터가 객체로 생성된다. 앞에서 설명한 데이터형 int, float, Boolean, string, list, tuple, dictionary, set는 모두 클래스로 정의되어 있다. 그리고 각 객체의 타입에 적용되는 함수들이 존재하며 이들을 객체지향 프로그래밍 언어에서는 메소드라 부른다. 이제 파이썬에서 프로그래머가 정의하여 사용하는 사용자정의 클래스(User-defined Class)에 대해 알아보자.

▪ 사용자정의 클래스의 예

8.1.3절의 모듈 예제에서 나왔던 사각형 속성 처리 프로그램을 아래와 같이 클래스 Rect로 정의해 보았다. 클래스 이름은 항상 대문자로 시작한다. 클래스 Rect는 클래스 변수(Class variable) count를 가지며 이것이 클래스의 속성에 해당하며 모든 객체에 의해 공유된다. 또한 클래스 Rect는 메소드 __init__(self)를 가지고 있다. __init__() 메소드는 생성자(Constructor)라 불리며 새로운 객체가 생성될 때 항상 자동적으로 실행되는 메

소드이다. 메소드 __init__()의 매개변수 "self"는 항상 존재해야 하며 객체 자신을 의미한다. 생성된 객체는 인스턴스 변수(Instance variable)를 가지며 각 객체에 따라 상이한 값을 가진다.

이 클래스의 메소드 __init__()에서는 균일하게 객체의 인스턴스 변수 self.width와 self.height에 1의 값을 가지도록 하였고, 클래스 공통 변수 Rect.count를 하나 증가시켰다.

[rect01.py]

```
class Rect:
    count = 0                                   # 클래스 변수(공통)

    def __init__(self):          ← 생성자 메소드
        self.width, self.height = 1, 1          # 객체 인스턴스 변수(객체 고유)
        Rect.count += 1          ← 클래스 변수 값 수정

if __name__ == '__main__':                                          클래스 변수(공통)
    r1 = Rect()
    print('[1] r1 (width, height, count) = ', r1.width, r1.height, r1.count)
    r2 = Rect()
    print('[2] r1 (width, height, count) = ', r1.width, r1.height, r1.count)
    print('[2] r2 (width, height, count) = ', r2.width, r2.height, r2.count)
```

| 실행 결과 |

```
[1] r1 (width, height, count) =  1 1 1
[2] r1 (width, height, count) =  1 1 2  ← 클래스 변수(공통)
[2] r2 (width, height, count) =  1 1 2
>>>
```

위 프로그램에서 보듯이 새로운 객체를 생성하기 위하여 r = Rect()를 사용한다. 이 결과 객체 r1과 r2가 생성되며 객체 r1, r2는 클래스 변수 count를 가지며 객체 변수 width, height는 1이다. 실행 결과에서 보면 클래스 변수 count의 값은 r1만 생성되었을 때는 1인데, r2까지 생성되면 같이 증가하여 객체 모두 count의 값이 2가 되는 것을 알 수 있다. 이 프로그램에서 클래스와 생성된 객체의 관계를 그림으로 나타내면 그림 11-6과 같다.

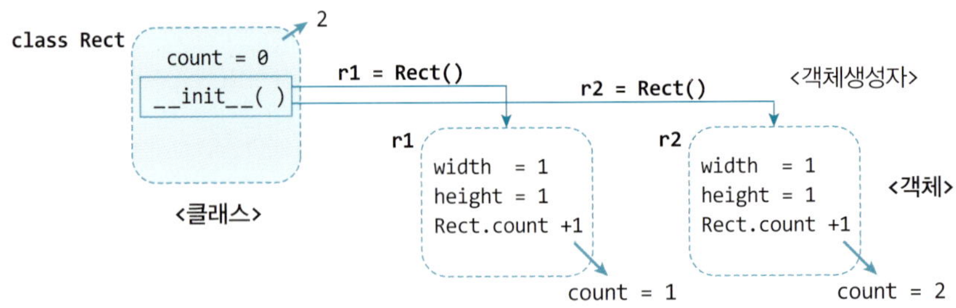

[그림 11-6] 클래스와 객체의 관계

■ 객체생성자(Constructor)

__init__() 메소드는 모든 클래스의 정의에 항상 존재해야 하는 생성자 메소드이다. 즉 새롭게 생성되는 객체는 생성자 메소드인 __init__()를 자동적으로 실행한다. 그림 11-6에서 보듯이 명령문 r1 = Rect()를 통해 새로운 객체 r1이 생성된다. 이 때 클래스 Rect의 생성자 Rect.__init__(self)가 자동적으로 실행된다. 따라서 r1.width = 1, r1.height =1이다.

새로운 객체가 생성될 때 자신을 타나낼 이름이 필요하다. 자신을 대신할 일반적인 이름으로 파이썬 언어에서 self를 사용한다. 따라서 앞의 예에서 self.width = 1, self.height = 1은 생성된 객체의 width 및 height 속성값이 1이란 의미이다.

11.2.2 파이썬의 객체 생성

클래스를 템플릿 개념으로 이해할 수 있으며 클래스는 일종의 청사진이지만 각 객체는 클래스로부터 생성된 각각의 인스턴스이다. 상이한 속성을 가지는 객체의 생성과 메소드 작성 방법을 알아보자.

■ 매개변수를 통한 객체의 생성

아래 프로그램의 클래스 정의에서 생성자 메소드 __init__(self, width, height)은 self 외에 두 개의 매개변수 width와 height를 가지고 있다. 매개변수 width와 height의 값이 생성되는 객체의 속성값으로 명령문 self.width = width 및 self.height = height를 통해 할당된다. 즉, r1 = Rect(3,5) 및 r2 = Rect(4,7)을 실행하면 두 개의 객체 r1과 r2를 생성한다. 이 때 생성자 메소드 __init__()의 매개변수 width와 height를 통해 각 객체의 고유 변수인 self.width 및 self.height로 전달된다(그림 11-7 참조). 따라서 r1.width = 3, r1.height = 5이고 r2.width = 4, r2.height = 7이다.

[rect02.py]

```
class Rect:
    count = 0                                        # 클래스 변수

    def __init__(self, width, height):
        self.width, self.height = width, height      # 인스턴스 변수
        Rect.count += 1                              # 클래스 변수 값 수정

if __name__ == '__main__':
    r1 = Rect(3,5)
    r2 = Rect(4,7)
    print(' r1 (width, height, count) = ', r1.width, r1.height, r1.count)
    print(' r2 (width, height, count) = ', r2.width, r2.height, r2.count)
```

매개변수를 이용한 객체의 생성

인스턴스 변수(객체 고유)

클래스 변수(공통)

| 실행 결과 |

```
r1 (width, height, count) =  3 5 2
r2 (width, height, count) =  4 7 2
>>>
```

클래스 변수(공통)

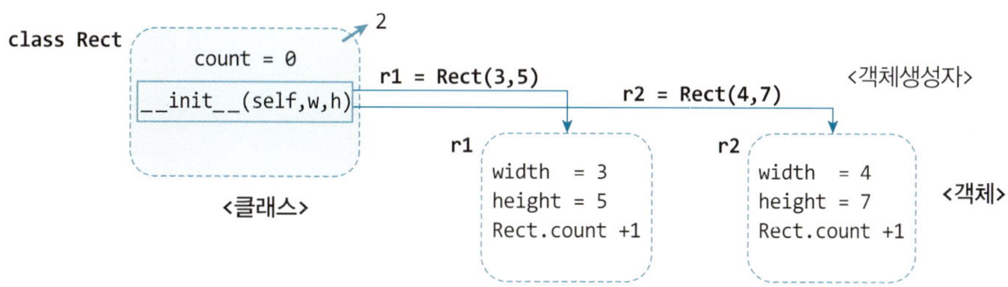

[그림 11-7] 매개변수를 통한 객체 변수의 지정

▪ 클래스의 메소드 정의 및 호출

앞의 프로그램에서 클래스 Rect는 세 개의 메소드 __init__()과 get_area(), get_peri()를 가지고 있다. 메소드 get_area()와 get_peri()도 매개변수 self를 가지고 있다. 클래스의 모든 메소드는 항상 매개변수 self를 가지고 있어야 한다. 객체에 특정한 메소드를 적

용하기 위해서는 아래의 형식을 따른다. 즉 객체 이름 뒤에 "dot(.)"을 붙이고 메소드 이름을 붙임으로써 어떤 객체에 특정 메소드를 적용할 수 있다.

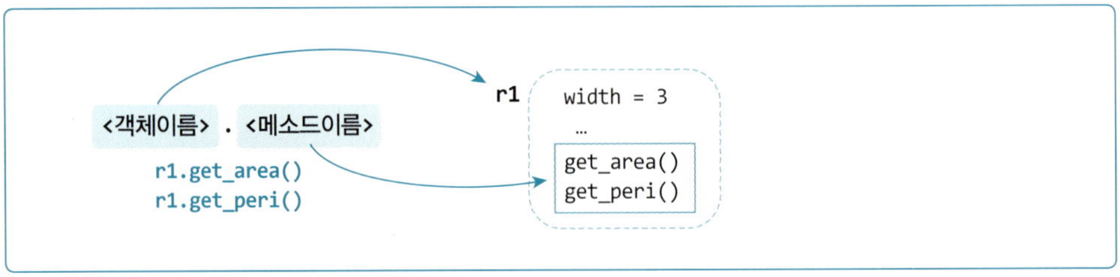

클래스 내에 정의된 메소드는 당연히 모든 객체가 호출하여 사용할 수 있다. 아래에 모듈 형태로 작성된 클래스에서 정의된 메소드가 각 객체에서 어떻게 작용하는지 보여주고 있다. 파이썬 쉘 모드에서 직접 모듈을 임포트하여 실행하였다.

[rect03.py]

```
"""
    #rect03.py : 사각형의 속성을 처리하는 Rect 클래스
    속성 : count, rectid, width, height
    메소드 : get_area(), get_peri()
"""
class Rect:
    count = 0                                               # 클래스 변수

    def __init__(self, width, height):
        self.width, self.height = width, height             # 인스턴스 변수
        Rect.count += 1                                     # 클래스 변수 값 수정
        self.rectid = 'rectid_' + str(Rect.count)           # 인스턴스 변수

    def get_area(self):  ← 메소드 정의                       # 사각형의 면적을 계산
        return (self.width * self.height)

    def get_peri(self):  ← 메소드 정의                       # 사각형의 둘레를 계산
        return 2 * (self.width + self.height)
```

```
>>> from rect03 import *
>>> r1 = Rect(3,5)
>>> r2 = Rect(4,7)
>>> r1.get_area(), r1.get_peri()        <객체>.<메소드> 호출
(15, 16)
>>> r2.get_area(), r2.get_peri()        <객체>.<메소드> 호출
(28, 22)
>>>
```

참고로 앞의 8.2절에서 모듈 함수로 정의하였을 때는 반드시 사각형 처리 모듈을 임포트 한 후 get_area(3,5) 및 get_area(4,7) 형태로 실행하였다. 함수 형태에서는 특정 사각형 객체의 면적을 구한다는 개념보다는 주어진 크기의 사각형 면적을 계산한다는 개념이 더 크다. 단지, 주어진 크기에 따라 사각형 면적을 계산하는 단순한 함수인 것이다. 또한 어느 도형의 면적을 계산하는 함수인지 이름공간을 잘 표기하여야 하였다. 그러나 객체의 메소드에서는 이미 객체가 자신에게 해당하는 메소드를 보유하고 있기 때문에 복잡한 프로그램을 개발할 때 클래스와 객체가 유용하게 사용되고 있다.

11.2.3 클래스 변수와 인스턴스 변수

객체의 변수에는 클래스에 정의되어 있어서 모든 객체가 공유하는 클래스 변수와 각 객체 내에서 각자 정의되는 인스턴스 변수가 있다.

■ 클래스 변수

앞의 프로그램의 클래스 Rect에서 메소드 __init__(), get_area(), get_peri()를 가지고 있다. 메소드 __init__()는 생성자로 모든 클래스에 반드시 존재해야 하는 메소드이다. 클래스 변수 count는 모든 객체가 공유하는 변수이고 클래스 내에 정의된 메소드를 당연히 모든 객체가 호출하여 사용할 수 있다. 메소드 정의에서 클래스 변수에 접근하는 경우에는 〈클래스이름〉.〈클래스변수〉 형태로 표기하면 된다. 예제의 __init__() 메소드에서는 Rect.count로 표현하여 매 번 객체가 생성될 때 마다 클래스 변수 count의 값이 하나씩 증가하도록 하였다. 이에 비해, 변수 width, height, rectid는 각 객체마다 다르게 정의되어 있다.

■ 인스턴스 변수

인스턴스 변수는 각 객체 내에서 정의된 변수로 객체마다 다른 값을 가질 수 있다. 앞의 프로그램에서 메소드 __init__()의 변수 self.width, self.height, self.rectid는 모두 인스턴스 변수이다. self.width와 self.height의 값은 __init__() 메소드의 파라메터 인수로 전달받아 지정하며, 신규로 생성되는 사각형 객체에서 count 값으로 부터 작성한 고유한 아이디 스트링을 변수 self.rectid에 부여한다. 이에 비해, count는 클래스 변수로 메소드 내에서 Rect.count로 사용되고 있다. 명령문 Rect.count += 1을 실행하면 클래스 변수 count의 값이 하나 증가되며, 모든 객체의 count는 클래스 변수이므로 Rect.count와 같은 값을 가진다.

아래의 실행 예제에서는 클래스 변수 count의 값은 모든 객체가 공유하며, 인스턴스 변수 rectid는 각 객체마다 고유한 값을 가지고 있음을 볼 수 있다.

```
>>> from rect03 import *
>>> r1 = Rect(3,5)
>>> Rect.count, r1.count, r1.rectid
(1, 1, 'rectid_1')
>>> r2 = Rect(4,7)
>>> Rect.count, r2.count, r2.rectid
(2, 2, 'rectid_2')
>>> r3 = Rect(6,9)
>>> Rect.count, r3.count, r3.rectid
(3, 3, 'rectid_3')
>>> r1.count, r2.count, r3.count
(3, 3, 3)
>>>
```

클래스 변수

인스턴스 변수

클래스 변수

그림 11-8은 객체 r1, r2, r3가 클래스 변수 count와 메소드 get_area()와 get_peri()를 공유하고 있음을 보여주고 있다.

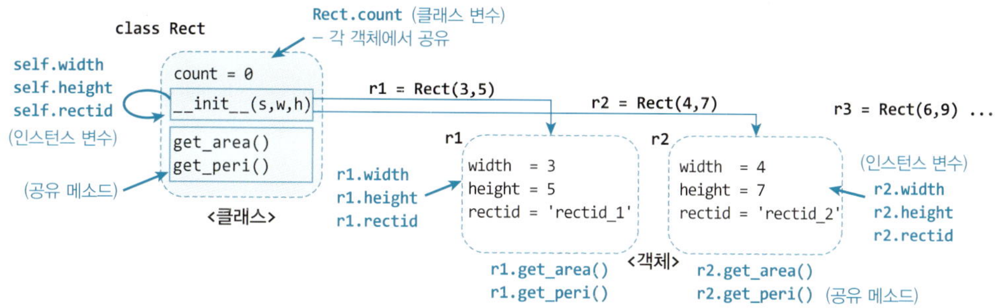

[그림 11-8] 객체 r1, r2, r3가 공유하는 클래스 변수와 메소드

11.2.4 특수 메소드(Special method)

파이썬에서 두 개의 밑줄문자(__)로 시작되는 이름을 가진 메소드를 특수 메소드라 부른다. 특수 메소드는 두 개의 밑줄문자(Underscore)로 시작되는 이름을 가지므로 던더(Dunder, "Double Underscores")라 부르기도 한다. 특수 메소드는 새로운 객체가 생성될 때 자동적으로 호출된다. 앞에서 생성자 __init__()은 모든 객체가 생성될 때 자동적으로 호출된다고 설명하였다. 파이썬 언어는 __init__() 메소드 외에도 몇 개의 유용한 특수 메소드를 지원하고 있다. 우선 객체의 내용을 명시적으로 표현하는데 사용되는 __repr__() 메소드를 소개한다. 그리고, 파이썬의 수리 연산자 +, −, *가 벡터 연산을 위해 특수 메소드로 사용되는 경우를 예로 살펴본다.

■ 객체의 정보 표기를 위한 __repr__() 메소드

아래의 예는 2차원 벡터를 정의하는 클래스이다. 클래스 Vect2를 이용하여 생성된 객체 v1=Vect2(3,5)를 출력해보면 벡터 객체의 [x, y] 값 대신에 메모리상에서 객체의 포인터만 알려준다. 벡터 객체의 요소 값을 출력하려면 v1.x, v1.y 형태로 구성 요소의 이름을 속성으로 표기해 주어야 한다.

[vector01.py]

```
class Vect2:
    ndim = 2                      # 클래스 변수

    def __init__(self, x, y):     # 생성자
        self.x, self.y = x, y
```

```
if __name__ == '__main__':
    v1 = Vect2(3,5)
    print('v1 = ', v1)
    print('v1(x, y) = ', v1.x, v1.y)
```

main 모듈인 경우에 실행

| 실행 결과 |

```
v1 = <__main__.Vect2 object at 0x000002F001C84490>
v1(x, y) =  3 5
>>>
```

객체의 포인터 정보

이럴 경우 __repr__() 메소드를 이용하여 프로그래머가 원하는 형태로 출력할 수 있다. 위의 예에서 벡터 객체 v1=Vect2(3,5)를 출력할 때 'Vector[3.00, 5.00]'의 형태로 객체의 정보를 보여주고 싶다면 아래와 같이 __repr__() 메소드를 작성하면 된다. __repr__() 메소드의 전달인자는 self만 사용이 가능하다. 앞의 프로그램에서 클래스 정의에 이어서 포함시켰다.

[vector02.py]

```
class Vect2:
    ndim = 2                            # 클래스 변수

    def __init__(self, x, y):           # 생성자
        self.x, self.y = x, y

    def __repr__(self):                 # 정보 표기 메소드
        return 'Vector[' + '%.2f'%self.x + ', ' + '%.2f'%self.y + ']'

if __name__ == '__main__':
    v1 = Vect2(3,5)
    print(v1)
```

'Vector[x.00, y.00]' 형태로 정보 표기

| 실행 결과 |

```
Vector[3.00, 5.00]
>>>
```

__repr__() 실행 결과

■ 연산자 오버로딩(Operator Overloading) 개념

파이썬에서 산술 연산자 +(addition), −(subtraction), *(multiplication)이 어떻게 특수 메소드로 사용되는지와 그 연산자들의 의미를 알아보자. 이러한 특수 메소드의 이름이 __add__(), __sub__(), __mul__()로 되어 있다. 파이썬에서는 객체의 연산을 위해 몇 가지 연산자를 미리 정의해 두었는데, 표 11-1에서 대표적인 특수 메소드를 보여주고 있다.

[표 11-1] 특수 메소드의 예

연산 유형	연산자	특수 메소드
산술 연산자(이항)	A + B A − B A * B	__add__(self, other) __sub__(self other) __mul__(self, other)
산술 연산자(단항)	+ A − A	__pos__(self) __neg__(self)
논리 연산자	A & B A | B A ^ B ~ A	__and__(self, other) __or__(self, other) __xor__(self, other) __invert__(self)
기타 산술 연산자	A % B A ** B abs(A)	__mod__(self, other) __pow__(self, other) __abs__(self)

파이썬에서 산술 연산자 +(addition), −(subtraction), *(multiplication)이 일반적으로 정수나 실수에 적용된다. 그러나 아래 프로그램에서 보듯이 특수 메소드 __add__()를 벡터에도 적용할 수 있도록 정의하면 벡터 클래스에서도 덧셈이 정수나 실수에서와 마찬가지로 + 연산자가 적용되어 확장된 개념으로 사용된다. 이러한 개념을 연산자의 오버로딩이라 부른다. 아래 메소드 __add__()는 두 개의 매개변수 self와 other를 받아들여 벡터의 (x, y) 요소 별로 계산한다. 두 매개변수 self와 other는 각각 더하려는 두 개의 벡터이다. 벡터의 덧셈을 실행하기 위하여 메소드 __add__()는 아래의 관계를 이용하고 있다.

```
A = [x1, y1],  B = [x2, y2] 일 때
A + B = [x1 + x2, y1 + y2] = [A.x + B.x, A.y + B.y]
```

두 벡터의 더하기 계산을 특수 메소드인 __add__()에만 정의하였지만 + 연산자로 이미 약속된 메소드 이름이므로 아래의 실행 예에서 보듯이 v3 = v1+v2의 연산자 형태로 표기

가 가능하다. 이 때 그림 11-9에서 처리과정을 보여주듯이 연산자 오버로딩이 적용되어 벡터에 대한 + 연산이 실행된다.

[vector03.py]

```
class Vect2:
    ndim = 2                                 # 클래스 변수

    def __init__(self, x, y):                # 생성자
        self.x, self.y = x, y

    def __repr__(self):                      # 정보 표기 메소드
        return 'Vector[' + '%.2f'%self.x + ', ' + '%.2f'%self.y + '] '

    def __add__(self, other):                # 벡터 덧셈을 계산
        new = Vect2(0,0)
        new.x = self.x + other.x
        new.y = self.y + other.y
        return new

if __name__ == '__main__':
    v1 = Vect2(3,5)
    v2 = Vect2(7,4)
    v3 = v1 + v2
    print(v1,v2,v3)
```

연산자 오버로딩 적용:
\+ 연산은 __add__()에서 찾는다.

| 실행 결과 |

```
Vector[3.00, 5.00]  Vector[7.00, 4.00]  Vector[10.00, 9.00]
>>>
```

v1 + v2

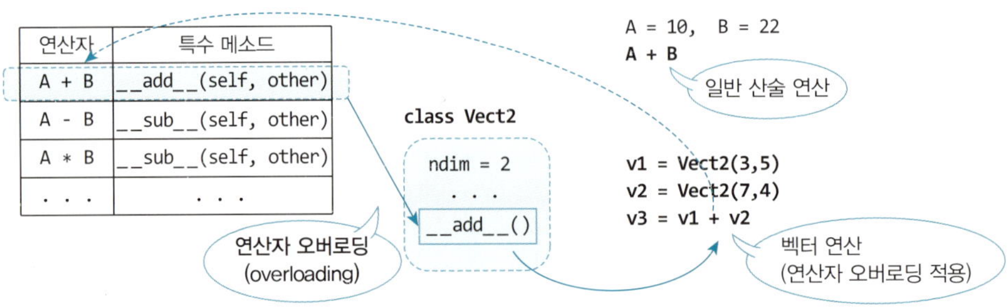

[그림 11-9] 연산자 오버로딩의 실행 과정

■ 메소드/클래스 오버로딩(Method/Class Overloading)은 지원 안함

파이썬에서는 자바나 C++에서와는 달리 메소드 및 클래스의 오버로딩은 지원하지 않는다. 즉, 같은 이름의 메소드가 파라메터의 개수나 데이터 형에 따라 여러 개의 메소드로 정의되어 다양한 경우를 처리해 주는 메소드 오버로딩은 적용이 안 된다. 예를 들어, 2차원 벡터나 3차원 벡터는 같이 사용되는 경우가 자주 발생한다. 따라서 벡터를 새로 만들 때 인수가 2개이면 2차원 벡터, 인수가 3개이면 3차원 벡터를 생성해주는 __init__() 메소드를 여러 개 정의하지는 못하고, 대신 하나의 __init__() 메소드에서 두 경우를 모두 처리하도록 적절히 코딩을 해 주어야 한다. 아래의 예에서는 디폴트 인수를 이용하여 생성자 Vect3()에서 인수가 2개인 경우에는 z값이 0이 되도록 하여 항상 3차원 벡터로 구성되도록 하였다. 즉, 실행 예에서 Vect3(3,5,2) 및 Vect3(7,4) 모두 오류 없이 3차원 벡터로 생성된 것을 볼 수 있다.

[vector04.py]

```
class Vect3:
    ndim = 3                                          # 클래스 변수

    def __init__(self, x, y, z=0):   ← 디폴트 인수    # 디폴트 인수
        self.x, self.y, self.z = x, y, z

    def __repr__(self):
        return 'Vector[' + '%.2f'%self.x + ', ' + '%.2f'%self.y + ', ' + '%.2f'%self.z + '] '

if __name__ == '__main__':
    v1 = Vect3(3,5,2)
    v2 = Vect3(7,4)   ← 메소드 오버로딩 대신에 디폴트 인수 적용
    print(v1,v2)
```

| 실행 결과 |

```
Vector[3.00, 5.00, 2.00]  Vector[7.00, 4.00, 0.00]   ← z값 항상 출력
>>>
```

11.3 객체지향 프로그래밍 언어의 특징

파이썬과 같은 객체지향 언어는 캡슐화, 상속 및 다형성의 세 가지 특징을 가지고 있다. 이러한 특징으로 인하여 소프트웨어를 개발할 때 절차적 언어에서는 데이터에 초점을 맞추어 데이터가 함수나 프로시저에 전달되는 반면에 객체지향 언어에서는 객체에 초점을 두어 객체 간에 상호 작용을 하도록 개념적으로 설계할 수 있다.

11.3.1 캡슐화(Encapsulation)

■ Private 멤버와 Public 멤버

캡슐화란 클래스를 정의할 때 클래스를 데이터(변수)와 메소드를 한데 묶어서 구성하며 이 클래스에 기반한 객체들의 일부 요소가 외부 세계로부터 감추어지도록 한다. 이러한 개념을 정보은닉("Information hiding")이라 부르며 따라서 은닉된 요소들은 외부로부터 접근할 수 없게된다. 정보은닉도 일종의 추상화 개념이라 할 수 있다.

파이썬에서 정보 은닉을 구현하는 방법은 객체 요소의 접근 허용 여부에 따라 클래스의 Private 멤버와 Public 멤버로 나눈다. Private 멤버는 두 개의 밑줄문자(__)로 시작하며 다른 클래스의 메소드로부터 직접적으로 접근이 불가능하다. 이에 비하여 Public 멤버는 다른 클래스의 메소드를 통하여 접근이 가능하다.

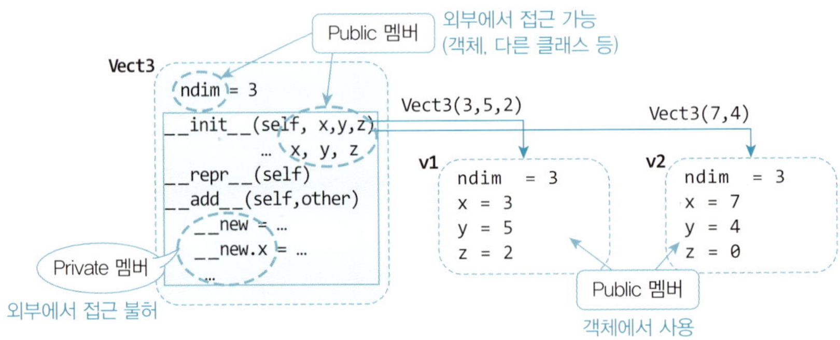

[그림 11-10] Private 멤버와 Public 멤버의 사례

앞의 특수 메소드 __add__()의 예에서 new = Vect2(0,0) 변수는 외부 프로그램과는 아무런 상관이 없으므로 굳이 접근할 필요가 없다. 이런 경우 임시 변수를 __new와 같이 Private 멤버로 정의해 놓으면 외부에서 불필요한 접근을 방지할 수도 있어서 바람직하

다. 3차원 벡터의 __add__()를 Private 멤버를 사용하여 아래와 같이 정의하였다. 아래의 예에서 객체 v1은 Private 멤버와 Public 멤버를 가지고 있다. 그림 11-10에서 보듯이 Private 멤버 __new는 외부에서 접근할 수 없다. 즉 v1.__new는 허용되지 않는다. 이에 비해, 객체 v1의 Public 멤버인 속성 x, y, z는 외부로부터 접근을 허용한다.

[cls_vect3.py]

```
"""
    #cls_vect3.py : 3차원 벡터를 처리하는 Vect3 클래스
    속성 : ndim, x, y, z
    메소드 : __repr__(), __add__()
"""

class Vect3:
    ndim = 3                                        # 클래스 변수

    def __init__(self, x, y, z=0):                  # 초기화 메소드
        self.x, self.y, self.z = x, y, z

    def __repr__(self):                             # 정보 표기 메소드
        return 'Vector[' + '%.2f'%self.x + ', ' + '%.2f'%self.y + ', ' + '%.2f'%self.z + '] '

    def __add__(self, other):                       # 3차원 벡터 덧셈 (연산자 오버로딩)
        __new = Vect3(0,0)                          # Private 멤버
        __new.x = self.x + other.x
        __new.y = self.y + other.y
        __new.z = self.z + other.z
        return __new
```



```
>>> from cls_vect3 import *
>>>
>>> v1 = Vect3(3,5,2)
>>> v2 = Vect3(7,4)
>>> v3 = v1+v2
>>> print(v1,v2,v3)
Vector[3.00, 5.00, 2.00]  Vector[7.00, 4.00, 0.00]  Vector[10.00, 9.00, 2.00]
>>>
>>> v3.x, v3.y, v3.z
```

```
(10, 9, 2)
>>>
>>> v1.__new        Private 멤버는 외부 접근 불가능
Traceback (most recent call last):
  File "<pyshell#14>", line 1, in <module>
    v1.__new
AttributeError: 'Vect3' object has no attribute '__new'
>>>
```

11.3.2 상속(Inheritance)

■ 상속의 개념

새로운 클래스를 정의하고 싶을 때 경우에 따라서 기존에 이미 정의한 클래스를 재활용할 수 있다. 그림 11-11은 실세계에서 상속의 사례를 보여주고 있다. 포유류(Mammal), 조류(Bird), 파충류(Reptile)는 동물(Animal)로부터 일부 속성과 행위를 상속받는다. 또한, 포유류, 조류, 파충류는 동물부터 상속받지 않은 자신만의 속성과 행위를 가질 수 있다. 다시 개, 고양이, 토끼는 포유류로부터 일부 속성과 행위를 상속받는다. 마찬가지로 개, 고양이, 토끼는 포유류로부터 상속받지 않은 자신만의 속성과 행위를 가질 수 있다. 이와 같이 서로 연관성 있는 클래스 간에 상속 개념을 적용하면 클래스를 재활용할 수 있다.

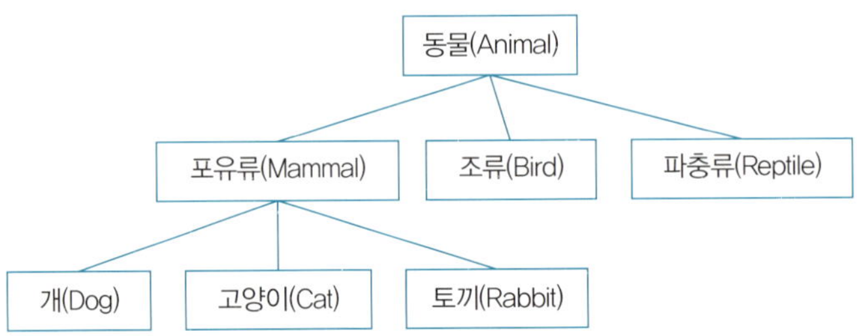

[그림 11-11] 실세계에서 상속의 예

상속을 통하여 형성된 클래스 사이에 하위 클래스는 상위 클래스로부터 상속받는다. 상위 클래스를 부모 클래스 또는 수퍼 클래스라 부르며 상속받는 하위 클래스를 자식 클래스 또는 서브 클래스라 부른다(그림 11-12 참조).

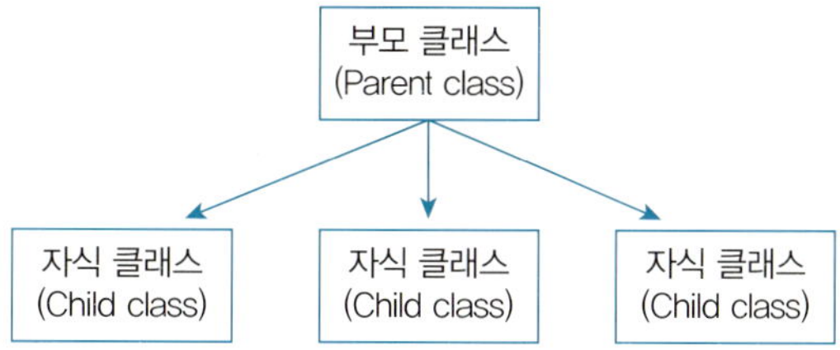

[그림 11-12] 부모 클래스와 자식 클래스

그림 11-13은 부모 클래스와 자식 클래스 사이에 어떤 관련성이 있는지 기하 도형의 예를 통해 설명하고 있다. 그림에서 보듯이 최상위의 클래스 Geo_shape은 속성 var1과 메소드 method1( )을 가지고 있으며 자식 클래스로 Circle, Rect, Triangle을 가지고 있다. 클래스 Circle은 var1과 method1( )을 부모로부터 상속받으며 자신의 속성 var2와 메소드 method2( )를 가지고 있다. 또한 클래스 Rect는 var1과 method1( )을 부모로부터 상속받으며 자신의 var3, var4와 method2( )를 가지고 있다. 다시 클래스 Square는 부모 클래스 Rect로부터 상속받으며 클래스 Square는 자신의 메소드 method2( )와 method3( )을 가지고 있다. 클래스 Ra_triangle(직각삼각형)과 클래스 Eq_triangle(정삼각형)은 부모 클래스 Triangle로부터 상속받는다.

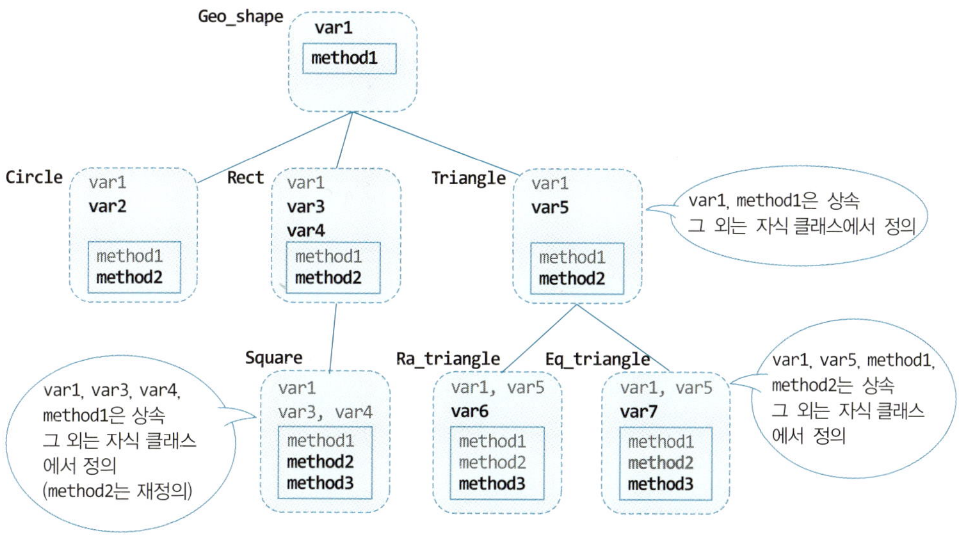

[그림 11-13] 부모 클래스와 자식 클래스 간의 상속

만일 Class B가 Class A의 자식 클래스라면 아래와 같이 Class B를 정의한다.

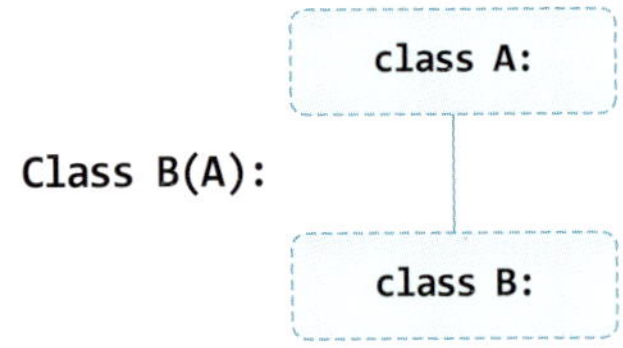

앞에서 언급한 클래스 Rect와 클래스 Square의 프로그램에서 상속의 실제 사례를 살펴보자.

■ 상속의 예

먼저 클래스 Rect가 정의되어 있으며 클래스 Rect는 두 개의 특수 메소드 __init__()과 __repr__(), 그리고 일반 메소드로 get_area(), get_peri(), isSquare()를 가지고 있다. 클래스 Square는 클래스 Rect의 자식 클래스로 메소드 __init__()과 get_area(), get_peri()를 상속 받고 자신의 메소드로 __repr__()과 isSquare()를 가지고 있다. 클래스 Rect의 생성자 메소드 __init__()에서 디폴트 인수를 사용하여 객체 생성시 변의 길이가 하나만 주어지면 정사각형으로 취급되도록 하였다. 클래스 Square에서 객체를 생성할 때 __init__()을 상속받았으므로 같은 경우로 취급된다. 즉, 아래의 실행 결과에서 r2 = Square(7) 이나 r3 = Rect(6,6) 모두 정사각형 객체로 취급하여 속성값 width와 height가 같은 값을 갖는다. 따라서 get_area() 혹은 get_peri() 메소드를 상속받아 정사각형의 경우도 계산할 수 있다.

[cls_rect.py]

```
"""
    #cls_rect.py : 사각형의 속성을 처리하는 Rect 및 Square 클래스
    Class Rect : 직각 사각형
        속성 : width, height
        메소드 : __init__, __repr__, get_area, get_peri, isSquare
    Class Square (Rect 상속) : 정사각형
        속성 : width, height
        메소드 : __repr__, isSquare
"""
```

```python
class Rect:
    def __init__(self, width, height=-1):
        if height < 0:                              # 정사각형인 경우 처리
            height = width
        self.width, self.height = width, height    # 인스턴스 변수

    def __repr__(self):
        return 'Rect(w=' + '%.2f'%self.width + ', h=' + '%.2f'%self.height + ') '

    def get_area(self):                            # 직사각형의 면적을 계산
        return (self.width * self.height)

    def get_peri(self):                            # 직사각형의 둘레를 계산
        return 2 * (self.width + self.height)

    def isSquare(self):
        return (self.width == self.height)

class Square(Rect):
    def __repr__(self):
        return 'Square(width=' + '%.2f'%self.width + ')'

    def isSquare(self):
        return True
```

디폴트 인수

정사각형

직사각형

상속받는 메소드 __init__(...) get_area() get_peri()

__repr__()와 isSquare()는 오버라이딩

```
>>> from cls_rect import *
>>> r1 = Rect(3,5)
>>> print(r1, ', 면적:', r1.get_area())
Rect(w=3.00, h=5.00)  , 면적: 15
>>> r2 = Square(7)
>>> print(r2, ', 면적:', r2.get_area())
Square(width=7.00)  , 면적: 49
>>> r3 = Rect(6,6)
>>> print(r3, ', 면적:', r3.get_area())
Rect(w=6.00, h=6.00)  , 면적: 36
>>> print(r1.isSquare(), r2.isSquare(), r3.isSquare())
False True True
>>>
```

정사각형 r2를 생성 Rect(7,7)과 동일한 결과

정사각형과 마찬가지의 직사각형 r3 생성 Square(7)과 동일한 결과

r2와 r3는 정사각형

■ 메소드 오버라이딩(Method Overriding)

위의 예제에서 자식 클래스 Square는 부모 클래스 Rect로부터 상속 받으나 특수 메소드 __repr__()과 일반 메소드 isSquare()는 자신의 클래스에 다시 정의하였다. 따라서 r2 = Square(7)을 통해 새로운 객체 r2를 생성하고 print(r2)를 실행하면 클래스 Square의 메소드 __repr__()이 실행됨을 알 수 있다. isSquare() 메소드도 클래스 Square의 경우 굳이 확인할 필요가 없으므로 항상 True 값을 반환하도록 다시 작성하였다. 이와 같이 자식 클래스가 자신의 메소드를 새롭게 정의하면 그림 11-14와 같이 부모 클래스의 메소드가 실행되지 않고 자신이 새롭게 정의한 메소드가 실행된다. 이와 같은 개념을 메소드 오버라이딩이라 부른다.

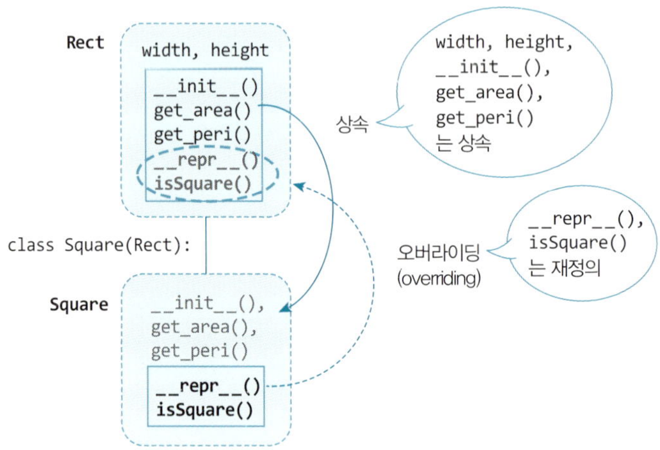

[그림 11-14] 메소드 오버라이딩 개념 및 사례

11.3.3 다형성(Polymorphism)

■ 다형성의 개념

다형성이란 "여러 가지 형태를 취하는 무엇(something that takes many forms)"이라는 의미로 그리스어에서 유래하였다. 파이썬 언어에서 다형성은 다른 유형의 여러 클래스가 서로 상이한 행위(메소드)를 가질 때 이들을 하나의 일반적인 메소드로 묶는 개념을 뜻한다. 그림 11-15에서 클래스 Geo_shape은 세 개의 자식 클래스 Circle, Rect, Triangle을 가지고 있다. 모든 Geo_shape 객체는 (xpos, ypos) 좌표를 가지며 또한 메소드 get_pos()와 set_pos()를 가지고 있다. 그리고 클래스 Geo_shape은 객체의 넓이를 계산하는 메소드를 필요로 한다. 그런데 넓이를 계산하는 메소드는 객체의 모양에 따라 서로 다르다. 따라서 넓이를 계산하는 메소드를 하나의 메소드(예: get_area와 get_peri 메소드)로 정의할 수 없다. get_area()와 get_peri() 메소드는 Geo_shape이 Circle, Rect, Triangle에 따라 달라진다.

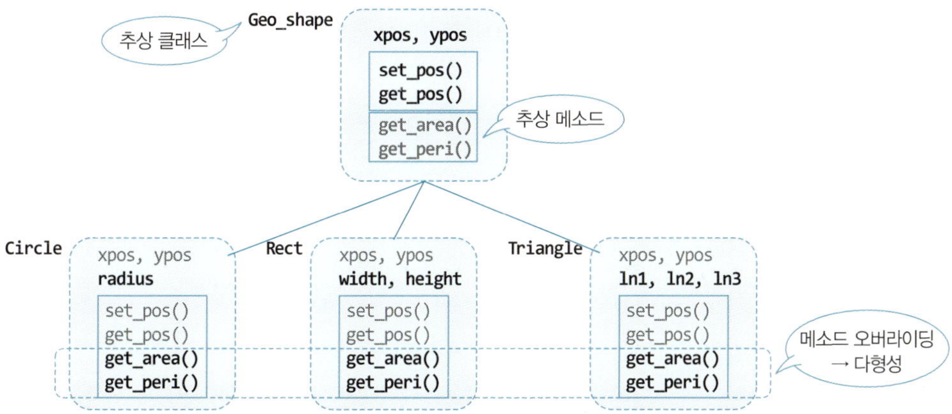

[그림 11-15] 클래스 Geo-shape과 자식 클래스들 간의 다형성

■ 다형성의 예

클래스 Geo_shape이 아래에 정의되어 있다. 클래스 Geo_shape에는 메소드 __init__(), get_pos()와 set_pos()가 정의되어 있고 메소드 get_area()와 get_peri()는 구체적으로 완성되어 있지 않다. 메소드 get_area()와 get_peri()는 아무 것도 처리하지 않고 0을 반환하는 비어있는 메소드이다. 이와 같이 비어있어 채워지지 않은 메소드를 추상 메소드라 부른다. 마찬가지로 추상 클래스는 메소드 이름만 정의되어 있고 실제 내용이 없는 클래스이다.

[cls_geo.py]

```
"""
    #cls_geo.py : 기하 객체를 처리하는 클래스
    Class Geo_shape : 일반 기하 객체
        속성 : xpos, ypos
        메소드 : __init__, get_pos, set_pos, get_area(추상), get_peri(추상)
    Class Circle (Geo_shape 상속) : 원
        속성 : radius
        메소드 : __init__, __repr__, get_area, get_peri
    Class Rect (Geo_shape 상속) : 직각 사각형
        속성 : width, height
```

```
        메소드 : __init__, __repr__, get_area, get_peri, isSquare
    Class Square (Rect 상속) : 정사각형
        속성 : width, height
        메소드 : __repr__, isSquare
"""

import math
PI = math.pi

class Geo_shape:
    def __init__(self, x=0, y=0):
        self.xpos, self.ypos = x, y                          # 인스턴스 변수

    def __repr__(self):
        return 'Geo_shape(x=' + '%.1f'%self.xpos + ', y=' + '%.1f'%self.ypos + ') '

    def get_pos(self):
        return (self.xpos, self.ypos)

    def set_pos(self, x, y):
        self.xpos, self.ypos = x, y

    def get_area(self): ← 내용이 없다.                       # 추상 메소드
        return 0

    def get_peri(self): ← 내용이 없다.                       # 추상 메소드
        return 0
```

같은 파일에 이어서 정의한 클래스 Circle과 Rect는 모두 부모 클래스 Geo_shape의 자식 클래스이다. 이들의 메소드 get_area()와 get_peri()는 이름은 동일하지만 실제 서로 다르게 구현되어 있다. 클래스 Square는 Rect의 자식 클래스이며 isSquare()를 다시 작성하여 오버라이딩하였다.

[cls_geo.py (계속)]

```
class Circle(Geo_shape):
    def __init__(self, radius):
        self.radius = radius                    # 인스턴스 변수

    def __repr__(self):
        return 'Circle(radius=' + '%.2f'%self.radius + ') '

    def get_area(self):                         # 원의 면적을 계산
        return (PI * self.radius ** 2)
                                                원에 대한 메소드 정의(다형성)
    def get_peri(self):                         # 원의 둘레를 계산
        return (2 * PI * self.radius)

class Rect(Geo_shape):
    def __init__(self, width, height=-1):
        if height < 0:                          # 정사각형의 경우
            height = width
        self.width, self.height = width, height  # 인스턴스 변수

    def __repr__(self):
        return 'Rect(w=' + '%.2f'%self.width + ', h=' + '%.2f'%self.height + ') '

    def get_area(self):                         # 직사각형의 면적을 계산
        return (self.width * self.height)
                                                사각형에 대한 메소드(다형성)
    def get_peri(self):                         # 직사각형의 둘레를 계산
        return 2 * (self.width + self.height)

    def isSquare(self):
        return (self.width == self.height)

class Square(Rect):
    def __repr__(self):
        return 'Square(width=' + '%.2f'%self.width + ') '

    def isSquare(self):
        return True
```

이제 클래스 Geo_shape의 다형성을 실행 예제를 통해 이해하자. 클래스 Geo_shape은 추상 메소드 get_area( )와 get_peri( )를 가지고 있으며 0을 반환한다. 자식 클래스 Circle과 Rect에서 get_area( )와 get_peri( )를 해당 도형에 대한 계산을 제대로 하도록 다시 정의하여 오버라이딩을 하고 있다. 아래 예제는 도형을 번호로 선택하여 해당 도형을 pic에 생성한 후, pic의 면적과 둘레를 계산하고 pic을 (100, 80) 좌표에 위치시킨 다음 해당 정보를 출력하는 프로그램이다. 다형성 개념을 적용한 프로그램에서 pic.get_area( )과 pic.get_peri( )를 호출하면 실제 실행되는 메소드는 객체가 Circle, Rect, Square 중 어느 클래스에 속하는지에 따라 달라진다. 또한 이 프로그램에서 pic.set_pos(100, 80)를 호출하면 메소드 set_pos( )가 어떤 자식 클래스에도 정의되어 있지 않지만 부모 클래스 Geo_shape의 메소드 set_pos( )를 상속받아 호출한다.

[cls_geotest.py]

```
# test program using classes
from cls_geo import *

if __name__ == '__main__':
    choice = '99'
    while choice > '0':
        choice = input('1.원, 2.직사각형, 3.정사각형 : 선택 >> ')

        if choice == '1':
            pic = Circle(4)
        elif choice == '2':
            pic = Rect(3,5)
        elif choice == '3':
            pic = Square(7)
        else:
            pic = Geo_shape()

        area = pic.get_area()      ← 각 객체에 해당하는 메소드가 자동으로 실행됨(다형성)
        peri = pic.get_peri()
        pic.set_pos(100, 80)       ← Geo_shape에서 상속받은 메소드
        x, y = pic.xpos, pic.ypos
        print('  =>', pic, ', 면적:', '%.2f'%area, ', 둘레:', '%.2f'%peri, ', 위치:', x, y)
```

| 실행 결과 |

```
1.원, 2.직사각형, 3.정사각형 : 선택 >> 1
  => Circle(radius=4.00) , 면적: 50.27 , 둘레: 25.13, 위치: 100 80
1.원, 2.직사각형, 3.정사각형 : 선택 >> 2
  => Rect(w=3.00, h=5.00) , 면적: 15.00 , 둘레: 30.00, 위치: 100 80
1.원, 2.직사각형, 3.정사각형 : 선택 >> 3
  => Square(width=7.00) , 면적: 49.00 , 둘레: 98.00, 위치: 100 80
1.원, 2.직사각형, 3.정사각형 : 선택 >> 4
  => Geo_shape(x=0.00, y=0.00) , 면적: 0.00 , 둘레: 0.00, 위치: 100 80
1.원, 2.직사각형, 3.정사각형 : 선택 >>
  => Geo_shape(x=0.00, y=0.00) , 면적: 0.00 , 둘레: 0.00, 위치: 100 80
>>>
```

만약 프로그램을 클래스 대신 다형성 개념이 적용되지 않은 함수를 그대로 이용하여 작성한다면 프로그램의 가독성이 떨어지고 도형의 종류가 많을수록 더욱 프로그램의 크기가 늘어난다. 앞의 8.1절에서 기하 도형별로 작성한 모듈 mycircle, myrect, mysquare에 있는 함수를 이용하여 다형성 개념을 적용하지 않고 프로그램을 다시 작성하면 아래와 같이 된다. 매번 함수를 호출할 때마다 어느 도형에 해당되는 모듈 함수인지 구분해 주어야 하므로 프로그램이 길어지게 된다. 실행 결과는 마찬가지이다.

[md_geotest.py]

```
"""
    #md_geo.py : 모듈 함수를 이용하여 기하 객체를 처리하는 프로그램
    mycircle, myrect, mysquare 모듈을 임포트
"""
import mycircle
import myrect
import mysquare

# test program using module functions
choice = '99'
while choice > '0':
    choice = input('1.원, 2.직사각형, 3.정사각형 : 선택 >> ')

    # 도형 선택
    if choice == '1':
```

```
    pic = 'mycircle'
elif choice == '2':
    pic = 'myrect'
elif choice == '3':
    pic = 'mysquare'
else:
    pic = '<None>'

# 면적 및 둘레 계산
if choice == '1':
    area, peri = mycircle.get_area(4), mycircle.get_peri(4)
elif choice == '2':
    area, peri = myrect.get_area(3,5), myrect.get_peri(3,5)
elif choice == '3':
    area, peri = mysquare.get_area(7), mysquare.get_peri(7)
else:
    area, peri = 0, 0

if choice == '1':                                   # 위치 변경
    mycircle.set_pos(100, 80)
    x, y = mycircle.xpos, mycircle.ypos
elif choice == '2':
    myrect.set_pos(100, 80)
    x, y = myrect.xpos, myrect.ypos
elif choice == '3':
    mysquare.set_pos(100, 80)
    x, y = mysquare.xpos, mysquare.ypos
else:
    x, y = 0, 0

print('  =>', pic, ', 면적:', '%.2f'%area, ', 둘레:', '%.2f'%peri,  ', 위치:', x, y)
```

각 도형에 해당하는 모듈에서 함수를 직접 찾아서 호출

각 도형에 해당하는 모듈에서 함수와 변수를 직접 찾아서 호출

| 실행 결과 |

```
1.원, 2.직사각형, 3.정사각형 : 선택 >> 1
  => mycircle , 면적: 50.27 , 둘레: 25.13 , 위치: 100 80
1.원, 2.직사각형, 3.정사각형 : 선택 >> 2
  => myrect , 면적: 15.00 , 둘레: 16.00 , 위치: 100 80
1.원, 2.직사각형, 3.정사각형 : 선택 >> 3
```

```
  => mysquare , 면적: 49.00 , 둘레: 28.00 , 위치: 100 80
1.원, 2.직사각형, 3.정사각형 : 선택 >>
  => <None> , 면적: 0.00 , 둘레: 0.00 , 위치: 0 0
>>>
```

다형성의 가장 큰 장점은 프로그램을 유지보수하고 업데이트하기 위하여 매우 바람직하다는 사실이다. 아래의 예에서 클래스 Geo_shape의 새로운 자식 클래스 Triangle을 추가해 보자. 새로운 클래스 Triangle을 생성하고 나서 기존의 프로그램에 아래와 같이 간단히 2줄만 추가하면 클래스 Triangle을 쉽게 수용함을 알 수 있다. 그러나 이전의 모듈 함수를 이용한 프로그램에서는 함수 호출이 필요한 장소마다 Triangle 모듈의 함수를 호출하도록 추가해야 한다.

[cls_extend.py]

```
# test program extended to include Triangle
from cls_geo import *

choice = '99'
while choice > '0':
    choice = input('1.원, 2.직사각형, 3.정사각형, 4.삼각형 : 선택 >> ')

    if choice == '1':
        pic = Circle(4)
    elif choice == '2':
        pic = Rect(3,5)
    elif choice == '3':
        pic = Square(7)
    elif choice == '4':                       # 삼각형 선택의 경우
        pic = Triangle(4,5,7)                 # Triangle 객체 생성, 이후 기존과 동일
    else:
        pic = Geo_shape()

    area, peri = pic.get_area(), pic.get_peri()    # 각 자식 클래스의 메소드 실행
    pic.set_pos(100, 80)                           # 상속받은 메소드 실행
    x, y = pic.xpos, pic.ypos
    print('  =>', pic, ', 면적:', '%.2f'%area, ', 둘레:', '%.2f'%peri, '위치:', x, y)
```

연습문제

A. 괄호 넣기 및 객관식

1 객체지향 프로그래밍 언어는 같은 종류의 객체들이 가지는 공통 데이터와 행위를 정의한 (   )를 기반으로 하고 있다. 여기에서 객체의 상태를 나타내는 데이터를 (   )이라 하고 프로그래밍 언어의 행위를 프로그램으로 나타낸 것을 (   )라고 부른다.

2 (   ) 프로그래밍 언어는 데이터가 적용될 프로시저나 함수에 초점이 맞추어져 있다. 이에 비하여 (   ) 프로그래밍 언어에서는 객체에 초점이 맞추어져 있고 객체 자체가 데이터와 함수를 갖고 있다.

3 파이썬 클래스에서 (   ) 메소드는 모든 클래스의 정의에 항상 존재해야 하는 초기화 함수이다. 즉 새롭게 생성되는 객체는 자동적으로 이 함수를 실행하여 초기화한다.

4 파이썬 객체지향 프로그래밍 언어에서 객체의 변수에는 크게 클래스에 정의되어 있어 모든 객체가 공유하는 (   )와 각 객체 내에서 정의된 (   ) 2가지가 있다.

5 파이썬에서 수리 연산자 +, -, *가 일반적으로 정수나 실수에 적용된다. 그러나 특수 메소드 __add__()를 벡터에도 적용할 수 있도록 정의하면 벡터 클래스에서도 덧셈이 정수나 실수에서와 마찬가지의 연산자가 적용되어 확장된 개념으로 사용된다. 이러한 개념을 연산자의 (   )이라 부른다.

6 객체지향 언어의 특징인 (   )란 클래스를 정의할 때 클래스를 데이터와 메소드를 한데 묶어서 구성하며 이 클래스에 기반한 객체들의 일부 요소가 외부 세계로부터 감추어지는 정보 은닉 개념을 말한다.

7 상속에서 자식 클래스가 자신의 메소드를 새롭게 정의하면 부모 클래스 메소드가 실행되지 않고 자신이 새롭게 정의한 메소드가 실행된다. 이와 같은 개념을 (   )이라 부른다.

8 다음은 삼각형의 넓이를 구하는 클래스이다. (　　　) 속에 들어갈 코드로 알맞는 것은?

```
class triangle :
    count = 0
    def __init__(self, width, height):
        self.width, self.height = width, height
        triangle.count += 1;

    def get_area(self):
        return (                          )
```

(a) width * height / 2　　(b) return width * height / 2

(c) self.width * self.height / 2　　(d) return self.width * self.height / 2

9 다음 중 객체지향 프로그래밍 언어의 특징이 아닌 것은?

(a) 캡슐화　(b) 다형성　(c) 독립성　(d) 상속

10 객체지향 프로그래밍 언어의 장점으로 옳지 않은 것은?

(a) 프로그램 간에 상호 의존성이 높다.

(b) 다른 클래스들로부터 독립성을 가질 수 있다.

(c) 재사용이 가능하다.

(d) 소프트웨어를 효율적으로 개발할 수 있다.

11 클래스 내부의 자세한 사항들이 외부 세계에 노출되어 있지 않고 프로그램 인터페이스인 메소드와 속성 이름만 공개되는 개념은 무엇인가?

(a) 캡슐화　(b) 은닉화　(c) 추상화　(d) 구성화

12 파이썬에서 두 개의 언더스코어(__)로 시작되는 이름을 가진 메소드를 특수 메소드라 부른다. 특수 메소드는 두 개의 언더스코어로 시작되는 이름을 가지므로 (　　　)라 부르기도 한다. 여기서 괄호 속에 와야 하는 것은?

(a) 스코어　(b) 언더바　(c) 언더　(d) 던더

13 다음은 2차원 또는 3차원 벡터 객체를 만들기 위한 클래스이다. (   ) 속에 들어갈 코드로 알맞은 것은?

```
class Vect:
    def __init__(                    ):
        self.x, self.y, self.z = x, y, z
    def __repr__(self):
        return 'Vector[' + '%.2f'%self.x + ',' + '%.2f'%self.y + ',' + '%.2f'%self.z + ']'
```

(a) x, y, z　　(b) self, x, y　　(c) self x, y, z　　(d) self x, y, z = 0

14 수리 연산자와 특수 메소드가 올바르게 짝지어진 것은?

(a) A * B / __mul__(self, other)

(b) + A / __add__(self, other)

(c) A % B / __xor__(self, other)

(d) A ** B / __mod__(self, other)

15 다음 프로그램을 실행할 때 (   ) 속에 들어갈 명령문의 내용으로 옳지 않은 것은?

```
>>> class Vect2:
        ndim = 2
        def __init__(self, x, y):
            self.x, self.y = x, y
        def __repr__(self):
            return 'Vector[' + '%.2f'%self.x + ',' + '%.2f'%self.y + ']'
        def __add__(self, other):
            __temp = Vect2(0,0)
            __temp.x = self.x + other.x
            __temp.y = self.y + other.y
            return __temp
>>> v1 = Vect2(4,6)
>>> v2 = Vect2(7,2)
>>> (                    )
```

(a) v3 = Vect2(5,8)　　(b) v1.__temp　　(c) print(v1, v2)　　(d) v3 = v1+v2

B. 따라하기 실습

1 아래와 같이 Dog 클래스를 정의하고 객체를 하나 생성하여 해당 메소드를 실행하라.

[class_dog1.py]

```
class Dog:
    def __init__(self):
        self.bark_count = 0
        print('I am constructed')
    def bark(self):
        self.bark_count = self.bark_count + 1
        print('Barked', self.bark_count)
    def __del__(self):
        print('I am destructed', self.bark_count)

if __name__ == '__main__':
    popo = Dog()
    popo.bark()
    popo.bark()
    popo = 1
    print('popo contains', popo)
```

2 아래와 같이 Dog 클래스를 수정하여 정의하고 객체를 두 개 생성하여 메소드를 실행하라.

[class_dog2.py]

```
class Dog:
    def __init__(self, name, init_count=0):
        self.name = name
        self.bark_count = init_count
        print(self.name, 'is constructed')
    def bark(self) :
        self.bark_count = self.bark_count + 1
        print(self.name, 'barked', self.bark_count)
    def __del__(self):
        print(self.name, 'is destructed', self.bark_count)

if __name__ == '__main__':
    popo = Dog('popo')
    popo.bark()
```

```
    popo = None

    pupu = Dog('pupu', 10)
    pupu.bark()
    pupu = None
    print('popo contains', popo)
```

3 아래와 같이 Dog 클래스를 다시 수정하여 정의하고 객체를 생성하여 메소드를 실행하라.

[class_dog3.py]

```
class Dog:
    def __init__(self, name, init_count=0):
        self.name = name
    def __str__(self):
        return 'I\'m ' + self.name
    def __len__(self):
        return 42

if __name__ == '__main__':
    popo = Dog('popo')
    print(popo)
    print(len(popo))
```

4 Dog 클래스와 Cat 클래스를 정의하고 각각의 객체를 생성하여 해당 메소드를 확인한다.

[class_pet.py]

```
class Pet:
    def __init__(self, name):
        self.name = name
    def __str__(self):
        return 'I\'m ' + self.name

class Dog(Pet):
    def bark(self):
        print('bark!')

class Cat(Pet):
    def __str__(self):
```

```
        return '......'

if __name__ == '__main__':
    popo = Dog('popo')
    print(popo)
    popo.bark()

    pipi = Cat('pipi')
    print(pipi)
    pipi.bark()      # error
```

5 아래 프로그램에서 Student 클래스는 학생의 기본 정보를 가지고 있고 성적을 기록하고 확인해 볼 수 있다. 아래와 같이 학생 2명 객체를 생성하여 점수를 기록하고 확인하라.

[class_student.py]

```
class Student :
    def __init__(self, name, age, major, stId):
        self.name, self.age, self.major, self.studentId = name, age, major, stId
    def __repr__(self):
        return '이름: ' + self.name + ', 나이: ' + str(self.age) + ', 전공: ' + self.
major + ', 학번: ' + str(self.studentId)
    def putScore(self, score):
        self.score = score
    def getScore(self):
        print(self.name, '학생의 점수는', self.score, '입니다.\n')

if __name__ == '__main__':
    student1 = Student('김철수', 22, '컴퓨터과학', 1812345)
    print(student1,'\n')
    student1.putScore(78)
    student1.getScore()

    student2 = Student('이영희', 21, '경영', 1912345)
    print(student2,'\n')
    student2.putScore(92)
    student2.getScore()
```

6 아래와 같이 과일과 빵 등 음식품을 생성하는 food 클래스와 그 자식 클래스로 fruit과 bread 클래스를 정의하라. 그리고 과일과 빵 객체를 생성하여 해당 메소드를 실행하라.

[class_food.py]

```
class food:
    def __init__(self, name, num):
        self.name, self.num = name, num
    def __repr__(self):
        return self.name + ' ' + str(self.num)
    def getinfo(self):
        return 0

class fruit(food):
    def getinfo(self):
        print('과일 종류와 수: ', self.name, self.num, '개')

class bread(food):
    def getinfo(self):
        print( '빵 종류: ', self.name, self.num, '개')

if __name__ == '__main__':
    fruit1 = fruit('사과',5)
    print(fruit1)
    fruit1.getinfo()

    bread1 = bread('크림빵',8)
    print(bread1)
    bread1.getinfo()
```

C. 프로그래밍 실습

1 다음 Customer 클래스를 완성하라. Customer는 이름, 잔고(입력 없는 경우 기본값은 0)를 입력받아 생성한다.

1) 속성에는 name(이름), balance(잔고)가 있다.

2) Customer 객체를 출력(print)하면 형식에 맞게 이름과 잔고를 출력한다.

3) withdraw( ) method는 파라메터로 주어진 amount를 잔고에서 차감하되 balance보다 amount가 큰 경우 잔고를 그대로 둔다. 최종적으로 balance를 반환한다.

4) deposit( ) method는 주어진 amount를 잔고에 더하며 최종적으로 balance를 반환한다.

| 참고 프로그램 코드 |

```
...
if __name__ == '__main__':
    c1 = Customer('Bill')
    c2 = Customer('Steve', 50000)
    c3 = Customer('Tim', 100000)
    print(c1, c2, c3)

    c1.deposit(50000)
    c2.deposit(30000)
    c3.withdraw(100000)
    print(c1, c2, c3)

    c2.withdraw( 1000000 )
    print(c1, c2, c3)

    print( c3.withdraw(10000), c2.deposit(10000) )
    print(c1, c2, c3)
```

| 실행 결과 예시 |

```
Bill(0원) Steve(50000원) Tim(100000원)
Bill(50000원) Steve(80000원) Tim(0원)
Bill(50000원) Steve(80000원) Tim(0원)
0 90000
Bill(50000원) Steve(90000원) Tim(0원)
>>>
```

2 다음과 같이 Pet, Dog, Cat 클래스를 완성하라.

1) Pet는 이름, 나이를 입력받아 생성하도록 한다.

2) 속성: name, age

3) Pet 객체를 출력하면 이름과 나이를 출력한다.

4) Pet 객체에 len( )을 적용하면 나이를 반환하도록 한다.

5) Dog 클래스는 Pet으로 부터 상속받고, 자체적으로 bark(n) method를 가지고 있으며 bark(n)을 호출하면 'bark!'를 n회 출력한다.

6) Cat 클래스는 Pet으로 부터 상속받고, 자체적으로 meow(n) method를 가지고 있으며

meow(n)를 호출하면 'meow~'를 n회 출력한다.

7) Dog 객체나 Cat 객체는 human_age()을 적용했을 때 나이를 4배로 반환한다.

| 참고 프로그램 코드 |

```
... (클래스 생략)
if __name__ == '__main__':
    popo = Dog('popo', 10)
    popo.bark(2)
    print(popo)
    print('사람 나이로 환산 :', popo.human_age())

    pipi = Cat('pipi', 5)
    pipi.meow(3)
    print(pipi)
    print('사람 나이로 한산 :', pipi.human_age())
```

| 실행 결과 예시 |

```
bark!
bark!
Name: popo, Age: 10
사람 나이로 환산 : 40
meow~
meow~
meow~
Name: pipi, Age: 5
사람 나이로 환산 : 20
>>>
```

3 다음과 같이 Item, Book, Magazine 클래스를 완성하라.

1) Item 클래스는 제목, 가격을 입력받아 생성하도록 한다.
2) Item 클래스는 getprice() 추상 메소드를 가지고 있다.
3) Item 클래스는 count 변수를 가지고 있다.
4) Book 클래스는 제목, 가격, 페이지 수, 저자를 입력받아 생성하도록 한다.
5) Book 클래스는 Item 클래스로부터 상속받아 getprice() method를 가지고 있으며 getprice()를 호출하면 아래 예시와 같이 출력한다.
6) Magazine 클래스는 Item 클래스로부터 상속받아 getprice() method를 가지고 있으며 getprice()를 호출하면 아래 예시와 같이 출력한다.

| 참고 프로그램 코드 |

```
... (클래스 생략)
if __name__ == '__main__':
    book1 = Book('소나기', 10000, 124, '황순원')
    book2 = Book('메밀꽃 필 무렵', 15000, 142, '이효석')
    book3 = Book('난장이가 쏘아올린 작은 공', 12000, 112, '조세희')
    magazine1 = Magazine('보그',11000, 9)
    magazine2 = Magazine('싱글즈',13000, 8)

    print('', book1,'\n', book2, '\n', book3, '\n', magazine1, '\n', magazine2)
    print('총',Item.count,'권')
    book2.getprice()
    magazine1.getprice()
    book1.getprice()
```

| 실행 결과 예시 |

```
 제목: 소나기, 가격: 10000, 페이지 수: 124, 저자: 황순원
 제목: 메밀꽃 필 무렵, 가격: 15000, 페이지 수: 142, 저자: 이효석
 제목: 난장이가 쏘아올린 작은 공, 가격: 12000, 페이지 수: 112, 저자: 조세희
 제목: 보그, 가격: 11000, 출간 월: 9
 제목: 싱글즈, 가격: 13000, 출간 월: 8
총 5 권
* 메밀꽃 필 무렵 의 가격은  15000 원 입니다.
* 보그 의 가격은  11000 원 입니다.
* 소나기 의 가격은  10000 원 입니다.
>>>
```

12

CHAPTER

파이썬 활용을 위한 라이브러리

contents

| 단원개요 |

파이썬의 강점은 다양한 라이브러리 모듈의 지원에서 나온다. 파이썬 언어에서 자체적인 표준 라이브러리를 제공하고 있고 또한 매우 다양한 외부 라이브러리(Third-Party Library)들이 존재한다. 앞에서 표준 라이브러리 turtle graphics와 re를 공부하였다. 이 장에서는 GUI 라이브러리인 tkinter를 소개한다. 또한 외부 라이브러리 모듈로 수리 연산 및 시각화, 빅데이터 분석, 이미지 처리, 기계학습과 딥러닝 영역의 라이브러리를 사례를 통해 공부하자.

12 파이썬 활용을 위한 라이브러리

12.1 파이썬 라이브러리

파이썬 라이브러리에는 자체적으로 제공하는 표준 라이브러리와 다양한 외부 라이브러리 모듈이 존재한다. 이 절에서 GUI 라이브러리인 tkinter를 공부하고 파이썬 외부 라이브러리에는 어떤 것들이 있는지 알아보자.

12.1.1 파이썬 표준 라이브러리

■ 표준 라이브러리의 의미

7.2절에서 파이썬의 함수를 내장 함수, 외부 모듈 함수 및 사용자 정의 함수로 구분하여 설명하였다. 내장 함수는 파이썬 프로그래밍 언어에서 자주 사용되는 필수적인 함수들을 의미하며 이러한 함수는 파이썬 표준 라이브러리에 속하고 파이썬 언어와 함께 자동적으로 배포되고 있다. 이에 비하여 외부 모듈은 제3자가 이미 만들어 놓은 함수들을 포함하는 제3자 패키지에 속하는 함수들과 PyPI(Python Package Index)라는 저장소에 존재하는 모듈들을 의미한다.

여기서는 8장에서 자세히 설명하였던 모듈, 패키지, 표준 라이브러리라는 용어의 차이점을 간단히 요약하여 설명한다.

1) 모듈(Module)

재사용을 목적으로 작성된 특정한 기능을 수행하는 코드들의 집합이다. 모듈은 가장 작은 단위의 프로그래밍으로 파이썬 언어로 작성되거나 성능 향상을 위하여 C, C++, Java 언어로 작성될 수도 있다. 파이썬 프로그래머는 이러한 모듈들을 적절히 가져다 사용한다.

2) 패키지(Package)

패키지는 모듈들의 모음으로 관련된 모듈들을 포함하고 있다. 예를 들면, 수리적 연산을 위해 제공되는 NumPy, SciPy 등이 있고 데이터 시각화를 위한 Matplotlib, 데이터 분석을 위한 Pandas, 이미지 처리를 위한 Pillow, 딥러닝을 위한 TensorFlow 등이 잘 알려진 패키지들이다. 이러한 패키지는 일반적으로 외부의 제3자에 의하여 제공되고 있다. 따라서 흔히 제3자 패키지(Third-Party Package)라 불린다. 앞에서 설명한 바와 같이 PyPI 저장소(PyPI Repository)에 가면 수많은 패키지가 존재한다. PyPI(http://pypi.org)에서는 이러한 패키지를 프로젝트(Project)라 부르며 2021년 6월 현재 PyPI에 308,000개의 프로젝트가 존재한다. 파이썬 프로그램 개발자는 PyPI 저장소에서 소프트웨어 개발에 필요한 프로젝트를 찾아서 적절하게 재사용할 수 있다. 이에 비하여, 제3자 패키지는 이미 잘 알려진 유명한 패키지들을 의미한다.

3) 표준 라이브러리(Standard Library)

표준 라이브러리는 파이썬 언어가 자동적으로 내포하고 있는 모듈들을 의미한다. 표준 라이브러리는 모듈뿐만 아니라 상수, 데이터형, 예외 처리 등도 내포하고 있다. 상수(Built-in Constant)는 파이썬 언어에서 자주 사용되는 상수값들을 의미하며 데이터형(Built-in Type)은 앞 장들에서 이미 설명한 파이썬 데이터형, 즉 integer, real, Boolean, string, list, tuple, dictionary, set 등을 의미한다. 이러한 데이터형은 파이썬 언어에 자동적으로 정의되어 있으며 각 데이터 형에 적용할 수 있는 함수들도 이미 정해져 있다.

■ 자주 사용되는 파이썬 표준 라이브러리

파이썬 언어의 철학은 자주 사용되는 요긴한 함수들을 파이썬 언어가 자체적으로 담고 있어 소프트웨어를 개발하기 용이하게 해 준다. 파이썬 언어에는 매우 강력한 기능을 제공하는 함수들이 언어 자체에 이미 내포되어 있다. 따라서 파이썬 언어를 흔히 “배터리 포함(Battery-included)” 언어라고 일컫는다. 파이썬 언어는 200여 가지의 모듈들을 내포하고 있는데 여기서 가장 요긴한 몇 가지 모듈들을 소개한다.

[표 12-1] 자주 사용되는 파이썬 표준 라이브러리

유형	모듈 이름	기능 설명
Text Processing Service	re	Regular expression operations
Data Types	datetime	Basic date and time types
	calendar	General calendar-related functions
Numeric and Mathematical Modules	numbers	Numeric abstract base classes
	math	Mathematical functions
	random	Generate pseudo-random numbers
	statistics	Mathematical statistics functions
File Formats	csv	CSV File Reading and Writing
Generic Operating System Services	os	Miscellaneous operating system interfaces
	io	Core tools for working with streams
	time	Time access and conversions
Interprocess Networking	socket	Low-level networking interface
Internet Protocols	urllib	URL handling modules
Program Frameworks	turtle	Turtle graphics
Graphical UI with Tk	tkinter	Python interface to Tcl/Tk
Python Runtime Services	sys	System-specific parameters and functions
	builtins	Built-in objects
	__main__	Top-level script environment
	traceback	Print or retrieve a stack traceback

이들 중에서 사용자 인터페이스를 작성할 수 있는 tkinter 모듈을 다음 절에서 소개한다. 이외에도 datetime, calendar, math, sys, os, random, turtle, re 모듈은 이미 앞에서 설명하였다.

12.1.2 GUI 라이브러리 tkinter

파이썬의 표준 모듈인 tkinter는 파이썬 프로그램에서 그래픽 사용자 인터페이스(GUI: Graphical User Interface)를 구성하기 위하여 가장 많이 이용되고 있는 GUI 모듈이다. tkinter는 잘 알려진 GUI 라이브러리인 Tcl/Tk로부터 유래하였다. Tcl/Tk는 Tool command language/Tool kit의 약자이다. 과거에 프로그램은 주로 텍스트 기반 사용자 인터페이스(TUI: Text-based User Interface) 방식이 적용되었다. 이에 비해 GUI 방식은 윈도우를 배경으로 다양한 그래픽 객체들을 사용하여 사용자와 정보를 교환한다.

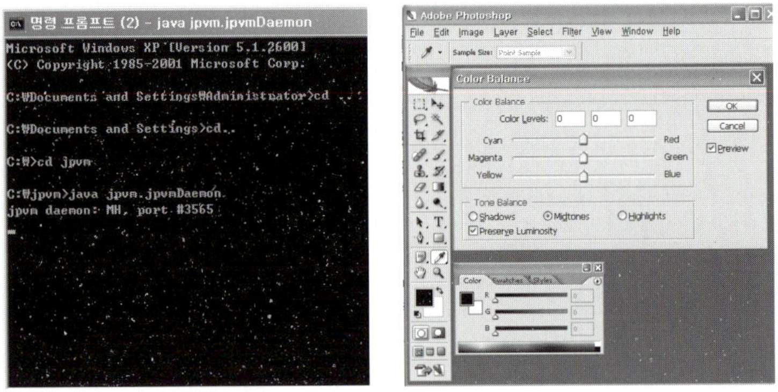

[그림 12-1] TUI 방식과 GUI 방식의 비교

tkinter를 이용하기 위하여 아래의 예에서 보듯이 tkinter를 import하고 함수 Label, Entry, 및 Button을 이용하여 위젯(Widget)을 생성한다. 위젯이란 버튼(Button), 라디오(Radio), 체크 버튼(Check Button), 슬라이드(Slide), 대화상자, 텍스트 박스, 스크롤바 등과 같은 사용자 인터페이스 도구를 의미한다. 위젯을 통하여 프로그램이 보다 사용자에게 편리한 방식으로 작성될 수 있다.

[tk_ex01.py]

```
import tkinter as tk

win = tk.Tk()
win.title('first')                                          # 타이틀

lbl = tk.Label(win, text='원하는 방문자의 이름을 입력하세오')
lbl.grid(row=0, column=0, columnspan=2)                     # 그리드 첫째 줄
txt = tk.Entry(win)                                         # 텍스트 입력 창
txt.grid(row=1, column=0, columnspan=2, pady=6)             # 그리드 둘째 줄

but1 = tk.Button(win, text='새창', width = 10)
but1.grid(row=3, column=0, padx=10, pady=5)                 # 그리드 셋째 줄, 첫째 칸
but2 = tk.Button(win, text='취소', width = 10, command = win.destroy)
but2.grid(row=3, column=1, padx=10)                         # 그리드 셋째 줄, 둘째 칸

win.mainloop()
```

tkinter 함수들

패딩(내부 여백) 지정

그리드 레이아웃 배치 메소드

| 실행 결과 및 그리드 레이아웃 |

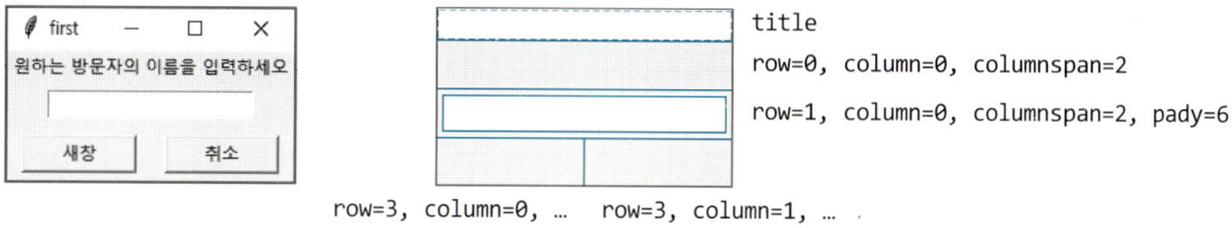

위 프로그램에서 타이틀을 붙이기 위하여 title 함수를 사용하였고 첫 줄의 설명은 Label 함수를 이용하여 작성하였다. 2째 줄의 텍스트 입력 박스는 Entry 함수를, 3째 줄의 버튼 2개는 Button 함수를 이용하여 작성하였다. 각 위젯은 그리드 레이아웃으로 배치하기 위하여 grid( ) 메소드를 이용하였다. 그리드 레이아웃의 배치는 HTML table과 유사하게 row, column, rowspan, columnspan 값을 지정해주면 된다. 또한 win.mainloop( )는 프로그램 실행 도중 사용자의 이벤트가 발생하기를 기다리는 메소드이다.

다양한 위젯을 생성하기 위하여 tkinter는 많은 함수들을 제공하고 있고, 또한 위젯, 텍스트 또는 그래픽을 담을 프레임 기능도 제공하고 있다. 그림 12-2의 실행 결과 화면은 다양한 GUI 인터페이스를 생성한 사례들을 보여주고 있다.

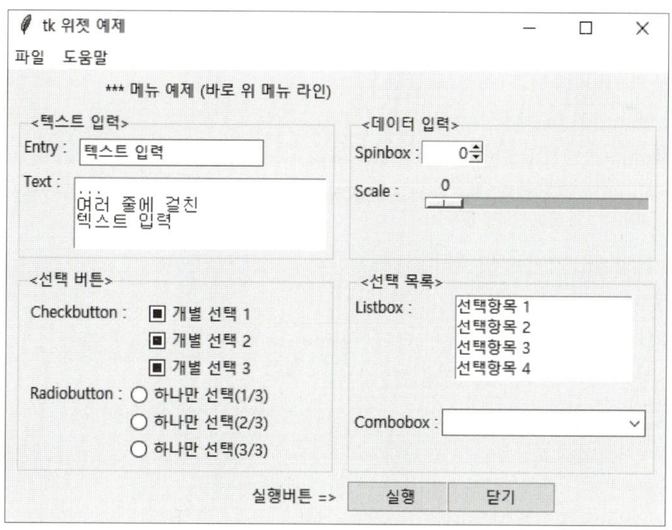

[그림 12-2] 다양한 tkinter 위젯의 활용 예

위의 예제에서 사용된 다양한 위젯의 작성 방법과 실행 결과를 파이썬 프로그램 코드에 곁들여 설명하면 다음과 같다.

[tk_widget.py (요약)]

```
import tkinter as tk
from tkinter import ttk

class Input_GUI():

    # 시작 및 윈도우창 생성: Tk() 함수 사용
    self.window = tk.Tk()
    self.window.title('tk 위젯 예제')
    ... (생략)

    # 메뉴: Menu()로 메뉴 생성하고, add_command()로 항목 추가
    filemenu = tk.Menu(menubar, tearoff=0)
    filemenu.add_command(label='열기', command=...)
    filemenu.add_command(label='저장', command=...)
    filemenu.add_separator()
    filemenu.add_command(label='닫기', command=...)
    menubar.add_cascade(label='파일', menu=filemenu)
    ...
```

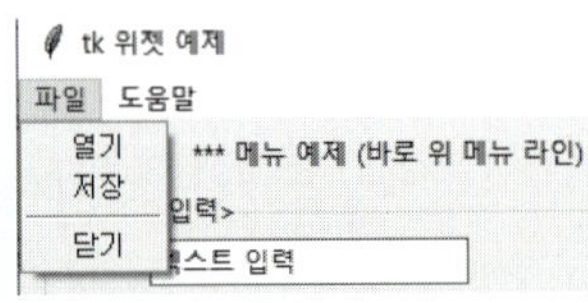


```
    # 프레임: LabelFrame() 함수 이용하여 화면 가운데를 4개 프레임으로 구분
    text_frame = ttk.LabelFrame(self.window, text='<텍스트 입력>', relief=tk.RIDGE)
    entry_frame = ttk.LabelFrame(self.window, text='<데이터 입력>', relief=tk.RIDGE)
    switch_frame = ttk.LabelFrame(self.window, text='<선택 버튼>', relief=tk.RIDGE)
    list_frame = ttk.LabelFrame(self.window, text='<선택 목록>', relief=tk.RIDGE)
    ...

    # 라벨: Label() 함수로 생성
    menu_label = ttk.Label(self.window, text=
        '*** 메뉴 예제 (바로 위 메뉴 라인)')
    ...
```

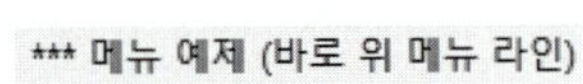


```
    # 텍스트 입력 창: Entry() 함수로 생성, insert()로 문자 설정
    my_entry = ttk.Entry(text_frame, width=20)
    my_entry.insert(tk.END, '텍스트 입력')
    ...
```

```
    # 텍스트 박스: Text() 함수로 생성, 여러 줄 텍스트 입력 가능
    my_text = tk.Text(text_frame, height=4, width=28)
```

```
my_text.insert(tk.END, '...\n여러 줄에\n텍스트 입력')
...
```

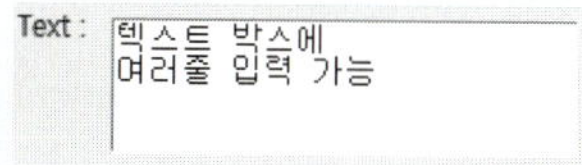


```
# 수치 조정 입력: Spinbox() 함수로 수치값 조정 간격 등 지정
my_spinbox = tk.Spinbox(entry_frame, from_=0, to=10, width=5, justify=tk.RIGHT)
...
```

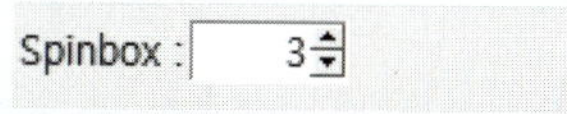


```
# 슬라이드 바: Scale() 함수로 수치의 범위 및 조정 간격 지정
my_scale = tk.Scale(entry_frame, from_=0, to=100, orient=tk.HORIZONTAL,
width=8, length=180)
...
```

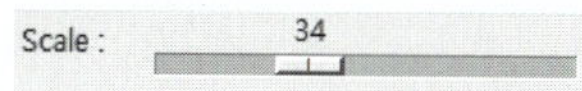


```
# 체크박스 버튼: Checkboxbutton()으로 개별 선택 항목 생성
c1 = ttk.Checkbutton(switch_frame, text='개별 선택 1')
c2 = ttk.Checkbutton(switch_frame, text='개별 선택 2')
c3 = ttk.Checkbutton(switch_frame, text='개별 선택 3')
...
```

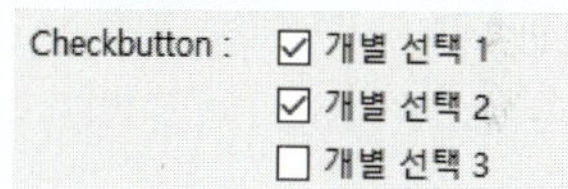


```
# 라디오 버튼: Radiobutton()으로 그룹 중 택일 항목 생성
r1 = ttk.Radiobutton(switch_frame, text='하나만 선택(1/3)',
        variable=self.radio_variable, value='0')
r2 = ttk.Radiobutton(switch_frame, text='하나만 선택(2/3)',
        variable=self.radio_variable, value='1')
r3 = ttk.Radiobutton(switch_frame, text='하나만 선택(3/3)',
        variable=self.radio_variable, value='2')
...
```

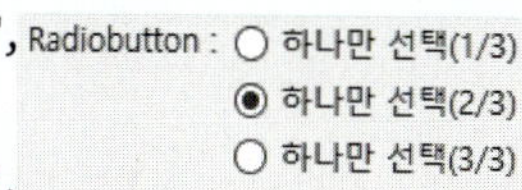


```
# 선택 목록: Listbox()로 목록에서 선택 가능
my_listbox = tk.Listbox(list_frame, height=4)
my_listbox['values'] = ('선택항목 1', '선택항목 2',
    '선택항목 3', '선택항목 4')
...
```

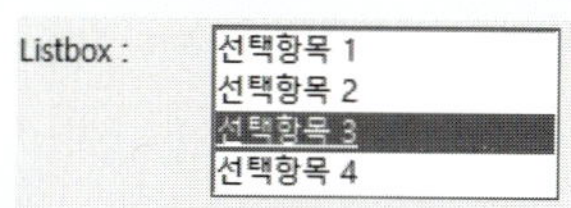


```
# 펼침 목록: Combobox() 펼침 목록 생성
my_combobox = ttk.Combobox(list_frame, height=4,
    textvariable=self.combobox_value)
my_combobox['values'] = ('선택항목 1', '선택항목 2',
    '선택항목 3', '선택항목 4')
...
```

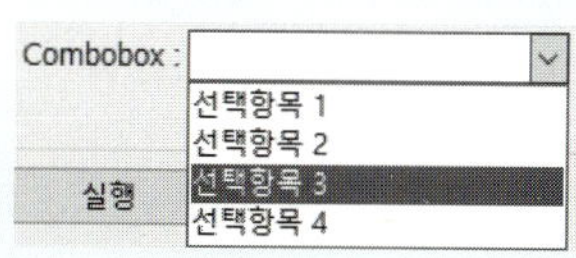

```
        # 실행 버튼
        my_button = ttk.Button(self.window, text='실행')
        quit_button = ttk.Button(self.window, text='닫기',
                command=self.window.destroy)
        ...

# Create the entire GUI program
program = Input_GUI()

# Start the GUI event loop
program.window.mainloop()
```

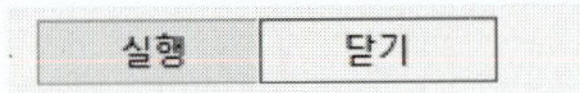

12.1.3 파이썬 외부 라이브러리(Third-Party Library)

파이썬 언어는 제3자가 제공하는 다양한 라이브러리를 이용할 수 있다. 이것이 파이썬 언어의 가장 큰 장점이라 할 수 있다. 파이썬 언어로 작성된 무수히 많은 외부 라이브러리들이 존재하므로 이들을 어떻게 찾아서 적절히 사용하는지가 사실상 파이썬 프로그래머의 능력과 직결된다. 아래에 가장 잘 알려지고 유용한 외부 라이브러리들을 정리하였다.

1) 기본적인 수리 라이브러리

수리 라이브러리는 수학 및 과학/공학 연산을 처리하기 위해 제공되는 기본 라이브러리이다. NumPy는 배열(Array)의 연산을 수행하며 따라서 선형대수에서 유용하게 사용된다. NumPy는 다차원 배열을 처리하는데 필요한 다양한 기능을 제공하고 있다. SciPy는 NumPy 모듈의 상위 레벨에서 작동하는 라이브러리로서 과학 및 공학 분야의 다양한 수리연산을 위해 사용된다. SciPy는 적분, 미분방정식 해석, 선형대수, 최적화함수, 보간법, 이미지처리, 신호처리, 프리에 변환, 공간데이터 처리 알고리즘, 확률분포, 다양한 통계처리 함수 등을 제공한다. SciPy도 흔히 NumPy, Pandas, Matplotlib와 함께 사용된다.

2) 데이터 시각화

데이터 시각화(Data Visualization)란 데이터 분석 결과를 그래프, 차트, 히스토그램, 산점도(Scatter plot) 등의 형태로 그려주는 과정을 의미한다. 파이썬의 대표적인 데이터 시각화 라이브러리인 Matplotlib는 MATLAB의 데이터 시각화 기능과 유사한 기능을 제공하며 Jupyter Notebook에서 코드를 직접 실행하여 시각적 결과를 출력하면 매우 편리하다.

3) 데이터 분석 pandas

데이터 분석이란 원 데이터를 테이블, 타임 시리즈, 행렬, 엑셀 스프레드시트, 통계 데이터 형태 등의 데이터 구조로 구성해주고 해당 연산을 처리해주는 기능이다. Pandas는 NumPy, Matplotlib와 함께 파이썬 환경에서 데이터 분석 기능을 위해 자주 사용된다.

4) 이미지 분석 pillow OpenCV

이미지 분석이란 픽셀(Pixel) 형태로 존재하는 디지털 이미지로부터 의미 있는 정보를 가져와 분석하고 처리결과를 시각적으로 표현하는 기능이다. 이미지 분석 라이브러리는 대용량의 디지털 이미지를 실시간에 분석하여 고차원의 정보를 추출하는데 매우 유용하다. 얼굴 인식, 문자 인식, 의학, 원격탐사, 로봇, 보안 등의 영역에서 유용하게 사용된다. Pillow는 이미지 파일의 입력, 변환 및 저장, 이미지 파일의 디스플레이, 필터링 기법을 사용한 이미지 처리 등의 기능을 제공한다. 또한, OpenCV는 컴퓨터 비전에서 자주 사용되며 일반적인 이미지 처리, 그래픽스 기능은 물론 객체/얼굴/행동 인식, 모션 추적 등의 기능을 제공한다.

5) 게임 프로그램 작성 PyGame

게임 라이브러리는 게임이나 멀티미디어 응용에서 요구되는 그래픽 기능, 사운드 기능, 애니메이션 기능 등을 지원한다. PyGame은 파이썬 환경에서 자주 사용되는 게임 개발 라이브러리로 SDL(Simple DirectMedia Library) 라이브러리 상에서 개발되어 있다.

6) 기계학습(또는 딥러닝) 라이브러리 scikit learn TensorFlow Keras

기계학습 또는 머신러닝이란 인공지능 분야의 한 영역으로 주어진 데이터를 이용하여 학습하고 훈련하여 패턴을 찾아내는 기법을 의미한다. 많은 데이터가 축적되면서 기계가 스스로 학습할 수 있게 되었다. 기계학습은 이러한 학습을 통하여 일반적인 문제에서 예측하고 분류하는 기능을 제공한다. 기계학습은 문자인식, 이메일 필터링, 의학, 컴퓨터 비전 등 다양한 분야에 적용될 수 있다. Scikit-learn 라이브러리는 지도학습, 비지도학습, 기계학습 모델의 선택 및 평가, 데이터 변환 기능을 제공한다. 또한, TensorFlow와 Keras는 기계학습 라이브러리로 특히 딥러닝 분야에 자주 사용되고 있다.

7) 자연어처리

자연어처리란 문장의 구문분석, 형태소 분석 기능을 지원하며 또한 문서의 검색, 문서의 자동분류, 신문 기사의 클러스터링, 대화형 에이전트에서 필요한 기능을 제공한다. 또한, 통계적 자연어처리는 구문 분석을 통하지 않고 축적된 언어 빅데이터를 이용하여 언어의 번역 및 음성 인식 분야에서 유용한 결과를 지원한다. NLTK, Spacy, Gensim 등이 잘 알려진 자연어처리 라이브러리이다.

8) 웹 스크래핑 또는 크롤링 라이브러리

웹 스크래핑(Scrapping)이란 웹 환경에서 원하는 정보나 데이터를 찾아서 추출하는 기능이며 추출한 데이터를 JSON, CSV 또는 XML 형태로 가공한다. 크롤링(Crawling)이란 웹을 탐색하여 인터넷 페이지로부터 정보를 수집하여 저장한 후 찾아낸 데이터를 쉽게 찾을 수 있도록 인덱싱하는 것을 의미한다. 크롤링도 스크래핑 기법에 속한다. 파이썬 환경에서 Scrapy, Beautiful Soup, urllib, requests 등이 자주 이용되고 있다.

12.2 수리 연산 및 데이터 처리

이 절에서는 수리 연산을 위한 외부 라이브러리 NumPy를 공부하자. NumPy는 많은 파이썬 외부 라이브러리들의 기반이 되는 라이브러리이다. 또한 데이터를 원하는 형태로 시각화하는 라이브러리 Matplotlib, 빅데이터 분석에 효과적인 라이브러리 pandas의 사용법을 소개한다.

12.2.1 수리 연산 – NumPy

NumPy는 다차원 배열(Array)을 처리하는데 필요한 여러 가지 유용한 기능을 제공하고 있다. NumPy는 배열을 생성하고 슬라이싱이나 인덱싱을 통하여 배열의 부분집합을 구하고 배열의 연산을 수행한다. 또한, NumPy는 수치해석, 선형대수, 프리에 변환 및 난수생성 기능을 제공한다. NumPy는 수치해석 및 통계처리를 위한 가장 기초적인 기능을 제공하며 흔히 SciPy, Pandas, Matplotlib 등 다른 모듈과 함께 사용되는 경우가 많다.

1) NumPy의 설치

NumPy는 pip을 사용하여 아래와 같이 설치할 수 있다.

```
$ pip install numpy              (Linux에서)
C:\> pip install numpy           (Window에서)
```

윈도우 PC에서 설치하는 과정의 화면은 그림 12-3과 같다.

[그림 12-3] NumPy 설치 화면

혹시 pip가 실행이 안 되는 경우는 파이썬 프로그램의 경로가 설정되어 있지 않기 때문이므로 파이썬 설치를 시작할 때 그림 12-4와 같이 경로설정 버튼을 체크해 주면 된다.

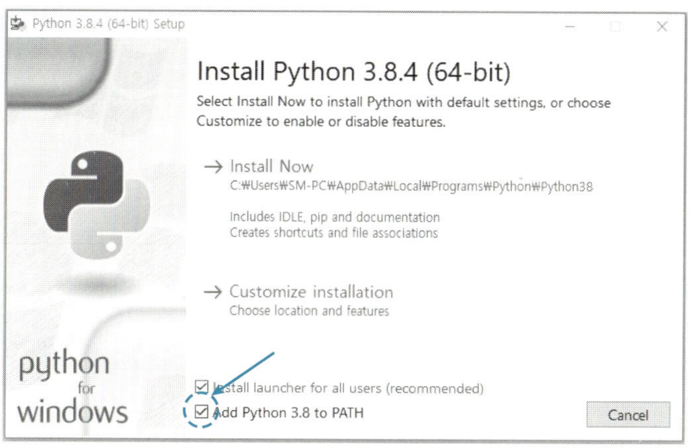

[그림 12-4] pip 실행을 위한 파이썬 설치 화면

2) 배열의 생성

배열은 항상 동일한 데이터 형을 요소로 가지며, 파이썬 프로그램에서 배열을 생성하는 방

법은 파이썬의 리스트(list)를 사용하여 생성하는 방법과 NumPy가 제공하는 array( ) 함수를 이용하는 방법이 존재한다. 아래 예에서는 리스트를 이용하여 배열을 생성하는 방법과 Numpy 함수를 이용하는 방법을 알아보자. array( ) 함수의 인수에 리스트를 지정해 주면 해당하는 배열이 생성되며, ones(size) 함수를 이용하면 size 만큼의 크기로 모든 요소값이 1로 채워진 배열이 생성된다. zeros(size) 함수는 모든 요소값이 0인 배열을 생성한다. arange(start,end,step) 함수에서는 리스트의 범위 설정과 마찬가지의 배열이 생성된다. 아래의 예에서는 2부터 9 이전까지 2씩 증가하는 배열을 생성한다.

```
>>> import numpy as np
>>> mylist = [1,2,3]
>>> arr = np.array(mylist)
>>> arr
array([1, 2, 3])
>>>
>>> arr1 = np.ones(4)
>>> arr2 = np.arange(2,9,2)
>>> arr1, arr2
(array([1., 1., 1., 1.]), array([2, 4, 6, 8]))
>>> print(arr1,arr2)
[1. 1. 1. 1.] [2 4 6 8]
>>>
```

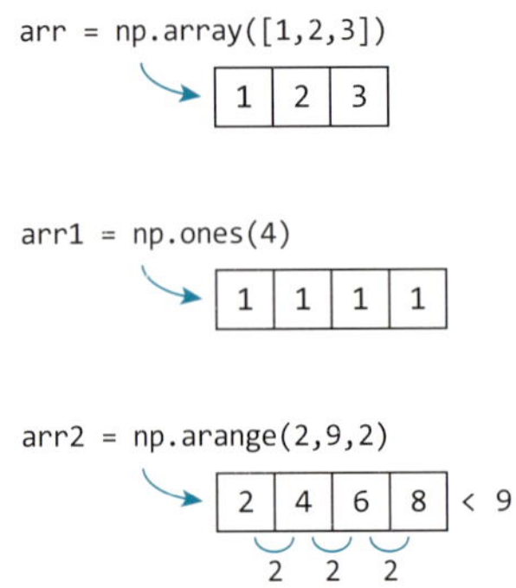

배열은 1차원뿐 아니라 2차원이나 3차원, 혹은 그 이상의 n차원 배열까지 생성할 수 있다. reshape(n1,n2) 함수를 사용하면 1차원 배열을 쉽게 n차원 배열로 변경할 수 있다. 배열의 차원을 ndim 속성으로, 배열의 전체 요소의 개수를 size 속성으로, 그리고 배열의 n차원 크기는 shape 속성에서 튜플로 표현한다. 예를 들어, 행이 2이고 열이 3인 배열이라면 ndim은 2이고, size는 6, shape은 (2, 3)이 된다. 그 다음 예제는 3차원 배열을 생성한 예제이다. 0부터 23까지의 요소값 24개를 2×3×4 크기로 배치한 배열인 경우 ndim은 3이고, size는 24, shape은 (2, 3, 4)가 된다.

```
>>> mylist = [1,2,3,4,5,6]
>>> arr = np.array(mylist).reshape(2,3)
>>> arr
array([[1, 2, 3],
       [4, 5, 6]])
>>> print(arr.ndim, arr.size, arr.shape)
```

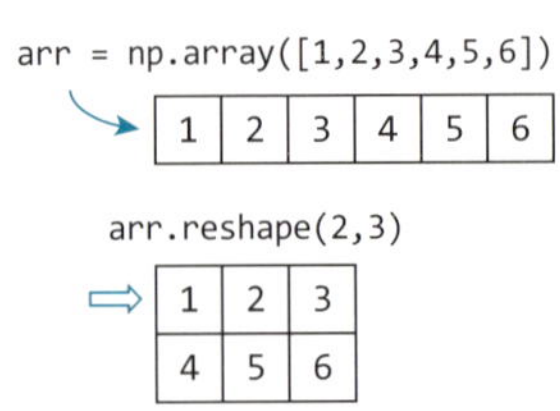

```
2 6 (2, 3)
>>>
>>> arr = np.arange(24).reshape(2,3,4)
>>> arr
array([[[ 0,  1,  2,  3],
        [ 4,  5,  6,  7],
        [ 8,  9, 10, 11]],

       [[12, 13, 14, 15],
        [16, 17, 18, 19],
        [20, 21, 22, 23]]])
>>> print(arr.ndim, arr.size, arr.shape)
3 24 (2, 3, 4)
>>>
```

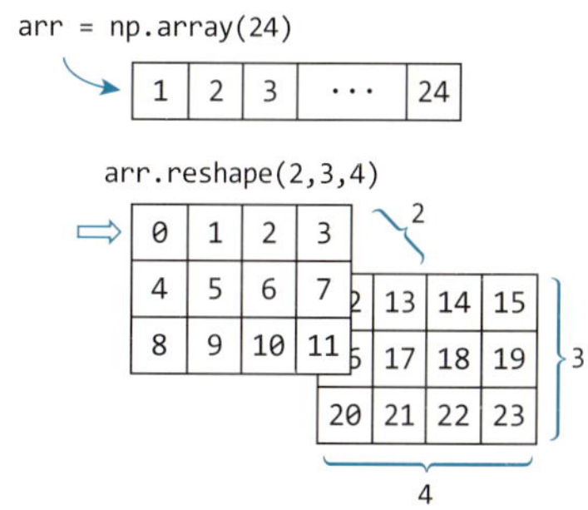

3) 배열의 슬라이싱과 인덱싱

NumPy는 리스트 자료형과 마찬가지로 슬라이싱 및 인덱싱 기능을 제공한다. 슬라이싱은 배열의 부분집합을 구하고 인덱싱은 특정한 배열요소들을 찾아온다. 아래에 배열의 인덱싱 예를 알아보자. 1부터 9까지 요소값으로 가지고 있는 배열 arr1에서 arr1[2:5]은 2번 인덱스(0이 시작)에서 4번 인덱스의 요소로 새로운 배열을 생성해 준다. arr2[0:2,0:2]는 이차원 배열에서 처음 2개씩의 요소로 이루어진 2×2 크기의 2차원 배열을 생성해준다.

```
>>> import numpy as np
>>>
>>> mylist = [1,2,3,4,5,6,7,8,9]
>>> arr1 = np.array(mylist)
>>> print(arr1[2:5])
[3 4 5]
>>> arr2 = arr1.reshape(3,3)
>>> print(arr2[0:2,0:2])
[[1 2]
 [4 5]]
>>>
```

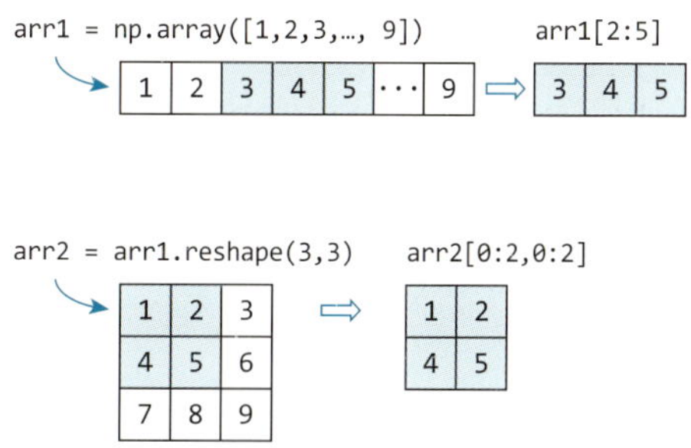

배열에서 해당 인덱스의 요소에 값을 설정할 수 있으며, 2차원 배열에서 arr2[0]은 첫 번째 행 전체를 의미하고 arr2[0,0] 및 arr2[1,1] 등은 해당 요소를 의미한다.

```
>>> arr2[0] = 99
>>> arr2
array([[99, 99, 99],
       [ 4,  5,  6],
       [ 7,  8,  9]])
>>> arr2[0,0], arr2[1,1], arr2[2,2] = 1, 1, 1
>>> arr2
array([[ 1, 99, 99],
       [ 4,  1,  6],
       [ 7,  8,  1]])
>>>
```

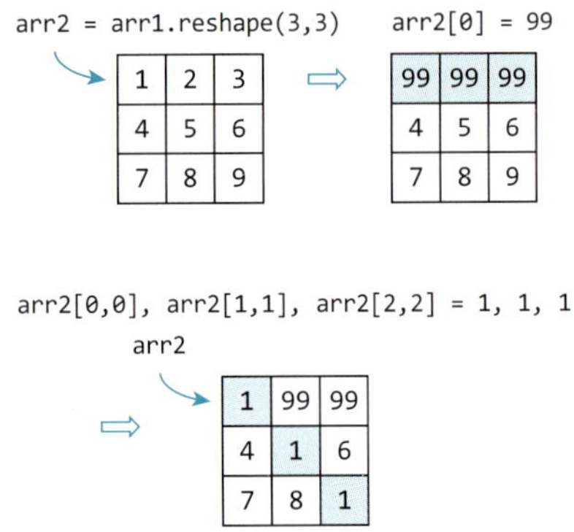

4) 배열의 연산

배열의 연산은 +, −, *, / 등의 연산사가 존재하고 함수로는 add( ), subtract( ), multiply( ), divide( ), dot( ), sum( ), prod( ) 함수 등이 존재한다. 함수 add( ), subtract( ), multiply( ), divide( )를 사용하려면 주어진 두 개 배열의 shape이 동일해야 한다. 다음에는 +, * 연산자와 subtract( ), divide( ) 함수의 예를 보여준다.

```
>>> import numpy as np
>>>
>>> arr1 = np.arange(1,13,2).reshape(2,3)
>>> arr2 = np.arange(2,8).reshape(2,3)
>>>
>>> arr1 + arr2                    # add()
array([[ 3,  6,  9],
       [12, 15, 18]])
>>> np.subtract(arr1,arr2)         # arr1 - arr2
array([[-1,  0,  1],
       [ 2,  3,  4]])
>>> arr1 * arr2                    # multiply()
array([[ 2,  9, 20],
       [35, 54, 77]])
>>> np.divide(arr1,arr2)           # arr1 / arr2
array([[ 0.5, 1., 1.25 ],
       [1.4, 1.5, 1.57142857]])
>>>
```

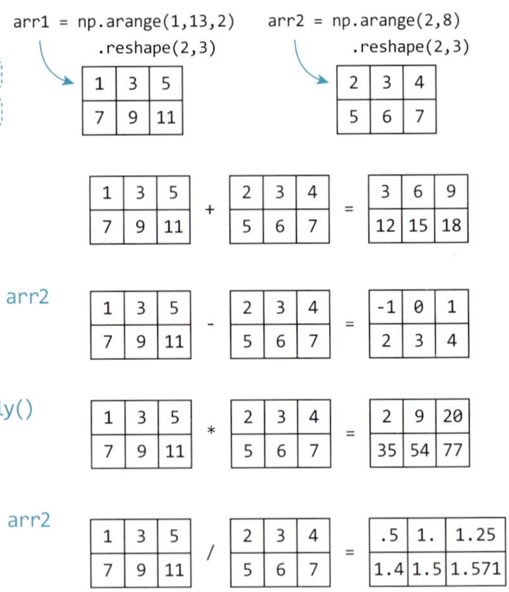

dot( ) 함수는 벡터(Vector)나 행렬(Matrix)의 "내적(Dot product)"를 구하는 함수이다. 내적을 계산하려면 단순히 shape의 크기가 같은 것이 아니라 앞쪽 배열에서 열의 크기와 뒤쪽 배열에서 행의 크기가 같아야 한다. 즉, shape 크기가 2×3인 배열의 내적을 구하려면 뒤쪽 배열의 shape 크기가 3×2가 되어야 한다. 2×3인 배열을 3×2 크기의 배열로 바꾸려면 행과 열을 바꾸어주는 transpose( ) 함수를 이용한다. 아래의 예를 통해 dot( ) 함수의 기능을 알아보자.

```
>>> arr3 = arr2.transpose()
>>> arr3
array([[2, 5],
       [3, 6],
       [4, 7]])
>>> np.dot(arr1, arr3)
array([[ 31,  58],
       [ 85, 166]])
>>>
```

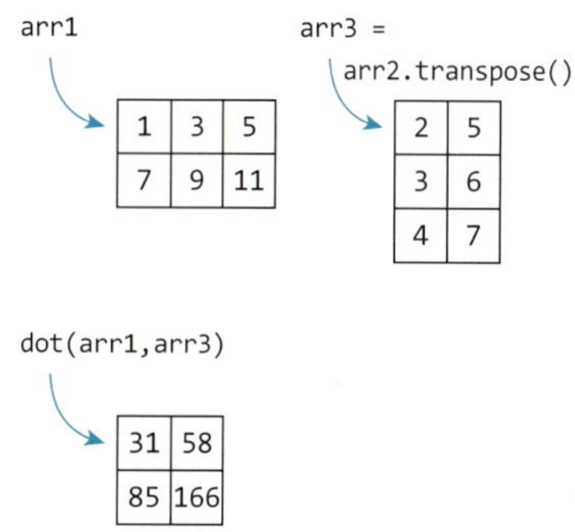

12.2.2 데이터 시각화 – Matplotlib

Matplotlib는 파이썬 환경에서 데이터를 그래프, 차트 등을 이용하여 시각화(Data Visualization)하는 라이브러리로 다양한 그래프, 차트, 히스토그램 및 플롯 형태를 지원한다. Matplotlib를 이용하여 데이터 시각화를 할 때 Jupyter Notebook을 이용하면 매우 편리하다. Matplotlib는 데이터 분석 라이브러리인 Pandas와 함께 사용되는 경우도 많다.

1) Matplotlib의 설치와 그리기

아래 예에서 보듯이 Matplotlib 라이브러리를 설치하고 plot( ) 함수를 이용하여 데이터를 그래프로 표시하고 show( ) 함수를 이용하여 그림을 출력한다. 만약 matplotlib 라이브러리가 설치되어 있지 않다면 앞 절과 마찬가지로 윈도우의 명령 프롬프트 프로그램에서 아래와 같이 pip install 명령으로 설치할 수 있다.

```
C:\> pip install matplotlib
```

아래의 예제에서 첫 번째 선그래프처럼 plot( ) 함수의 인수로 리스트를 직접 지정할 수 있으며, 두 번째와 세 번째 곡선처럼 사용자가 정의하는 함수로부터 계산하여 리스트를 생성할 수도 있다. 이 때, NumPy 모듈의 linespace( ) 함수는 지정된 구간을 주어진 개수로 나누어 독립변수 x값의 리스트를 생성한다. 종속변수 y의 값은 sin() 함수와 exp() 함수를 적절히 곱하여 구하였다. plot() 함수에서 마지막으로 사용된 인수는 색상 'black', 'cyan', 'blue'를 의미한다. show() 함수는 최종적으로 화면에 출력하는 기능을 수행하며, Jupyter나 IPython을 사용할 때는 호출할 필요가 없다.

[plot_ex01.py]

```
from matplotlib import pyplot as plt
import numpy as np

plt.title('example 1')

# 가운데 꺾은선 그래프의 x, y 좌표 리스트, 검은색(blac'k')으로 그린다.
plt.plot([0,.12,.25,.37,.5,1], [0,.6,0,-.3,0,0],'k')

# 두번째 촘촘한 꺾은선 그래프의 좌표 리스트 x1, y1
x1 = np.linspace(0,1,28)                # 0~1 사이 28개 구간
y1 = np.sin(4*np.pi*x1)*np.exp(-1.8*x1)     # sin 함수에 지수 함수를 곱했다.
plt.plot(x1,y1,'c')

# 세번째 곡선 그래프의 좌표 리스트 x2, y2 (실제로는 매우 촘촘한 꺾은선)
x2 = np.linspace(0,1,80)                # 0~1 사이 80개 구간
y2 = np.sin(4*np.pi*x2)*np.exp(-0.6*x2)     # sin 함수에 지수 함수를 곱했다.
plt.plot(x2,y2,'b--')

plt.show()
```

그래프의 제목

꺾은선 그래프: 검은색(blac'k')

촘촘한 꺾은선 그래프: 하늘색('c'yan)

곡선: 파랑색('b'lue) 점선('--')

위 예제의 실행 결과는 다음과 같다.

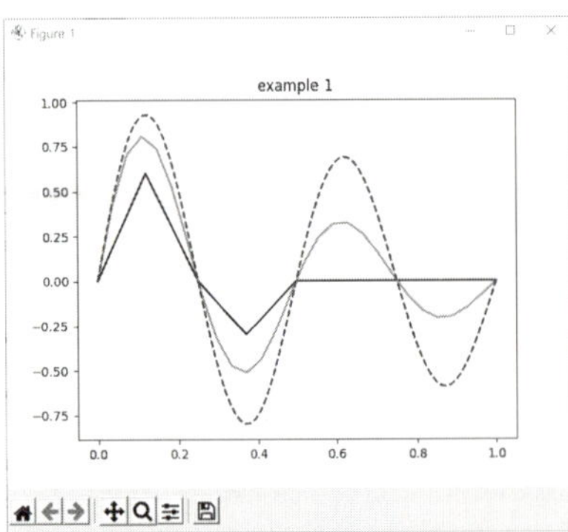

2) 제목, 레이블 및 범례 붙이기

출력한 그래프의 제목은 title( ) 함수, x축 및 y축의 레이블은 xlabel( )과 ylabel( ) 함수, x축 y축의 범위는 axis( ) 함수로 설정할 수 있다. 그리드 선 그리기는 grid( ) 함수로 지정하면 된다. plot( ) 함수에서 그래프 선의 색상, 타입, 마커를 지정할 수 있다. 색상은 검은색(k), 하늘색(cyan), 파랑색(blue)으로 지정하였으며 선타입은 '–'는 실선, '– –'는 점선을 의미한다. 마커 종류로는 원('o'), 사각형('s'), 세로바('|'), 별표('*') 등이 있다. 선굵기는 lw(line width) 속성으로 지정하며 legend 속성은 범례를 출력하는데 사용된다. text( ) 함수에서는 지정된 위치에 설명을 적어주며, lengend( ) 함수에서 지정한 위치에 범례를 표시해 준다.

[plot_ex02.py]

```
import matplotlib.pyplot as plt
import numpy as np
                              축의 옵션 설정 함수들
plt.title('example 2')                        # 그래프의 제목
plt.xlabel('x (radian)')                      # x축 레이블
plt.ylabel('y (function values)')             # y축 레이블

plt.axis([0,1,-1.2,1.2])                      # 축의 범위 지정
plt.grid(True)                                # 그리드 선 그리기

# 가운데 꺽은선 그래프, 검은색(black), 점선('--'), 꼭지점에 o형 마커, 선굵기=1
# label 값은 범례 작성할 때 사용
plt.plot([0,.12,.25,.37,.5,1], [0,.6,0,-.3,0,0], 'k--o', label='polyline', lw=1)
                              꺽은선 그래프: 검은색(k) 점선, o형 마커
# 두번째 촘촘한 꺽은선 그래프, 하늘색(cyan), 실선('-'), 사각형(square) 마커
x1 = np.linspace(0,1,28)
y1 = np.sin(4*np.pi*x1)*np.exp(-1.8*x1)
plt.plot(x1,y1, 'c-s', label=r'$ sin(4\pi x)·e^{-1.8x} $', lw=1)
                              촘촘한 꺽은선 그래프: 하늘색(c) 실선, 사각형 마커
# 세번째 곡선 그래프, 파랑색(cyan), 실선('-'), 세로바('|') 마커, 선굵기=0.8
x2 = np.linspace(0,1,80)
y2 = np.sin(4*np.pi*x2)*np.exp(-0.6*x2)
plt.plot(x2,y2, 'b-|', label=r'$ sin(4\pi x)·e^{-0.6x} $', lw=0.8)
                              곡선: 파랑색(b) 실선, 세로바 마커
plt.text(0.45,-0.9,'Example of converging curves')  # 지정한 위치에 설명 표시
plt.legend(loc='upper right')                        # 범례 표시(오른쪽 위)

plt.show()                    출력 함수들
```

위 예제는 앞의 예제와 동일한 그래프에 각종 장식을 추가하여 파이썬 프로그램이며 그 실행 결과는 다음과 같다.

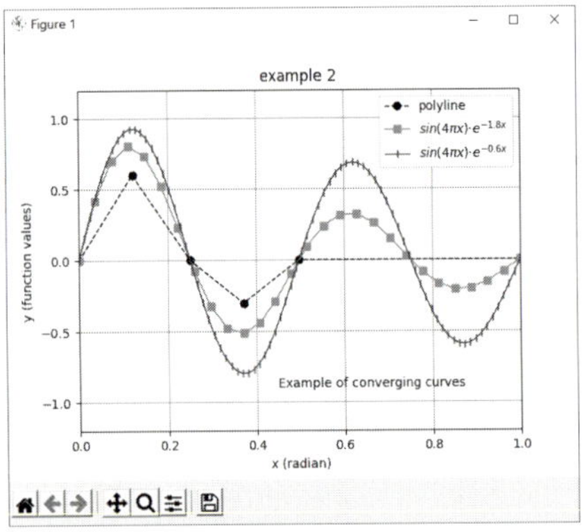

3) 다양한 차트와 플롯

Matplotlib는 plot() 함수 외에 여러 가지 함수를 이용하여 다양한 플롯이나 차트를 그릴 수 있다. 그림 12-5에서 보듯이 바차트, 파이차트, 히스토그램을 그리기 위해 bar, pie, hist 함수를 사용한다.

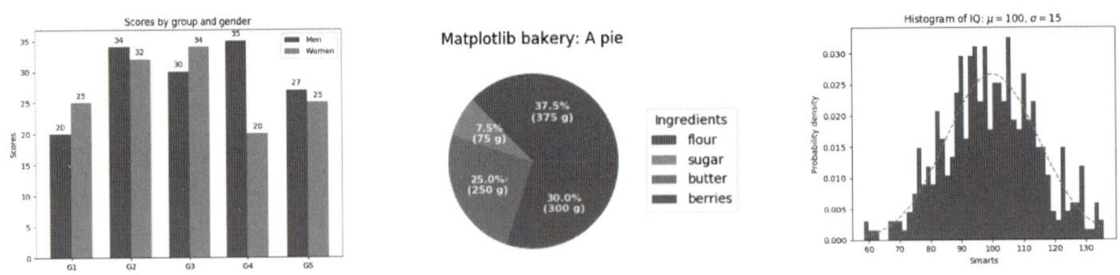

[그림 12-5] Matplotlib를 이용한 다양한 차트와 그래프의 예

(출처: https://matplotlib.org)

12.2.3 빅데이터 분석 – Pandas pandas

Pandas는 파이썬 환경에서 데이터 분석을 위해 가장 널리 사용되는 라이브러리이다. Pandas는 NumPy를 기반으로 하여 개발된 라이브러리로서 Series, DataFrame, Panel과 같은 유용한 자료구조를 제공하고 있다. Pandas는 IPython 도구 등과 같은 라이브러리를 이용하여 데이터 분석을 수행할 때 R언어의 기능을 대체할 수 있다. 그러나 Pandas는 선형회귀 및 다중회귀 기능 외에 다양한 모델링 기능을 제공하지는 않는다.

1) Series, DataFrame, Panel 데이터구조

Pandas를 이용하기 위해서는 이미 NumPy 모듈이 설치되어 있어야 하며, Pandas 모듈을 설치하고 난 후 Pandas를 import한다. Pandas는 그림 12-6에서와 같이 1차원 자료구조 Series, 2차원 자료구조 DataFrame, 3차원 자료구조 Panel을 지원한다. 이를 위하여 Pandas는 함수 Series(), DataFrame(), Panel()을 제공하고 있다.

	Score
Jan	78
Feb	56
Mar	67
Apr	95

(a) Series

	중간	기말	실습
김정호	92	80	87
박문수	94	82	86
장영실	87	89	81
홍길동	67	65	74

(b) DataFrame

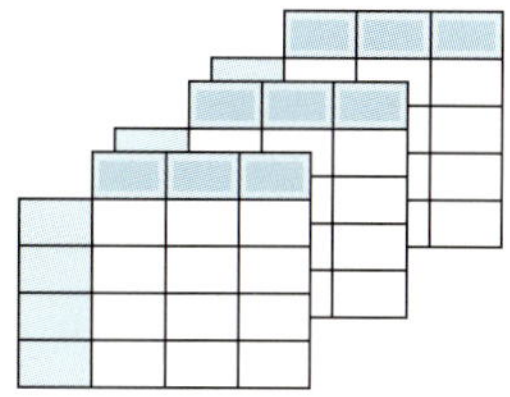

(c) Panel

[그림 12-6] Series, DataFrame 및 Panel 데이터 구조

Pandas에서 Series() 함수를 이용하면 인덱스를 가지고 있는 1차원 배열 형식의 데이터 구조를 구성한다. 9장에서 소개한 딕셔너리와 구조가 비슷하므로 딕셔너리로 선언된 데이터를 Series() 함수에서 바로 Series 구조로 변환할 수 있다. 아래의 예에서 보듯이 딕셔너리의 〈키〉 값이 Series의 인덱스로 변환된다. 마지막 예에서처럼 Series() 함수에서 직접 데이터와 인덱스를 지정하여 생성할 수도 있다.

```
>>> import pandas as pd
>>>
>>> monthly_score =  {'Jan':78, 'Feb':56, 'Mar':67, 'Apr':95 }
>>> print(monthly_score)
{'Jan': 78, 'Feb': 56, 'Mar': 67, 'Apr': 95}
>>> print(monthly_score['Feb'])
56
>>>
>>> sr_score1 = pd.Series(monthly_score)
>>> print(sr_score1)
Jan     78
Feb     56
Mar     67
Apr     95
dtype: int64
>>>
```

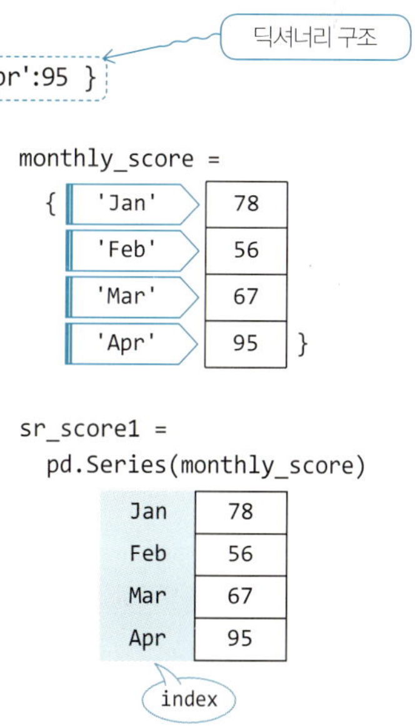

```
>>> sr_score2 = pd.Series( [78, 56, 67, 95],
        index=['Jan', 'Feb', 'Mar', 'Apr'])
>>> print(sr_score2)
Jan     78
Feb     56
Mar     67
Apr     95
dtype: int64
>>>
```

Series로 직접 지정

아래의 예에서는 DataFrame() 함수를 이용하여 2차원 테이블 형식의 데이터 구조를 구성한다. 2차원 데이터 구조는 행(Row)과 열(Column)로 구성되며 아래 예에서 행은 각 사람별 레코드이고 열은 중간, 기말, 실습 성적이다. 먼저 데이터를 딕셔너리 구조로 선언하여 확인해보고 이를 DataFrame() 구조로 변환해 보았다.

딕셔너리 구조

```
>>> dic_score = {
    '이름' : ['김정호', '박문수', '장영실', '홍길동'],
    '중간고사' : [92, 94, 87, 67],
    '기말고사' : [80, 82, 89, 65],
    '실습과제' : [87, 86, 81, 74]
    }
>>>
```

dic_score =

```
>>> print(dic_score)
{'이름': ['김정호', '박문수', '장영실', '홍길동'], '중간고사': [92, 94, 87, 67], '기말고사':
[80, 82, 89, 65], '실습과제': [87, 86, 81, 74]}
>>>
>>>
>>> df_score1 = pd.DataFrame(dic_score)
>>> print(df_score1)
     이름  중간고사  기말고사  실습과제
0  김정호    92     80     87
1  박문수    94     82     86
2  장영실    87     89     81
3  홍길동    67     65     74
>>>
>>> print(df_score1['이름'])
0     김정호
1     박문수
```

딕셔너리를 DataFrame으로 변환

DataFrame을 인덱스로 접근

df_score1 =
  pd.DataFrame(dic_score)

이름	중간고사	기말고사	실습과제
김정호	92	80	87
박문수	94	82	86
장영실	87	89	81
홍길동	67	65	74

```
2       장영실
3       홍길동
Name: 이름, dtype: object
>>>
>>> score = [ [92, 80, 87], [94, 82, 86],
                [87, 89, 81], [67, 65, 74]]
>>> names = ['김정호', '박문수', '장영실', '홍길동']
>>> exams = ['중간고사', '기말고사', '실습과제']
>>>
```

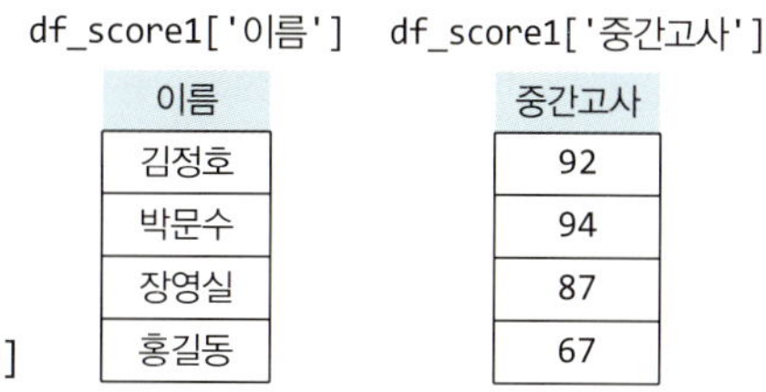

DataFrame으로 직접 지정

```
>>> df_score2 = pd.DataFrame(score, index = names, columns = exams)
>>> print(df_score2)
      중간고사  기말고사  실습과제
김정호    92    80    87
박문수    94    82    86
장영실    87    89    81
홍길동    67    65    74
>>>
```

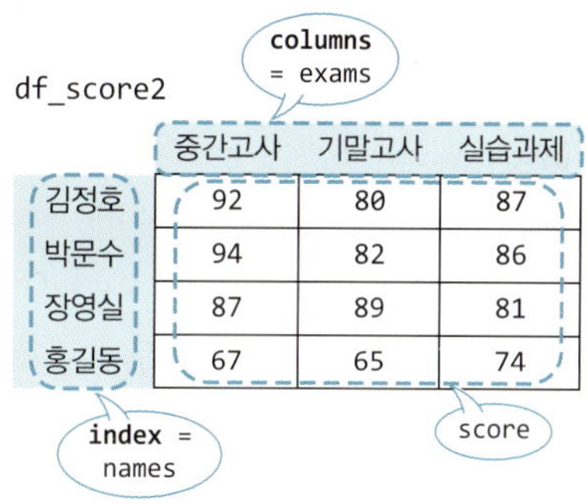

2) 데이터 액세스

Pandas에서 Series, DataFrame, Panel을 이용하여 데이터 구조를 만든 후 원하는 데이터를 액세스할 수 있다. 가장 일반적인 방법은 인덱싱 또는 속성(Attribute)을 이용하여 원하는 행을 가져오는 방법이다. 앞의 예에 이어서 보듯이 Series인 경우 딕셔너리와 속성 표기에 큰 차이가 없다.

```
>>> print(monthly_score['Feb'])
56
>>> print(sr_score1['Feb'])
56
>>>
```

딕셔너리 구조

Series 구조

앞의 예에서 DataFrame을 사용하여 2차원 데이터구조를 만든 후 "df_score('중간고사')" 또는 "df_score.중간고사"를 이용하여 원하는 열(column)을 가져올 수 있다. 인덱스 열은 df_score.index로 가져올 수 있으며, 또한 df_score[df_score.index=='홍길동']에서 보듯이 주어진 조건을 만족시키는 행을 가져 올 수도 있다.

```
>>> print(dic_score['이름'])
['김정호', '박문수', '장영실', '홍길동']
>>> print(dic_score['중간고사'])
[92, 94, 87, 67]
>>>
>>> print(df_score2['중간고사'])
김정호    92
박문수    94
장영실    87
홍길동    67
Name: 중간고사, dtype: int64
>>>
>>> print(df_score2.중간고사)
김정호    92
박문수    94
장영실    87
홍길동    67
Name: 중간고사, dtype: int64
>>>
>>> print(df_score2.index)
Index(['김정호', '박문수', '장영실', '홍길동'], dtype='object')
>>>
>>>
>>> print(df_score2[df_score2.index=='홍길동'])
     중간고사  기말고사  실습과제
홍길동    67     65     74
>>>
```

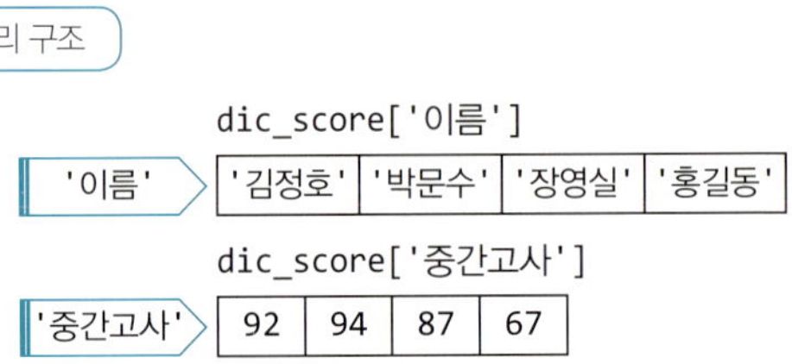

DataFrame 구조의 괄호형식 인덱싱

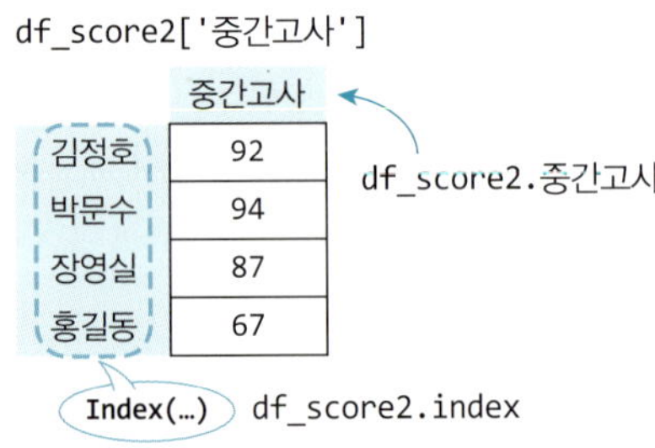

속성형식 인덱싱

DataFrame 구조의 인덱스 정보

DataFrame 조건부 액세스

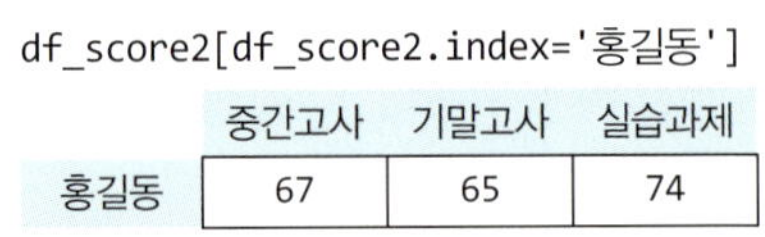

3) 외부 데이터 접근

Pandas는 CSV 파일, 텍스트 파일, 엑셀 파일, SQL 데이터베이스 등 다양한 외부 파일 포맷을 접근하여 읽거나 쓸 수 있는 기능을 지원한다. 아래의 예는 엑셀 파일 score.xls로부터 데이터를 읽어오는 프로그램을 실행시킨 것이다. read_excel() 함수에 엑셀 파일 이름을 알려주면 엑셀의 내용을 DataFrame으로 변환해 준다. 결과를 출력해보면 딕셔너리 데이터를 변환했을 때와 동일함을 볼 수 있다. 혹시 read_excel() 함수가 없다는 에러 메시지가 나오는 경우에는 "pip install xlrd" 명령을 통해 추가로 설치하면 된다.

| score.xls |

	A	B	C	D	E	F
1	이름	중간	기말	실습		
2	김정호	92	80	87		
3	박문수	94	82	86		
4	장영실	87	89	81		
5	홍길동	67	65	74		
6						
7						
8						

```
>>> import pandas as pd
>>>
>>> xl_file = 'score.xls'
>>> xl_score = pd.read_excel(xl_file)
>>> print(xl_score)
    이름  중간  기말  실습
0  김정호  92  80  87
1  박문수  94  82  86
2  장영실  87  89  81
3  홍길동  67  65  74
```

pd.read_excel('score.xls')

	이름	중간고사	기말고사	실습과제
0	김정호	92	80	87
1	박문수	94	82	86
2	장영실	87	89	81
3	홍길동	67	65	74

index

read_excel( ) 함수에서 인수 sheet_name으로 엑셀 파일의 시트를 지정할 수 있으며, index_col 인수로 인덱스 열을 지정할 수 있다. DataFrame에 적용되는 head( ) 함수는 배열에서 처음 몇 행만을 지정하며, tail( ) 함수는 끝 부분에 몇 행만을 지정한다. 디폴트 값은 5이다.

```
>>> xl_score2 = pd.read_excel(xl_file, sheet_name=0, index_col=0)
>>>
>>> xl_score2.head(3)
     중간  기말  실습
이름
김정호  92  80  87
박문수  94  82  86
장영실  87  89  81
```

```
xl2 = pd.read_excel('score.xls', index_col=0)
  xl2.head(3)
```

	중간	기말	실습
이름			
김정호	92	80	87
박문수	94	82	86
장영실	87	89	81

index

12.3 이미지 처리 – Pillow pillow

파이썬은 이미지를 변환하고 처리하기 위하여 Pillow 및 OpenCV 라이브러리를 사용한다. Pillow는 "Python Imaging Library"의 의미를 가지며 원래 PIL로부터 시작하였다. Pillow는 다양한 이미지 포맷을 지원하며 이미지 내부 픽셀 데이터를 액세스하여 다양한 이미지 처리 기능을 제공한다. 또한 Pillow는 다른 이미지 포맷으로 변환하는 기능을 제공하고 이미지를 출력할 수 있다.

1) 이미지 파일의 읽고 쓰기

Pillow 라이브러리는 Image 클래스를 사용하려면, PIL 라이브러리에서 Image 클래스를 임포트 하면 된다. Image.open( ) 메소드는 기존 이미지 파일을 여는 기능을 수행하고 Image.new( )는 새로운 이미지를 생성한다. 아래 프로그램은 이미지의 파일 형식, 크기, 컬러 모드를 알기 위해서 format, size, mode 속성을 이용하였고, show( ) 메소드를 통해 이미지를 화면에 출력한다. 실행 결과는 그림 12-7과 같다.

[pillow_ex01.py]

```
from PIL import Image
                                   이미지 파일
img = Image.open('june.png')              # 이미지 파일 열기
print(img.format, img.size, img.mode)     # format, size, mode 확인
img.show()  ←———— 이미지 출력
```

| 실행 결과 |

```
PNG (320, 380) RGBA
>>>
```

2) 이미지의 일부분을 잘라내기

이미지의 일부를 잘라내는 작업을 크로핑(Cropping)라고 부른다. 다음 프로그램은 그림 12-7에서 보듯이 이미지 객체를 crop( ) 메소드를 이용하여 잘라내어 원하는 부분을 저장한다. crop( )의 전달인수는 잘라낼 이미지의 (x1, y1, x2, y2) 위치를 지정한다. 이미지를 저장할 때는 save( ) 메소드를 사용한다. 아래 예제에서는 잘라낸 이미지 crop_img를 파일로 저장하기 위하여 crop_img.save('june_torch.png')를 사용하고 있다.

[pillow_ex01.py (계속)]

```
box = (76, 3, 156, 183)
crop_img = img.crop(box)                       # 이미지 자르기
crop_img.save('june_torch.png')                # 이미지 저장
print(crop_img.format, crop_img.size, crop_img.mode) # format, size, mode 확인
crop_img.show()
```

Cropping

이미지 저장

| 실행 결과 |

```
PNG (80, 180) RGBA
>>>
```

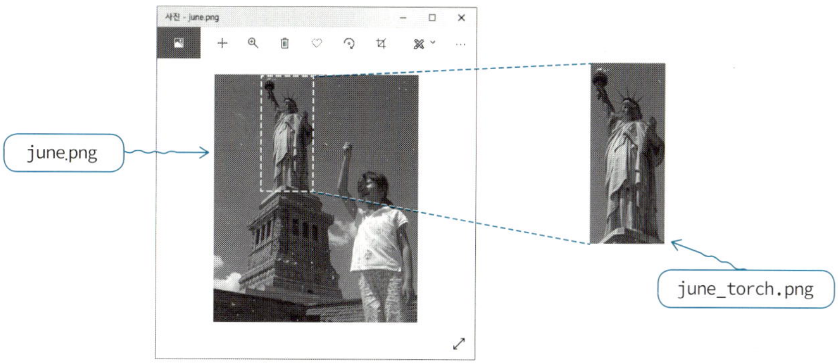

[그림 12-7] 이미지의 show() 실행 결과와 crop()으로 잘라낸 이미지

3) 이미지의 변환 및 붙여 넣기

앞의 예에서 잘라낸 이미지를 다시 이미지 내에 붙여 넣기를 하려면 paste( ) 메소드를 이용한다. paste( ) 메소드의 인수로 붙여 넣을 위치를 지정해 주어야 한다. 이미지를 회전하는 데에는 rotate( ), 이미지의 크기를 확대/축소하는 데에는 resize( ) 메소드를 사용한다. rotate( ) 메소드의 인수는 회전각을 의미한다. 실행 결과는 그림 12-8(a) 및 (b)와 같다.

[pillow_ex02.py]

```
from PIL import Image

# 첫번째 예제
img = Image.open('june.png')
box = (76, 3, 156, 183)
```

```
crop_img1 = img.crop(box)                  # 이미지 자르기
                        자르기
drop = (0, 3,80, 183)                      # 이미지 붙이기 위치
img.paste(crop_img1, drop)                 # 이미지 붙여 넣기
img.show()         붙여 넣기

# 두번째 예제
img2 = Image.open('june.png')      크기 조정
crop_img2 = crop_img1.resize((40,90))      # 축소
drop = (20, 40, 60, 130)                   # 이미지 붙이기 위치
img2.paste(crop_img2, drop)                # 이미지 붙여 넣기
                   붙여 넣기
box = (80, 3, 180, 103)                 회전하기
crop_img3 = img2.crop(box).rotate(90)      # 회전
drop = (220, 0, 320, 100)      자르기       # 이미지 붙이기 위치
img2.paste(crop_img3, drop)                # 이미지 붙여 넣기
img2.show()        붙여 넣기
```

transpose( ) 메소드를 이용하면 회전이나 대칭 이동의 기하 변환을 손쉽게 적용할 수 있다. transpose( ) 메소드의 인수에 FLIP_LEFT_RIGHT, FLIP_TOP_BUTTOM, ROTATE_90, ROTATE_180, ROTATE_270 등의 상수 값을 지정하여 대칭이나 회전 이동을 적용한다. 아래의 예에서는 전체 이미지와 일부 이미지에 좌우 대칭 변환을 하였다. 실행 결과는 그림 12-8(c)와 같다.

[pillow_ex03.py]

```
from PIL import Image
img4 = Image.open('june.png')

box = (76, 3, 156, 333)
crop4 = img4.crop(box)        좌우 대칭 변환하기        # 이미지 자르기
crop_img4 = crop4.transpose(Image.FLIP_LEFT_RIGHT)   # 자른 이미지 좌우 대칭
drop = (0, 3, 80, 333)
img4.paste(crop_img4, drop)                          # 이미지 붙여 넣기
                         좌우 대칭 변환하기
img4 = img4.transpose(Image.FLIP_LEFT_RIGHT)         # 전체 이미지 좌우 대칭
img4.save('june_04.png')  ←  파일로 저장하기          # 이미지 저장하기
```

(a) crop, paste 적용　　(b) scale, rotate 적용　　(c) transpose 적용

[그림 12-8] 이미지 변환의 실행 결과

4) 이미지의 필터링 기능

Pillow는 이미지를 필터링하기 위하여 다양한 필터들을 지원하고 있다. 필터링의 종류는 ImageFilter 모듈을 import하여 필터링의 유형을 지정할 수 있다. 아래의 예에서는, 이미지의 윤곽을 구하기 위하여 ImageFilter.CONTOUR를 이용하였고, 이미지를 부조 효과로 그리기 위해서 ImageFilter.EMBOSS를 이용하였다. 이미지를 흐리고 부드럽게 하기 위하여 ImageFilter.BLUR와 ImageFilter.SMOOTH_MORE를 이용하였다(그림 12-9 참조).

[pillow_ex04.py]

```
from PIL import Image, ImageFilter
img = Image.open('june.png')
                          필터 적용하기
img1 = img.filter(ImageFilter.CONTOUR)          # 이미지 필터 CONTOUR
img1.save('june_COUNTOUR.png')
                          필터 적용하기
img2 = img.filter(ImageFilter.EMBOSS)           # 이미지 필터 EMBOSS
img2.save('june_EMBOSS.png')
                          필터 적용하기
img3 = img.filter(ImageFilter.BLUR)             # 이미지 필터 BLUR & SMOOTH_MORE
img3 = img3.filter(ImageFilter.SMOOTH_MORE)
img3.save('june_BLURnSM.png')
```

(a) CONTOUR 필터 적용

(b) EMBOSS 필터 적용

(c) BLUR 및 SMOOTH 필터 적용

[그림 12-9] 이미지에 필터 처리 결과

한편, split( ) 메소드로 RGB 컬러 평면을 분리할 수 있으며, merge( ) 메소드에서 RGB 순서를 바꾸어 합성하면 이미지의 색상이 변한다. 아래의 예에서는 (B,B,G) 순서로 합성한 결과와 (B,R,G) 순서로 합성한 결과를 보여준다(그림 12-10 참조).

[pillow_ex04.py (계속)]

```
from PIL import Image, ImageFilter
img = Image.open('june.png')

rgb = img.split()                              # 이미지 컬러 분리하기
r,g,b = rgb[0], rgb[1], rgb[2]
img4 = Image.merge('RGB', (b,b,g))             # 이미지 컬러 합성하기
img4.save('june_BBG.png')

img5 = Image.merge('RGB', (b,r,g))             # 이미지 컬러 합성하기
img5.save('june_BRG.png')
```

(컬러 분리하기 → rgb = img.split())
(컬러 합성하기 → img4 = Image.merge(...), img5 = Image.merge(...))

(a) (B,B,G) 순서로 칼라 합성

(b) (B,R,G) 순서로 칼라 합성

[그림 12-10] 이미지 컬러 합성 결과

12.4 기계학습과 딥러닝 – TensorFlow와 Keras

최근 인공지능에서 기계학습의 관심이 크게 증가하고 있다. 기계학습은 기존의 지능 시스템이 축적된 지식 이상의 일을 할 수 없는데 비하여 기계학습은 많은 데이터(소위 "빅데이터")가 축적되면서 기계가 스스로 학습할 수 있는 방법론이다. 기계학습 기법에는 여려 가지가 존재하지만 그 중 인간의 신경세포(Neuron)를 모방한 컴퓨터 모델인 인공신경망(ANN: Artificial Neural Network)이 가장 효과적인 기법으로 알려져 있다.

인공신경망은 입력과 올바른 출력 사이에 세트를 이루는 훈련 데이터를 이용하여 인공신경망을 훈련시킨다. 인공신경망은 문자 인식, 이미지 인식, 음성 인식과 같은 영역에서 좋은 결과를 보였다. 특히 2012년 토론토 대학의 제프리 힌튼(Jeoffrey Hinton) 교수가 딥러닝(Deep Learning) 모델의 우수성을 입증한 이래 요즈음 대부분의 인공신경망은 딥러닝 모델을 채택하고 있다. 딥러닝 모델은 인공신경망에서 입력과 출력 사이에 존재하는 은닉층(Hidden Layer)의 층수가 큰 경우를 의미한다.

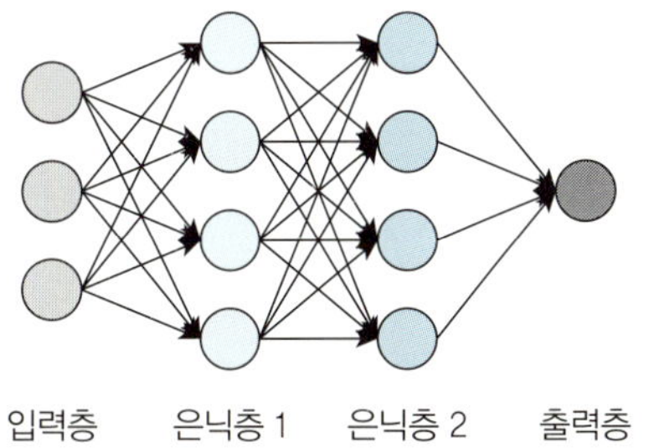

[그림 12-11] 인공신경망의 예

파이썬 환경에서 기계학습과 딥러닝을 지원하는 라이브러리가 다수 존재하지만 이들 중 가장 많이 사용되고 있는 라이브러리가 TensorFlow와 Keras이다. 여기서는 이 두 가지 라이브러리에 대하여 알아보자.

▪ TensorFlow

TensorFlow는 구글 브레인 팀이 개발한 기계학습을 지원하는 라이브러리이다. 초기에는 구글사 내에서 인공지능 연구를 위해서 이용되었으나 2015년 11월 이후에 오픈소스 소프트웨어로 공개되었다. TensorFlow는 다양한 기계학습 기법과 특히 딥러닝 모델과 알고리즘을 제공하고 있다. TensorFlow는 파이썬 언어에서 이용할 수 있는 Python API들을 제공하고 있다. TensorFlow는 기계학습을 위한 커브 피팅, 분류, 회귀 및 오류의 최소화 기능을 제공한다. 또한 딥러닝을 지원하기 위한 CNN, RNN 및 오토인코더 기능도 지원하고 있다.

TensorFlow는 숫자 인식, 이미지 인식에 적합한 합성 신경망(CNN: Convolutional Neural Neywork)을 사용한다. 또한 자연어 처리, 기계 번역과 같이 시퀀스-투-시퀀스 학습에 적합한 순환 신경망(RNN: Recurrent Neural Network)을 사용한다. TensorFlow의 이용자는 데이터가 그래프를 따라 이동하는 "데이터 플로우 그래프(Dataflow Graph)"를 생성한다. 그림 12-12의 예와 같이 각 노드(Node)는 수리적 연산을 의미하고 엣지(Edge)라고 불리는 노드간의 연결선은 다차원 배열의 흐름을 의미한다. 이 다차원 배열을 텐서(Tensor)라 칭한다. 따라서 데이터 플로우 그래프는 텐서가 그래프를 따라 이동하며 노드에 해당하는 적절한 연산이 실행된다.

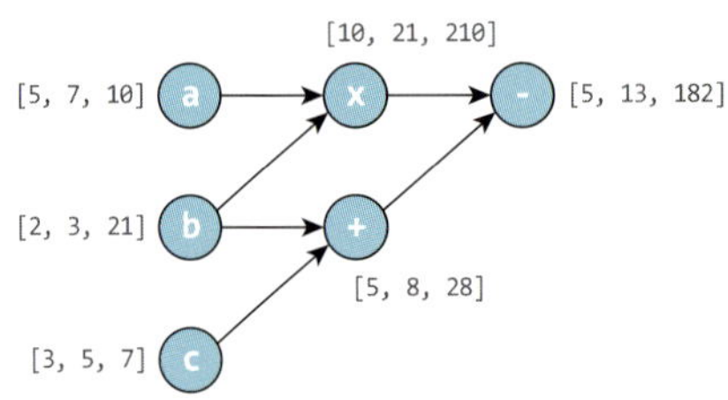

[그림 12-12] 데이터 플로우 그래프의 예

■ Keras

TensorFlow가 기계학습을 위한 저수준의 기능을 지원하는데 비해 Keras는 고수준의 기능을 제공하고 있다. Keras는 TensorFlow, CNTK, Theano 등의 라이브러리 위에서 작동될 수 있다. Keras도 기계학습을 위해 분류(Classification), 회귀(Regression), 과대적합(Overfitting)/과소적합(Underfitting) 기능을 지원하며 딥러닝을 위해 CNN 및 RNN을 지원한다. Keras를 사용하면 보다 손쉽고 빠르게 딥러닝 모델을 개발할 수 있다. 따라서 딥러닝 프로토타입을 용이하고 빠르게 개발하고 싶은 경우 Keras를 이용하면 매우 편리하다.

■ TensorFlow와 Keras를 이용한 이미지 분류 학습 예제

TensorFlow와 Keras를 이용하여 인공지능 신경망 훈련을 하는 예제로 패션 이미지를 분류하는 프로그램을 소개한다. 이 프로그램은 TensorFlow 커뮤니티에서 공개해 놓은 기본

튜토리얼로 셔츠, 바지, 가방, 구두 등 10가지의 패션 의류를 분류하도록 학습하고 샘플 이미지로 평가한다(출처: https://www.tensorflow.org/tutorials/keras/classification). 학습 데이터는 MIT에서 저작하여 공개한 데이터셋인 Fashion MNIST를 사용하였다. Fashion MNIST에는 그림 12-13에서 보는 것과 같은 28×28 픽셀 크기의 흑백 이미지 7000개가 10개의 클래스로 분류되어 있다.

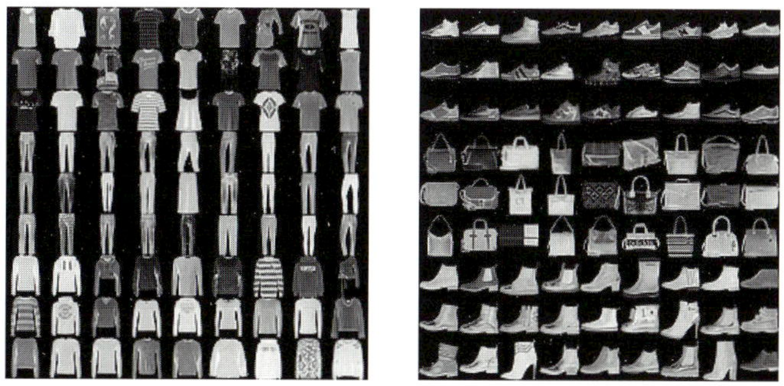

[그림 12-13] Fashion MNIST 샘플

(출처: https://github.com/zalandoresearch/fashion-mnist)

1) 환경 설정 및 데이터셋 로드

이 프로그램을 실행하려면 TensorFlow가 설치된 환경이어야 한다. 만약 설치되어 있지 않다면 콘솔창에서 "pip install tensorflow"를 입력하여 실행하면 된다. 또한 구글에서 제공하는 colab 환경에서 실행하면 코드 단위별로 실행이 가능하며 결과 이미지를 바로 볼 수 있어서 매우 편리하다.

[fashion_mnist_lab.py]

```
import tensorflow as tf                    # tensorflow와 tf.keras를 임포트한다.
from tensorflow import keras

import numpy as np                         # 추가 라이브러리를 임포트한다.
import matplotlib.pyplot as plt

# load_data() 함수로 데이터셋 로드
fashion_mnist = keras.datasets.fashion_mnist
(train_images, train_labels), (test_images, test_labels) = fashion_mnist.load_data()
```

데이터셋 로드

학습 데이터

테스트 데이터

```
# 데이터셋에 매핑하기 위한 클래스 이름
class_names = ['T-shirt/top', 'Trouser', 'Pullover', 'Dress', 'Coat',
               'Sandal', 'Shirt', 'Sneaker', 'Bag', 'Ankle boot']

# 데이터 전처리 : 픽셀값의 범위를 0부터 255에서 0~1 사이로 조정
train_images = train_images / 255.0
test_images = test_images / 255.0        픽셀값을 0~1 사이로 조정
```

load_data() 함수를 실행하면 4개의 배열이 생성되는데, 앞의 2개 배열은 훈련용 데이터 6000개이고, 뒤의 2개 배열은 검증용 데이터셋 1000개이다. 데이터가 로드되면 픽셀 값의 범위를 0~1사이로 조정하기 위하여 픽셀값을 255로 나누는 전처리 과정을 수행한다. 이미지 배열에는 값이 0~1인 28×28 픽셀 크기의 이미지가 저장되고 레이블 배열에는 다음과 같은 클래스 번호가 저장된다.

레이블	0	1	2	3	4	5	6	7	8	9
클래스	T-shirt /top	Trouser	Pullover	Dress	Coat	Sandal	Shirt	Sneaker	Bag	Ankle boot

훈련 데이터셋의 내용을 확인해 보고 싶은 경우 다음 코드와 같이 데이터 몇 개의 이미지 사진과 클래스 이름을 matplotlib 함수로 출력해보면 그림과 같이 실행 결과가 나온다.

```
plt.figure(figsize=(10,10))
for i in range(12,20):        12번에서 19번까지
    plt.subplot(5,4,i+1)
    plt.xticks([])
    plt.yticks([])
    plt.grid(False)
    plt.imshow(train_images[i], cmap=plt.cm.binary)        이미지 출력
    plt.xlabel(class_names[train_labels[i]])        클래스 이름
plt.show()
```

| 실행 결과 |

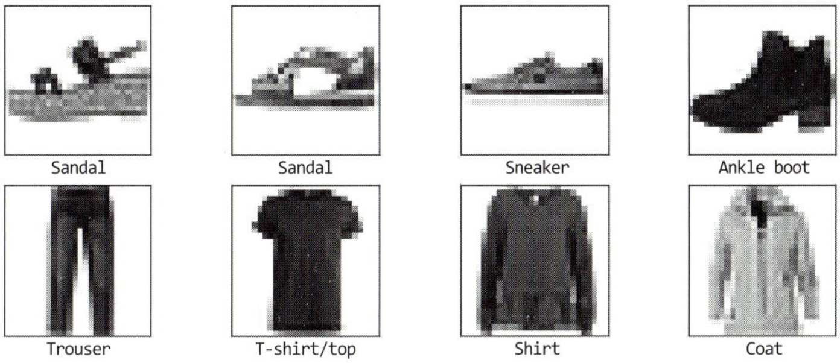

2) 신경망 모델 구성 및 훈련

```
# 신경망 층(Layer)을 설정한다.
model = keras.Sequential([
    keras.layers.Flatten(input_shape=(28, 28)),         # 이미지를 1차원 배열로 변환
    keras.layers.Dense(128, activation='relu'),         # 128개 노드의 완전 연결 층
    keras.layers.Dense(10, activation='softmax')        # 10개 클래스 중 속할 확률
])

# 신경망 모델을 컴파일한다.
model.compile(optimizer='adam',                         # 모델의 업데이트 방법
         loss='sparse_categorical_crossentropy',        # 오차 측정하는 손실함수
         metrics=['accuracy'])                          # 모니터링 지표(정확도)

# 학습 데이터로 신경망 모델의 훈련을 수행한다.
model.fit(train_images, train_labels, epochs=5)
```

신경망 훈련

신경망 모델의 구성을 위한 업데이트 방법, 손실함수, 지표 등 속성에 대해서는 자세한 설명을 생략한다. 신경망 모델의 학습은 fit() 함수의 호출로 실행되면서 학습과정에서 손실과 정확도 지표가 다음과 같이 출력된다.

```
Epoch 1/5
1875/1875 [====================] - 4s 2ms/step - loss: 0.5067 - accuracy: 0.8219
Epoch 2/5
1875/1875 [====================] - 4s 2ms/step - loss: 0.3803 - accuracy: 0.8637
Epoch 3/5
```

```
1875/1875 [====================] - 4s 2ms/step - loss: 0.3377 - accuracy: 0.8756
Epoch 4/5
1875/1875 [====================] - 3s 2ms/step - loss: 0.3147 - accuracy: 0.8851
Epoch 5/5
1875/1875 [====================] - 4s 2ms/step - loss: 0.2968 - accuracy: 0.8911
<tensorflow.python.keras.callbacks.History at 0x7f565589ef90>
```

3) 예측모델 확인하여 검증하기

```
# 테스트셋으로 모델의 성능을 평가한다.
test_loss, test_acc = model.evaluate(test_images,  test_labels, verbose=2)

predictions = model.predict(test_images)        # 예측 데이터 만들기
predictions[57]                                 # 57번 예측 데이터 확인
np.argmax(predictions[57])                      # 가장 높은 신뢰도를 가진 레이블 찾기
test_labels[57]                                 # 값이 맞는지 테스트 레이블 확인
```

테스트 셋으로 정확도 평가

예측값 구하기

57번 항목의 최대 예측값

우선 테스트 데이터셋에 대한 정확도 평가를 evaluate( ) 함수로 실행하면 다음과 같은 결과를 얻을 수 있다. 테스트셋의 정확도가 훈련 데이터셋의 정확도보다 약간 낮게 나왔다.

```
313/313 - 1s - loss: 0.3537 - accuracy: 0.8727
```

다음으로는 훈련된 모델을 바탕으로 테스트 이미지에 대한 예측 값을 구한다. 1000개 테스트셋에 대하여 predict( ) 함수를 실행하면 각 이미지에 대한 10가지 클래스 항목의 예측값을 구할 수 있다. 그 중 57번 이미지에 대한 예측 값 prediction[57]은 다음과 같이 구해졌다.

```
array([5.7017201e-06, 9.1324692e-10, 4.0138908e-02, 5.3888357e-08,
       5.1728320e-01, 1.4243923e-09, 4.4257161e-01, 5.2817139e-12,
       6.2359430e-07, 8.4320373e-10], dtype=float32)
```

이 배열에서 최대값을 np.argmax(predictions[57])로 구하면 4가 된다. 즉, 코트 클래스로 예측되었다. 이 예측이 맞는지 원래 적어 놓았던 레이블을 test_labels[57]로 확인해도 4가 나온다. 이 결과를 matplotlib 함수를 이용하여 출력해 보면 다음의 결과를 얻을 수 있다. 596번 이미지의 경우에는 샌들이라고 예측하였다.

```
# 57번 데이터의 이미지, 예측, 신뢰도 점수를 그림으로 확인한다.
i = 57
plt.figure(figsize=(6,3))
plt.subplot(1,2,1)
plot_image(i, predictions, test_labels, test_images)
plt.subplot(1,2,2)
plot_value_array(i, predictions,  test_labels)
plt.show()
```

이미지, 레이블, 예측확률 출력

레이블 별 예측확률 그래프 출력

| 실행 결과 |

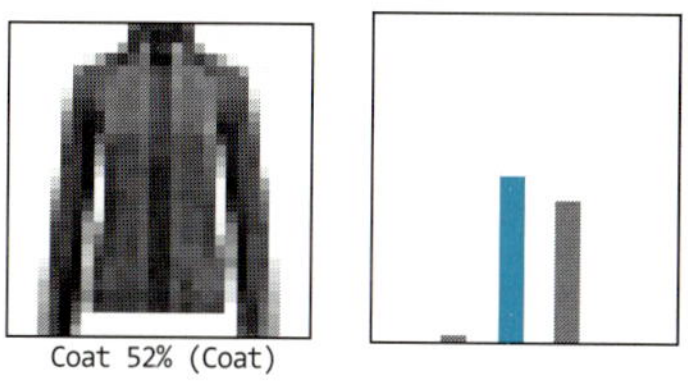

i = 57의 경우 코트 52%로 예측

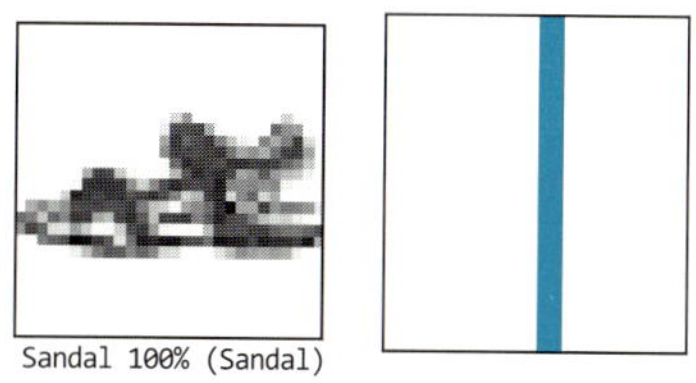

i = 596의 경우 샌들 100%로 예측

연습문제

A. 괄호 넣기 및 객관식

1 (   )는 파이썬 언어가 자동적으로 내포하고 있는 모듈들을 의미하며, 모듈뿐만 아니라 상수, 데이터형, 예외 처리 등도 내포하고 있다.

2 (   ) 모듈은 파이썬 프로그램에서 그래픽 사용자 인터페이스(GUI: Graphical User Interface)를 구성하기 위한 파이썬의 표준 모듈로 가장 많이 이용되고 있는 GUI 모듈이다. 이 모듈은 잘 알려진 GUI 라이브러리인 (   )로부터 유래하였다.

3 Numpy에서 배열은 1차원 뿐 아니라 2차원이나 3차원, 혹은 그 이상의 n차원 배열까지 생성할 수 있다. 이 때 배열의 차원을 (   ), 배열의 전체 요소의 개수를 (   ) size, 그리고 배열의 n차원 크기를 튜플로 표시하며 (   ) 속성으로 표현한다.

4 Matplotlib를 이용하여 데이터를 시각화할 때 라이브러리를 설치하고 (   ) 함수를 이용하여 데이터를 그래프로 표시하고 (   ) 함수를 이용하여 그림을 출력한다.

5 Pillow 라이브러리를 이용할 때 이미지 객체의 일부를 잘라내려면 (   ) 메소드를 이용하여 잘라내어 원하는 부분을 저장한다. 전달인수로 잘라낼 이미지의 (x1, y1, x2, y2) 위치를 지정한다.

6 TensorFlow는 숫자 인식, 이미지 인식에는 (   )을(를) 사용한다. 또한 자연어 처리, 기계 번역과 같은 경우에는 시퀀스-투-시퀀스 학습에 적합한 (   )을(를) 사용한다.

7 다음 중 tkinter 모듈에서 제공하는 위젯 생성 함수가 아닌 것은?

(a) Entry()
(b) Spinbox()
(c) Scalebox()
(d) Checkboxbutton()

8 NumPy 라이브러리에서 벡터나 행렬의 내적을 구하는 함수의 이름은?

(a) inner()　(b) dot()　(c) product()　(d) dotproduct()

9 이 라이브러리는 NumPy 모듈의 상위 레벨에서 작동하는 라이브러리로서 과학 및 공학 분야의 다양한 수리연산을 위해 많이 사용된다. 적분, 미분방정식 해석, 방정식의 근을 구하는 함수, 선형대수, 희소행렬, 최적화함수, 보간법, 이미지처리, 신호처리, 프리에 변환, 공간데이터 처리 알고리즘, 확률분포, 다양한 통계처리 함수 등을 제공한다. 이 라이브러리의 이름은?

(a) NumPy　(b) SciPy　(c) Pandas　(d) Matplotlib

10 Pandas는 파이썬 환경에서 데이터 분석을 위해 가장 널리 사용되는 라이브러리로서 효율적인 자료구조를 제공하고 있다. Pandas에서 제공되는 자료구조가 아닌 것은?

(a) Series　(b) DataFrame　(c) DataPanel　(d) Panel

11 Pillow 라이브러리는 이미지를 필터링하기 위하여 다양한 필터들을 지원하고 있다. 필터링의 종류는 ImageFilter 모듈을 import하여 필터링의 유형을 지정할 수 있다. 이 때 이미지의 윤곽을 추출하는 필터의 이름은?

(a) BOUNDARY　(b) CONTOUR　(c) OUTLINE　(d) SHAPE

12 TensorFlow가 기계학습을 위한 저수준의 기능을 지원하는데 비해 이 라이브러리는 고수준의 기능을 제공하고 있으며, TensorFlow, CNTK, Theano 등의 라이브러리 위에서 작동될 수 있다. 기계학습을 위해 분류, 회귀, 과대적합/과소적합 기능을 지원하며 딥러닝을 위해 CNN 및 RNN을 지원한다. 이 라이브러리를 이용하면 보다 손쉽고 빠르게 딥러닝 모델을 개발할 수 있다. 이 라이브러리로 적합한 것은?

(a) TensorFlow　(b) Scikit-learn　(c) CUDA　(d) Keras

찾아보기

ㅈ

ㅊ

ㅋ

ㅌ

ㅍ

G

H

I

S

T

U

V

W

X

저자소개

최윤철

서울대학교 전자공학과 졸업

University of Pittsburgh(석사)

University of California, Berkeley(석사 및 공학박사)

연세대학교 컴퓨터과학과 교수, 명예교수

주요 경력

- Lockheed사 및 Rockwell International사 연구원
- University of Massachusetts 교환교수
- 일본 게이오대학 교환교수
- 한국멀티미디어학회 회장, 명예회장
- 전자책(eBook) 표준 제정위원장

관심분야: 컴퓨터그래픽스, 멀티미디어, HCI, 스케치기반 인터페이스 및 모델링(SBIM)

임순범

서울대학교 계산통계학과 졸업

한국과학기술원(KAIST) 전산학과(공학박사)

숙명여자대학교 IT공학과 교수

숙명여자대학교 ICT융합연구소 소장

주요 경력

- 휴먼컴퓨터 창업/연구소장
- 삼보컴퓨터 프린터개발부 부장
- 건국대학교 컴퓨터과학과 교수
- University of Colorado 교환교수
- 한국멀티미디어학회 회장, 명예회장
- 한국전자출판학회 회장, 명예회장
- 한국정보과학회 부회장
- 한국컴퓨터그래픽스학회 부회장
- ISO/IEC 국제표준제정위원회 SC34 WG2 분과위원장
- 2021년 정보문화유공 녹조근정훈장 수상

관심분야: 컴퓨터그래픽스, 전자출판, 모바일 멀티미디어, 웹3D, HCI

그림과 함께하는 파이썬 수업

초판인쇄 2021년 10월 22일
초판발행 2021년 11월 3일

지은이 최윤철 · 임순범
펴낸이 김승기
펴낸곳 (주)생능출판사 / **주소** 경기도 파주시 광인사길 143
출판사 등록일 2005년 1월 21일 / **신고번호** 제406-2005-000002호
대표전화 (031)955-0761 / **팩스** (031)955-0768
홈페이지 www.booksr.co.kr

책임편집 신성민 / **편집** 김민보, 유제훈, 권소정 / **디자인** 유준범
마케팅 최복락, 김민수, 심수경, 차종필, 백수정, 송성환, 최태웅, 명하나, 김민정
인쇄 · 제본 상지사P&B

ISBN 978-89-7050-520-6 93000
정가 28,000원